# 番禺年鉴

PANYU YEARBOOK

2023

广州市番禺区地方志编纂委员会 编

（总第29卷）

方志出版社
Publishing House of Local Records

**图书在版编目（CIP）数据**

番禺年鉴.2023/广州市番禺区地方志编纂委员会编.—北京：方志出版社，2023.12
ISBN 978-7-5144-6200-5

Ⅰ.①番… Ⅱ.①广… Ⅲ.①番禺区—2023—年鉴
Ⅳ.①Z526.54

中国国家版本馆CIP数据核字（2023）第255009号

**责任编辑：**何明忠
**责任校对：**张玉霞
**责任印制：**梅中英
**出 版 者：**方志出版社
**地　　址：**北京市朝阳区潘家园东里9号（国家方志馆4层）
**邮　　编：**100021
**网　　址：**http://www.zgfzcb.cn
**发　　行：**方志出版社图书营销中心（010-67110500）
**印　　刷：**广州永祥印务有限公司
**开　　本：**787毫米×1092毫米　1/16
**印　　张：**18.75
**字　　数：**472千字
**版　　次：**2023年12月第1版
**印　　次：**2023年12月第1次印刷
**定　　价：**200.00元

---

## 广州市番禺区地方志编纂委员会

顾　　问：黄　彪　　徐　永　　覃海深

主　　任：叶珊瑚

副主任：麦洁萍　　邓展鹏

委　　员：卢永青　　邓慧珍　　邹昌勇　　郑绍新

卢树辉　　刘　钢　　申　林　　陈　琨

罗树荣　　林高翔　　曾　敏　　石　巍

张志强　　黄春雷　　莫智聪　　廖胜权

陆宇翔　　郭展耀

## 《番禺年鉴》编辑部

主　　编：陆宇翔

副主编：郭展耀　　金齐楚

编　　辑：廖海滨　　黄思雅　　郭锦华　　马　庆

# 撰稿人员名单

| | | | | | |
|---|---|---|---|---|---|
| 马欣欣 | 王　芳 | 王一文 | 王凯伦 | 王淑华 | 方浩萍 |
| 孔斯敏 | 邓美欣 | 邓博文 | 邓锦威 | 卢泽超 | 叶丽琴 |
| 叶泳怡 | 叶家升 | 张海琪 | 冯惠萍 | 冯楚媚 | 朱如辉 |
| 朱栩栩 | 向梦媛 | 刘　畅 | 刘　铱 | 刘南荣 | 刘家玲 |
| 刘嘉文 | 江　茵 | 许碧琴 | 孙莹静 | 麦凯欣 | 巫苑琳 |
| 李　洋 | 李　辉 | 李　儒 | 李仲娟 | 李芷琪 | 李佳媚 |
| 李金昆 | 李美仪 | 李晓旋 | 李颖琦 | 杨　忠 | 杨　爽 |
| 杨　康 | 杨旭冰 | 杨淑怡 | 杨婷雅 | 岑雅曼 | 邱尧童 |
| 何晓晴 | 何敏儿 | 何翠婷 | 汪若瑜 | 沈海燕 | 张宇婷 |
| 张淑英 | 陈　华 | 陈　静 | 陈泳欣 | 陈美坚 | 陈隆辉 |
| 陈嘉韵 | 范江波 | 林　琳 | 罗　兵 | 周　翔 | 周志伟 |
| 郑皓璇 | 郑镇坤 | 屈明燕 | 孟　曦 | 侯　珏 | 秦　海 |
| 柴　畅 | 徐　挺 | 高郁虹 | 郭　丰 | 郭昊坤 | 容毅恒 |
| 黄　方 | 黄宇婵 | 黄连高 | 黄思雅 | 龚文君 | 符小丽 |
| 梁结仪 | 梁绮明 | 梁赞泉 | 董晓慧 | 蒋云龙 | 韩思棋 |
| 曾凤迁 | 曾瑞平 | 谢艺诗 | 谢战儒 | 蓝剑文 | 詹海燕 |
| 蔡伟雄 | 蔡盛平 | 廖志洪 | 廖志姣 | 谭　颖 | 黎婉媚 |
| 黎瑞媚 | 薄圆圆 | 戴子颖 | 戴雅静 | 魏泗红 | |

# 番禺区地图

行政区划版

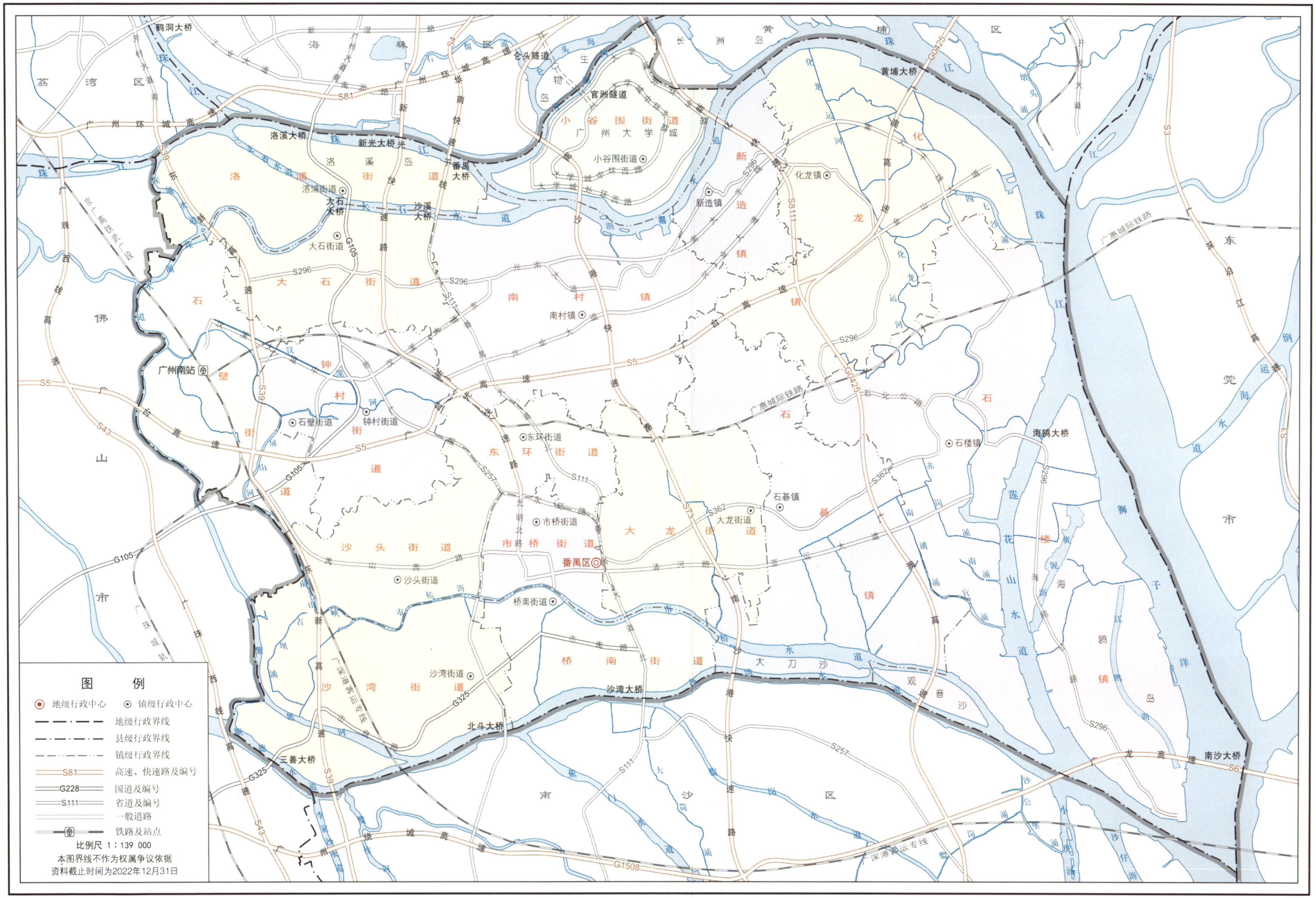


审图号：粤AS（2023）006号

监　制：广州市规划和自然资源局

# 番禺区区位图

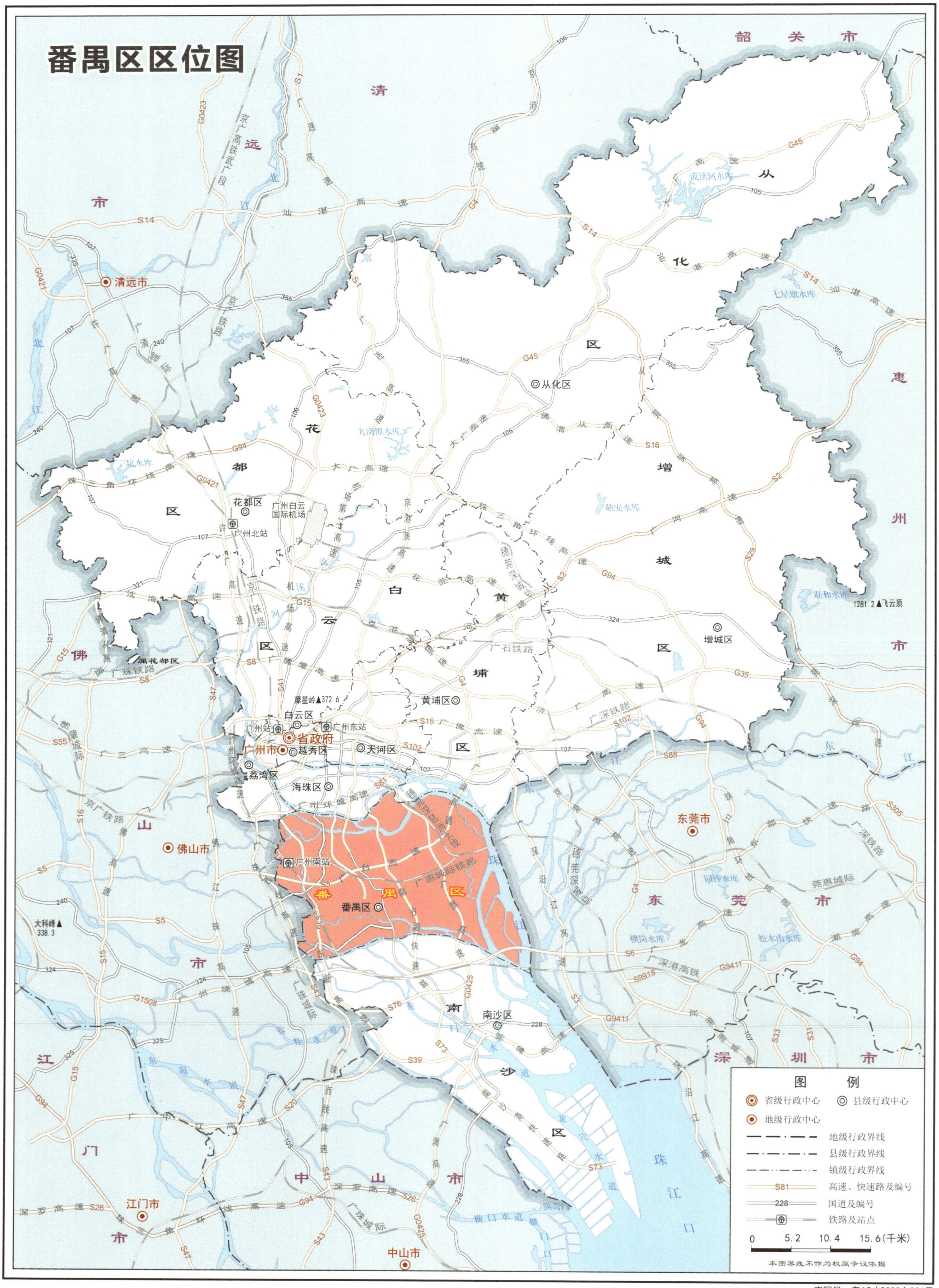


审图号：粤AS（2023）001号

# 编辑说明

1.《番禺年鉴》是由中共广州市番禺区委员会、广州市番禺区人民政府主持，番禺区地方志编纂委员会办公室组织区属各部门、各镇街及有关单位共同编纂的年度资料性文献。首卷于1995年出版，每年出版一卷，以出版年号为卷次名称。2023年卷主要记载番禺区2022年经济社会发展的基本资料。

2.《番禺年鉴》以马克思列宁主义、毛泽东思想、邓小平理论、“三个代表”重要思想、科学发展观、习近平新时代中国特色社会主义思想为指导，坚持辩证唯物主义和历史唯物主义的立场、观点和方法，全面、系统地载录番禺区行政区域的自然、政治、经济、文化、社会和生态文明等方面情况。

3.《番禺年鉴（2023）》采取分类编辑法，设类目、分目、条目三个层次，个别分目设次分目层次。设20个类目：(1）年度关注，(2）大事记，(3）番禺概貌，(4）区领导机关，(5）民主党派·工商联，(6）群众团体，(7）法治，(8）军事，(9）经济管理，(10）财税·金融，(11）外贸·口岸管理，(12）产业经济，(13）城乡建设管理，(14）应急管理，(15）教科文卫体，(16）社会民生，(17）镇（街道)，(18）人物·荣誉，(19）经济社会统计资料，(20）文献选录。

4. 由于数据的统计来源、口径、方式、时间的不同，前后文的个别数据可能有差异，请以番禺区统计局提供的统计资料为准。

5. 为使本书行文简洁，凡书中未注明之“区”均指番禺区，未注明之“省”“市”均指广东省和广州市，未注明之时间均为“2022年”。

6. 数字用法、标点符号用法分别采用国家标准《出版物上数字用法》(GB/T15835-2011)、《标点符号用法》(GB/T15834-2011)，计量单位采用国家技术监督局1993年12月发布的《量和单位》系列国家标准。

7. 本卷年鉴配备双重检索系统：前有目录，后设索引。索引采用主题分析法，款目按数字、汉语拼音排序，索引范围涉及条目、表格和随文图片。

# 番禺数字

## （2022年）

· 总面积：529.94平方千米

· 年平均气温：23.2° C

· 年降水量：1757.6毫米

· 年空气质量达到优、良的天数：298天

· 镇、街道：16个

· 村民委员会：177个

· 社区居民委员会：98个

· 常住人口：280.74万人

· 户籍人口：116.71万人

· 地区生产总值：2705.47亿元

· 规模以上工业总产值：2671.26亿元

· 农业总产值：70.11亿元

· 固定资产投资：737.45亿元

· 外贸进出口总值：1242.3亿元

· 一般公共预算收入：104.26亿元

· 税收总额（不含海关代征）：338.28亿元

· 城镇常住居民人均可支配收入：7.25万元

· 农村常住居民人均可支配收入：4.87万元

· 旅游接待总人次：2829.11万人次

· 旅游总收入：235.25亿元

· 社会消费品零售总额：1263.98亿元

· 公路通车里程：477.53千米

· 高速公路：102.3千米

· 一级公路：142.179千米

· 二级公路：96.68千米

· 三级公路：98.45千米

· 四级公路：37.94千米

· 已建成地铁线：7条（广州2号、3号、4号、7号、18号线首通段、22号线首通段，佛山2号线）

· AAAAA级旅游景区：1个（长隆旅游度假区）

· AAAA级旅游景区：5个（莲花山旅游区、宝墨园、广东科学中心、岭南印象园、沙湾古镇）

· 中小学校：221所

· 幼儿园：362所

· 职业高中：3所

· 医疗卫生机构：837家

· 医疗卫生病床：6550张

# 番禺荣誉

## （2022年）

· “四好农村路”全国示范县（番禺区）

· 国家新型工业化产业示范基地（番禺区汽车城）

· 全国“五好”标杆县级工商联（番禺区工商业联合会）

· 全国公安机关成绩突出集体（广州市公安局番禺区分局新客运站派出所）

· 第十批中国华侨国际文化交流基地（番禺区沙湾古镇）

· 第二批国家级夜间文化和旅游消费集聚区（长隆旅游度假区）

· 2022年广东省县（区）级标杆政务服务中心（番禺区政务服务中心）

· 广东省2022年度特色产业园（番禺经济技术开发区）

· 第三批广东省级示范特色步行街（商圈）（广州万博商圈）

## 实体经济为本

2022 年，番禺区完成地区生产总值 2705.47 亿元。新增上市企业 2 家、国家级专精特新“小巨人”企业 12 家、全球“独角兽”创新企业 4 家。新增 2 家企业获“市长质量奖”。番禺经济技术开发区被批准为国家新型工业化产业示范基地。国家未来产业科技园落户广州大学城。番禺智造创新园启动建设，番禺专精特新企业集聚区揭牌。广汽埃安第二工厂、时代广汽动力电池、祺盛动力总成二期竣工投产，投资超 130 亿元的广汽自主电池和电驱项目动工建设。

2022 月 6 月 10 日，广州市番禺区渔港经济区揭牌系列活动在石楼镇海鸥岛举行（郭锦华 摄）

2022 年 12 月 11 日，因湃电池科技有限公司举行动工活动 （番禺经开区管委会 供图）

2022 年 8 月 30 日，“高铁时代 · 番禺先机”2022 年第八届中国广州国际投资年会番禺区投资推介专场活动现场

（黄国宏 摄）

2022 年 10 月 26 日，番禺经济技术开发区被评为广东省特色产业园

（番禺经开区管委会 供图）

2022 年 4 月 1 日，国家级珠宝首饰产业创新研发中心项目广东省珠宝玉石交易中心奠基开工仪式在区工业总部园区举行　　（南村镇 供图）

2022 年 10 月 12 日，广汽埃安第二智造中心竣工投产（区招商办 供图）

2022 年，位于沙湾珠宝产业园的沙湾国际珠宝时尚创展汇一期开工建设（郭锦华　摄）

# 城乡融合发展

2022 年，番禺区开展南村镇里仁洞村等 6 个旧村改造、市桥街西城社区等 6 个老旧小区改造、番禺氮肥厂等 13 个旧厂改造。大龙街旧水坑村、石碁镇桥山村纳入市首批村镇工业集聚区改造试点范围。广州地铁 22 号线首通段通车，沙溪大桥扩建工程建成通车。番禺国家级沿海渔港经济区动工建设，名优现代渔业产业园建成投产，新增省级农业龙头企业 3 家。9 成以上村达到省定美丽宜居村标准，98 个社区容貌品质全面提升。

2022 年 3 月 31 日，广州地铁 22 号线通车，首通站点为番禺广场站至陈头岗站　（黄国宏 摄）

2022 年，大石街道富丽社区三角街心公园建成　（区城管局 供图）

2022 年 5 月，番禺区城管局在番禺大道实施景观照明工程　　（区城管局　供图）

2022 年 9 月 30 日，南大干线 BT1 标段完成主线照明亮灯　　（番禺交投公司　供图）

2022 年 6 月 3—5 日，广州岭南印象园举办端午节特色民俗活动（郭锦华 摄）

# 民主法治建设

2022 年，番禺区推进全面从严治党，推动法治政府建设，健全民主科学依法决策机制，修订《番禺区重大行政决策程序规定》。镇、街道综合行政执法体制改革提速，区、镇财政分配体制优化完善。番禺区政府自觉接受人大依法监督和政协民主监督，办理各级人大代表建议 216 件、政协提案 140 件，其中石碁镇主办的《关于建设血透中心的建议》入选 2022 年广东省人大代表建议办理工作十大优秀案例。

2022 年 11 月 3 日，番禺区传达贯彻党的二十大精神大会暨区正处级主要领导干部学习贯彻党的二十大精神专题研讨班开班式　（黄国宏　摄）

2022 年 9 月 29 日，中国共产党广州市番禺区第十四届委员会第三次全体会议在区会议中心召开（陈良　摄）

2022 年 1 月 21—22 日，广州市番禺区第十八届人民代表大会第二次会议在区行政会议中心开幕

（黄国宏 摄）

2022 年 1 月 20—21 日，中国人民政治协商会议第十五届广州市番禺区委员会第二次会议在区会议中心召开（张海琪 摄）

2022 年 2 月 2 日，中共广州市番禺区第十四届纪律检查委员会第三次全体会议召开

（区纪委监委 供图）

2022 年 3 月 4 日，广州市人大常委会到市桥街道调研　　（黄国宏　摄）

2022 年 1 月 17 日，广州海关所属番禺海关关员在报关大厅进行法治宣传
（董建华　摄）

2022年12月8日，“12·8”《统计法》颁布纪念日暨广东国家调查队系统法治宣传活动在番禺融媒中心启动

（黄国宏　摄）

2022年8月6日，番禺公安在线上开展暑期安全知识小擂台直播活动（黄国宏　摄）

2022年7月14日，区检察院举行番禺区青少年法治教育基地、青少年犯罪预防基地揭牌启用仪式　（崔杰锋　摄）

# 岭南特色文化

2022 年，番禺区长隆旅游度假区被评为国家级夜间文化和旅游消费集聚区，沙湾北村被评为广东省文化和旅游特色村，西坊大院被评为广州市级文化产业示范园区。图书馆新馆建成试运营，工人文化宫地下部分建成。举办广州国际美食节，开展各类文化惠民活动 173 场次。

2022 年 1 月 15 日，“亲海智城 大地迎春”——家在番禺 2022 春节联欢晚会在番禺区融媒体中心演播大厅举行　　（黄国宏　摄）

2022 年 1 月 5 日，番禺龙狮团进京参加“百花迎春——中国文学艺术界 2022 春节大联欢”（何志丰　摄）

2022 年 3 月 19 日，2022 年宝墨园“汉风古韵樱花节”在宝墨园开幕

（黄国宏 摄）

2022 年 9 月 26 日，沙湾古镇被评为中国华侨国际文化交流基地。图为留耕堂仪门

（沙湾街道 供图）

2022 年 1 月 25 日，余荫山房举行国家 AAA 级旅游景区揭牌仪式　（南村镇 供图）

2022 年 3 月 4 日，“读懂广州 读懂番禺”番禺区历史文化大讲堂活动在余荫山房举行
（郭锦华　摄）

2022 年 6 月 15 日，“读懂广州 读懂番禺——寻找家乡的故事”番禺区历史文化保护传承系列活动正式启动
（郭锦华 摄）

2022 年 6 月 12 日，“云山珠水颂党恩”第十二届广东音乐邀请赛颁奖音乐会在番禺区沙湾文化中心举办
（凌永源 摄）

# 社会民生事业

2022年，番禺区新（扩）建学校44所，启用广东仲元中学第二校区，新增公办义务教育学位1.18万个、公办幼儿园学位超5000个。番禺区中医院医疗综合大楼建成使用。开设13家互联网医院。落实社区分级分类诊疗，77.58万人签约家庭医生服务。向困难群体发放补助1.09亿元，养老金、医保、低保、最低工资等民生保障覆盖面持续扩大。发放就业补助资金1.74亿元，开展“粤菜师傅”“广东技工”“南粤家政”培训，超2万人次参训。

2022年3月10日，“最美番禺人”2021年番禺区好人事迹分享会举行

（黄国宏　摄）

2022年3月2日，番禺区举行2021年度劳动模范和先进集体表彰大会

（陈良　摄）

2022年9月9日，中共番禺区委书记黄彪（左六）为区第四届师德模范颁奖（陈良 摄）

2022年9月9日，广东仲元中学第二校区落成开学（区教育局 供图）

2022 年 7 月 8 日，在 2022 中国医院竞争力大会上公布的 2021 届中国医院竞争力排行榜中，番禺区中心医院连续 5 年上榜“省单医院 100 强”（区卫健局 供图）

2022 年 12 月 8 日，番禺区退管办组织 200 名社会化管理退休人员健康体检

（区人力资源社会保障局 供图）

2022 年 5 月 13 日，石楼镇举办 2022 年家庭教育宣传周活动　　　　（石楼镇 供图）

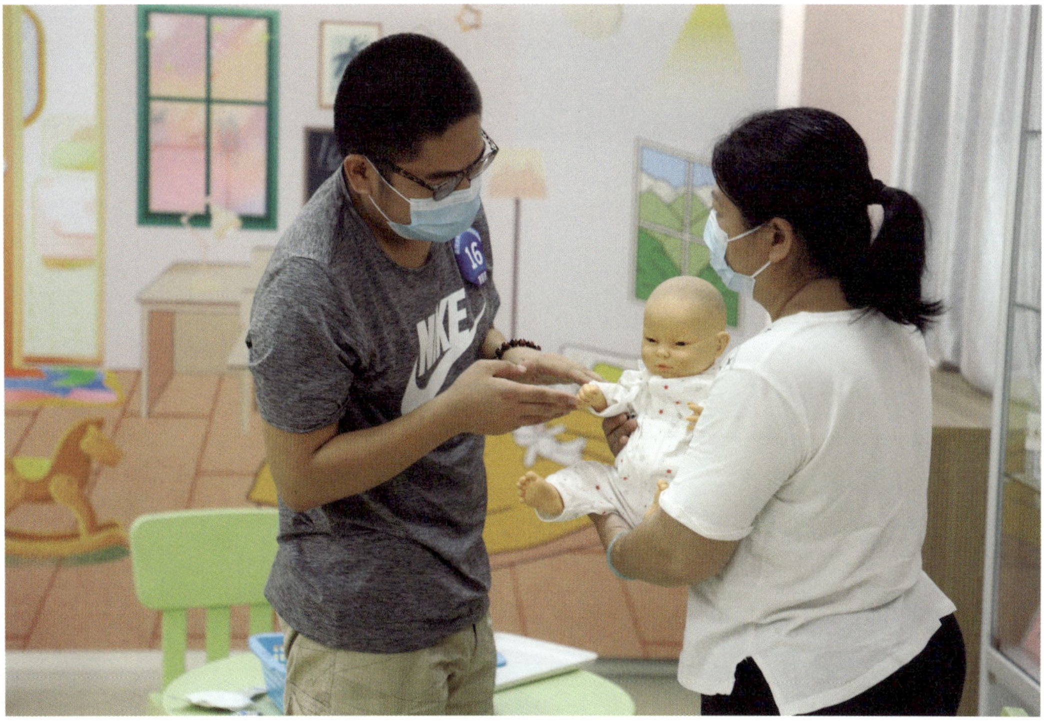

2022 年 7 月 29 日，番禺区第十四届职业技能竞赛项目南粤家政育婴员竞赛举行
（区人力资源社会保障局 供图）

# 绿美番禺建设

2022 年，番禺区设立广州首个榕树主题公园，推动大夫山森林公园入选华南国家植物园体系。全年投入水环境治理资金 3.8 亿元，污水日处理能力 2 万吨，新建污水管道 58.66 千米，5 个新建净水厂项目推进。新建碧道 13.9 千米，海绵城市达标建设 11.57 平方千米。加强能耗总量和强度“双控”，全年规模以上工业企业电力、天然气等清洁能源消费占比提升至 57%，六大高耗能行业能源消费量下降 19.3%。

2022 年 3 月 7 日，番禺区在广州大学城开展义务植树活动 （黄国宏 摄）

2022 年 6 月 10 日，番禺区开展水生生物增殖放流活动 （郭锦华 摄）

2022 年 3 月 19 日，2022 年宝墨园汉风古韵樱花节开幕　（黄国宏　摄）

2022 年 7 月 18 日，金海岸花园小区开展全民健身活动　（吴晓燕　摄）

2023 年 4 月 13 日，广州市首个榕树公园——大夫山榕树公园揭牌（郭锦华　摄）

2022 年，钟村街道加强龙狮文化传承。图为钟村街道谢村龙狮馆（简己政 摄）

2022 年 1 月 22 日，广州市番禺区入选“四好农村路”全国示范县名单。图为番禺区联岛路（黄国宏 摄）

# 目 录

## 年度关注



## 大事记



## 番禺概貌

### ·基本情况·



### ·“五位一体”建设·

## 区领导机关

### ·中共广州市番禺区委员会·

#### 综述



#### 组织工作



#### 宣传工作



#### 统一战线工作



#### 编制工作



#### 精神文明建设

### 区直机关党建



### 老干部工作



### 党校教育



### 党史研究



## ·广州市番禺区人民代表大会·



## ·广州市番禺区人民政府·

### 综述



### 信访工作



### “数字政府”建设

· 中国民主促进会番禺区基层委员会 ·



· 中国农工民主党番禺区委员会 ·



· 中国致公党番禺区基层委员会 ·



· 九三学社番禺委员会 ·



· 番禺区工商业联合会 ·



## 群众团体

· 番禺区总工会 ·



· 共青团番禺区委员会 ·



· 番禺区妇女联合会 ·



· 番禺区科学技术协会 ·

### ·检察·



### ·法院·



### ·司法行政·



## 军事

### ·人民武装·



### ·人民防空·



### ·退役军人事务·



## 经济管理

### ·发展与改革·

### ·减灾救灾管理·



## 教科文卫体

### ·教育·



### ·科技·

#### 综述



#### 气象建设



### ·文化·

#### 综述



#### 档案工作



#### 地方志工作



#### 融媒体中心

### · 卫生健康 ·



### · 体育 ·



## 社会民生

### · 人口与家庭发展 ·



### · 劳动就业 ·



### · 社会保障 ·



### · 民政 ·

## 镇（街道）

### ·石碁镇·



### ·新造镇·



### ·南村镇·



### ·化龙镇·



### ·石楼镇·



### ·市桥街道·

## 文献选录



## 索引

# 年度关注



## 番禺区上榜2022年度全国综合实力和投资潜力百强区

2022年11月，中国中小城市高质量发展指数研究成果发布，番禺区上榜2022年度全国综合实力百强区、2022年度全国投资潜力百强区，分别位列第19和第11。

番禺区有华南地区最大的高铁客运枢纽广州南站，借助以“六纵六横”为骨干的高、快速公路和地铁、城轨组成的综合立体化交通网络，可快捷到达广州中心城区。推进建设佛莞城际、穗莞深城际、地铁7号线延长段、3号线东延段、南大干线，配合市谋划建设沙鱼洲隧道、化龙至开发区西区过江通道、莲花山过江通道等外联通道，番禺与广州中心城区及粤港澳大湾区周边城市紧密相连。

番禺区沿着新建的区域交通主动脉——南大干线，布局了广州南站商务区、长隆万博商务区、广州国际科技创新城、广州大学城、番禺汽车城等多个重大发展平台。番禺汽车城获批省级经济技术开发区，是“广汽传祺”“广汽埃安”等品牌整车生产基地，初步形成汽车制造产业集群。番禺区在广州大学城和南岸广州国际科技创新城打造创新创业空间。将广州南站及其周边打造成高铁新城，有约400万平方米的载体，围绕第三产业、高端服务业招商，打造粤港澳大湾区广佛高质量发展融合的新极核。万博商务区规划总建筑面积548万平方米，围绕总部经济、快时尚和消费三个着力点，推动长隆万博和广州南站地区融合发展。

番禺区产业门类齐全，实有市场主体总量超过35万户，平均每天诞生130家商事主体，每天有48件专利获得授权。番禺区的灯光音响行业居世界领先水平。番禺区是珠宝首饰生产加工集聚地，珠宝产品占港澳地区市场份额70%。番禺区对标国际一流标准提升优化营商环境力度，成立区企业建设服务中心，为落地企业项目提供开工、建设、投产、达效的全生命周期服务。建成“15分钟智慧政务服务圈”，企业开办实现一网通办、一窗领取，半天、零成本办结。

番禺区历史文化底蕴深厚，拥有2200多年的悠久历史，是珠三角著名的鱼米之乡，是海上丝绸之路的起航站，是岭南文化的发祥地。番禺区被评为首批国家全域旅游示范区和第二批国家文化出口基地，成为中国文化旅游的一张重要名片。

## 番禺区现代产业集群成链高质量发展

2022年，番禺区不断完善现代产业体系，着力培育一批具有全球竞争力和供应链控制力的“链主工厂”，打造1个千亿级、2个五百亿级、多个百亿级的“1+2+N”产业集群，现代产业集群成链，成为引领番禺区高质量发展的“新引擎”。

番禺区依托番禺汽车城，以广汽乘用车、广汽埃安等整车制造企业为龙头，以广汽研究院为创新中心，打造“整车生产＋研究院＋零部件配套＋物流配套”超千亿级汽车产业集群。番禺区加快推动高端装备和通用设备制造业集群发展，打造以灯光音响、服装服饰、珠宝首饰为主的多个百亿级时尚产业集群，推动传统产业转型升级，打造番禺高质量发展“新引擎”。

番禺区实施创新驱动发展战略，建设以现代服务业为主导的现代产业体系，大力推动总部经济、科研设计、文化旅游等现代服务业提质增效。

制造业龙头企业不断壮大。番禺区“四上”企业有3954家，产值1亿元以上工业企业284家，上市企业23家，新三板企业64家。加快培育数字经济新产业、新业态、新模式，带动全区互联网、软件和信息技术服务业保持较快增长。在《2022年中全球独角兽榜》中，番禺区有4家企业入选全球“独角兽”榜。2019年，番禺区国家级专精特新“小巨人”企业1家。到2022年，番禺区有国家级专精特新“小巨人”企业19家，占全市比重15.4%，主要涉及汽车零部件、高精尖装备、卫星导航、人工智能等领域，创建一批行业品牌。

番禺区深入实施知识产权战略，推进知识产权高质量发展。全区有中国驰名商标22件，“味在番禺”“大罗塘珠宝”等集体商标10件。全国质量强区示范区建设扎实推进，连续5年在全市质量工作考核中获A级第一名。

番禺区以成功创建广州市唯一的首批国家全域旅游示范区为契机，谋划打造“粤文化”高端文商旅项目，推进广州长隆国际生态旅游度假区等重点文旅体产业项目建设。培育夜间购物街区，推动休闲购物消费，打造万博长隆汉溪地标性夜间经济集聚区。

## 番禺经济技术开发区入选广东省特色产业园区名单

2022年12月6日，广东省工业和信息化厅公布广东省制造强省建设领导小组办公室关于2022年度特色产业园名单，番禺经济技术开发区以汽车产业为特色成功入选，是广州市唯一入选园区。

番禺经济技术开发区把握全产业链及市场需求新趋势，推进汽车产业特色园区建设。强化政企联动，成立由区领导担任“链长”，重点企业担任“链主”的智能网联与新能源汽车产业高质量发展链长制，推动汽车产业链、供应链、创新链、价值链融合发展，把汽车“产业链”强链补链当作“双统筹”工作的重要内容；根据新能源汽车发展，制定《番禺区智能网联与新能源汽车产业链高质量发展三年行动计划（2022—2024）》，推动新能源汽车产业发展。

广汽埃安第二智造中心　　（区招商办　供图）

为打造优质营商环境，番禺经济技术开发区成立10个暖企服务小组、建立督办机制、制定重点项目三级责任清单，聚焦解决企业关于生产经营、交通通行、员工住宿、项目建设等方面问题。组建服务专班赴河南洛阳为中航光电百余名员工提供“审核—签约—贷款”一站式上门服务，做到“就近办、马上办、一次办”，打造绿色、高效、便捷的经营环境。

为构建特色汽车产业体系，番禺经济技术开发区以广汽乘用车、广汽埃安为龙头，以广汽研究院为创新中心，辐射带动汽车零部件集聚区发展。园区入驻47家汽车零部件企业及其他配套项目，配备“三电”（电池、电驱、电控系统）齐全的智能网联汽车产业链，形成一座产业规模化、配套核心化、智能信息化的智能制造园区。番禺经济技术开发区2022年规上工业产值1019亿元（同比增长37.3%），生产汽车53万辆（同比增长51.3%）。

番禺经济技术开发区通过依托关键零部件产业基地，到华东、华中地区开展系列靶向招商，引进培育一批配套产业项目。在广州国际投资年会番禺区推介专场上，广汽自研电池项目等一批汽车产业链上下游优质制造业项目签约落户。对接洽谈30多个项目，其中5个已落地项目投资总额近144亿元。

## 番禺区出台实施“资本入番”行动38条

2022年，番禺区出台实施“资本入番”行动38条，提出以资本驱动创新、以创新驱动发展，加大对银行、保险、证券、期货、地方金融机构及社会资本的招商引资，推动金融和实体经济实现高质量发展。

番禺区主动对接省、市金融监管部门，争取金融改革政策试点、金融资源支持，助力辖内金融机构升级赋能。加强联系银行、保险、期货等高端金融机构，吸引金融企业一级分支机构落户，推动实施中小企业“融资畅通工程”，建立沟通协调、动态监测、招商服务配套机制，番禺首家“企业首贷服务中心”在建设银行番禺支行挂牌。

番禺区深化政银企合作举办金融高层对话会晤、“百家金融机构服务万家企业”、金融服务发展评选颁奖、产融对接路演等活动，紧密区内金融机构联系机制，引导金融机构培育、发掘、投资番禺创新型、成长型龙头企业，助推人工智能、数字经济、先进制造业、生产性服务业、战略性新兴产业等领域中小企业发展。

番禺区打造万博创业投资产业集聚区，出台万博风险投资产业集聚发展扶持办法，叠加市、区优惠政策，对头部风投创投机构开展“靶向招商”，吸引中科科创等国内知名投资机构落户。落户各类投资基金企业343家，实缴注册资本227.6亿元。支持国家大数据交易中心（交易所）落户广州大学城，依托高校数字技术科研实力，推进“大数据+金融”“区块链+金融”等重点技术攻坚。支持广东珠宝玉石交易中心更名，争取一般贸易税收优惠政策，鼓励金融机构开发服务“三农”金融产品，推动特色金融产业发展。

番禺区加强北京、上海和深圳证券交易所合作，落实上市奖励补贴政策支持，助推思林杰科技作为全区首家科创板企业上市，培育保伦电子等一批科技型、成长型企业上市，全区上市企业25家。改革区属国有资产管理、国有资本授权经营体制，推动国有资本投向基础性、公共性、战略性等关键领域、优势产业和核心企业，通过整合、并购、注入资产等方式发展区属金融资本。

## 番禺区政务服务中心被评为“政务服务优秀品牌单位”

2022年8月25—26日，在山东省泰安市举办的中国政务服务博览会上，番禺区政务服务中心获得“政务服务优秀品牌单位”称号，番禺“政务晓屋”被评为“2022年度政务服务品牌创建典型”。

番禺区坚持以便民化为目标推动政务服务发展，制定全国一体化政务晓屋共享平台运行规则、平台公约，在全国首推政务晓屋智慧政务新模式，推动更广范围的“跨域通办”搭建合作框架。制定云政务大厅管理办法，统筹管理云坐席资源，建立“云首席事务代表”制度，推动更多政务服务事项当场办理、简单事项即时办结。开发“禺好办”小程序和“数字保险箱”，引入区块链技术，使用送件码和收件码，实现还数于民、申请材料“一码提交”。积极探索利用人工智能技术，引入政务AI数字人“小禺”，更好地满足群众非工作时间的服务需求。

番禺区在16个镇、街道设置政务晓屋84台。群众通过身边的政务晓屋即可快速办理企业开办、企业获得对外贸易资质、身份证补换领、缴纳出租屋综合税等2988个本地服务事项。依托北京、广东、浙江、湖北、湖南等地设置的178台政务晓屋，可办全国事项22793项，已办业务超3万件。

2022年8月15日，番禺区政务服务中心被评为“2022年广东省县（区）级标杆政务服务中心”

（区政务服务中心 供图）

2022 年 1 月 24 日，新春岭南醒狮民俗文化节在宝墨园举行　（区文广旅体局 供图）

## 番禺区非遗保护与传承取得成效

2022 年，番禺区有 4 项传统技艺及民俗入选第八批广州市级非遗代表性项目名录，分别是广式竹木盛器制作技艺、广式土鲮鱼烹饪技艺、广府宴席礼俗、沙湾鲁班信俗。番禺区落实国家、省、市、区四级非物质文化遗产保护工作体系，已公布六批 47 项非物质文化遗产代表性项目，包括国家级 3 项、省级 10 项、市级 9 项、区级 25 项。有各级代表性传承人 51 名，包括国家级代表性传承人 1 名、省级 7 名、市级 14 名、区级 29 名。其中，国家级非遗项目为广东醒狮（沙湾）、广彩瓷烧制技艺、潘高寿传统中药文化，国家级代表性传承人为广彩烧制技艺传承人陈文敏。

番禺区建立非物质文化遗产保护工作联席会议制度，对全区大型非遗民俗活动（特别是龙舟、诞会）跟踪记录，记录其传承与演变，同时做好资料建档工作。实地记录大龙街道沙涌关帝诞、化龙镇潭山村娘妈诞出会、潭山飘色、沙湾飘色、十乡会等诞会民俗活动，拍摄记录石楼镇大岭村龙船景、茭塘景、新造景、南村镇市头景等传统龙舟民俗活动。加强代表性传承人动态管理，推荐广州梁秀玲刺绣艺术有限公司（广绣）成功申报省级第八批非遗代表性项目。指导、协助国家级代表性项目潘高寿传统中药文化省级代表性传承人卢其福申报第六批国家级代表性传承人。

番禺区重视宣传普及非物质文化遗产，围绕全域旅游示范区建设，推进文旅融合，举办“我们的节日”“文化和自然遗产日”等活动，邀请区内优秀非遗项目现场展示和舞台展演，举办非遗代表性项目图片展。邀请资深专家学者和传承人，举办“禺山记忆——番禺非遗讲堂”讲座。举办“寻找禺山的记忆”非遗进校园活动、暑期青少年非遗（广绣、灰塑、古筝等）传承班、“禺山记忆——番禺非遗研学班”、少儿粤剧唱腔和表演传习班。编写出版《番禺文化遗产研究》《番禺民间信仰与诞会文集》《番禺水运网络与龙舟文集》《禺山记忆——番禺非物质文化遗产通识汇编》等书籍，编写《番禺区非遗代表性项目名录图典》《番禺区非物质文化遗产》小册子普及非遗知识。搭建番禺区非遗手绘地图服务平台，实现可查、可阅、可看、可游、可参与的功能。番禺区非遗中心联合番禺融媒体中心拍摄制作 15 集番禺非遗短视频。

（番禺区融媒体中心）

# 大事记



## 1 月

1 日 番禺区贸促委为广州市新力实业有限公司和广州今桥珠宝有限公司签发《区域全面经济伙伴关系协定》项目首批优惠原产地证书。

4 日 国家卫生健康委公布第三批国家慢性病综合防控示范区名单，番禺区代表广东省参评，成为广州市唯一被确认为“国家级慢性病综合防控示范区”的区县。

6 日 番禺区龙狮艺术团完成 2022 中国文联《百花迎春》节目录制。

△ 长篇音乐广播小说《赛龙夺锦》在番禺电台开播。

12 日 番禺区国家档案馆数字档案馆系统通过国家级专家组测试，成为广州市首家通过国家级测试区级档案馆。

15 日“亲海智城 大地迎春”——家在番禺 2022 春节联欢晚会在番禺区融媒体中心举行。

18 日 中共广州市番禺区第十四届委员会第二次全体会议召开。黄彪代表区委常委会作报告，叶珊瑚作经济工作专题讲话。

19 日 番禺区召开党史学习教育总结会议，传达习近平总书记重要指示和中央、省、市党史学习教育总结会议精神。

△ 番禺区慈善会入选“2021 年度广州慈善组织影响力榜”“2021 年度广州社会组织捐赠收入榜”五星社会组织。

△ 北斗大桥应急抢险及修复工程完成，11 时起全线恢复通车。

20 日 番禺区发展和改革局召开沙湾古镇 7 个展馆单馆门票价格制定听证会。

20—21 日 中国人民政治协商会议第十五届广州市番禺区委员会第二次会议召开。

21—22 日 广州市番禺区第十八届人民代表大会召开第二次会议，表决通过 6 项决议和 2022 年十件民生实事项目。

22 日 番禺区被广东省交通运输厅、农业农村厅、扶贫开发办公室决定命名为“四好农村路”全国示范县，是广州市唯一获此称号的县区。

25 日 余荫山房举行国家 AAA 级旅游景区揭牌仪式。

26 日 莲花山旅游区推出桃花文化旅游节系列文旅活动。

29 日《番禺区促进万博商务区风险投资产业集聚发展扶持办法》出台。

## 2 月

9 日《广东省历史文化名村广州市番禺区化龙镇潭山村保护规划（2021—2035 年）》在广州市规划和自然资源局网站公示。

11 日 番禺区疾病预防控制中心满分通过广东省疾控机构新冠病毒核酸检测能力考核。

△《中国历史文化名镇广州市番禺区沙湾镇保护规划（2019—2035 年）》在广州市规划和自然资源局网站公示。

14 日 广州汽车集团以“新能源汽车智能制造示范工厂”项目入选 2021 年度智能制造示范工厂揭榜单位名单。

16 日 番禺区“政务晓屋”开通办理居民身份证业务。

18 日 广汽埃安智能生态工厂二期产能扩建项目竣工。

△ 番禺区石楼镇社区卫生服务中心、番禺区大石街社区卫生服务中心入选国家卫健委、国家中医药管理局 2021 年“优

质服务基层行”活动表现突出、服务优质机构通报表扬名单。

**21 日** 广州市在番禺区石楼镇莲花山中心渔港码头举行集中销毁“三无”船舶现场会。

**22 日** 番禺区人民政府、番禺区卫生健康局、番禺区中心血站、番禺区石碁镇人民政府 4 个团体及 992 人次获 2019—2020 年度广东省无偿献血奖项。

## 3 月

**2 日** 广州市首个检察听证工作区在番禺区人民检察院揭牌运作。

△ 番禺区 2021 年度劳动模范和先进集体表彰大会在区行政会议中心举行。

**4 日** 番禺区科学技术协会召开第九次代表大会，石志伟当选新一届科协主席。

△“文史广州番禺行 番禺历史文化大讲堂”首期讲座在余荫山房开讲。

**5 日** 广州市番禺区南村总商会入选广东省委宣传部公布的第八批广东省学雷锋活动示范点。

**9 日** 广州市海防教育基地在番禺区莲花城海防教育基地揭牌。

△ 番禺区人民法院首个网上巡回法庭在化龙镇揭牌。

**10 日** 广州番禺职业技术学院入选教育部公布的第三批“全国党建工作标杆院系”“全国党建工作样板支部”培育创建单位名单。

△ 番禺区 2022 年公共租赁住房公开摇号配租仪式在区住房和城乡建设局举行。

△“最美番禺人 讲好人故事 传榜样力量——2021 年番禺区好人事迹分享会”在区新时代文明实践中心举行。

**17 日** 汀根华光诞、会江骑马公诞、传统广府宴席礼俗、广式土鲮鱼烹饪技艺、蜜醋黑豆制作技艺、双皮奶制作技艺、广式马蹄 ( 荸荠 ) 传统小食制作技艺、咏春拳 ( 番禺 ) 入选番禺区第六批非物质文化遗产代表性项目名录。

**18 日** 番禺区大石 AAAA 屠宰场日屠宰量突破 1 万头。

**25 日** 番禺区洛浦街党工委、办事处联合广州市公安局番禺分局主办“全民反诈，你我同行”网络宣传公益课堂直播，36.2 万人在线收看。

**28 日**“百幅地图看千年广州历史变迁主题展”在番禺广场地铁站开展。

**31 日** 广州地铁 22 号线首通段（番禺广场至陈头岗）开通运营。

**是月** 番禺区完成 5 宗工业用地挂牌成交，涉及工业用地 5.41 公顷。

## 4 月

**1 日** 国家级珠宝首饰产业创新研发中心项目在番禺工业经济总部园区开工。

**11 日** 番禺区 225 间学校超 22 万名师生有序开展线上教学。

**13 日** 广州大夫山榕树公园揭牌，是广州首个榕树主题公园。

**20 日** 番禺区 82 所学校 10.8 万名师生返校复课。

**28 日** 广东省举行庆祝“五一”国际劳动节及劳模表彰大会，海大研究院创新技术中心获“全国工人先锋号”；广汽埃安新能源汽车有限公司获“广东省五一劳动奖状”；有米科技双创示范基地团队获“广东省工人先锋号”；番禺祈福新邨房地产有限公司港澳事务办公室主任曾瑞滨获“广东省五一劳动奖章”。

**29 日** 广州首个数字人民币综合应用示范场景（数币岛）落户小谷围。

△ 番禺区广绣项目入选广东省第八批省级非物质文化遗产代表性项目名录。

## 5 月

**4 日** 番禺区港澳台青年创新创业基地授牌仪式在广州大学城创智园举办，粤澳青创国际产业加速器等 6 个孵化载体挂牌。

**13 日** 广东省首宗应用 VR 全景成像技术的农村集体资产交易项目（大龙街道旧水坑村丰达

五厂项目）在番禺区挂网公告。

**18 日** 由番禺博物馆与番禺区明珠古陶瓷标本博物馆合作创建的番博·明珠古陶瓷标本体验馆在番禺博物馆开馆。

**20 日** 番禺区政务服务中心万博分中心、大学城分中心揭牌，升级改造后的万博分中心加挂“广州市政务服务中心南站分中心万博服务厅”牌子。

**21 日** 番禺区城市管理和综合执法局与广州市林业和园林科学研究院在大夫山榕树公园签订“共建榕树公园”框架合作协议。

**23 日** 番禺区 2074 套市本级公租房启动分配。

**24 日** 番禺区禺锋蔬菜种植农民专业合作社获中华全国供销合作总社颁发“农民专业合作社示范社”牌匾。

**25 日** 南大干线（番禺大道节点立交）主线跨线桥通车。

**26 日** 梅州五华（番禺）大湾区经贸发展中心招商推介暨首批企业签约进驻活动在番禺万博商务区举行。

**27 日** 番禺区知识产权保护协会第一届第一次会员大会在区会议中心举行，番禺区成立知识产权保护协会。

△《中国历史文化名村广州市番禺区大岭村保护规划（2021—2035）》在广州市规划和自然资源局网站公示。

△ 番禺区人力资源和社会保障局、区总工会、区妇联主办的番禺区第十四届职业技能竞赛启动。

**是月** 番禺区出台实施“资本入番”行动 38 条，推动现代金融服务体系建设。

## 6 月

**6 日** 番禺区住房和城乡建设局对越秀地产开展集体约谈促进商品房销售规范化，加强房地产市场秩序整治。

**9 日**“信仰的力量——中国共产党人的家国情怀”档案展在番禺区国家档案馆开幕。

**10 日** 国家级渔港经济区试点番禺区渔港经济区揭牌系列活动在石楼镇海鸥岛举行。

△ 海珠湾隧道项目基坑开挖防汛应急演练在洛浦街联声工业区举行。

**13 日** 番禺区在全市率先实现存量房相关事项办理上线“晓屋办”。

**15 日** 番禺籍击剑运动员郭怡琪携队友获 2022 年亚洲击剑锦标赛女子佩剑团体第三名。

**25 日** 番禺区举行庆祝香港回归祖国 25 周年主题活动暨番港澳同心联谊会青年委员会成立仪式。

△ 第 34 届莲花文化旅游节“百莲好荷·连接幸福”在莲花山旅游区开幕。

**30 日** 南方电网广东广州供电局在番禺区建成的第 37 座 110 千伏公用变电站投入使用，为广州海珠湾隧道工程输电。

## 7 月

**1 日** 番禺公证处业务进驻区政务服务中心万博分中心，可受理国内和涉外公证业务。

**5 日** 广州市政府办公厅印发 2021 年真抓实干成效明显单位予以督查激励通报，番禺区被评为“推进社会信用体系建设工作成效明显区”。

△ 中国国际贸易促进委员会广州经贸摩擦预警中心番禺预警服务站在番禺区挂牌成立。

**5—6 日** 番禺区党政代表团到五华县调研乡村振兴驻镇帮镇扶村和对口帮扶工作。

**8 日** 由广东文艺职业学院和广州动漫行业协会联合主办的第一届“金木棉”数字影像盛典暨产教融合高峰论坛在广东文艺职业学院番禺校区实验剧场举行。

**12 日** 番禺区企业建设服务中心揭牌。

△ 番禺区举办 2022 年番禺区“十大名菜、名点”评选暨团体标准制定启动活动。

**14 日** 番禺区首宗农村集体建设留用地自建工业园项目——石碁镇石碁村石碁（同心）产业园项目签约。

△ 位于番禺区人民检察院的番禺区青少年法治教育基地、番禺区青少年犯罪预防基地揭牌。

**26日** 番禺区5个项目获第23届中国专利奖，其中4项专利获中国专利优秀奖、1个项目获中国外观设计优秀奖。

**29日** 广州市首个人大全过程人民民主实践基地在桥南街道揭牌。

△ 广州市番禺交通建设投资有限公司举行青年工作委员会、“青年之家”揭牌仪式，番禺区首个国企青年工作委员会揭牌。

△由番禺区委平安办主办、区公安分局承办的2022年番禺区最小应急单元比武活动展演暨建设工作现场会在星海青少宫体育场举行。

## 8月

**3日** 番禺区党政代表团赴南沙区学习调研，就贯彻落实《广州南沙深化面向世界的粤港澳全面合作总体方案》座谈交流。

**3—7日** 2022年“潭山乞巧文化节”在化龙镇举行，历时3年制作的《天后宫》乞巧作品首次展出。

**4日** 由海大集团旗下海兴农集团等单位育种的南美白对虾“海兴农3号”，入选全国水产原种和良种审定委员会审定通过的水产新品种。

**8日** 2022“全民健身日”主题活动暨中国田协大众田径健身达标系列赛（番禺站）在番禺区英东体育场举行。

**11日** 广东省公路事务中心组织举办2021年度“四好农村路”全国示范县授牌仪式，番禺区获评“四好农村路”全国示范县。

**16日** 大龙街道完成番禺区首宗农村宅基地使用审批管理业务。番禺区首张《农村宅基地批准书》颁发。

**18日** 2022年番禺区“十大名菜、名点”暨“金牌粤菜、粤点师傅”评选活动在骏丰喜宴举行。

△ 由番禺区委宣传部、区文广旅体局、区文联主办的“展时代风貌 讲中国故事”——2022年番禺区星海艺术季开幕式暨“粤韵飞扬　逐梦湾区”广东音乐会在番禺市桥文化中心举行，2022年番禺区星海艺术季系列文化活动启动。

**20日** 番禺籍摔跤运动员在广东省第十六届运动会竞技体育组摔跤项目比赛获3金、2银、3铜。

**22日** 市桥大桥改造工程实施全封闭施工。

**25日** 广州长隆旅游度假区入选文旅部公布的第二批国家级夜间文化和旅游消费集聚区名单。

△ 番禺区政务服务中心获“2022年广东省县（区）级标杆政务服务中心评估标杆政务服务中心”称号。

**25—26日** 在2022年度中国政务服务博览会上，番禺区政务服务中心被评为“政务服务优秀品牌单位”称号，番禺政务晓屋被评为“2022年度政务服务品牌创建典型”。

**26—29日** 番禺区城市建设展馆和乡村振兴展馆在第30届广州博览会展出。

**29日** 番禺区入选国家知识产权局公布的首批国家知识产权强国建设试点县（区）名单。

**30日** Shein（希音公司）、广汽埃安、小鹏汇天、探迹科技等4家番禺区企业上榜《2022年“全球独角兽榜”》。

△ 番禺区举办2022年第八届中国广州国际投资年会番禺区投资推介专场活动。

△ 广东番禺中学实验学校落成启用。

**31日** 由中华慈善总会组织开展的2021年度“全国慈善会系统榜样人物、企业暨慈善品牌项目宣传推荐活动”结果公布，敏捷集团获“2021年度爱心企业”称号。

## 9月

**1日** 广东省疾病预防控制中心病原微生物检验所获第七届广东省政府质量奖，实现番禺区检验检测产业链在省政府质量奖“零的突破”。

△ 广东仲元中学第二校区启用。

**6日** 广州铁路运输法院开

庭审理肖某某诉石楼镇政府作出的行政处罚决定及番禺区政府行政复议决定一案，区长叶珊瑚出庭应诉。

7日 番禺区海大集团入选全国工商联公布的2022中国民营企业500强榜单，位列第98。番禺区海大集团、好太太等多家企业上榜广州市“百强质量品牌”引领品牌榜TOP20等名单。

23日 番禺区人民政府发布关于番禺区桥南净水厂工程的建设通告。

28日 番禺“专精特新”企业集聚区揭牌，广州思林杰科技股份有限公司的多功能研发及生产基地项目动工。

29日 中国共产党广州市番禺区第十四届委员会第三次全体会议召开，会议审议通过《番禺区关于支持广州南沙深化面向世界的粤港澳全面合作的行动方案》。

## 10月

1日 大夫山森林公园南门智能AGV立体停车场开放试运营。

9日《广州市番禺区妇女发展规划（2021—2030年）》《广州市番禺区儿童发展规划（2021—2030年）》印发。

14日“老城市 新活力——广州传统中轴地标档案文献展”在广州大学城举行。

16日 番禺区各部门各单位党员干部职工、各界群众收听收看中国共产党第二十次全国代表大会开幕会。

19日 广州大学城获颁由英国标准协会（BSI）、全国城市可持续发展标准化技术委员会（SAC/TC567）签发的结题证书，标志中小城市可持续发展国际标准试点完成。

26日 广州万博商圈被广东省商务厅评为广东省级示范特色商圈。

## 11月

3日 番禺区传达贯彻中共二十大精神大会暨区正处级主要领导干部学习贯彻中共二十大精神专题研讨班开班。

7日 小鹏汇天旅航者X2纯电动载人飞行器获“中国优秀工业设计奖”金奖。

9日 番禺区中小学阶段学校（有住宿条件和全封闭管理条件的高三年级除外）暂停返校及线下教学，开展线上教学，幼儿园暂停返园，校外培训机构暂停线下教学，托管、托育机构暂停服务。

18日 2022年中国中小城市高质量发展指数研究成果发布，番禺上榜“2022年度全国综合实力百强区”第19位、“2022年度全国投资潜力百强区”第11位。

26日 广州万博商圈被广东省商务厅评为广东省级示范特色步行街（商圈）。

## 12月

6日 番禺区组织收听收看江泽民追悼大会实况。

△ 番禺经济技术开发区以汽车产业为特色入选2022年度广东省特色产业园区。

11日 位于广汽智联新能源汽车产业园内的因湃电池科技有限公司动工建设，是广州市最大的电池投资项目。

14日 海大集团上榜广东省工商联发布的“2022广东省民营企业100强”榜单，位列第19。

30日 2022年广州国际美食节以“缤纷湾区 食在广州”主题在主会场番禺万博四海城启动。

（番鉴）

# 番禺概貌



## 基本情况

【建置沿革】番禺为秦置古县。秦以前，番禺一带泛称百越之地。秦始皇三十三年（公元前214年），秦统一岭南，并在该地设立桂林、南海、象郡3个郡。其中，南海郡跨粤东、粤中及粤北大部，下设番禺、博罗、四会、龙川4个县，番禺为南海郡郡治所在地，番禺建县自此始。建县之初，番禺境域广阔，古今地方志记载：番禺县境域范围大致北至中宿（今清远），东与博罗相接，西与四会相连，南至包括现香港、澳门之滨海之地。至2022年，番禺设县有2236年历史，境域多次变动，先后析出增城、东官（东莞）、南海、从化、花县等，并由这些县再析出龙门、香山（中山）、新安（宝安）、顺德、三水、珠海、斗门等县市以及香港、澳门地区。

1921年，广州正式建市，捕属（广州市东半部）及河南街区划为市区。1930年9月起，现广州市天河、黄埔、越秀、海珠区等原属番禺县域陆续划入广州市区。1949年中华人民共和国成立后，分数次将禺北、禺东一带划入广州市区。1950年，禺北的北兴乡划归花县；南海县的上恩洲乡划入番禺；禺东十五屯乡划归东莞县；禺南九如乡的沙亭、南涌、乌洲划归顺德县；禺北嘉禾乡的江夏、陈田和佛岭乡的萧岗、黄田及新市划归广州市。1953年，禺东的茅岗、员村、新塘、观音约、珠村、石宦龙、车陂、棠下、长湴、沙浦、双岗、文冲、横沙、萝岗、东圃、鱼珠等村及禺南彬社乡的长洲岛划归广州。1958年1月，禺北和禺东的南岗、萝岗、黄陂、石井、江村、嘉禾、神山、岗楼、鸦湖、蚌湖、同文、太和、龙归、良田、竹料、钟落潭、九佛17个乡划归广州。1959年，原属中山县的大岗镇、大岗公社（后析出黄阁公社）、万顷沙公社（后析出南沙公社）和珠江农场划归番禺。1975年1月，番禺县新造公社的深井大队划归广州市黄埔区。1991年，番禺县辖22个镇、305个村民委员会、81个居民委员会，总面积1313.8平方千米。

1992年5月，撤销番禺县，设立番禺市。2000年5月，撤销番禺市，改为广州市番禺区。2005年4月28日，番禺区的南沙街道和万顷沙镇、横沥镇、黄阁镇，灵山镇的庙南村、七一村和庙青村的部分区域以及东涌镇的庆盛村、沙公堡村、石牌村的各一部分区域划出，设立广州市南沙区。2012年12月，番禺区东涌、大岗、榄核3个镇划归南沙区管辖。

【地理位置】番禺地处北纬22°26′～23°05′、东经113°14′～113°42′。位于广州市南部，东有狮子洋，西有陈村水道，南有沙湾水道，北是珠江后航道。

【区划面积】番禺区总面积529.94平方千米，下辖11个街道、5个镇（市桥街道、桥南街道、东环街道、沙头街道、洛浦街道、小谷围街道、钟村街道、石壁街道、大石街道、大龙街道、沙湾街道、石碁镇、南村镇、石楼镇、新造镇、化龙镇），有177个村民委员会和98个社区居民委员会。

【地形地貌】番禺地处珠江三角洲西、北江下游滨海地区，四面环水，境内市桥水道以北是市桥台地（俗称“大箍围”），以低丘岗地为主，坡地平缓，较高的山岗有大乌岗（海拔226.6米）、青萝嶂（海拔198.2米）、浮莲岗（海拔116.6米）、莲花山（海拔105米）；市莲路以南是番禺冲缺三角洲地形。

【人口】至2022年年末，番禺区常住人口280.74万人，其中户籍人口116.71万人，登记在册来穗人员178.84万人，实际管理服务人口超400万人。

【方言】番禺境内不同地方语音差异明显。主要分为三大片话音系，一是市桥片：含市桥、大石、南村、新造、化龙、石楼、石碁等镇（街道）的民田地区，该片靠近广州城区，语音也与广州话接近；二是沙湾片：位于辖区西部一带，含沙湾、沙头、钟村等地，该片靠近顺德东侧，语音与顺德话接近；三是沙田片：包括沿着珠江及沙湾水道旁边的沙田地带，如洛浦街道的南浦东、南浦西，化龙镇的复甦、明经、水门，石楼镇的茭塘、南派、清流、沙南、沙北、裕丰、联围，石碁镇的海傍、大刀沙、前锋、长坦、雁洲，桥南街道的陈涌、蚬涌、草河等地，语音与疍家话接近。

（番鉴）

【民族】2022年，番禺区有少数民族人口约9.52万人，包含55个少数民族，其中占比最多的是壮族、瑶族、土家族、苗族、侗族。番禺区少数民族流动人口最多的5个镇（街道）分别是南村镇、大石街道、大龙街道、沙头街道、石碁镇，少数民族流动人口最多的5个社区分别是星汇社区、祈福新邨社区、缤纷汇社区、石楼社区、沙头社区。

【宗教】2022年，番禺区正式合法登记开放的宗教活动场所和聚会点有9处。其中，有佛教场所1处，为莲花禅寺；天主教场所1处，为大石天主教活动点；基督教场所7处，分别为基督教市桥堂及其下属大石、新造、石楼、祈福、丽江和大南路6个聚会点。筹备设立规划建设场所为佛教的海云寺、道教的赤松宫及基督教的番禺堂。

（卢泽超）

【气候】番禺区属亚热带季风气候区，夏长无冬，日照充足，雨量充沛，四季宜耕，物产丰富。

2022年，番禺区天气气候的总特征是：冷暖波动大，低温阴雨重，高温史上最强；开汛早，降水极端性强；台风多。

全年平均气温23.2℃，较近10年同期偏低0.3℃，其中极端最高气温38.4℃，极端最低气温4.7℃。高温日数37天，7月21日至8月2日连续13天出现≥35℃的高温天气，出现历史最强高温过程。

全年降水量1757.6毫米，较近10年同期偏少6%，较2021年偏多35%。降水阶段性特征明显，1月、4月均较近10年同期偏少90%；2—3月、5月、11月则较近10年同期偏多。3月24日全省开汛，较常年（4月11日）偏早18天。“龙舟水”期间降雨频繁，暴雨集中，全区平均累积雨量297.6毫米，出现4次暴雨过程。汛期（3月24日至10月26日）降水量为1350.5毫米，较近10年同期偏少15%，较2021年同期偏多24%。

是年，有9次中等以上强度冷空气影响番禺区，其中强冷空气有6次。“9·8”极端局地大暴雨袭击番禺区，沙头、大石、石壁3个街道的最大时雨量分别达到102.6毫米、100.0毫米、96.6毫米，打破番禺区有气象记录（1959年）以来小时最强降雨历史纪录。高温天里下冰雹，7月29日傍晚出现强雷雨，其中石碁镇于18时24分左右出现冰雹，直径大约1厘米，持续时间约6～8分钟。7月2日15时，台风“暹芭”在茂名电白沿海登陆时中心附近最大风速35米/秒，对番禺区的风雨影响为较严重等级。

（李芷琪）

【环境质量】2022年，番禺区生态环境质量持续改善。环境空气质量综合指数3.41，在广州市11个行政区中排名第4，排名同比上升1位。全年空气质量达到优、良的天数有298天，空气质量优良率为81.6%，同比减少2%。参照《环境空气质量标准》（GB3095—2012）二级标准，2022年番禺区环境空气6项污染指标中，臭氧第90百分位浓度超标，二氧化硫、二氧化氮、$PM_{10}$、$PM_{2.5}$、一氧化碳浓度均达标；$PM_{2.5}$是实施新标准以来连续5年达到国家标准。其中二氧化硫平均浓度为7

微克 / 米$^3$，同比持平；二氧化氮平均浓度为 31 微克 / 米$^3$，同比下降 11.4%；$PM_{10}$ 平均浓度为 38 微克 / 米$^3$，同比下降 15.6%；$PM_{2.5}$ 平均浓度为 21 微克 / 米$^3$，同比下降 12.5%；臭氧第 90 百分位浓度为 184 微克 / 米$^3$，超标 0.15 倍，同比上升 4.0%；一氧化碳第 95 百分位浓度为 0.9 毫克 / 米$^3$，同比持平。

全年降水 pH 值范围在 5.97 ～ 6.83，pH 平均值为 6.13，不属于酸雨，同比减少 0.16 个 pH 值；未出现酸雨情况，酸雨频率同比持平。

地表水环境水质指数 3.91，在全市排名第四。市桥水道为Ⅲ类水质，水质良好，同比持平；沙湾水道为Ⅱ类水质，水质优，同比持平；莲花山水道为Ⅲ类水质，水质良好，同比持平；三个水道水质均达到或优于水质目标要求。城市集中式饮用水水源地和乡镇饮用水水源地水质均为Ⅱ类水质，全部达标。墩头基、莲花山、大龙涌口 3 个国考断面水质分别为Ⅲ、Ⅲ、Ⅱ类标准，均达到考核要求。

全年城市区域环境噪声昼间等效声级平均值为 54.6dB(A)，同比下降 0.2dB(A)，总体水平划分达到二级“较好”水平。道路交通噪声等效声级路长加权平均值昼间为 69.4dB(A)，同比持平，强度等级划分达到二级“较好”水平。

（李晓旋）

【文化民俗】番禺具有深厚的历史文化底蕴，素有“岭南画派发祥地”“广东音乐之乡”“飘色之乡”的美誉。有多项地方特色民间艺术，沙坑醒狮、沙涌鳌鱼舞、沙湾飘色、番禺水色、潭山飘色、员岗飘色、砖雕、广绣、广彩、广东音乐等享誉海内外。其中，广东醒狮、广彩、潘高寿传统中药文化被列入国家级非物质文化遗产保护名录；砖雕、鳌鱼舞、沙湾飘色、番禺水色、广东音乐被列入省级非物质文化遗产保护名录。1997—2022 年，沙湾街道（飘色、广东音乐、鱼灯）、大龙街道沙涌村（鳌鱼舞）、沙湾街道沙坑村（龙狮）、化龙镇潭山村（飘色）、钟村街道（龙狮）、石楼镇（龙舟）、南村镇（岭南文化）先后被评为中国民间艺术之乡。18 个单位被评为省级民间艺术之乡和民间文化传承基地。沙湾镇（2005 年）和石楼镇大岭村（2007 年）被建设部、国家文物局先后命名为中国历史文化名镇和中国历史文化名村，南村镇、石楼镇大岭村先后被中央精神文明建设指导委员会认定为“全国文明镇”“全国文明村”，化龙镇潭山村被广东省住房和城乡建设厅、广东省文化厅认定为广东省历史文化名村。

（侯珏）

【土特产品】番禺农业种养历史悠久，农副产品各具特色。土特产品主要有大石慈菇、大石马蹄、大石灯芯草、新造大番薯、沙湾水牛奶、海鸥岛胭脂红番石榴、番禺麻虾、番禺禾虫等。大石慈菇有 300 年种植历史，呈卵形，有光泽，营养丰富，适合长期贮存，曾被称为“救荒本草”，在古代有“多子多孙”寓意。大石马蹄个体大，肉质洁白，口感清甜，可磨成“马蹄粉”，制成各色甜品糕点，大石脆皮马蹄糕是番禺十大名点之一。大石灯芯草历史可追溯到唐代，曾被誉为“禾秆里的珍珠”，其性微寒，味甘，具有清热利尿、安神镇惊的功效，常用作“去湿粥”原料。新造大番薯生吃清香甜爽，熟吃香浓甘甜，深受民众喜爱。沙湾水牛奶也叫“珠状奶”，奶味浓郁，可制成姜埋奶、窝蛋奶、蛋奶糊等。海鸥岛胭脂红番石榴本地称鸡屎果，是岭南水果之一，果肉和果囊呈粉红色，果实内外三层各有风味，口感细嫩清脆。番禺麻虾产于狮子洋海鸥岛水域，得益于常年在 2‰～ 15‰咸淡水环境及干净清洁的泥沙底栖息环境，虾壳薄肉嫩，味道鲜甜，成为本地最有特色的水产品之一。番禺禾虫喜居于稻田中，番禺区采用“水稻 + 禾虫”绿色高效种养模式，不使用化肥、农药，提升禾虫、稻米品质，实现“一田双收”。

（杨忠）

【交通枢纽】番禺境内交通发达。截至 2022 年年末，全区公路通车里程 708.961 千米。其中，高速公路 102.295 千米，一、二、三、四级公路分别为 144.059 千米、103.085 千米、182.070 千

2023年10月26日，广州万博商圈被评为广东省级示范特色商圈（郭锦华 摄）

米、177.452千米。年末公路桥梁300座，其中大型及以上桥梁187座。全年全区货运量1089.7万吨，增长17.9%；货物周转量13.08亿吨千米，增长18.7%；客运量1.25亿人次，下降27.6%，旅客周转量10.99亿人千米，下降28.9%。港口货物吞吐量1279万吨，下降9.7%。

（杨旭冰）

**【历史名人】**番禺历史悠久，人文郁盛，代有精英，著名人物众多。南宋李昴英，在文化上有岭南“词坛射雕手”之称，为官清正，屡斗权奸。明代著名诗人黎遂球，被誉为“牡丹状元”，临危受命，率军抗击南下清兵，阵亡于赣州。明末清初著名学者、诗人屈大均，与陈恭尹、梁佩兰并称“岭南三大家”，有“广东徐霞客”的美称。清咸丰年间，陈显良、林洸瀣等响应广东天地会起义，参加并领导红巾起义。新民主主义革命时期有黎炎孟、陈复等为革命壮烈牺牲。有粤乐名家何博众、何柳堂、何少霞、何与年，教育家何剑吴、张瑞权，名画家高剑父、陈树人、高奇峰、关良，方志学家邬庆时，摄影家石少华，话剧名家黄佐临，版画名家李桦，名诗人张采庵，书法名家李天马、麦华三，粤剧名家文觉非，高分子化学家何炳林，名医张竹君、黄省三，武术家黄啸侠。港澳同胞有名商何贤、霍英东等。

（番鉴）

## “五位一体”建设

**【经济建设】**2022年，番禺区经济发展稳中有进，全年地区生产总值2705.47亿元，增长1.4%，总量位列全市各区第四，增速位列全市各区第五。在构建现代产业体系方面，出台《广州市支持番禺区建设智能网联与新能源汽车产业创新基地实施方案》，加快推进番禺区智能网联与新能源汽车产业创新基地建设。围绕汽车制造、通用设备、纺织服装、珠宝首饰等重点行业和领域构建“链长制”，推动13条现代产业链高质量发展。在产业发展方面，规上工业总产值2671.26亿元，增长9.4%，增速全市第一；规上工业增加值559.53亿元、增长8%，增速全市第一。实施汽车产业“三年翻番”计划，2022年，实现汽车产量53万辆、工业产值1019亿元；广汽埃安第二工厂、时代广汽动力电池、祺盛动力总成二期竣工投产。现代服务业提质增效，限上商业额2655.05亿元，增长19.9%，规上服务业企业超1000家，营收超亿元的互联网软信业企业42家。在功能片区建设方面，番禺经济技术开发区被批准为国家新型工业化产业示范基地和广东省特色产业园区。国家未来产业科技园落户广州大学城。制定《番禺区推进广州市培育建设国际消费中心城市实施方案》，长隆旅游度假区获评国家夜间文化和旅游消费集聚区，长隆万博商务区完成扩区，万博商圈被评为广东省级示范特色商圈。广州南站地下空间基本完工。亚运大道经济带规划前期研究成果初步形成，番禺智造创新园启动建设，番禺专精特新企业集聚区揭牌。在科技创新驱动方面，R&D 占比为 3.17%，新增上市企业 2 家、国家级专精特新“小巨人”企业 12 家、全球“独角兽”创新企业 4 家。连续 5 年获全市质量工作考核第一。入选首批国家知识产权强县建设试点县（区），全区有效发明专利 11781 件。在市场主体增长方面，全年新登记各类市场主体 5.11 万户，增长 10.32%。全区实有市场主体 35.3 万户，同比净增长 9.66%。企业迁移实现户数和注册资本双顺差，其中跨区迁移户数顺差 2052 户，注册资本顺差 185.67 亿元，迁移户数顺差全市第一。招商工作取得突破，全年注册落地项目 155 个，协议投资总额 756 亿元。制定《番禺区优化营商环境 5.0 改革工作举措清单》，构建企业全生命周期服务体系。

【政治建设】2022 年，番禺区以习近平新时代中国特色社会主义思想为指导，学习贯彻中共十九大和十九届历次全会以及中共二十大精神，围绕“疫情要防住、经济要稳住、发展要安全”要求，实现高质量发展，推进现代化建设。坚持党建引领基层治理，打造河涌治理、爱树护绿等党员回居住地服务应用场景，推进抓党建促乡村振兴示范创建，制定《番禺区抓党建促乡村振兴示范区、示范镇（街）、示范村创建工作方案》。规范人大代表联络站建设，拓宽人大代表与人民群众联络渠道。按照广州市人大代表联络站工作指引，在“中心联络站 + 村（居）联络站”全覆盖网格体系基础上，以点带面全面规范代表联络站工作的流程、步骤和档案要求。选取政府工作重点、群众关心热点，组织代表开展专题调研和视察，推荐人大代表参加“一府两院”组织的论证会、听证会、整改工作验收会等活动。开展行政审批事权管理，全面检查评估行政审批事权承接下放工作，理顺区行政审批事权下放承接工作流程。强化行政审批事权监管，健全政务服务事项动态管理机制，规范区权责清单和政务服务事项标准化管理。全区 29 个区级部门通过广东政务服务网“政务公开”专栏公布权责清单事项 5325 个。依托“穗好办”“禺好办”提供政务移动办理支撑，政务服务事项在“穗好办”番禺专区上线 414 项，“禺好办”小程序上线 421 项。发挥区政协专门协商机构作用，拓宽委员履职平台和渠道，健全区政协领导走访联系政协镇、街道工作室督导工作机制、镇街工作室委员接访收集和反映社情民意工作机制。将十五届区政协 300 多名委员划分到 13 个界别小组和 16 个镇、街道工作室（工作室不含港澳委员），建成 10 个镇、街道级政协主题公园、5 个村（居）级政协宣传阵地、21 个委员个人工作室。区政协各镇、街道工作室开展走访慰问 33 次。完善纪律检查体制，制定印发《关于进一步健全容错纠错机制 激励党员干部担当作为的实施意见（试行）》，列明 6 个方面容错判断标准和 10 个重点领域容错情形，构建事前容错备案、事中容错申请、调查容错同步的容错免责机制，打造“启动—调查—反馈—归档—倒查”的完整处置链条。

【文化建设】2022 年，番禺区精神文明建设委员会全体会议审议通过《番禺区深化拓展新时代文明实践阵地建设工作方案》。印发《新时代文明实践中心（所、站）阵地标识指引》，打造石碁镇新时代文明实践所，桥山村、前锋村和塱边村新时代文明实践站等“一所三站”市级示范点。依托“掌上番禺”、番禺有线数字高清系统、番禺文明网等融媒体矩阵的平台资源，开展主题宣传教育活动线上直播 8 场。举办“2022 唱响新时代广州首届大湾区粤曲擂台赛”活动。组织文明实践活动 659 场。开展区第二期红色革命遗址讲解员综合能力提升实践活动，开展红色革命遗址线上打卡活动，参与线上打卡 7579 人次。建立番禺区非物质文化保护工作联席会议，印发联席会议制度，搭建了区政府各有关职能部门联系沟通的平台，完善区非遗保护名录体系，新增5个省、市级非遗代表性项目名录。设立全市首个区级文物管理和历史文化名城保护委员会，统筹开展全区历史文化遗产保护利用工作，激活区文管和名城委会议机制，推进56个文物保护项目，评审10项文物修缮设计方案、2项文物保护规划，验收8项文物保护工程。制定实施《广州市番禺区国家文化出口基地建设方案》，在沙湾珠宝产业园设置“国家文化出口基地·广州番禺珠宝产业展”展厅。研究制定《番禺区推动文旅体产业高质量发展扶持政策》，全面推进文旅体产业链（含文化遗产保护和活化利用）工作。推动番禺区文化产业园区提质升级，西坊大院文化创意产业园于2022年6月被评为市级文化产业示范园区。广州巨大创意产业园于11月被评为2022年度广东省省级文化产业示范园区创建单位。

**【社会建设】**2022年，番禺区统筹推进社会治理工作，开展扫黑除恶斗争，深化信息网络、自然资源、交通运输、工程建设、金融放贷等行业领域专项整治工作，深化行业日常监管，打防管控建同步推进。在大夫山公园百米宣传长廊布置《中华人民共和国反有组织犯罪法》图片和释义。健全公安武警联勤武装巡逻、最小应急单元等群防群治力量参与巡防工作等社会治安巡逻机制，坚持组织开展实战化培训和演练，基本实现“1分钟自救、3分钟互救、5分钟警力到场处置”的应急处置体系。健全灵活就业劳动用工和社会保障政策，贯彻广州市灵活就业人员参加企业养老保险、失业保险办法和超过法定退休年龄等8类人员参加工伤保险办法，实现社保业务100%网上可查可办，参保人可通过“粤省事”微信小程序或广东政务服务网查询参保缴费情况。

**【生态文明建设】**2022年，番禺区印发实施《番禺区镇街生态环境保护责任考核办法（试行）》，强化镇街生态环境保护属地责任，构建以镇、街道生态环境保护责任考核、环境空气质量考核和环保员队伍工作考核为主的生态环境保护领域考核工作机制，将相关评价结果应用到镇、街道绩效考核。编制完成并印发实施《番禺区生态文明建设规划（2021—2035）》。印发实施《番禺区创建国家生态文明建设示范区工作方案》。配合广州市推进大气环境预警防控网络建设，新建11个镇、街道环境空气自动站项目，并通过专家验收，该项目与原有的国控、市控环境空气自动监测站共同组成全区空气质量自动监测网络，实现辖区内16个镇、街道全覆盖监测。印发实施《番禺区“三线一单”生态环境管控单元技术审查指引》《番禺区“三线一单”生态环境分区管控实施应用宣贯工作方案》，将空间布局约束、污染物排放控制、环境风险防控等管控要求，贯穿建设项目环评审批、排污许可证核发和事中事后监管全过程。编制《大学城海绵城市示范片区建设方案》，因地制宜改善大学城片区水生态环境，统筹推进建筑小区、道路广场、公园绿地及水务工程等项目建设。成立番禺区园林绿化专业委员会，制定印发《番禺区园林绿化专业委员会议事制度》。大夫山森林公园作为迁地保护示范区纳入华南国家植物园创建方案。印发《番禺区碳达峰碳中和工作领导小组组建方案》，成立番禺区碳达峰碳中和工作领导小组及办公室。研究制定《番禺区分布式光伏推广应用工作方案》，完成全区六大高耗能行业企业及光伏建设资源摸查调研，鼓励区内工商业企业、产业园区等建设分布式光伏发电项目。

（郭东宏）

# 区领导机关



## 中共广州市番禺区委员会

### 综述

**【概况】**2022年，中国共产党广州市番禺区委员会（简称番禺区委）设党委机构10个，其中纪检监察机关1个、工作机关9个，分别为中共广州市番禺区纪律检查委员会广州市番禺区监察委员会机关、中共广州市番禺区委办公室、中共广州市番禺区委组织部、中共广州市番禺区委宣传部、中共广州市番禺区委统一战线工作部、中共广州市番禺区委政法委员会、中共广州市番禺区委机构编制委员会办公室、中共广州市番禺区直属机关工作委员会、中共广州市番禺区委巡察工作领导小组办公室、中共广州市番禺区委老干部局。是年，番禺区委以习近平新时代中国特色社会主义思想为统领，落实“疫情要防住、经济要稳住、发展要安全”要求，迎接和学习宣传贯彻中国共产党第二十次全国代表大会精神，统筹经济社会发展，推进大规模迁移砍伐城市树木问题整改，推动番禺改革发展各项事业取得新进展。召开了中共番禺区委十四届二次、三次全会，召开番禺区委常委会会议47次。

**【中国共产党广州市番禺区第十四届委员会第二次全体会议】**于2022年1月18日召开。全会审议通过了《中共广州市番禺区委关于深入学习贯彻党的十九届六中全会精神的若干措施》。

会议强调，要全面贯彻落实习近平总书记、中共中央决策部署，稳字当头、稳中求进，坚持筑牢实体经济根基，推动制造业提质增效，扩大有效投资，力推消费扩容提质促进产业集聚，推动经济实现质的稳步提升和量的合理增长。坚持创新是第一动力，打造科技创新策源地，发挥企业创新主体作用，优化科技创新生态圈。坚持把握数字经济发展趋势和规律，构建数产融合的数字经济，夯实面向未来的数字底座，打造融合普惠的数字社会，建设精准高效的数字政府，推动城市全面数字化转型。用好改革开放关键一招，打造粤港澳大湾区核心引擎，推动营商环境优化升级，深化重点领域改革攻坚，持续扩大高水平对外开放，建设凸显核心竞争优势的大湾区重要枢纽。坚持城乡融合发展，强化城市规划引领和刚性管控，科学有序实施城市更新行动，建设湾区交通枢纽，加强城市精细化品质化管理，实施乡村振兴战略，提升城市能级和核心竞争力。坚持提升文化综合实力，聚力培根铸魂育人，焕发城市文化魅力，提升文化事业品质，激发文化产业活力，打造岭南文化特色区。坚持人与自然和谐共生，构筑绿色生态屏障、加快绿色低碳发展，打好污染防治攻坚战，弘扬地质文化厚植生态观念，建设更高品质的岭南水乡。坚持共同富裕方向，促进充分就业，提供优质公共服务，完善可靠社会保障，满足人民美好生活需要。以大概率思维应对小概率事件，维护国家政治安全，防范化解经济金融领域风险，维护社会大局稳定，保障城市安全运行。

**【中国共产党广州市番禺区第十四届委员会第三次全体会议】**于2022年9月29日召开。全会审议通过《番禺区关于支持广州南沙深化面向世界的粤港澳全面合作的行动方案》（简称《南沙方案》）。全会强调，要牢牢把握《南沙方案》实施重大机遇，主动对接、主动支持、主动服务，在加快共建高水平对外开放门户、建设科技创新产业合作基地、创建青年创业就业合作平台、打造规则衔接机制对接高地、建立高质量城市发展标杆等方面，以番禺所能对接支持服务南沙所需，在奋力开创南沙开发开放新局面中展现番禺担当、番禺作为。

全会强调，要坚持稳字当头、稳中求进，打造以新汽车为代表的智能网联与新能源汽车产业生态，打造以服装珠宝等时尚消费为代表的数字化快时尚产业生态，扩大有效投资，加强暖企安商招商，推动经济高质量发展。坚持创新引领、自立自强，加快广州人工智能与数字经济试验区大学城片区建设，培育壮大高新技术企业，以“三旧改造”为抓手拓展发展新空间，促进科技产业融合发展。坚持标本兼治、纵深推进大规模迁移砍伐城市树木问题整改。坚持人民城市人民建、人民城市为人民，建立国土空间规划体系，做强综合交通枢纽，推进党建引领城中村综合治理，提升城市管理水平，全面推进乡村振兴。坚持生态优先、绿色发展，坚决打好水环境治理三年攻坚战，举全区之力完成中央环保督察反馈问题整改，有序推进碳达峰碳中和，守护生态宜居环境，建设人与自然和谐共生的美丽番禺，为华南国家植物园体系建设作出番禺贡献。坚持以人民为中心的发展思想，加大稳就业力度，提升教育和卫生健康事业水平，提升城市文化魅力，做好社会保障工作，提升人民生活品质。坚持统筹发展和安全，守稳守牢国家政治安全“南大门”，维护社会大局稳定，防范化解安全风险，建设更高水平的平安番禺。全会强调，加强党的全面领导和党的建设，落实《推进领导干部能上能下规定》，建设高素质专业化干部人才队伍，推进正风肃纪反腐，推动各项工作落地见效。

2022年1月18日，中国共产党广州市番禺区第十四届委员会第二次全体会议在区会议中心召开（陈良 摄）

【中共广州市番禺区委常委会会议】2022年，中共广州市番禺区委常委会召开会议47次。

【党委信息工作】2022年，中共广州市番禺区委办公室编发《番禺信息》249期、《番禺信息情况反映专刊》72期、《番禺工作》13期。向上级报送信息稿件567篇，其中获中央办公厅采用4篇、获广东省委采用68篇、获广州市委采用197篇。番禺区党委信息工作在全省118个直报点中排名第一，在全市排名第一。

【督办区委重点工作】2022年，番禺区对中共番禺区委重点工作任务和中共广州市委主要领导调研番禺指示精神分解立项督查，实行定责任部门、定责任领导、定工作任务、定工作要求、定落实时限的“五定”督办工作法。在中共番禺区委第十四次会议重点工作任务分解清单基础上，结合中共番禺区委十四届二次、三次全会部署的工作任务，形成2022年度区委重点工作任务分解清单10个板块301项事项进行督办。全年办理领导批示件236件、报告呈阅357件，发出督办通知书39份、《督查专报》14份。制定印发《关于省委、市委、区委主要领导批示及交办事项的闭环督办工作制度》。

【全面深化改革】2022年，番禺区加强改革谋划，制定出台年度改革工作要点、重大改革

表 1

## 2022 年中共广州市番禺区委常委会部分会议情况一览表

| 会议时间 | 届次 | 议题内容 |
|---|---|---|
| 1 月 6 日 | 十四届第 11 次 | 传达学习贯彻习近平总书记关于保密工作的重要指示批示精神和中办、国办有关人员管理文件精神，审议《广州市番禺区人民政府国有资产监督管理局关于确定区属一级企业负责人 2021 年度经营业绩考核目标值的请示》及番禺区政府十八届第 3 次常务会议所议定意见、《中共广州市番禺区委十四届二次全会工作方案》、《关于召开广州市番禺区第十八届人民代表大会第二次会议有关事项的请示》、《关于召开区政协十五届二次会议的请示》、《关于增设区委农村工作领导小组办公室常务副主任、区乡村振兴局常务副局长职数的请示》、《关于增设区纪委监委机关党委专职副书记职数的请示》、《关于广州大学城创新促进中心机构规格调整的请示》等文件材料 |
| 1 月 13 日 | 十四届第 12 次 | 传达学习贯彻习近平总书记在中央城市工作会议上的重要讲话精神和《广州市城市树木保护管理规定（试行）》精神，市委常委会会议有关精神，研究下一步工作，审议《政府工作报告》《2022 年番禺区十件民生实事候选项目》《广州市番禺区 2021 年国民经济和社会发展计划执行情况与 2022 年计划草案报告、广州市番禺区 2022 年国民经济和社会发展计划草案》《广州市番禺区财政局关于报送 2022 年地方政府再融资债券需求的请示》《广州市番禺区财政局关于审批〈广州市番禺区 2021 年预算执行情况和 2022 年预算草案的报告（代拟稿）〉的请示》等文件 |
| 1 月 17 日 | 十四届第 13 次 | 传达学习习近平总书记关于做好“三农”工作的重要指示精神、中央农村工作会议精神及省委常委会会议、市委常委会会议精神，听取番禺区“三农”工作情况的报告，审议中共广州市番禺区委十四届二次全会有关材料和《关于审议中国共产党广州市番禺区教育局直属机关委员会延期换届的请示》文件，研究有关工作 |
| 1 月 18 日 | 十四届第 14 次 | 听取区委办汇报区委十四届二次全会分组会议对黄彪代表区委常委会作的报告、《中共广州市番禺区委关于深入学习贯彻党的十九届六中全会精神的若干措施（稿）》、全会《决议（草案）》等文件的讨论情况和修改意见建议的汇总情况，审定拟提请全会表决的《中共广州市番禺区委关于深入学习贯彻党的十九届六中全会精神的若干措施（稿）》、全会《决议（草案）》 |
| 1 月 29 日 | 十四届第 17 次 | 传达学习习近平总书记在省部级主要领导干部学习贯彻中共十九届六中全会精神专题研讨班上的重要讲话精神及省委常委会会议、市委常委会会议精神，市人大十六届一次会议、市政协十四届一次会议和市委书记林克庆在参加番禺代表团审议时的讲话精神，审议《广州市公安局番禺区分局关于接收 100 名 2022 年度新警的请示》《关于在区城市管理和综合执法局加挂区园林绿化局牌子的请示》和《关于在区文化广电旅游体育局加挂区文化市场综合行政执法大队牌子的请示》等文件，研究部署春节前后保供稳价、交通组织、安全生产、社会稳定和值班值守等有关工作 |

续表 1

| 会议时间 | 届次 | 议题内容 |
| --- | --- | --- |
| 2 月 9 日 | 十四届第 18 次 | 审议区委组织部提交的《关于个别区人大代表辞职和补选的请示》《番禺区推荐提名广东省出席党的二十大代表候选人推荐人选名册》，研究有关人事任免 |
| 2 月 16 日 | 十四届第 19 次 | 传达学习习近平总书记在十九届中央纪委六次全会上的重要讲话精神和中央纪委全会精神、省纪委全会精神、市纪委全会精神，省主要领导在广州调研座谈时的讲话精神及市委十二届第二次全会、市委常委会有关会议精神，听取省委巡视反馈意见整改工作领导小组各专责小组阶段性工作情况的报告，审议《关于召开中共广州市番禺区第十四届纪律检查委员会第二次全体会议的请示》《关于进一步健全容错免责机制激励党员干部担当作为的实施意见（试行）》《珠江口渔港经济区创建工作领导小组办公室关于审定番禺国家级沿海渔港经济区项目分工方案的请示》《关于报送番禺区水污染防治工作专项巡察反馈问题落实整改情况的报告》《番禺区推进落实省委巡视反馈问题“二次整改”情况报告》《中共广州市番禺区委组织部关于审议区卫生健康局直属机关党委及区财政局直属机关党委召开第二次党员代表大会进行换届选举的请示》等文件材料，研究部署番禺区有关工作 |
| 2 月 25 日 | 十四届第 20 次 | 传达学习习近平总书记在中共中央政治局第三十六次集体学习时的重要讲话精神及 2 月 18 日市整改工作调度会精神、习近平总书记对政法工作作出的重要指示精神及中央、省委、市委政法工作会议精神，传达学习全国、省、市组织部长会议精神，中央和省市关于领导干部兼职有关政策规定及《中共广州市委组织部关于领导干部违规兼职取酬问题专项整治暨在企业兼职问题专项清理工作情况的通报》，听取区人大常委会、区政府、区政协、区人民法院、区人民检察院党组工作报告，审议《中共广州市番禺区委组织部关于召开 2022 年番禺区组织系统工作会议的工作方案》《广州市番禺区财政局 广州市番禺区发展改革局关于 2022 年新增专项债券提前下达额度安排项目的请示》《政协广州市番禺区委员会 2022 年度协商监督议题》，研究部署专项整改、政法等有关工作，研究有关人事任免 |
| 2 月 28 日 | 十四届第 21 次 | 传达学习市委常委会（扩大）会议有关精神，听取和审查番禺区基层党（工）委书记抓基层党建工作述职并进行评议，研究部署下一步工作 |
| 3 月 9 日 | 十四届第 22 次 | 传达学习贯彻习近平总书记在中共中央政治局第三十一次集体学习时的重要讲话精神、中央办公厅印发的《关于加强巡视整改和成果运用的意见》精神和有关会议精神、贯彻落实《广东省纪委监委关于督促召开以案促改专题民主生活会的办法》的通知精神和全国、省、市统战部部长会议精神，听取区整改办关于近期整改进展情况通报、十四届区委第一轮巡察工作情况汇报、区审计局关于贯彻落实《关于加强党政主要领导干部和国有企事业单位主要领导人员经济责任审计的若干措施》意见的情况汇报，审议《中共广州市番禺区委关于政治要件、区委主要领导批示及交办事项的督办工作制度（送审稿）》《中共广州市番禺区委机构编制委员会关于在区文化广电旅游体育局加挂区文物局牌子的请示》《番禺区推荐提名广州市出席省党代会代表候选人推荐人选名册》，研究部署整改、督办、统战等有关工作 |

续表 1

| 会议时间 | 届次 | 议题内容 |
|---|---|---|
| 3月16日 | 十四届第23次 | 传达学习贯彻习近平总书记在全国两会上的重要讲话和全国两会精神，习近平总书记在2022年春季学期中青年干部培训班开班式上的重要讲话精神，听取区委组织部关于整改以来全区选拔任用专业化干部、开展教育培训、激励担当作为情况的报告，区整改办关于近期整改进展情况的报告，审议《中共广州市番禺区委组织部关于推荐全国“人民满意的公务员”和“人民满意的公务员集体”初步人选的请示》《中共广州市番禺区委机构编制委员会办公室关于成立广州市番禺区企业建设服务中心的请示》《中共广州市番禺区委机构编制委员会办公室关于调整区基建办等单位机构编制事项的请示》等文件，研究统筹发展和安全、有关人事任免等工作 |
| 3月25日 | 十四届第24次 | 传达学习习近平总书记在中央政治局常委会会议上、在中央政治局第三十五次集体学习时的讲话精神和省委、市委常委会会议精神及市委主要领导到番禺区调研水环境治理工作讲话精神，听取番禺区依法治区工作、2021年度国家土地卫片年度补充图斑整治工作情况汇报，审议《广州市番禺区司法局关于印发〈2022年政府重大行政决策事项目录和重大行政决策听证事项目录〉的请示》《番禺区发展和改革局 番禺区财政局关于做好2022年第一批地方政府专项债申报工作的请示》《区科工商信局关于审定〈番禺区2022—2026年产业扶持资金拨付工作方案〉的请示》，研究部署依法治区、水环境治理、安全生产、违法用地整治等有关工作，研究有关人事任免 |
| 4月2日 | 十四届第25次 | 传达学习习近平总书记在中央政治局第二十九次集体学习时的重要讲话精神，全国安全生产电视电话会议精神和省、市有关会议精神等，听取区生态环境分局关于整改以来生态环境领域工作举措和成果汇报，研究番禺区贯彻落实意见 |
| 4月6日 | 十四届第26次 | 听取区委政法委关于近年来番禺区平安建设工作情况汇报，研究部署下一步工作 |
| 4月19日 | 十四届第27次 | 传达学习习近平总书记关于政法工作、住房和城乡建设工作的重要指示批示精神和2022年全国住房和城乡建设工作会议精神、中央及省市政法工作会议精神、省委和市委常委会会议精神，听取番禺区2021年城市体检报告、防洪防汛排涝等安全生产情况汇报，审议《番禺区科工商信局关于审定〈番禺区贯彻落实《广州市构建“链长制”推进产业高质量发展的意见》的实施方案〉的请示》《区科工商信局提请审定〈中共广州市番禺区委办公室广州市番禺区人民政府办公室关于成立番禺区产业发展领导小组和专项工作组的通知〉的请示》及番禺区政府十八届第22次常务会议所议定意见、番禺区卫生健康局关于《织牢公共卫生网底守护番禺人民健康建议的实施方案（草案）（报区委审议稿）》《区委政法委关于审定2021年度平安番禺建设考评成绩的报告》，研究部署维稳、城市管理、安全生产和三防等有关工作，研究有关人事任免和处分 |

续表 1

| 会议时间 | 届次 | 议题内容 |
| --- | --- | --- |
| 4 月 29 日 | 十四届第 28 次 | 传达学习贯彻习近平总书记在参加首都义务植树活动时的重要指示精神和广东省绿化委员会工作电视电话会议精神，全国、全省、全市宣传部部长工作会议精神，中共中央、国务院印发的《信访工作条例》精神，听取近期整改工作进展和安全生产工作等情况的报告，研究番禺区有关工作贯彻落实意见，审议《番禺区卫生健康局关于番禺区公共卫生服务中心项目立项的请示》和《番禺区住房和城乡建设局关于研究审定〈番禺区公共卫生服务中心项目建设方案〉的请示》及番禺区政府十八届第 19 次常务会议所议定意见、《广州市番禺区财政局关于审定〈番禺区行政事业单位国有资产使用管理办法〉的请示》和《区国资局转呈广州市番盈新投资有限公司转呈关于广州市盈恒房地产有限公司转让广州宏富房地产有限公司国有股权事项的请示》、《番禺区办理人民网〈地方领导留言板〉区委书记留言工作规范、疑难事项处理规范》等文件，研究有关人事处分和人事任免 |
| 5 月 5 日 | 十四届第 29 次 | 传达学习习近平总书记 4 月 29 日在中央政治局会议上的重要讲话精神和省委、市委常委会会议精神，听取番禺区工作汇报，研究部署下一步工作 |
| 5 月 16 日 | 十四届第 30 次 | 传达学习习近平总书记在中央政治局常务委员会会议上的重要讲话精神和中央、省委、市委保密委全体会议精神以及省委、市委常委会会议精神，听取番禺区近期保密、社会治理、“12345”热线办理工作情况汇报，审议《番禺区加强来穗人员和出租屋服务管理工作措施（送审稿）》《区委组织部关于市桥街云星村、桥南街南郊村等 2 个行政村成立党的基层委员会的请示》《广州市番禺区安全生产委员会办公室关于审议番禺区 2021 年度安全生产责任制和消防工作考评情况的请示》及番禺区政府十八届第 23 次常务会议所议定意见，研究部署保密、信访、社会治理、安全生产等有关工作，研究有关人事任免和处分 |
| 5 月 17 日 | 十四届第 31 次 | 传达学习贯彻习近平总书记关于网络强国的重要论述精神及中央网信委第四次会议、省委网信委第三次全会、市委网信委第三次全会精神，习近平总书记在全国宗教工作会议上的重要讲话精神和省、市有关会议精神，习近平总书记在庆祝中国共产主义青年团成立 100 周年大会上的重要讲话精神和省、市有关会议精神，习近平总书记对湖南长沙居民自建房倒塌事故作出的重要指示精神和省委常委会会议、市委常委会会议精神，听取区委网信委 2021 年工作情况报告，研究部署有关贯彻落实工作，审议《番禺区委网络安全和信息化委员会委员调整名单》等 6 份网信工作相关文件和《中共广州市番禺区委宣传部、广州市番禺区司法局审定〈区委宣传部、区司法局关于开展法治宣传教育的第八个五年规划（2021—2025 年）〉的请示》及番禺区政府十八届第 24 次常务会议所议定意见、《广州市番禺区财政局关于番禺区 2021 年地方政府债务限额的请示》及番禺区政府十八届第 22 次常务会议所议定意见 |

续表 1

| 会议时间 | 届次 | 议题内容 |
|---|---|---|
| 5 月 27 日 | 十四届第 32 次 | 深入学习贯彻习近平总书记对广东系列重要讲话和重要指示精神，传达学习省第十三次党代会精神、省委十三届一次全会精神、市委常委会（扩大）会议，研究番禺区贯彻落实意见 |
| 6 月 2 日 | 十四届第 33 次 | 传达学习《习近平关于社会主义生态文明建设论述摘编》精神，传达学习贯彻中共中央办公厅《关于加强和改进新时代市县政协工作的意见》精神，中国共产党广东省第十三次代表大会精神，市纪委监委主要领导到番禺调研时的有关精神等，听取区林长办 2021 年工作情况汇报，审议《广州市番禺区全面推行林长制工作领导小组工作规则（试行）》《广州市番禺区区级林长会议制度（试行）》《广州市番禺区林长巡查制度（试行）》《广州市番禺区林长制信息管理制度（试行）》《广州市番禺区林长制工作督查制度（试行）》《广州市番禺区林长制部门协作制度（试行）》《广州市番禺区林长制工作考核办法（试行）》《番禺区深化老城市新活力、“四个出新出彩”理论研究与实践探索工作方案（送审稿）》《广州大学城管理委员会关于提请审定番禺区全力支持广州大学城高质量发展 2022 年重点任务实施方案的请示》及番禺区政府十八届第 30 次常务会议所议定意见、《广州市番禺区教育事业发展“十四五”规划（区政府十八届 17 次常务会议修改版）》及番禺区政府十八届第 17 次常务会议所议定意见、《中共广州市番禺区委组织部关于审议中国共产党广州市番禺区卫生健康局直属机关委员会延期换届的请示》和《中共广州市番禺区委组织部关于审议中国共产党广州市番禺区财政局直属机关委员会延期换届的请示》等文件材料，研究有关人事任免 |
| 6 月 21 日 | 十四届第 34 次 | 传达学习习近平总书记关于粤港澳大湾区建设的重要论述精神、习近平总书记在中央城市工作会议上的重要讲话精神和《国务院关于印发广州南沙深化面向世界的粤港澳全面合作总体方案的通知》《中共中央关于加强新时代检察机关法律监督工作的意见》《中共中央办公厅 国务院办公厅关于更加有效发挥统计监督职能作用的意见》等文件精神及中央关于巡视巡察工作有关会议、省委常委会会议、省委第五巡视组向广州市反馈专项巡视情况会议、市委常委会会议、市委市政府专题工作会议精神，听取番禺区粤港澳大湾区建设、整改、巡察、政法等工作情况汇报并研究部署下一步工作，审议《中共广州市番禺区委机构编制委员会关于调整部分事业单位规格及处级领导职数的请示》《中共广州市番禺区委机构编制委员会关于区委组织部加挂区委人才工作局牌子的请示》《中共广州市番禺区委组织部关于调整政协第十五届广州市番禺区委员会委员和常委人选建议名单的请示》，研究有关人事任免 |

续表 1

| 会议时间 | 届次 | 议题内容 |
| --- | --- | --- |
| 6 月 27 日 | 十四届第 35 次 | 传达学习贯彻习近平总书记关于交通运输工作的重要论述精神及《交通强国建设纲要》精神，听取区交通运输局关于整改以来交通运输领域工作举措和成果的报告、广州市规划和自然资源局番禺区分局关于 2021 年度卫片执法违法用地整改情况的报告，审议《番禺区水务局关于开展雁洲涌生态环境督察发现暴雨污染问题综合整治工作的请示》及番禺区政府十八届第 31 次常务会议所议定意见、《广州市番禺区财政局关于审批〈关于广州市番禺区 2022 年第一次预算调整方案的报告(代拟稿)〉的请示》及番禺区政府十八届第 33 次常务会议所议定意见 |
| 7 月 4 日 | 十四届第 36 次 | 传达学习习近平总书记关于粤港澳大湾区建设的重要论述精神、《国务院关于印发广州南沙深化面向世界的粤港澳全面合作总体方案的通知》精神和省委常委会会议、省委第五巡视组专项巡视反馈意见整改工作动员会精神、市委常委会会议精神、市学习贯彻《广州南沙深化面向世界的粤港澳全面合作总体方案》动员大会精神，审议《番禺区委落实省委专项巡视广州市反馈意见整改工作方案》《区委编办关于审定番禺区 2021 年度绩效考核结果的请示》《区委组织部关于审定 2021 年度区管党政领导班子及处级领导干部年度考核等次的请示》《区委组织部关于我区 2021 年度选人用人“一报告两评议”民主评议结果的报告》，研究有关人事处分和人事任免 |
| 7 月 13 日 | 十四届第 37 次 | 传达学习习近平总书记出席庆祝香港回归祖国 25 周年活动重要讲话精神和对台工作重要论述精神及中央、国务院、省委、市委对台工作会议精神，省委常委会会议、市委常委会会议精神及市委主要领导、市政府主要领导在番禺区调研时的指示精神和市委主要领导在调研五华稻虾基地和在广梅对口帮扶党政联席会上的讲话精神及在市基层党建工作座谈会上的讲话精神。会议审议《广州市生态环境局番禺分局关于审定番禺区镇街生态环境保护责任考核办法（试行）的请示》及番禺区政府十八届第 36 次常务会议所议定意见、《广州市番禺区水务局关于以区政府名义呈市政府审定〈广州市番禺区水环境治理三年攻坚行动计划（2022—2024 年）〉的请示》及番禺区政府十八届第 38 次常务会议所议定意见、《关于长隆万博商务区扩区和指挥部优化的工作方案（报区委审议稿）》及番禺区政府十八届第 26 次常务会议所议定意见。会议听取大湾区建设、对台工作、对口帮扶、治水、万博商务区建设工作情况汇报，研究部署下一步工作，研究有关人事任免 |
| 8 月 11 日 | 十四届第 40 次 | 传达学习贯彻习近平总书记关于国家安全工作的重要论述精神和在中共中央政治局第四十次集体学习时的重要讲话精神及《总体国家安全观学习纲要》主要精神、《中共广州市纪委办公厅关于六起“一把手”风腐一体典型问题通报》精神和省、市相关会议精神，审议区委国安委相关文件、《广州市番禺区财政局关于审定〈关于广州市番禺区 2022 年上半年预算执行情况的报告〉的请示》及番禺区政府十八届第 41 次常务会议所议定意见、《中共广州市番禺区委组织部关于提请区委常委会审议给予高文俊辞退处理的请示》《中共广州市番禺区委组织部关于调整个别区人大常委会委员和区人大代表的请示》，听取国安、党风廉政建设和反腐败、巡视整改、助企纾困稳增长等工作情况汇报研究部署下一步工作，研究有关人事任免 |

续表 1

| 会议时间 | 届次 | 议题内容 |
|---|---|---|
| 8 月 18 日 | 十四届第 42 次 | 传达学习习近平总书记在省部级主要领导干部“学习习近平总书记重要讲话精神，迎接党的二十大”专题研讨班上的重要讲话精神及省委常委会会议精神、市委常委会会议精神，研究有关人事任免 |
| 8 月 30 日 | 十四届第 43 次 | 传达学习贯彻习近平总书记关于精神文明建设的重要讲话精神，通报我区 2022 年全国文明城市创建迎检工作情况，审议《中共广州市番禺区委组织部关于审议中国共产党广州市番禺区卫生健康局直属机关第二届委员会和纪律检查委员会委员候选人预备人选的请示》，研究有关人事处分和人事任免 |
| 9 月 8 日 | 十四届第 44 次 | 传达学习习近平总书记在新疆考察时的重要讲话精神和在辽宁考察时的重要讲话精神及省委常委会会议精神、市委常委会会议精神，通报《国家生态环境部关于 2022 年上半年全国水环境情况通报的函》和省生态环境厅反馈的 2022 年第二季度黑臭水体监测数据情况，审议《番禺区委关于落实省委专项巡视整改工作进展的情况报告》《番禺区农业科学研究所（区良种繁殖场）改革工作方案（报区委审议稿）》及番禺区政府十八届第 37 次常务会议所议定意见、《番禺区卫生健康局关于调整〈番禺区人民政府委托广州中医药大学第一附属医院管理番禺区第六人民医院建设紧密型医联体项目〉的请示》及番禺区政府十八届第 39 次常务会议所议定意见、《番禺区发展和改革局关于审定〈番禺区优化营商环境 5.0 改革工作举措清单〉的请示》及番禺区政府十八届第 37 次常务会议所议定意见、《广州市番禺区人民政府关于商请投资不超过 10 亿元参与广汽埃安新能源汽车有限公司 A 轮融资的函（代拟稿）》《区国资局转呈广州市番禺交通建设投资有限公司关于产投公司向广汽埃安新能源汽车有限公司出具不可撤销承诺函的请示》《区国资局转呈广州市番禺交通建设投资有限公司关于产投公司呈报〈广州番禺新能源汽车产业基金出资方案〉的请示》及番禺区政府十八届第 41、43 次常务会议所议定意见，研究有关人事任免 |
| 9 月 20 日 | 十四届第 45 次 | 传达学习贯彻习近平总书记对机关事务工作重要指示及表彰大会精神和省委常委会会议、市委常委会会议精神，深入贯彻学习习近平总书记生态文明思想、习近平总书记关于坚持科学治水、保障水安全的重要论述精神，审议《广州市番禺区水务局关于以区政府名义呈市政府审定〈广州市番禺区水环境治理三年攻坚行动计划（2022—2024 年）（修订稿）〉的请示》等文件 |
| 9 月 24 日 | 十四届第 46 次 | 传达学习习近平总书记关于弘扬中华体育精神的重要论述精神和省市有关会议精神，审议《中国共产党广州市番禺区第十四届委员会第三次全体会议工作方案》，研究有关人事任免 |

续表 1

| 会议时间 | 届次 | 议题内容 |
| --- | --- | --- |
| 9 月 27 日 | 十四届第 47 次 | 传达学习习近平总书记在中央审计委员会第五次会议上的重要讲话精神、李克强讲话精神及上级有关会议精神，广州 · 毕节市东西部协作党政联席会议精神等，听取番禺区 2021 年审计工作和番禺区 2017 年至 2021 年经济责任审计工作情况的报告、区公安分局关于开展夏季治安打击整治“百日行动”阶段性工作情况的报告、区财政局关于 2021 年度番禺区国有资产管理情况的综合报告等，审议《区委办关于开展涉计划生育党内规范性文件专项清理工作的情况报告》《中共广州市番禺区委审计委员会办公室关于番禺区2022年下半年审计项目计划的请示》《中共广州市番禺区委审计委员会办公室关于审定〈广州市番禺区审计事业发展“十四五”规划（送审稿）〉的请示》《广州市番禺区对口支援办关于审定番禺区 2022 年推动东西部协作提质增效工作方案的请示》《番禺区落实省委第五巡察指导督导组反馈意见整改工作方案》《广州市番禺区党建工作领导小组 2022 年工作要点》《番禺区关于支持广州南沙深化面向世界的粤港澳全面合作的行动方案（送审稿）》和中共广州市番禺区第十四届委员会第三次全体会议有关材料等文件，研究有关人事处分 |
| 9 月 29 日 | 十四届第 48 次 | 听取区委十四届三次全会分组会议对黄彪代表区委常委会作的报告、《番禺区关于支持广州南沙深化面向世界的粤港澳全面合作行动方案（稿）》和全会《决议（草案）》等文件的讨论情况，审议各讨论组对黄彪代表区委常委会作的报告、《行动方案（稿）》和全会《决议（草案）》的修改意见建议 |
| 10 月 11 日 | 十四届第 49 次 | 传达学习贯彻习近平总书记在参观“奋进新时代”主题成就展时的重要指示精神，习近平总书记在中央统战工作会议上的重要讲话精神，中央办公厅关于某地违规改扩建某项目查处情况的通报精神，以及省委常委会会议、市委常委会会议有关精神等，听取国庆期间安全生产等工作情况的报告，审议《番禺国家级沿海渔港经济区上下涌锚地工程折迁范围及安置房建设方案（报区委审议稿）》《番禺区石楼镇人民政府关于审定〈番禺国家沿海渔港经济区上下涌锚地工程征折补偿安置方案〉的请示》《番禺区石楼镇人民政府关于广州番禺国家级沿海渔港经济区建设及配套项目专项债申报工作的请示》《广州市规划和自然资源局番禺区分局关于申请永久基本农田易地代保费用的请示》《番禺区重大行政决策程序规定（报区委审议稿）》《广州市生态环境局番禺分局关于审定广州市番禺区生态环境保护“十四五”规划的请示》《广州市生态环境局番禺分局关于审定〈关于加快推进生态环境治理体系和治理能力现代化的实施方案〉的请示》《广州市番禺区财政局关于审定〈关于广州市番禺区 2021 年区级财政决算（草案）报告〉的请示》等文件以及区政府常务会议议定意见，研究有关人事任免 |

续表 1

| 会议时间 | 届次 | 议题内容 |
| --- | --- | --- |
| 10 月 25 日 | 十四届第 51 次 | 传达学习中共二十大和二十届一中全会精神以及市委常委会（扩大）会议精神，研究部署番禺区的学习贯彻工作 |
| 11 月 1 日 | 十四届第 53 次 | 深入学习贯彻中共二十大精神、习近平生态文明思想和习近平总书记关于城市规划建设、加强和改进人民信访工作的重要论述精神，传达学习全省领导干部大会会议精神、全省传达贯彻中共二十大精神大会会议精神和中办关于《领导干部配偶、子女及其配偶经商办企业管理规定》、第 1、2、3 号《广州市总林长令》等上级文件精神，审议《中共广州市番禺区委关于认真学习宣传贯彻党的二十大精神的通知》《学习宣传贯彻党的二十大精神总体工作方案》(送审稿)、《番禺区信联办关于部署上级交办“百日攻坚”信访积案的请示》、《番禺区水务局关于番禺区区域水环境综合治理工程以及番禺区水利提升改造工程等 2 个项目专项债申报工作的请示》、《广州市番禺区水务局关于再次审议广州市番禺区内涝系统化治理实施方案（2021—2025 年）的请示》及番禺区政府十八届第 49、50 次常务会议所议定意见、《区政务服务数据管理局关于审定“番禺区 2022—2026 年智慧城市和数字政府建设项目计划”申报地方政府专项债的请示》、《区国资局关于修订〈广州市番禺区区属企业重大经济事项管理办法〉的请示》及番禺区政府十八届第 40 次常务会议所议定意见、《区科工商信局关于报送〈番禺区人民政府关于审定〈广州市支持番禺区建设智能网联与新能源汽车产业创新基地实施方案〉的请示（代拟稿）〉》、《番禺区关于〈广州市支持番禺区建设智能网联与新能源汽车产业创新基地实施方案〉工作指引（报区委审议稿）》的请示》、《广州番禺经济技术开发区管委会关于审议智能网联与新能源汽车电池和电驱项目产业扶持协议的请示（报区委审议稿）》及番禺区政府十八届第 52 次常务会议所议定意见，听取区林长办 2022 年工作情况汇报、区城管局关于番禺区 2022 年违法建设治理工作情况汇报，研究部署下一步工作，研究有关人事任免 |
| 11 月 18 日 | 十四届第 55 次 | 深入学习习近平总书记在中央政治局常委会会议上的重要讲话精神和对妇女儿童权益保障工作重要指示批示精神以及国务院联防联控机制电视电话会议、省委常委会会议、市委常委会会议精神，审议《广州市生态环境局番禺分局关于申请确定退休人员接收单位的请示》及番禺区政府十八届第 46 次常务会议所议定意见、《番禺区城市管理和综合执法局关于审议〈番禺区机关事业单位 2022 年生活垃圾分类和绿色低碳办公示范引领工作方案〉的请示》及番禺区政府十八届第 46 次常务会议所议定意见、《广州市番禺区教育局关于开展番禺区现代教育基础设施提升工程政府专项债项目申报工作的请示》及番禺区政府十八届第 52 次常务会议所议定意见、《广州市番禺区财政局关于审批〈关于广州市番禺区 2022 年第二次预算调整方案的报告（代拟稿）〉的请示》及番禺区政府十八届第 53 次常务会议所议定意见、《中共广州市番禺区委组织部关于设立中国共产党广州市番禺区企业建设服务中心党组的请示》《中共广州市番禺区委组织部关于提请区委追授曾宇恒同志“番禺区优秀共产党员”称号的请示》《中共广州市番禺区委组织部关于审议中国共产党广州市番禺区财政局直属机关第二届委员会委员和纪律检查委员会委员候选人预备人选的请示》，听取番禺区妇女儿童权益保障等工作情况汇报，研究部署下一步工作，研究有关人事处分和人事任免 |

续表 1

| 会议时间 | 届次 | 议题内容 |
| --- | --- | --- |
| 12 月 6 日 | 十四届第 56 次 | 传达学习贯彻习近平总书记对河南安阳市凯信达商贸有限公司火灾事故作出的重要指示精神，习近平总书记《论“三农”工作》和在第五个“中国农民丰收节”到来之际作出的重要指示精神，习近平总书记关于质量强国的重要指示精神，以及省委常委会会议、市委常委会会议精神，听取番禺区安全生产、“三农”和耕地保护、质量强区等方面工作情况的报告，审议《广州市番禺区财政局关于报送 2023 年地方政府新增债券需求的请示》《广州大学城管理委员会关于“广州大学城粤港澳大湾区科技创新创业集聚区建设项目”专项债申报工作的请示》《区基建办关于开展番禺区南大干线经济带城市更新补短板建设项目、亚运大道经济带及核心经济区城市更新补短板建设项目专项债申报工作的请示》《番禺区卫生健康局关于“十四五”期间卫生健康系统医疗环境升级改造项目申报地方政府专项债的请示》《广州市番禺区司法局关于呈报 2022 年法治政府建设年度报告的请示》《中共广州市番禺区委组织部关于中共广州市番禺区财政局直属机关委员会关于申请延期换届的请示》《中共广州市番禺区委组织部关于孙玥等同志辞去区十八届人大代表职务的请示》等文件，研究有关人事处分和人事任免 |
| 12 月 12 日 | 十四届第 57 次 | 深入学习习近平总书记在江泽民追悼大会上致的悼词和关于禁毒工作的重要论述精神以及省委十三届二次全会精神、省委常委会会议、市委常委会会议精神，审议《广州市番禺区教育、医疗卫生、民政基础设施建设五年实施方案（2022—2026 年）（报区委审议稿）》《广州市番禺区财政局关于报送 2023 年地方政府再融资债券需求的请示》《广州市番禺区文化广电旅游体育局关于审议〈番禺区全民健身实施计划（2021—2025 年）〉的请示》《中共广州市番禺区委机构编制委员会办公室提交的有关请示》，听取番禺区禁毒工作情况汇报，研究部署下一步工作，研究有关人事处分 |

项目、基层改革创新项目，统筹推动 12 个改革领域和各镇街聚焦营商环境、基层治理等重点领域，落实 159 项改革工作与 16 个基层改革创新项目。完善靶向改革决策服务机制，推行“解剖麻雀”式改革调研，形成“推动特色产业创新发展”等改革专题调研成果。健全清单化改革推进落实机制，抓关键节点关键环节开展改革督察。开展“改革宣传周”活动，在广州市宣传平台展示“打造产业集聚平台打出服务企业组合拳”“全力保障产业链供应链稳供保供”“全力推进国家级沿海渔港经济区建设”等番禺特色改革创新经验。

**【网友留言办理】**2022 年，中共番禺区委办公室牵头办理人民网“领导留言板”之“省委书记”中涉及番禺区事项，全年办理回复网友留言 70 条，召开协调会 6 次，办理结果复查（抽查）2 件次，有效留言交办率 100%，回复网友满意率 100%。

（孙莹静）

**【保密工作】**2022 年，番禺区保密系统落实总体国家安全观，坚持党管保密、依法治密、科技强密，执行保密制度，开展专项巡查、联合检查、全覆盖检查 4 轮次，现场检查 28 个单位，发出整改意见 240 条。印发 70 余项日常管理自查标准，组织对重点领域区域开展 8 轮次自查自纠。落实 22 场重点考试安全保密保障。开展保密岗位培训和宣传教育，组织全区线上培训、警示教育大会 2 场次，“送教上门”讲授保密课 11 场次，11728 人次接受保密教育培训。中小学校保密宣传覆盖率100%，开展 47 个优秀课例学习观摩。

（蔡盛平）

【行政接待】2022 年，番禺区行政办（区接待办）开展政治机关建设，将区行政办公中心图书室升级改造为“老城市新活力‘四个出新出彩’研读站”，4959 人次到研读站学习。加强区行政办公中心安全管理，完成排水系统清淤并更换堵塞管道，完善楼宇玻璃幕墙修复加固方案，落实饭堂食品安全和消防安全监管，完成大院安保监控网络及热成像设备升级，规范出入车辆登记管理。

（梁结仪）

## 组织工作

【概况】2022 年，中共广州市番禺区委组织部（简称番禺区委组织部）组织各单位摄制“喜迎党的二十大”党员电教片 101 部，摄制展播“学习二十大精神”党员电教片 10 集，举办正处级主要领导干部专题研讨班、基层干部培训教师线上培训班，完成广东省出席中共二十大代表候选人初步人选名单的公示，加强党的创新理论武装，严密党的组织体系，建设高素质专业化干部队伍，营造近悦远来人才生态，为番禺经济社会发展提供组织保证。至 2022 年年底，全区有基层党组织 2962 个，其中党委 195 个、党总支部 170 个、党支部 2597 个；有党员 60525 名，平均年龄 48.3 岁，其中女性党员 24896 名、少数民族党员 540 名、35 岁及以下 15860 人，大专以上学历 43316 名。公务员总数 6041 人，大学以上学历 5261 人。区管干部 734 人（不含公安系统）。各类人才总量（大专以上）超 71 万人，院士 41 名。除广州大学城高校以外，有国家重点人才工程入选者 6 名、享受国务院特殊津贴人员 5 名、广东省重点人才工程入选者 12 名、广州市高层次人才 49 名。设有院士专家工作站 4 个、博士后工作站 6 个及工作分站 12 个、博士后创新实践基地 7 个。

【干部选拔任用】2022 年，番禺区委组织部打造干部大数据综合管理平台，探索建立干部知事识人积分量化评价体系。区委常委会研究人事任免事项 24 批次，任免干部 351 人次，其中提拔正处级领导干部 18 名，副处级领导干部 45 名，进一步使用干部 13 名，晋升一级、二级、三级调研员 68 名。优化领导班子建设规划，培养使用年轻干部和专业干部，建立专业干部队伍数据库，储备优秀处、科级的水务、建设、规划、执法类专业干部 136 人。实施选调生“定苗、育苗、护苗”工作法，组织基层锻炼选调生党支部开展学习、志愿和实践活动 48 次，选调生工作经验在《乡村干部报》上登载。把一线实践锻炼、交流锻炼、东西部扶贫、对口支援等作为干部培养途径，优化处级以下干部常态化实践锻炼工作机制，推动成立全市首个驻梅州市五华县援派干部功能型党支部，选派 4 名干部助力西藏、贵州、梅州乡村振兴，组织 24 名干部到市直部门、区内交流锻炼。

2022 年 6 月 7 日，番禺区驻五华县援派干部成立功能型党支部

（区委组织部　供图）

【干部监督管理】2022年，番禺区委组织部开展领导干部个人有关事项报告填报工作，对164名干部个人有关事项报告进行查核，查核一致率为97.56%。对9名干部批评教育谈话或提醒谈话，对3名干部诫勉处理。审核把关25批次干部选拔任用有关事项报告，对8名党政正职干部开展“三责同审”，加强对党政领导干部用权行为的监督制约。组织3153名干部参与选拔任用“一报告两评议”，约谈评议排名靠后单位主要负责人。参考区急需紧缺人才专业目录清单，开展年度选调生、省考招录，招录公务员52名。制定科级公务员交流工作实施办法，开展科级公务员集中交流2批次，办理科级公务员区内外调（转）任188人次。优化调整科级公务员提拔晋升审批备案流程，批复使用四级调研员（或四级高级主办）职数晋升优秀科级干部27名，批复备案200批次748人次科级干部提拔晋升。完善平时考核工作制度，完成2021年度全区公务员考核，嘉奖1139人，记三等功143人，推进2022年度考核。制定规范管理辞职人员从业行为工作制度，配合开展“人民满意的公务员”“人民满意的公务员集体”评选表彰。

【基层党组织建设】2022年，番禺区坚持党建引领基层治理，重点开展河涌治理、同心御寒流、爱树护绿、反走私反偷渡、反诈宣传等工作，组织居住地党员开展服务2.9万多场次，党员常态化参与基层治理。党代表履职收集意见建议697条，解决问题729个。“双微”行动完成1354个微项目、11720个微心愿，帮助困难和特殊人群1.27万人。推进党建引领城中村治理，组织159名干部到100个城中村担任驻村第一书记或村书记（主任）助理，实施“网格党建10条”,“一村一策”推进“支部建在村民小组上”，推动组建城中村“大党委”、村民小组“大支部”。全面加强党对城中村的领导，2022年，城中村发展党员210名。抓党建促乡村振兴示范创建，开展基层党组织书记抓基层党建述职评议考核，督导检查基层党建工作。开展村（社区）“两委”换届“回头看”,制定区重点村（社区）党组织第一书记管理办法，举办村（社区）党组织书记“老城市新活力四个出新出彩”研读班，规范落实村（社区）党组织书记区级备案，开展区级联审28人。

【“两新”党建“红链赋能”】2022年，番禺区委组织部实施“两新”党建“红链赋能”行动，印发“两新”党建明白卡，开设“两新云课堂”，全覆盖培训728名“两新”党组织书记，拍摄“两新”党员奋斗故事微视频，超过20万人次观看。开展“百名党员进百企”行动，提供个性化党建指导和人才服务。成立珠宝首饰产业链党委和灯光音响产业链党委，构建链上党建工作体系，搭建企业间“党建联动网”，推动49家企业被认定为国家、省、市级“专精特新”企业，32家企业党组织纳入“双强六好”重点培育企业数据库，发动339家企业与275个村（社区）结对助力乡村振兴。海大、虎牙、津虹网络和大罗塘珠宝名镇党委被评为广州市两新组织党建工作示范点。

【番禺人才生态30条】2022年，番禺区发布《关于大力实施人才引领发展战略加快建设新时代人才强区的实施细则》，推动“番禺人才生态30条”落地兑现。对第一年遴选出的164个人才、团队给予4680万元专项人才扶持。融入智能网联与新能源汽车、软件和信创等8个万亿级产业链群，加大人才政策扶持。4名制造业领军企业家当选“杰出产业人才”，获得800万元人才补贴。50家成长性强、经济贡献大的实业团队获得近1000万元奖金。8名扎根制造一线的专家型企业人才获得40万元补贴，彰显“以才引技”“以才稳商”导向。聚焦元宇宙、未来飞行等前沿领域，选拔出14个“创新领军人才”“创新领军团队”“创业领军团队”“博士人才倍增”项目，单项最高资助1000万元。释放全域创新创业创客“三创”融合活力，遴选100支创意足、潜力大的人才团队并给予1425万元奖金。践行以人民为中心发展理念，集中面向医疗卫生、基础教育、文化艺术、社会工作、食品安全、就业保障等民生领域开展评审遴选，25 位名番禺区政府特殊津贴名家入选。加快培养乡村振兴战略人才，夯实粮食安全根基，对 2 名乡村振兴“领雁”人才给予 100 万元资助补贴。

【创业先锋榜单】2022 年 12 月 15 日，《2022 广州市番禺区 · 胡润 U30 中国创业先锋》榜单发布会在广州大学城举办，发展新时代番禺人才工作，与胡润百富管理团队合作，构建“政府—平台—高校”联动协作机制，在粤港澳大湾区未来产业科技园的落地点揭晓榜单，由胡润百富董事长兼首席调研官胡润现场发布和解读，来自十大行业 256 家企业的 283 位青年创业者上榜，在番禺区营造鼓励青年创新创业氛围。打造粤港澳大湾区（番禺）海创人才科创中心等双创平台，实施“青蓝国际创新创业计划”，连续 4 年举办青蓝国际创新创业大赛等赛事，通过实施场地补助、股权跟投、实训补贴等措施扶持青年创业团队。依托胡润百富数据库资源，实施人才供需预测和人才流失预警，精准开展创新创业人才引育用管服全链条工作，由人才、人社、科工商信、招商、企业服务等部门重点跟进，开展“一对一”引进洽谈，实施“一人（企）一策”服务保障，创新机制模式吸引更多优质企业、项目和人才落地番禺。

（罗兵）

## 宣传工作

【概况】2022 年，中共广州市番禺区委宣传部（简称番禺区委宣传部）聚焦迎接和学习贯彻中共二十大工作主线，高标准开展理论学习、理论研究、宣传宣讲，推动全区兴起学习宣传贯彻二十大精神热潮。番禺区委基层理论宣讲团获 2022 年广东省基层理论宣讲先进集体，3 部理论宣讲视频获 2022 年广东省宣讲微视频大赛奖项。

【理论学习宣讲】2022 年，番禺区委宣传部落实理论中心组“第一议题”制度，把学习贯彻习近平新时代中国特色社会主义思想和学习宣传贯彻中共二十大精神作为首要政治任务，学习贯彻《习近平谈治国理政》（第四卷），编写《中心组学习参考》《番禺区党委中心组学习成果汇编》。全区各级党组织召开中心组学习会 879 次。成立城市文化建设专项工作组，开展城市文化综合实力出新出彩理论研究和实践探索。运营“学习强国”学习平台“番禺融媒号”，全年供稿 1545 篇，采用 608 篇，连续 3 年被评为“学习强国”广州学习平台优秀通讯站。组建中共二十大精神区委宣讲团，构建区、镇街、村（社区）三级宣讲格局。与高校共建番禺基层理论宣讲实践基地，组织师生编排理论宣讲微舞台剧，开展理论专家“流动大讲堂”和微视频“指尖微课堂”等宣讲活动。全区开展宣讲逾 1300 场，覆盖受众 14 万人次。

【意识形态安全】2022 年，番禺区落实意识形态工作责任制，健全区委全会报告和区委常委会分析研判制度，定期召开专题会议，开展专项大排查，加强意识形态阵地管理。印发《广州市番禺区网络安全事件应急预案》，健全应急协同和联防联控机制，开展网络安全检查，发布网络安全预警，应急处置网络攻击事件。强化互联网行业党建引领，召开区网络安全和互联网行业工作会议、中共二十大网络舆论交流会，向重点互联网企业派驻党建指导员。津虹传媒、虎牙直播被评为广州市两新组织党建工作示范点。深化文化市场专项检查，核查“扫黄打非”案件线索 201 条，督促下架违规游戏 38 款。整治校园周边文化市场，建立 203 个“护苗”工作站。开展 6 项涉网专项行动，查删有害信息 8.2 万条，查办色情类、低俗类等举报线索 126 条。

【新闻舆论工作】2022 年，番禺区委宣传部实施“奋进新征程建功新时代”主题传播工程，策划推出“非凡十年”专题稿件，开展“二十大时光”“读懂广州共建家园”等系列报道。聚焦智能网联与新能源汽车产业链、“专精特新”集聚平台，推出“数字化、绿色化、国际化、现代化”城区主题宣传。开展“六大文化”品牌、番禺国家级沿海渔港经济区、粤港澳优质生活圈示范区、沿珠江经济带等主题宣传，被中央、广东省、广州市媒体报道2.36万篇。通过电子屏幕、景观小品、宣传道旗等方式，开展中共二十大等重大主题社会宣传超10万处。2022年，印发《关于推进番禺区媒体融合改革打造全国标杆的实施意见》。实现全年重大安全播出和重大网络安全零事故。应急广播系统覆盖超150万人。“番禺发布”微信公众号用户超百万，“番禺融媒”订阅号单月阅读量超千万。区融媒体中心获得全国县融中心优秀商务服务奖等7项全国性奖项，“广州番禺发布”获得N视频2022年创作者大会最佳政务创作者奖，“读懂广州禺见非遗”主题传播活动被评为“最具网络正能量主题活动”。

**【城乡精神文明建设】**2022年，番禺区实施文明城市创建专项整治和区领导挂点巡查督导，开展镇街网格化文明创建全覆盖测评。制定《新时代文明实践中心（所、站）阵地标识指引》，新增新时代文明实践示范点12个，组织文明实践活动667场，覆盖人群132.2万人。番禺区被评为省、市、区级“好人”有46人。将保护古树名木及其自然生境、落实管护责任等内容融入区级文明创建工作，创建区级文明镇1个、文明示范村3个、文明示范社区1个，评选区级文明单位、文明家庭、文明校园各15个，3个家庭被评为市级文明家庭，4人次被评为省、市“新时代好少年”。

**【文化强区建设】**2022年，番禺区实施文化体制改革创新工程、文化产业壮大工程，深化岭南文化传承弘扬和活化利用，开展农村数字电影放映，举办“我们的节日”“星海艺术季”“乡村网红大赛”“廉洁文化书画展”“春运文化公益活动”等文化惠民活动200余场次，627万人次参与。落实文旅体产业链（含文化遗产保护和活化利用）高质量发展三年行动计划。推进长隆度假区重点项目建设，西坊大院创建成为市级文化产业示范园区，广州巨大创意产业园获得省级文化产业示范园区创建资格，7家文化企业获批2022年广州市“数字文化产业项目”。推动新闻出版业务行政审批改革，将涉出版物发行许可相关业务审批办结时限压缩至1个工作日。广州华立科技股份有限公司被评为2022年广东省版权兴业示范单位。番禺区图书馆新馆建成试运行。推进工人文化宫建设。拍摄文化纪录片《记忆番禺》，策划人物纪录片《天下番禺人》。基层群众文艺创作获得省、市级奖81项，广场舞《湾区时代》入围全国“群星奖”决赛。番禺区文联创建的“艺谷园区”被评为广州市民间文艺创作实践基地。打造“老城市新活力 四个出新出彩”研读站，215名村（社区）书记、区直机关265个党支部（党小组）5587名党员干部进站学习。成立广州市首个区级文物管理和历史文化名城保护委员会，建立番禺区非物质文化遗产保护工作联席会议制度。绘制番禺历史文化要素图和非遗手绘一览图，举办“读懂广州 读懂番禺”番禺区历史文化大讲堂、“百幅地图看千年广州历史变迁主题展”“记住·乡愁 西坊大院成果展”“乡情乡贤

2022年5月18日，番博·明珠古陶瓷标本体验馆举行开馆剪彩仪式
（区委宣传部　供图）

乡俗展演大赛”等历史文化保护传承系列活动。创编粤剧短剧《公心》并制作成党员教育电视片。

【红色文化宣传】2022年，番禺区深化15处红色革命遗址保护利用，开展第二期红色革命遗址讲解员培训，开展红色革命遗址线上打卡。组织录制讲述“广州历史、番禺故事”音频作品，上线《毛泽东在广州》《番禺红色故事》等音频300多集。组建文物守护人、史迹讲古佬、旅游讲解员队伍，推出非遗体验游、红色传承游等旅游精品路线。何小静、何虹烈士故居红色文化展览馆被评为首批广州市革命文物保护利用优秀案例。组织国防教育“五进”专题授课10场，开展全民国防教育知识线上答题，参与人数1.3万人次。依托全区24个爱国主义教育基地开展爱国主题研学、展览等活动，全年接待超880万人次参观，广汽埃安生态工厂被评为广州市爱国主义教育基地。

（徐挺）

## 统一战线工作

【概况】2022年，中共广州市番禺区委统一战线工作部（简称番禺区委统战部）贯彻落实《中国共产党统一战线工作条例》，召开全区统战工作会议，举办党外代表人士、民族宗教人士等业务培训班。发展广州大学城高校海外校友会·番禺海外社团侨智联盟。区少儿民族进步教育实践基地发挥铸牢中华民族共同体意识作用。番港澳同心联谊会举办“同心廿五载、展望新时代”庆祝香港回归25周年主题活动，组建成立联谊会青年委员会。举办番禺区台资企业环保政策宣讲会，宣传广州惠台措施，评定粤澳青创国际产业加速器、粤港澳青年创业孵化器等6个孵化载体为“番禺区港澳台青年创新创业基地”。实施“新时代禺商培养工程”，举办禺商论坛中共十九届六中全会精神宣讲会、区非公企业党组织红色诗歌朗诵比赛，推进修订番禺区促进民营经济发展“20条措施升级版”，落实番禺区工商联的联系服务机制，发动商会开展社会组织等级评估，番禺区有广州市AAAAA级社会组织5个、AAAA级1个、AAA级13个，320家企业与275个村（社区）完成“百企兴百村 助力乡村振兴”对接。番禺区委统战部获广州市统战理论创新成果一等奖、全市统战信息工作先进单位二等奖，侨智联盟工作获广东省、广州市统战工作实践创新成果奖，番禺区工商联被评为全国“五好”标杆县级工商联，广东省演艺设备行业商会、石碁镇商会被评为全国“四好”商会，沙湾古镇入选第十批中国华侨国际文化交流基地，区侨联被评为第22届世界华人学生作文大赛优秀组织单位。

【政党协商工作】2022年，番禺区委统战部支持各民主党派参政议政、民主监督，就中共番禺区委全会工作报告、政府工作报告及党史学习教育专题民主生活会等，广泛征求党外人士意见，邀请民主党派参加广东省传达学习贯彻中共二十大精神大会及番禺区委、区政府重要会议，推荐10名民主党派、无党派人士担任区检察院特约检察员，使党外代表人士知情明政。组织政党协商5次，协助推出提案32件。组织召开“矢志不渝跟党走、携手奋进新时代”主题教育动员会，在珠海开放大学举办番禺区党外人士培训班。支持各民主党派统战团体开展春节走访慰问、社会服务。组织番禺区党外公务员、事业编制干部队伍摸查，建立党外干部数据库，加强党外干部培养使用。开展政治安排综合评价工作，评价民营经济及新的社会阶层人士27名。区党外知识分子联谊会召开三届四次理事会议，开展会员企业走访交流活动，发展4名新会员。选派7人参加广州市新的社会阶层人士培训，协助召开区新的社会阶层人士联谊会会长暨骨干成员会议2次，推动成立化龙镇、东环街道新联会，组织开展数字政府提案调研和自由职业者统战工作调研。参加“寻美广州读懂广州——走进华博”传统文化培训，支持大龙街道新联会“巧手献花艺，真情颂党恩”主题插花沙龙、东环街道新联会“友谊杯”网球赛、石碁镇新联会东西部协作。

2022 年 8 月 6 日，番禺区港澳青年国情教育研学营在广州大学城创智园举办

（区委统战部 供图）

【民族宗教工作】2022 年，番禺区委统战部召开少数民族代表人士座谈会，开展民族团结进步进乡村、少数民族企业调研、困难户走访慰问，慰问困难少数民族家庭 20 户。发挥“民族之家”、番禺区统一战线创新实践基地、番禺区少儿民族团结进步教育实践基地作用，加强民族团结进步宣传展示。加强城市少数民族流动人口服务管理，妥善解决 2 件涉民族因素事件，在春节等传统节日到禺山中学新疆班慰问座谈，加强学生思想教育。举办《习近平总书记关于做好民族工作的重要论述——以铸牢中华民族共同体意识为主线 推动新时代党的民族工作高质量发展》专题线上培训，全区公务员 1800 人参加培训。办理公民变更民族成份事项 12 件。召开中共番禺区委常委会会议暨区委民族宗教工作领导小组会议、全区防范打击非法宗教活动专项行动工作会，部署推动全区宗教工作。

【番港澳交流】2022 年，番禺区委统战部举办番禺区港澳青年国情教育研学营，组织营员到西坊大院、沙湾珠宝产业园、沙湾古镇等地考察交流，推荐 4 人参加广东省、广州市港澳青年培训。“香港番禺乡亲联合会”公众号每星期推送信息，内容有上级政策及会议精神、便民信息、湾区生活、番禺人物故事、乡亲荣誉等。联合粤港澳青年创业孵化器、粤澳青创国际产业加速器举办“激扬青春，逐梦湾区”之粤港澳台五四青年活动和“勇当追梦者 共创新时代”粤港澳青年分享交流活动，摄制《我在湾区遇见你》短视频，邀请 3 名港澳青年代表讲述创业故事，吸引港澳青年到番禺求学生活、就业创业。成立广州市首个粤港澳直播电商青年创业孵化基地，承办首届直播节粤、港、澳特色专场活动，在穗、港、澳三地举办 250 场“线上 + 线下”创业发展活动，吸引线下超 3 万人次、线上超 4032 万人次观看。举办“乐游番禺 筑梦湾区”留穗港澳台青年新春联谊交流活动，内容有新春书法颂祖国、新春团圆饭、春节联欢晚会。举办“新时代港生 筑梦大湾区”——首届大湾区十大杰出港生评选活动。慰问港澳同胞代表 336 人，走访港澳企业 23 家。番港澳同心联谊会举办“同心廿五载、展望新时代”庆祝香港回归 25 周年主题活动，成立联谊会青年委员会。

【台商台胞工作】2022 年，番禺区委统战部、区台办开展惠台暖企行动，在传统节日走访台资企业，为其排忧解难。举办番禺区台资企业环保政策宣讲会，宣传广州惠台措施。指导广州市台资企业协会番禺分会举办成立 30 周年庆典暨第十四届理事就职典礼活动，加强台企与政府部门沟通交流。组织广州市台协番禺分会、区台胞台属联谊会骨干走访，开展区台协分会和台联会座谈交流。协助做好江苏省昆山市 141 名台湾省籍师生、家长到穗参加全国联考保障工作，获得上级肯定。评定粤澳青创国际产业加速器等 6 个孵化载体为番禺区港澳台青年创新创业基地，指导青创基地开展“政府 + 企业 + 高校”跨地区招聘、政策宣讲等活动。

【侨务】2022 年，番禺区委统战部提升广州大学城高校海外校友会·番禺海外（友好）社团侨智联盟品质，邀请北京冬奥会吉祥物“冰墩墩”设计者广美设计团队设计“侨智联盟”官方标识，制作“侨智联盟”宣传片。加强涉侨联谊交往，接待中山大学温哥华校友会到访番禺，推动法国番禺富善社与番禺国际商会签署合作协议。深化侨务文化交流，推进《天下番禺人》纪录片拍摄工作，举办“读懂广州 读懂番禺——寻找家乡的故事”、线上“礼赞二十大 翰墨写侨心——番禺海内外书画作品展暨麦华三书法作品展”等活动，协助开展2022年“亲情中华 为你讲故事”网上夏（冬）令营（广东广州营）活动，利用《番禺侨讯》宣传阵地，传侨音、汇侨智、聚侨力。发动归侨侨眷和海外侨胞参加“云聚中国年 四海贺新春”照片征集活动，选送照片《新春拜年》获一等奖。选送近1500篇文章参加第22、23届世界华人学生作文大赛，有77人获奖，其中一等奖6人。依规办理涉侨政务，利用为侨服务数字化综合服务系统提升工作效率，全年办理华侨回国定居审批、归侨身份证明、侨眷身份证明等事项20件，处理来信来访来询24件。加强侨捐项目管理，做好半年一次侨捐项目排查和登记工作，登记侨捐项目56录，捐资捐物折合人民币224.1万元。协同各镇、街道集中开展2022年番禺区“侨法进基层”法治宣传活动，扩大“侨法进村居”工作成效。开展华侨历史文化资源保护和传承工作，挖掘番禺侨乡历史底蕴和资源，排查侨捐历史文化建筑11处。

【非公有制经济领域统战工作】2022年，番禺区委统战部加强民营经济人士教育引导，举办“新时代禺商培养工程”，举办禺商论坛中共十九届六中全会精神宣讲会、组织参加“聚焦二十大 经济新格局”宏观经济专题线上直播学习。举办民营经济人士征求意见座谈会，开展番禺区促进民营经济发展“20条措施升级版”修订工作。落实区工商联的联系服务机制，举办4期主席（会长）轮值活动暨优化营商环境座谈会和品牌传播需求座谈会，组织8家省、市重点技工院校和30家重点企业对接，走访联系商会、企业超120家次。为1621家中小微企业解决117.3亿元融资需求。开展“百所联百会”行动，36个商协会与律师事务所建立结对关系，帮助企业排查知识产权、劳动用工等法律风险点。维护企业合法权益，区民企投诉中心及16个镇、街道分中心受理案件109件。联合番禺区检察院建立涉案企业合规第三方监督评估机制，组建机制管委会和首批82人的第三方机制专业人员库，在南村镇打造“检企同行”企业合规法律服务办公室，完成1家涉案企业合规评估。发动商会开展社会组织等级评估，有全国“四好”商会4个。吸纳番禺区饮食行业协会进入工商联，有会员企业4600多家，商协会组织39个。组织“百企兴百村 助力乡村振兴”对接活动，320家企业与275个村（社区）完成对接。组织民营企业家为区生物多样性保护基金捐款88.5万元。举办“齐心抗疫 禺商同心”活动，发动民企捐资捐物总值超1141万元。实施红联共建“红链计划”，组建珠宝首饰产业链和灯光音响产业链党委，以党建赋能产业链高质量发展。派出100名优秀基层干部进驻重点园区、非公企业开展党建指导，11个党组织获“广州市非公有制经济组织‘双强六好’党组织”称号。

【侨智联盟】2022年，番禺区在“地方＋高校”党委联合推进海外统战和侨务工作的基础上，建立海外友好社团与广州大学城高校海外校友会资源数据库，按照地理位置信息为海外留学生匹配海外友好社团和海外校友会。对接海外侨团、校友会关键人物，批量式联系海外团体，通过“侨团引侨团”“校友拉校友”方式拓宽联盟招募渠道。该联盟吸纳海外社团、校友会298个，加入侨胞和海外留学人员超43.2万人，分布于世界五大洲38个国家。组织海外社团与校友会对接交流，协助海外社团赠阅《习近平谈治国理政》。在沙湾珠宝产业园成立国际时尚产业交流中心，搭建广州美术学院、星海音乐学院等艺术类院校海外校友资源合作平台。鼓励侨胞参加青蓝国际创新创业大赛，吸引海外高层次人才来番禺创业就业。协助成立法国番禺富善社，定期开展艺术、文化、经贸、美食等信息交流。设计“侨智联盟”官方标识并制作宣传短片，筹拍《天下番禺人》纪录片，出版《番禺乡情乡贤乡俗乡味》文化丛书，建设乡音图书馆，举办乡情乡贤乡俗展演大赛。开展“读懂广州 读懂番禺——寻找家乡的故事”历史文化保护传承系列活动。推动多地社团在海外开展国庆等节庆活动，邀请知名华人、杰出代表在侨智联盟平台抒发爱国爱乡感言。

（卢泽超）

## 编制工作

【概况】2022年，中共广州市番禺区委机构编制委员会办公室（简称番禺区委编办）统筹推进完善机构职能体系，深化重点领域机构改革，推进群团改革及乡村振兴、应急指挥、网格化管理、知识产权等领域改革，强化番禺区农业农村局领导职数及编制配备，设立番禺区应急指挥中心，推进平战结合应急管理体系建设，将区级网格化服务管理工作归口至番禺区委政法委，完善各镇街综合治理委员会等3个平台设置。紧扣《广州南沙深化面向世界的粤港澳全面合作总体方案》，新增推动大学城与南沙等区域共建平台等工作任务，形成人才双创工作体系，为建设粤港澳大湾区人才高地提供机构编制保障。推进编外人员规范管理，强化机构编制法治建设。

【机关事业单位绩效考核】2022年，番禺区委编办印发《关于切实完善考核评价机制专项整改工作实施方案》，加大园林绿化、城市建设、历史文化等项目考核力度，推动整改工作提质增效。评估历年绩效考核情况，通报连续数年不扣分的指标，推动各部门创先争优。制定2022年度绩效考核工作方案，完善考核指标体系，制定绩效考核负面清单，升级区绩效管理信息系统，推进绩效考核工作。

【事业单位编制管理】2022年，番禺区设立区政府直属正处级机构区企业建设服务中心，对项目从摘牌到建成投产全过程加强服务。将广州大学城创新创业促进中心机构规格由正科级升格为正处级。调整设置番禺区知识产权维权中心，设立番禺区疾控中心广州南站分中心。对部分“小散弱”事业单位进行调整，优化事业单位布局结构，推进番禺区中心医院政事权限清单试点，逐步完善事业单位治理体系。

【编外聘用人员管理】2022年，番禺区委编办实现全区编外人员总量控制在广州市规定的总量以下。各镇、街道围绕党建引领城中村治理等重点工作，在编外人员指标空缺数范围内优先补充网格员。石碁镇推进基层协管员队伍整合优化试点，为全区推进镇、街道整合各类协管员队伍提供借鉴。

【机构改革跟踪问效】2022年，番禺区委编办以实地评估、数据共享、部门联动等方式，设计个性化指标体系，完成机构编制执行情况和使用效益评估试点。根据广东省委编委《关于完善乡镇街道指挥协调机制促进基层共建共治共享的若干意见》，各镇、街道完善综合治理委员会等3个平台设置，巩固镇、街道体制改革成果。

【多元化人才编制池】2022年，番禺区委编办制定《广州市番禺区高层次和急需紧缺专业人才专项编制保障管理办法（试行）》，建立人才专项编制周转池，将70名行政编制、执法编制、事业编制纳入周转池，实行单列管理、动态管理和实名制管理，优先保障区经济发展、科技创新、规划建设、乡村振兴、教育医疗等重点领域部门补充人才，破解重点领域部门“无编可用”难题。

【医务“区管院聘”改革】2022年，番禺区委编办探索医务人员“区管院聘”管理改革，研究制订《番禺区关于推进医务人员“区管院聘”管理改革的实施意见（征求意见稿）》，推进全区卫生编制岗位资源实行“总量核定，统筹调配，动态管理”，增加对高层次卫生人才的吸引力，为番禺区卫生健康事业高质量发展提供机构编制保障。

（廖志洪）

## 精神文明建设

【概况】2022年，番禺区以社会主义核心价值观引领培养时代

2022 年 4 月 14 日，广州市番禺区精神文明建设委员会授予洛浦街道政务服务中心“番禺区文明单位”牌匾　（洛浦街道　供图）

新人，推动理想信念教育常态化制度化，统筹推动文明培育、文明实践、文明创建，推进群众性精神文明创建和城乡精神文明建设，开展文明城市、文明村镇、文明单位、文明家庭、文明校园创建工作，在共建共享中不断提升人民群众的思想素质和道德水平，夯实文明创建根基。南村总商会被认定为广东省第八批学雷锋活动示范点。开展番禺区革命历史类纪念设施、爱国主义教育基地核查工作，7579 人次线上参观红色革命遗址。

【群众性精神文明建设】2022 年，番禺区推进文明城市创建工作。持续开展镇和街道网格化文明创建全覆盖测评、文明城市创建专项整治行动和区领导挂点巡查督导文明城市创建工作。出动 1800 人次开展文明城市创建及社会宣传日常巡查督导，运用“文明番禺”工作平台交办各类问题 9573 个，整改完成率 96.93%。统筹全区 2 万多人次参与周末环境卫生大整治行动，清理各类垃圾 1700 多吨。开展 2022 年番禺区文明示范村镇、文明示范社区创建活动，打造新造镇为区级文明示范镇，石碁镇前锋村、大龙街道旧水坑村、新造镇曾边村为区级文明示范村，钟村街道缤纷汇社区为区级文明示范社区。开展 2022 年番禺区文明单位创建活动，评选出区级文明单位 15 个。将保护古树名木及其自然生态环境、落实管护责任、科学选择绿化树种草种等内容融入区级文明创建工作。组织文明单位参与公共交通文明引导志愿服务。开展 2022 年番禺区文明家庭创建活动，评选出区级文明家庭 15 个。程敏家庭被评为广州最美家庭，冯日初家庭被评为广州市十大最美慈善家庭，黄宏霞家庭被评为广州市书香家庭。在番禺电台持续开展《家教有方》专场活动，播出 160 集。开展 2022 年番禺区文明校园创建活动，评选出区级文明校园 15 所。番禺区 1 人被评为广东“新时代好少年”，3 人被评为广州“新时代好少年”。在广东省和广州市组织的童谣征集传唱活动中，番禺区推选的童谣作品获省一等奖 1 个、三等奖 1 个，获市一等奖 1 个、二等奖 2 个、三等奖 1 个，番禺区文明办获“优秀组织单位”称号。是年，在番禺文明网、“文明番禺”微信公众号和小程序刊登番禺区精神文明建设宣传稿件 2337 篇，利用“5G+ 大数据”信息化技术定点面向群众发布文明创建消息，提高群众对文明城市创建工作的知晓率、参与度和满意度。

【新时代文明实践】2022 年，番禺区拓展新时代文明实践阵地，召开区精神文明建设委员会全体会议，审议通过《番禺区深化拓展新时代文明实践阵地建设工作方案》，制定文明实践 10 项重点工作任务清单。推动新时代文明实践中心（所、站）与融媒体中心、党群服务中心深度融合，探索新时代文明实践番禺模式。印发《新时代文明实践中心（所、站）阵地标识指引》，打造石碁镇、桥山村等 4 个市级示范所、站，培育桥南街道、珠江社区、甘棠村等 8 个区级新时代文明实践示范所、站。组织举办“2022年学习新思想，唱响新时代——广州番禺首届大湾区粤曲擂台赛”活动，开展百场公益课下基层活动以及主题月、主题日活动。组织文明实践活动659场，7.8万人次参与，开展“听党话、感党恩、跟党走”主题宣传教育活动线上直播8场，宣传覆盖面124.56万人次。组建番禺区公共文明引导志愿服务专业队，在中心城区4个主要交通路口、广州南站地区公交站及大夫山森林公园设置志愿服务岗位22个，开展文明交通、环境卫生、平安联防等公共文明引导志愿服务23655人次。发动团员青年、志愿者4万人次到村、社区参与、文明城市创建等文明实践志愿服务。是年，被评为广州市最美志愿者2人、最佳志愿服务组织1个、最美志愿服务社区1个。

【公民思想道德建设】2022年，番禺区推动公民思想道德建设工作，坚持选树道德模范和“身边好人”，开展身边好人推荐、点赞评议。全区5人被评为“广东好人”，17人被评为“广州好人”，评选出2021年度“番禺好人”25名。开展身边好人事迹宣传，开设“番禺好人榜”微信公众号专栏，举办2021年番禺区好人事迹分享会和2022年道德模范、身边好人新春座谈会，营造见贤思齐、崇德向善的社会氛围。建成19个好人工作室，项目涵盖关爱残疾人、助老爱老、法律援助、非遗传承、上门义务剪发、慈善公益等服务，开展活动近1000场，超2万人次志愿者参与。建设爱国主义教育阵地，全区24处爱国主义教育基地接待880万人次参观。广汽埃安智能生态工厂被评为第九批广州市爱国主义教育基地。

【社会公益宣传】2022年，番禺区以电子屏幕、景观小品、宣传道旗、公益海报等形式开展习近平新时代中国特色社会主义思想以及中共二十大等重大政治主题宣传，设置户外宣传画181幅，958块电子屏滚动播放主题海报。开展全国文明城市创建、社会主义核心价值观、时代楷模、征兵等各类主题社会宣传，在元旦、春节、五一、国庆、中共广东省委十三届二次全会、广州国际美食节等重要时间节点加强社会宣传。

（徐挺）

## 区直机关党建

【概况】截至2022年12月31日，中共广州市番禺区直属机关工作委员会（简称番禺区直机关工委）下辖51个区直单位（包含3个垂直管理单位）的党组织，其中党委19个、党总支14个、党支部245个，有党员5256人。是年，番禺区直机关工委推进机关党的建设工作，以理论学习为先导，全覆盖学习宣传贯彻中共二十大精神；以政治建设为统领，推动党史学习教育常态化长效化；以组织建设为基础，推动机关基层党组织建设；以强作风严纪律促廉洁为目标，完善模范机关创建评价指标；以整改推动机关党建高质量发展，整改任务全部完成。

【机关党务培训】2022年5月25—27日，番禺区直机关工委举办2022年度入党积极分子和发展对象培训班。7月7日，组织举办学习贯彻广东省第十三

2022年9月1日，番禺区直机关工委举办“颂党恩 传家风”红色经典诵读比赛

（区直机关工委 供图）

次党代会精神培训暨2022年党务干部培训班。8月30日，举办纪检监察业务工作培训班。9月30日，召开2022年发展党员工作会议。11月30日，开展2022年预备党员线上学习培训班。12月8日，举办学习宣传贯彻中共二十大精神宣讲报告会暨2022年党组织书记培训班。

【机关文化建设】2022年1月25日，番禺区直机关迎新春送春联活动在区会议中心举行，活动送出“福”字600个、对联500副。4—12月，番禺区直机关工委制定《关于依托政治机关建设“老城市新活力、四个出新出彩”研读站 加强区直机关政治理论学习的工作方案》，来自51个单位277个党组织的6488名党员干部分274批次到研读站开展学习研讨。7—9月，番禺区直机关工委举办“颂党恩、传家风”机关党员红色经典诵读比赛，活动收到作品45份，其中17份优秀作品入围决赛。

【党组织书记述职评议】2022年3月7日，番禺区直机关工委召开2021年度党组织书记抓基层党建工作述职评议考核会议，听取番禺区纪委监委、区农业农村局、区退役军人事务局、区统计局、区工商联、区行政办、区气象局、区融媒体中心、区投资促进中心等10个区直机关单位的党组织书记现场述职。会议强调，各单位要坚持以党建引领服务中心大局，大力推进全面从严治党，不断深化开展模范机关创建工作。

【学习中共二十大精神】2022年，番禺区直机关工委制定《番禺区直机关“奋进新征程建功新时代以模范机关创建实际成效迎接党的二十大胜利召开”主题活动工作方案》，向基层党组织和科级以上党员干部派发学习用书3056套，向非科级以上党员和离退休党员派发学习用书2610套（每套有《党的二十大报告学习辅导百问》《二十大党章修正案学习问答》《党的二十大文件汇编》）。将学习《习近平谈治国理政（第四卷）》和中共二十大公报相结合，采取集中学习研讨、宣讲报告会、专家授课培训、主题展览等形式组织开展学习，基本完成属下党组织和党员全覆盖学习。

（许碧琴）

## 老干部工作

【概况】2022年，番禺区委老干部局加强新时代离退休干部党的建设，推进“银映红棉”红联共建及示范党支部创建，选优配强离退休干部党支部书记。采取形势报告会、专题辅导讲座、送学上门、研读参观主题党日、公众号推文等形式，引导老干部学习贯彻全国老干部工作“双先”表彰大会精神以及中共中央办公厅《关于加强新时代离退休干部党的建设工作的意见》文件精神。举办区管干部光荣退休仪式暨新退休干部学习交流活动。截至2022年12月31日，番禺区有离退休干部6827人。其中，副处级以上退休干部1162人，离休干部42人。

【老干部服务管理】2022年，番禺区委老干部局贯彻落实中央和广东省、广州市涉老政策，协调相关部门为符合条件的老干部增加离休费、提高生活医疗待遇，发放已故离休干部配偶生活困难补助近19万元及医疗困难补助43人次4万元；挂点联系原区领导和离休干部，在春节、中秋等重大节日慰问老干部和企业离休干部遗属688人次，发放慰问金及慰问品28.03万元，慰问住院或疗养离退休干部25人、去世离退休干部家属6人，发放慰问金1.85万元，赴梅州市蕉岭县慰问易地安置离休干部1人。

【老干部发挥优势作用】2022年，番禺区委老干部局发挥广大离退休干部优势作用，开展“建言二十大”“我看中国特色社会主义新时代”主题活动，鼓励老干部建言献策。发动参加系列主题征文和诗词征集活动，举办书画大赛、书画展览和筹办文艺会演，邀请老干部诗书画协会成员赴村（居）迎新春送春联。组建“银映红棉”宣讲队，组织“五老”讲师团深入校园开展“四史”主题宣讲8场，教育学生2840人次。加强区老干部志愿服务队建设，开展志愿服务102场次；与区卫健局联合发出《致全区退休医

2022 年 9 月 25，番禺区第五届“笔尖下的童真”少儿书画赛在区融媒体中心举行。图为颁奖环节（区委老干部局 供图）

务工作者的倡议书》，发动离退休干部党员支援医疗工作。通过“番禺老干部”公众号、《人民日报》等平台广泛宣传全省先进老干部工作者事迹，发动基层关工委做好全省“最美五老”候选人推荐工作。

【老干部学习活动】2022 年，番禺区委老干部局着力满足老同志学习活动需求，推进群园建筑文物保护与老干部活动中心升级改造，梳理完善管理制度，修缮维护场地，营造党建氛围，打造古典风格阅览室，制作区老干部活动中心《夕阳红更红》宣传片。发挥区老年干部大学、区老干部活动中心辐射作用，打造石碁镇分教点、南村镇分活动点，满足老干部就近学习活动需求。与番禺区融媒体联动实现老年干部大学 9 门网络课程线上录播和电视点播，在落实要求前提下有序开展线下教学。

（向梦媛）

## 党校教育

【概况】2022 年，番禺区委党校牢牢把握党校姓党根本原则，以加强党的理论教育和党性教育为首要任务，以推进教学改革、提高教学质量为重要抓手，聚焦提升全区党员领导干部思想理论水平、培养适应新时代需要的高素质专业化干部队伍，在理论宣讲、干教培训、科研管理、机关建设等方面取得成效。协同区委组织部与广州大学城各高校在教育培训、课题研究、共建共享三个方面开展交流与合作。全年对镇街党校调研指导 10 次，开展送课下基层活动 56 次。

【政治教育培训】2022 年，番禺区委党校聚焦主业主课，要求干部教师提高政治判断力、领悟力、执行力，精准解读和广泛宣传中共二十大报告，组织教务部门做好教学培训计划，发挥干部培训主渠道作用，推动二十大精神进教材、进课堂、进头脑。贯彻习近平总书记重要指示精神和总书记关于树立正确政绩观、坚持以人民为中心、生态文明建设、历史文化保护传承等方面的重要论述，创新开设“榕树下的党课”等专题活动，增加体验式、互动式、沉浸式学习培训体验。

【干部培训教学】2022 年，番禺区委党校首次采用“封闭式集中培训＋全脱产学习”模式举办处级领导干部任职培训班，开设涵盖 3 大板块 11 个方面内容的理论教育课程体系，包括领导专家专题辅导、“一把手”传授经验、学员研讨献策、读书分享交流等形式，依托番禺党性教育馆开设党性教育课程，到番禺区东西部对口协作的贵州省毕节市赫章县海雀现场教学基地开展异地教学。开设公务员专题培训班 21 期，4.5 万人次参训。举办“精细化、精确化、精致化”管理专题轮训班 9 期，316 名处级领导干部参训。针对整改工作开设城乡规划建设管理专业课，2300 人次参加培训。面向宣传信息岗位干部开设整改工作信息专题辅导课，2700 人次参训。开展办学质量评估，针对评估中发现的问题立行立改，推进以评促改，提升办学质效。

【党校师资建设】2022 年，番禺区委党校构建更符合区情校情的教师教学成长发展体系，完善教师考核评价标准，把教研

2022 年 10 月，番禺区委党校设置“老城市新活力 四个出新出彩”研读站 （郑皓璇 摄）

业绩作为考核评聘的重要指标，开展 14 次集体备课会，选派 3 名教师参与挂职锻炼和集中交流。完成市级以上课题 1 项、区级以上课题 3 项，发表科研论文 2 篇，自主研发专题课程 7 门，内容涵盖马克思主义理论、党史党建、公共管理等学科领域，1 门课程被市委党校评为优秀党课。

【党校环境设施】2022 年，番禺区委党校整合党性教育馆和图书馆资源，在校内建成富有岭南古建筑风格的“老城市新活力 四个出新出彩”研读站。将校内北片老旧闲置区域改造为“百年党史红色步道”，沿途设置中共一大到二十大期间党的光辉历程及伟大精神内容展板。实施学员宿舍北楼电梯加装工程，提升后勤服务管理水平。

（郑皓璇）

## 党史研究

【概况】2022 年，广州市番禺区国家档案馆（中共广州市番禺区委党史研究室）注重发挥存史资政作用，梳理形成番禺中共党史大事记(1919—1949 年)、中共在番禺的组织一览表（新民主主义革命时期），整理番禺区第一次至第十四次党代会资料供区委参考。向区“老城市新活力 四个出新出彩“研读站”提供党史书籍。就植地庄抗日战斗烈士纪念碑修缮事宜提出意见建议。

【党史教育基地】2022 年，番禺区国家档案馆依托广东省红色革命遗址大普查成果，对条件成熟的红色革命遗址申报市级党史教育基地。在原有 5 处市级党史教育基地基础上，新增二支队禺南武工队成立地旧址，何小静、何虹烈士故居，粤赣湘边纵队番禺独立团团部旧址 3 个广州市中共党史教育基地。加强红色文化保护传承，对经省委党史研究室确认的全区 15 处红色革命遗址，全部加挂番禺区中共党史教育基地牌匾。

【党史编写工作】2022 年，《中国共产党番禺历史（第三卷）》编写工作取得进展，调整充实《中国共产党番禺历史（第三卷）》编委会、区委党史研究工作领导小组等 2 项区级议事协调机构成员。邀请区内党史专家开展编写工作，形成《中国共产党番禺历史（第三卷）》第一章、第二章初稿。

【革命传统教育】2022 年，番禺区国家档案馆承办“信仰的力量——中国共产党人的家国情怀”档案展，利用红色档案资源，传承红色基因，赓续红色血脉，接待 139 个单位、3095 人次参观。组织番禺地区新民主主义时期老战士老同志参加“9 · 30”烈士公祭日活动，向植地庄抗日战斗烈士纪念碑敬献花篮。

（黄思雅）

## 广州市番禺区人民代表大会

【概况】2022 年，广州市番禺区人民代表大会常务委员会（简称番禺区人大常委会）坚持和完善人民代表大会制度，落实请示报告制度，全年向中共广州市番禺区委员会请示报告 12 次，召开主任会议 12 次、常委会会议15次，听取专项工作报告60项，开展执法检查4项、视察12项、满意度测评12项，推动完成2022年十件民生实事项目。全年开展党组会议和常委会会议“第一议题”学习35次、党组理论学习中心组学习7次、专题讲座12次。召开区、镇（街道）和机关委（办）座谈会，贯彻落实中央人大工作会议精神。番禺区人大常委会领导讲授7场专题党课，指导基层联系点114次。开展大规模迁移砍伐城市树木问题整改、落实《广州南沙深化面向世界的粤港澳全面合作总体方案》等重大工作。

**【番禺区十八届人大二次会议】**于2022年1月21—22日召开。会议听取和审议番禺区人民政府工作报告；审查番禺区2021年国民经济和社会发展计划执行情况与2022年计划草案的报告，审查2022年计划草案；审查番禺区2021年预算执行情况和2022年预算草案的报告，审查2022年区级预算草案；表决番禺区2022年十件民生实事项目；听取和审议番禺区人大常委会工作报告；听取和审议番禺区人民法院工作报告；听取和审议番禺区人民检察院工作报告。

**【人大监督工作】**2022年，番禺区人大常委会开展预算审查监督，专题审查3个部门预算、1个重点政策领域和2个政府重点投资项目财政投入情况。围绕中央生态环保督察反馈的石岗西涌、雁州涌整治问题，部分河涌返黑返臭和水环境治理三年攻坚行动计划开展河涌整治专项监督。持续监督城市更新改造、生活垃圾分类及“两网融合”网点建设、“五社联动”社区治理，督办住宅小区加装电动车集中充电桩重点建议，该案例被评为市人大代表建议办理十大优秀案例之一。督办教育“双减”政策落实、仲元中学新校区建设事项，跟踪督办“织牢公共卫生网底、守护番禺人民健康”重点建议。实施民生实事人大代表票决制，监督项目实施进度、质量、资金使用等情况。

**【人大专题调研】**2022年，番禺区人大常委会组织专业力量对国有企业发展情况开展专题调研，形成《关于番禺区国有企业发展情况的调研报告》，番禺区委主要领导在报告上批示“要用好调研成果，找准发展新突破”。番禺区人大常委会主要领导牵头，以“实体经济为本、制造业当家”为主题，开展服装产业高质量发展、珠宝首饰产业数字化转型升级、高端装备产业发展等重点专题调研，形成一批调研成果。深化广州市人大代表重点建议办理成果，对番禺国家级沿海渔港经济区建设情况开展调研，形成《深入实施乡村振兴战略，全力推进番禺国家级沿海渔港经济区的建设》专题调研报告。对番禺大道（冼庄立交）掉头车道改造等5项交通拥堵点治理项目开展调研，跟踪南大干线、金光东隧道工程进度，打通交通“主动脉”，畅通“微循环”。调研乡村振兴对口合作情况，发挥人大代表专业优势，牵线搭桥解决梅州市五华县华城镇企业发展困境。

**【人大法治工作】**2022年，番禺

2022年4月1日，番禺区人大常委会、区政协联合视察整改工作
（区人大办　供图）

表 2

## 番禺区十八届人大二次会议代表建议一览表

| 序号 | 代表团 | 代表姓名 | 建议题目 | 责任工委 |
|---|---|---|---|---|
| 1 | 石碁 | 曾志伦 | 关于在石碁镇新凌路草岗工业园建设雨污分流管道的建议 | 农村工委 |
| 2 | 新造 | 黎雅婷 | 关于增设南大路曾边锦溪段隔音带的建议 | 城建环资工委 |
| 3 | 新造 | 李湘军 | 关于切实落实新造镇保障社区基本医疗及公共卫生服务的建议 | 教科文卫工委 |
| 4 | 南村 | 马巧仪 | 关于装修启用南村镇辖区雅居乐房地产公建配套北苑医院，提升南村镇片区医疗保障服务能力的建议 | 教科文卫工委 |
| 5 | 南村 | 郭敏玲 | 关于提升公办学校生均经费标准，促进“双减”政策落实的建议 | 教科文卫工委 |
| 6 | 南村 | 何冠聪 | 关于引入“广东时装周”，创办“服装直播大赛”助力南村镇构建服装产业生产性服务业聚集区的建议 | 财经工委 |
| 7 | 化龙 | 曾连开 | 关于道路违停车辆整治建议 | 监察司法工委 |
| 8 | 化龙 | 吴建聪 | 关于东环街道学艺路段禁停车辆的建议 | 城建环资工委 |
| 9 | 石楼 | 尹政 | 关于对番禺区既有天桥加装电梯的建议 | 城建环资工委 |
| 10 | 石楼 | 欧敏儿 | 关于建立基层群众性自治组织出具证明事项清单动态管理机制的建议 | 社会工委 |
| 11 | 石楼 | 陈泽生 | 关于疏解番禺区石楼镇海鸥大桥堵塞问题的建议 | 城建环资工委 |
| 12 | 石楼 | 陈毅东 | 关于统筹乡村振兴发展规划的建议 | 农村工委 |
| 13 | 石楼 | 黄少英 | 关于加快推进番禺区老年慢病康复医养一体化建设项目的建议 | 教科文卫工委 |
| 14 | 石楼 | 郭润棠 | 关于建立完善反走私联防联控机制的建议 | 监察司法工委 |
| 15 | 市桥 | 陈杏甜 | 关于加强消防车通道管理的建议 | 城建环资工委 |
| 16 | 市桥 | 苏锡坤 | 关于促进市桥老城区新活力打造文商旅商圈的建议 | 财经工委 |

续表 2

| 序号 | 代表团 | 代表姓名 | 建议题目 | 责任工委 |
| --- | --- | --- | --- | --- |
| 17 | 市桥 | 苏锡坤 | 关于缓解番禺区珠宝产业人才紧缺的建议 | 财经工委 |
| 18 | 沙头 | 黄绮玲 | 关于易地重建何贤纪念医院的建议 | 教科文卫工委 |
| 19 | 沙头 | 王品慧 | 关于为燃气企业配置燃气抢险专用摩托车的建议 | 城建环资工委 |
| 20 | 东环 | 何柳青 | 关于加快推进莲花大道（东环段）道路建设的建议 | 城建环资工委 |
| 21 | 东环 | 张政 | 关于迎星东路与市新路交叉拥堵点微改造的建议 | 城建环资工委 |
| 22 | 东环 | 郭文伟 | 关于加强农村停车场的规划建设缓解“停车难”问题的建议 | 城建环资工委 |
| 23 | 桥南 | 陈丽珍 | 关于做好市桥河南岸碧道修缮工作的建议 | 农村工委 |
| 24 | 桥南 | 陈忠文 | 关于加快桥南片河涌整治及雨污分流的建议 | 农村工委 |
| 25 | 桥南 | 陈忠文 | 关于优先落实计划生育特殊家庭基本养老、基本医疗保障及优先入住公办养老机构的建议 | 社会工委 |
| 26 | 桥南 | 冯秋文 | 关于加快桥景园安置房房产证办理的建议 | 城建环资工委 |
| 27 | 桥南 | 冯毅 | 关于加强社区应急单元建设全面提升基层减灾救灾能力的建议 | 社会工委 |
| 28 | 桥南 | 韩秀娴 | 关于番禺区人民法院开设诉讼保全信息快速查询通道的建议 | 监察司法工委 |
| 29 | 桥南 | 黄锡均 | 关于明确主体，加强河涌河堤的路灯、护栏、路堤维护的建议 | 农村工委 |
| 30 | 桥南 | 李道明 | 关于深入广泛开展爱绿植绿护绿的建议 | 城建环资工委 |
| 31 | 桥南 | 梁浩明 | 关于加快桥南辖区部分“水浸街”“水浸小区”整治的建议 | 城建环资工委 |
| 32 | 桥南 | 廖慧贤 | 关于加快推进市桥大桥重建的建议 | 城建环资工委 |
| 33 | 桥南 | 卢翠兰 | 关于推进住宅小区加装电动车集中充电桩的建议 | 城建环资工委 |

续表 2

| 序号 | 代表团 | 代表姓名 | 建议题目 | 责任工委 |
|---|---|---|---|---|
| 34 | 桥南 | 麦志均 | 关于解决农村基层干部社保问题的建议 | 农村工委 |
| 35 | 桥南 | 苏晓青 | 关于中华大道桥南段增设收费停车位的建议 | 城建环资工委 |
| 36 | 桥南 | 王棣华 | 关于户外工作者爱心驿站的建设的建议 | 社会工委 |
| 37 | 桥南 | 元幸诗 | 关于在临街商铺道路建设电动自行车充电点的建议 | 城建环资工委 |
| 38 | 桥南 | 张志勤 | 关于大力引进社会资金建设智能停车场的建议 | 城建环资工委 |
| 39 | 桥南 | 吴桂香 | 关于番禺区桥南街草河保育园对外开放的建议 | 农村工委 |
| 40 | 桥南 | 吴卫华 | 关于发展桥南街夜间经济建设的建议 | 财经工委 |
| 41 | 小谷围 | 王兆玉 | 关于成立“环大学城科普教育基地联盟”发展文化科普研学旅游事业的建议 | 教科文卫工委 |
| 42 | 小谷围 | 王兆玉 | 关于响应“广聚英才计划”解决广州大学城高校教师就近居住和子女就近入学问题的建议 | 教科文卫工委 |
| 43 | 小谷围 | 王宏斌 | 关于加强大学城学前教育的建议 | 教科文卫工委 |
| 44 | 小谷围 | 王兆玉 | 关于促进广州大学城科技企业孵化器健康发展与孵化毕业企业落地番禺区的建议 | 财经工委 |
| 45 | 小谷围 | 王兆玉 | 关于提升广州大学城水生态治理效率的建议 | 农村工委 |
| 46 | 小谷围 | 徐文彬 | 关于推动环保共性工厂建设，助力番禺产业绿色发展的建议 | 城建环资工委 |
| 47 | 大石 | 何展卓 | 关于把镇街中心幼儿园调整为区教育局属下事业单位的建议 | 教科文卫工委 |
| 48 | 洛浦 | 余汉津 | 关于大石水道洛浦街南浦岛碧道和小公园建设的意见建议 | 农村工委 |
| 49 | 石壁 | 雷耀眉 | 关于番禺区韦大小学进行校舍整治的建议 | 教科文卫工委 |
| 50 | 石壁 | 麦沛莲 | 关于加强石壁街基础医疗卫生服务的建议 | 教科文卫工委 |

续表 2

| 序号 | 代表团 | 代表姓名 | 建议题目 | 责任工委 |
| --- | --- | --- | --- | --- |
| 51 | 石壁 | 黄莫姬 | 关于石壁街农村留用地开发的建议 | 农村工委 |
| 52 | 石壁 | 何肖芬 | 关于调解处理辖内农民退休金无法正常领取的建议 | 农村工委 |
| 53 | 石壁 | 梁伟雄 | 关于完善石壁街屏山片区、都那村交通建设的建议 | 城建环资工委 |
| 54 | 石壁 | 赵铭华 | 关于加强石壁街基础教育事业建设的建议 | 教科文卫工委 |
| 55 | 钟村 | 罗杰豪 | 关于加快处理钟村街征地拆迁遗留问题的建议 | 城建环资工委 |
| 56 | 钟村 | 吴志升 | 关于加强公共位置停车管理的建议 | 城建环资工委 |
| 57 | 钟村 | 陈国谊 | 关于深化老年人教育发展，开办老年学堂的建议 | 社会工委 |
| 58 | 钟村 | 郝耀 | 关于社工介入突发性公共应急事件处理的建议 | 社会工委 |
| 59 | 大龙 | 郑卫东 | 关于建设立体停车场解决清河综合市场及东怡新区周边停车难的建议 | 城建环资工委 |
| 60 | 大龙 | 古永钊 | 关于加强协调全力推进市莲路道路升级改造项目的建议 | 城建环资工委 |
| 61 | 沙湾 | 冯锦标 | 关于加快推进停车场建设的建议 | 城建环资工委 |
| 62 | 沙湾 | 郭桂煊 | 关于提升市桥三桥（沙湾段）路段路灯亮度的建议 | 城建环资工委 |
| 63 | 沙湾 | 周信波 | 关于协调解决留用地兑现和租金支付等问题的建议 | 农村工委 |
| 64 | 沙湾 | 郭启盛 | 关于增加精神病人抚养机构的建议 | 教科文卫工委 |
| 65 | 桥南 | 张在勇 | 关于加快建设人才强区的建议 | 财经工委 |
| 66 | 小谷围 | 邹飞 | 关于进一步完善大学城学前教育设施建设的建议 | 教科文卫工委 |
| 67 | 石碁 | 何菁 | 关于增加华腾路周边配套的建议 | 城建环资工委 |

续表 2

| 序号 | 代表团 | 代表姓名 | 建议题目 | 责任工委 |
|---|---|---|---|---|
| 68 | 石碁 | 曾志伦 | 关于在小龙涌全段两岸加装照明路灯的建议 | 城建环资工委 |
| 69 | 石楼 | 李小敏 | 关于加快推进扩建石楼镇利丰大道的建议 | 城建环资工委 |
| 70 | 市桥 | 李欢伟 | 关于解决城区停车难问题的建议 | 城建环资工委 |
| 71 | 市桥 | 许珩 | 关于加强电动车管理的建议 | 监察司法工委 |
| 72 | 沙头 | 冯福贤 | 关于加快推进沙头街4所村级幼儿园建设用地手续的建议 | 城建环资工委 |
| 73 | 东环 | 张政 | 关于增加经绕东环街社区卫生服务中心公交路线的建议 | 城建环资工委 |
| 74 | 桥南 | 张志勤 | 关于高油价背景下加强节能汽车推广使用的建议 | 城建环资工委 |
| 75 | 桥南 | 元幸诗 | 关于加强对快递和外卖派送员交通安全管理的建议 | 监察司法工委 |
| 76 | 大石 | 陈志明 | 关于缓解沙溪大桥南迎宾路拥堵问题的建议 | 城建环资工委 |
| 77 | 钟村 | 彭倩兰 | 关于加强治理住宅区"僵尸车"的建议 | 城建环资工委 |
| 78 | 沙湾 | 陈智浩 | 关于福贤路西段断头路向西打通至西环路的建议 | 城建环资工委 |
| 79 | 沙湾 | 陈智浩 | 关于福贤路西段断头路向西打通至西环路的建议 | 城建环资工委 |
| 80 | 南村 | 马超 | 关于加强万博地区招商工作的建议 | 财经工委 |
| 81 | 市桥 | 蓝友香 | 关于制定常态化核酸检测标准的建议 | 教科文卫工委 |
| 82 | 大龙 | 张敏华 | 关于加快协调大龙街石岗小学纳入广州市中小学校基础设施建设三年行动方案（2022—2024年）项目的建议 | 城建环资工委 |

区人大常委会听取“七五”法治宣传教育情况报告，表决通过“八五”法治宣传教育决议，听取法治政府建设、民事诉讼程序繁简分流改革情况报告。监督未成年人保护工作，支持番禺区检察院打造青少年犯罪预防基地、“心”启程观护基地，相关做法得到最高人民检察院肯定。对《中华人民共和国妇女权益保障法》《中华人民共和国野生动物保护法》等8部法律法规实施情况开展执法检查。全年备案审查规范性文件63件。完善信访事项办理反馈和协调机制，依法规范信访工作流程。

【人大代表履职】2022年，番禺区检查验收全区60个人大代表联络站，依托联络站开展接待选民群众活动697次，833名人大代表接待群众2723人次，收集意见建议1026件，推动解决问题910个。桥南街道建立全市首个“人大全过程人民民主”实践基地。在公园、大型商圈、企业园区、广州大学城、街道政务服务中心设立人大代表联络点，组建人大制度宣讲团，健全夜间和节假日接访、代表主动走访群众机制。立足“区人大、镇（街）人大、省代表、市代表、区代表、镇代表”六个维度，828名四级人大代表收集群众意见205条，推动解决109个群众急难愁盼问题。制定区人大代表建议办理工作绩效考核评分规定，全年督办代表建议133项，评选出年度代表建议优秀案例21项、代表建议办理工作先进单位5个。石碁镇人大将建设血透中心建议作为重点建议办理，促成血透中心建成使用，该案例作为唯一镇级人大项目，被广东省人大评为代表建议办理十大优秀案例之一。

【重大事项决定和人事任免】2022年，番禺区人大常委会聚焦经济社会发展中的重大问题、法律法规实施中的突出问题、社会普遍反映的热点问题，完善重大事项议题的提请、调研、审查以及表决等工作程序。坚持党管干部、严格程序、依法任免，依法作出决议决定22项，任免地方国家机关工作人员41人次，接受代表辞职9人次，组织开展宪法宣誓18人次。

（郭丰）

## 广州市番禺区人民政府

### 综述

【概况】2022年，番禺区人民政府（简称番禺区政府）设工作部门23个，包括办公室、发展改革局、教育局、科技工业商务和信息化局、民政局、司法局、财政局、人力资源社会保障局、住房城乡建设局、交通运输局、水务局、农业农村局、文化广电旅游体育局、卫生健康局、退役军人事务局、应急管理局、审计局、市场监督管理局、统计局、城市管理和综合执法局、信访局、政务服务数据管理局、城市更新局。

发展改革局挂粮食和物资储备局、金融工作局牌子；财政局挂国有资产监督管理局牌子；住房城乡建设局挂人民防空办公室（民防办公室）牌子；农业农村局挂扶贫开发办公室牌子；市场监督管理局挂知识产权局牌子。民族宗教事务局列入政府工作部门序列，不计入机构限额；市公安局番禺区分局、市规划和自然资源局番禺区分局、市生态环境局番禺区分局、市医疗保障局番禺区分局分别为市公安局、市规划和自然资源局、市生态环境局、市医疗保障局的派出机构，不计入机构限额。

是年，番禺区政府统筹经济社会发展，大规模迁移砍伐城市树木问题立行立改项目全部完成，经济发展稳中有进，城乡功能品质提升，绿色发展步伐加快，人民生活不断改善，发展安全更有保障，政府建设持续加强，较好完成区十八届人大二次会议确定的目标任务。

【区政府重要会议】2022年4月27日，番禺区一季度经济形势分析会以视频会议形式召开。6月9日，区政府全体（扩大）会议召开，会议内容有学法讲座、区政府廉政工作、区政府系统建议提案交办工作、区审计工作。8月3日，上半年全区经济形势分析会以视频会议形式召开。

【区政府常务会议】2022年，番

2022年8月30日，番禺区区长叶珊瑚在第八届中国广州国际投资年会番禺区投资推介专场活动上作主题推介 （黄国宏 摄）

禺区政府组织常务会议48次，讨论事项474项。

【督查政府重点工作】2022年，番禺区政府办公室全面梳理、每月督办2022年《政府工作报告》重点工作、十件民生实事、区政府会议决定事项等重点事项3704项，专项督办广东省委专项巡视反馈问题、区政企诉求对接圆桌会议决定事项等311项次，促进落实汽车产业链发展、“8847”地块收储、水环境治理等重点工作。统筹区政府系统各承办单位办理各级人大建议和政协提案359件，被广州市人大常委会评为办理代表建议先进单位。

【政务调研】2022年，番禺区政府办公室完成“番禺区新业态及其他社会监管热点问题监管研究”课题调研。跟进广州市进一步支持长隆集团在穗发展工作，推动粤文化项目建设。配合录制《作风建设在路上》节目，解决群众关注热点问题。

【政务公开工作】2022年，番禺区政府印发系列指导性文件，规范有序开展政府信息公开工作。区政府门户网站发布政策解读35份，发布信息3.56万条。向国家、省、市报送政务信息，被评为2022年度广州市政府系统政务信息、新闻工作、政务公开工作积极单位。

【城市运行协调】2022年，番禺区城市运行协调工作创新“六情一盘棋”体系，汇编城市运行安全“六情”一张图，推进“番禺区城市运行数据平台”建设，严格实行三级值班带班工作制度，协调处置各类突发事件2250件。提升群众诉求办理时效，启用“12345”热线软件机器人自动化赋能功能，全年受理“12345”热线转办工单34.53万件，年度考核总分全市第一。全年受理办理人民网“地方领导留言板”之“区委书记留言”1390条。开展环境秩序整治，道路交通秩序整治年度考核全市第一。莲花城海防教育基地落成开馆。

【公车管理监督】2022年，番禺区政府办公室依法依规开展公务用车管理工作，全年审核全区各单位购置各型公务用车103辆，办理报废注销车辆87辆。会同区财政局印发《关于进一步规范党政机关事业单位公务租车管理工作的通知》，将短期租车审批权下放到主管部门和镇、街道，把关短期租车备案4159件，解决基层单位工作公务用车难、用车少的实际困难。监督和规范公务用车使用，到10个单位调研公务用车管理使用情况，巡查巡检公务用车使用记录1485条，办理辖内公务用车投诉和举报案8件。

【外事工作】2022年，番禺区政府加强对外交流，完成重要外宾接待任务，参加中国与白俄罗斯建交30周年庆祝活动等外事活动。落实一视同仁无差别对待要求，受理外国人来华申办，全年办理48个单位87人次来华申请。推动祈福新邨申报建设广州市国际化街区首批试点工作。完善因公临时出国境管理等外事工作制度，建立有200人的外语翻译人才库，提升区外事工作水平。

（谢艺诗）

## 信访工作

【概况】2022年，番禺区办理信

表 3　　2022 年广州市番禺区人民政府常务会议情况一览表

| 会议时间 | 届次 | 议题内容 |
|---|---|---|
| 1 月 5 日 | 十八届第 10 次 | 听取区城市运行指挥中心关于番禺区 2021 年第二、三季度承办“12345”热线工作有关情况的报告；审议并原则同意区农业农村局提交的《广州市番禺区农业农村局关于申请追加 2021 年度政策性水产养殖保险财政补贴资金的请示》；审议区科工商信局提交的《区科工商信局关于支持比音勒芬服饰股份有限公司增资扩产用地需求的请示》等请示 |
| 1 月 13 日 | 十八届第 11 次 | 审议并原则同意区政府办提交的《政府工作报告（送审稿）》、区发展改革局提交的《番禺区发展和改革局关于审定广州市番禺区 2021 年国民经济和社会发展计划执行情况与 2022 年计划草案报告、广州市番禺区 2022 年国民经济和社会发展计划草案的请示》、区财政局提交的《广州市番禺区财政局关于审批〈广州市番禺区 2021 年预算执行情况和 2022 年预算草案的报告（代拟稿）〉的请示》、区消防安全委员会办公室提交的《广州市番禺区消防安全委员会办公室关于审定〈番禺区火灾事故应急预案〉的请示》等请示 |
| 1 月 19 日 | 十八届第 12 次 | 审议并原则同意区土地开发中心提交的《区土地开发中心关于再次延长〈广州市番禺区人民政府关于印发番禺区土地征收中青苗及地上附着物包干补偿办法的通知＞有效期的请示》、区财政局和区发展改革局共同提交的《广州市番禺区财政局 广州市番禺区发展改革局关于 2022 年新增专项债券提前下达额度安排项目的请示》等请示 |
| 2 月 8 日 | 十八届第 13 次 | 听取区整改办汇报番禺区有关整改工作开展情况；审议了市规划和自然资源局番禺区分局提交的《广州市规划和自然资源局番禺区分局关于地铁祈广区间并行段大鹏天然气管道迁改工程路由的请示》；审议并原则同意区土地开发中心提交的《区土地开发中心关于审定广州地铁祈广区间并行段大鹏天然气管道迁改工程征地拆迁补偿方案的请示》 |
| 2 月 22 日 | 十八届第 14 次 | 听取区政府办汇报市督查激励工作会议有关精神；审议并原则同意区城市管理和综合执法局提交的《番禺区城市管理和综合执法局关于审定番禺区公园绿地新建改造任务“三年行动”（2022—2024）工作方案（送审稿）的请示》、市规划和自然资源局番禺区分局提交的《广州市规划和自然资源局番禺区分局关于上报广州市番禺区 2021 年度土地征收成片开发方案的请示》等请示 |
| 3 月 1 日 | 十八届第 15 次 | 审议并原则同意区发展改革局和区财政局共同提交的《番禺区发展和改革局番禺区财政局关于做好 2022 年第一批地方政府专项债申报工作的请示》、区科工商信局提交的《区科工商信局关于审定〈番禺区 2022—2026 年产业扶持资金拨付工作方案〉的请示》、区政府办提交的《2022 年区政府工作报告部署工作责任分工表、区政府工作报告分解立项和责任分工原则、关于 2022 年区政府工作报告部署工作责任分工的说明》等请示；审议区司法局提交的《广州市番禺区司法局关于印发 2022 年政府重大行政决策事项目录和重大行政决策听证事项目录的请示》等请示 |
| 3 月 1 日 | 十八届第 16 次 | 审议并原则同意区土地开发中心提交的《区土地开发中心关于审定汉溪商业用地一期周边市政道路工程项目协议书的请示》 |

续表 3

| 会议时间 | 届次 | 议题内容 |
| --- | --- | --- |
| 3 月 3 日 | 十八届第 17 次 | 听取区审计局关于番禺区社区嵌入式养老机构建设工作专项审计调查的报告；审议并原则同意区教育局提交的《广州市番禺区教育局关于报送广州市番禺区教育事业发展“十四五”规划的请示》、区财政局提交的《广州市番禺区财政局关于审定〈番禺区行政事业单位国有资产使用管理办法〉的请示》等请示；审议区城市更新局提交的《区城市更新局关于废止广州市番禺区旧村庄更新改造公开引入合作企业指导意见的请示》 |
| 3 月 8 日 | 十八届第 18 次 | 听取区整改办传达市整改工作最新精神，汇报整改工作有关情况；审议并原则同意区市场监管局提交的《番禺区市场监管局关于审定〈广州市番禺区药品安全事件应急预案〉的请示》等请示；审议区交通运输局提交的《广州市番禺区交通运输局关于审定佛莞城际铁路长隆站及莲花山站出入口道路衔接工程前期方案的请示》 |
| 3 月 10 日 | 十八届第 19 次 | 听取区整改办汇报整改工作有关情况等；审议并原则同意区住房城乡建设局提交的《番禺区住房和城乡建设局关于研究审定〈番禺区公共卫生服务中心项目建设方案〉的请示》、区住房城乡建设局提交的《番禺区住房和城乡建设局关于审定〈番禺区“十四五”市级美丽乡村全覆盖工作方案〉的请示》、区水务局提交的《番禺区水务局关于审定 2022 年番禺区农村自来水提质增效工程计划的请示》等请示；研究了《五华县人民政府关于商请推进梅州五华（番禺）大湾区经贸发展中心共建工作的函》 |
| 3 月 15 日 | 十八届第 20 次 | 听取区整改办汇报整改工作进展情况；审议并原则同意区司法局提交的《番禺区司法局关于审定〈广州市番禺区推进镇街综合行政执法工作实施方案〉的请示》、区住房城乡建设局提交的《番禺区住房和城乡建设局关于审定 2021 年城市体检发现问题治理方案的请示》、区发展改革局和区应急管理局共同提交的《番禺区发展和改革局番禺区应急管理局关于审定番禺区金融突发事件应急预案的请示》等请示 |
| 3 月 18 日 | 十八届第 21 次 | 审议并原则同意区发展改革局提交的《番禺区发展和改革局关于审定印发番禺区实施“资本入番”助力金融高质量发展行动方案的请示》等请示；审议区交通运输局提交的《广州市番禺区交通运输局关于审定番禺区地铁站口交通衔接改善工作实施方案的请示》 |
| 3 月 30 日 | 十八届第 22 次 | 听取区委保密办（区国家保密局）传达中央、省、市保密工作会议精神，区食安办汇报番禺区 2021 年食品安全工作情况；审议区科工商信局提交的《番禺区科工商信局关于审定〈番禺区贯彻落实《广州市构建“链长制”推进产业高质量发展的意见》的实施方案〉的请示》等请示 |
| 4 月 2 日 | 十八届第 23 次 | 传达习近平总书记关于安全生产重要指示精神和李克强批示精神，通报近期国家、省、市安全生产会议工作要求；审议并原则同意区减灾委员会办公室提交的《番禺区减灾委员会办公室关于审定番禺区自然灾害救助应急预案的请示》、区安委办提交的《广州市番禺区安全生产委员会办公室关于审议番禺区 2021 年度安全生产责任制和消防工作考评情况的请示》；通报市 2022 年 1 月建设干净整洁平安有序城市环境秩序评价考核有关情况 |

续表 3

| 会议时间 | 届次 | 议题内容 |
| --- | --- | --- |
| 4 月 6 日 | 十八届第 24 次 | 深入学习习近平总书记关于住房和城乡建设工作的重要论述，传达 2022 年全国住房和城乡建设工作会议精神；审议并原则同意区交通运输局提交的《广州市番禺区农村公路路长制领导小组办公室关于审定〈番禺区农村公路“路长制”实施方案（修编）〉的请示》、区委宣传部和区司法局共同提交的《中共广州市番禺区委宣传部 广州市番禺区司法局审定〈区委宣传部、区司法局关于开展法治宣传教育的第八个五年规划（2021—2025 年）〉的请示》等请示 |
| 4 月 18 日 | 十八届第 25 次 | 传达学习《信访工作条例》；听取区整改办传达市整改工作调度会有关精神；审议并原则同意区招商办提交的《番禺区招商办公室关于审定番禺区重大招商引资项目引进工作规范的请示》等请示；审议区国资局提交的《广州市番禺区人民政府国有资产监督管理局关于审定〈关于规范番禺区区属国有企业物业出租等多种经营行为的指导意见〉的请示》等请示 |
| 4 月 21 日 | 十八届第 26 次 | 审议并原则同意区政府办提交的《关于长隆万博商务区扩区和指挥部优化的工作方案》、区土地开发中心提交的《区土地开发中心关于再次审定番禺区桥南街蚬涌村大口涌以西地块配建回购房和竞配建政府性房源（住宅）户型设计方案的请示》等请示 |
| 4 月 28 日 | 十八届第 27 次 | 传达学习《关于更加有效发挥统计监督职能作用的意见》和《广东省自然资源厅关于印发自然资源管理工作中若干底线要求的通知》精神；听取区审计局关于政府存量储备土地管理审计情况的报告；审议并原则同意区农业农村局提交的《广州市番禺区农业农村局关于审定〈广州市番禺区水上交通安全联席会议制度〉（送审稿）的请示》等请示 |
| 4 月 29 日 | 十八届第 28 次 | 传达 4 月 28 日省、市安全生产工作电视电话会议精神；审议并原则同意市规划和自然资源局番禺区分局提交的《广州市规划和自然资源局番禺区分局关于番禺区石碁镇石碁村储备用地二期 SQG16-03 地块二公开出让方案的请示》等请示 |
| 5 月 7 日 | 十八届第 29 次 | 审议并原则同意番禺经济技术开发区管委会提交的《广州番禺经济技术开发区管委会关于提请审定〈番禺区智能网联与新能源汽车产业链高质量发展三年行动计划（2022—2024）〉的请示》等请示；听取区政府办关于番禺区 2021 年政务公开工作情况的汇报 |
| 5 月 11 日 | 十八届第 30 次 | 传达习近平总书记对湖南长沙居民自建房倒塌事故重要指示精神，研究部署番禺区自建房安全专项整治工作；审议并原则同意区水务局提交的《番禺区水务局关于理顺我区水务工程建设项目代建工作的请示》、区住房城乡建设局提交的《番禺区住房和城乡建设局关于印发〈广州市番禺区政府投资工程建设项目建设方案联审决策实施细则〉的请示》等请示；审议区水务局提交的《番禺区水务局关于优化我区水务设施管理体制的请示》 |
| 5 月 19 日 | 十八届第 31 次 | 听取区整改办汇报近期市整改工作会议精神；审议并原则同意区消防救援大队提交的《广州市番禺区消防救援大队关于审定〈番禺区“十四五”期间规划消防站建设实施方案〉的请示》、石楼镇政府提交的《番禺区石楼镇人民政府关于增设社区居民委员会的请示》等请示；审议了区农业农村局提交的《广州市番禺区农业农村局关于 2022 年高标准农田改造提升储备任务的请示》等请示 |

续表 3

| 会议时间 | 届次 | 议题内容 |
| --- | --- | --- |
| 6 月 1 日 | 十八届第 32 次 | 听取区整改办汇报番禺区整改工作推进落实情况，研究部署番禺区整改工作应知应会宣传培训工作；传达学习《基本医疗卫生与健康促进法》等；审议并原则同意区住房城乡建设局提交的《番禺区住房和城乡建设局关于审定〈番禺区房屋租赁监管方案（修订）〉的请示》等请示；审议区文化广电旅游体育局提交的《广州市番禺区文化广电旅游体育局关于转呈广州市番禺区图书馆关于审议〈番禺区图书馆新馆全面开放筹备工作方案〉的请示》等请示 |
| 6 月 10 日、6 月 16 日 | 十八届第 33 次 | 邀请华南师范大学教授伍劲松开展重大行政决策专题讲座；审议并原则同意区农业农村局提交的《广州市番禺区农业农村局关于审定〈2022 年番禺区全面推进乡村振兴加快农业农村现代化的实施方案〉（送审稿）的请示》等请示；审议区民政局提交的《广州市番禺区民政局关于审定〈广州市番禺区推进基本养老服务体系建设三年行动方案（2022—2024 年）〉的请示》等请示；听取区城市运行指挥中心关于 2021 年第四季度和 2022 年第一季度番禺区承办“12345”热线工作情况的汇报 |
| 6 月 23 日 | 十八届第 34 次 | 传达学习 6 月 19 日市委、市政府专题会议精神等；审议并原则同意区科工商信局提交的《区科工商信局关于审定〈番禺区高新技术产业发展扶持办法〉的请示》、区财政局提交的《广州市番禺区财政局关于审定〈关于 2021 年度番禺区国有资产管理情况的综合报告＞的请示》等请示 |
| 6 月 24 日 | 十八届第 35 次 | 专题研究番禺区 2021 年度卫片执法违法用地整改情况 |
| 6 月 24 日 | 十八届第 36 次 | 听取市生态环境局番禺分局、区水务局汇报番禺区第二轮中央生态环境保护督察反馈问题整改工作相关情况，区河长办汇报番禺区水环境治理工作进展情况；审议并原则同意市生态环境局番禺分局提交的《广州市生态环境局番禺分局关于审定番禺区 2022 年水污染防治工作计划的请示》等请示 |
| 6 月 30 日 | 十八届第 37 次 | 审议并原则同意区委编办提交的《关于提请审定番禺区 2021 年度绩效考核结果的请示》、区政协办和区财政局共同提交的《区政协办公室 区财政局关于设立政协委员履职工作经费的请示》等请示；审议了区发展改革局、区人力资源社会保障局共同提交的《番禺区发展和改革局 番禺区人力资源和社会保障局关于印发番禺区使用总量控制类指标引进紧缺急需人才入户工作方案的请示》、区发展改革局提交的《番禺区发展和改革局关于审定〈番禺区优化营商环境 5.0 改革工作举措清单〉的请示》等请示 |
| 7 月 11 日 | 十八届第 38 次 | 审议并原则同意区水务局提交的《广州市番禺区水务局关于以区政府名义呈市政府审定〈广州市番禺区水环境治理三年攻坚行动计划（2022—2024 年）〉的请示》，区科工商信局、市规划和自然资源局番禺区分局、区城市更新局、区土地开发中心共同提交的《区科工商信局 市规划和自然资源局番禺区分局区城市更新局区土地开发中心关于审定〈广州市番禺区村镇工业集聚区更新改造试点工作方案〉的请示》等请示 |

续表 3

| 会议时间 | 届次 | 议题内容 |
| --- | --- | --- |
| 7 月 29 日 | 十八届第 39 次 | 传达学习习近平总书记关于保障国家粮食安全重要论述和国家、省、市粮食和物资储备工作会议精神；听取了区民政局汇报番禺区孤儿保障及未成年人保护工作情况等；审议并原则同意区教育局提交的《广州市番禺区教育局关于审定“优质均衡 育才圆梦”公开募捐活动方案的请示》、区审计局提交的《番禺区审计局关于审议〈广州市番禺区审计事业发展“十四五”规划〉的请示》等请示 |
| 8 月 1 日 | 十八届第 40 次 | 审议并原则同意区住房城乡建设局提交的《番禺区住房和城乡建设局关于审定我区 2022 年市级美丽乡村建设项目计划的请示》、区国资局提交的《区国资局关于修订〈广州市番禺区区属企业重大经济事项管理办法〉的请示》等请示 |
| 8 月 4 日 | 十八届第 41 次 | 审议并原则同意区基建办和区教育局共同提交的《区基建办 区教育局关于广东仲元中学第二校区配套工程建设的请示》、区财政局提交的《广州市番禺区财政局关于审定〈关于广州市番禺区 2022 年上半年预算执行情况的报告〉的请示》等请示 |
| 8 月 10 日 | 十八届第 42 次 | 听取区政府办关于做好国务院第九次大督查的情况汇报、区公安分局汇报 2022 年上半年打击治理电信网络新型违法犯罪工作有关情况；审议并原则同意区委组织部提交的《中共广州市番禺区委组织部关于审议〈关于大力实施人才引领发展战略 加快建设新时代人才强区的实施细则（审议稿）〉的请示》、区水务局提交的《番禺区水务局关于审议推进城市供水优化改造方案的请示》等请示；审议区水务局提交的《广州市番禺区水务局关于审议广州市番禺区内涝系统化治理实施方案（2021—2025 年）的请示》等请示 |
| 8 月 31 日 | 十八届第 43 次 | 传达省政府关于国务院第九次大督查迎检动员部署会议精神；审议市生态环境局番禺分局提交的《广州市生态环境局番禺分局关于审定广州市番禺区生态环境保护“十四五”规划的请示》、区发展改革局提交的《番禺区发展和改革局关于审定广州市番禺区 2022 年上半年国民经济和社会发展计划执行情况报告的请示》等请示；审议并原则同意区卫生健康局提交的《番禺区卫生健康局关于审定〈番禺区公共卫生委员会办公室关于印发《番禺区职业病防治“十四五”规划》的通知〉（送审稿）的请示》、沙湾街道办事处提交的《沙湾街道办事处关于增设社区居委会的请示》等请示 |
| 9 月 6 日 | 十八届第 44 次 | 听取区消防救援大队汇报 2022 年番禺区夏季消防安全形势分析报告等；审议了区土地开发中心提交的《区土地开发中心关于公开挂牌地块的请示》等请示；审议并原则同意区妇联提交的《番禺区妇女联合会关于提请区政府审议番禺区妇女发展规划（2021—2030 年）和番禺区儿童发展规划（2021—2030 年）的请示》、区发展改革局提交的《番禺区发展和改革局关于 2022 年重点项目计划增补项目的请示》等请示 |
| 9 月 8 日 | 十八届第 45 次 | 专题研究番禺区水务环保工作。审议并原则同意区水务局提交的《番禺区水务局关于申请审议实施〈番禺区农村生活污水治理巩固提升工作方案（2021—2025）〉的请示》、市生态环境局番禺分局提交的《广州市生态环境局番禺分局关于审定〈关于加快推进生态环境治理体系和治理能力现代化的实施方案〉的请示》等请示；审议区水务局提交的《番禺区水务局关于全区混凝土搅拌站相关问题的请示》；听取区水务局报告 2022 年上半年全国水环境情况通报等 |

续表 3

| 会议时间 | 届次 | 议题内容 |
| --- | --- | --- |
| 9 月 13 日、9 月 14 日 | 十八届第 46 次 | 审议并原则同意区教育局提交的《广州市番禺区教育局关于审定〈广州市番禺区人民政府办公室关于印发《广州市番禺区教育、医疗卫生、民政基础设施建设五年实施方案（2022—2026 年）》的通知（代拟稿）〉的请示》、区科协提交的《区科协关于审定〈广州市番禺区全民科学素质行动规划纲要实施方案（2022—2025 年）〉的请示》等请示；审议区农业农村局提交的《广州市番禺区农业农村局关于审议番禺区与威宁县、赫章县粤黔协作共建现代农业产业园合作框架协议的请示》等请示 |
| 9 月 20 日 | 十八届第 47 次 | 听取区整改办汇报省、市近期整改工作有关精神和番禺区整改工作推进落实情况，市生态环境局番禺分局汇报 2022 年番禺区大气污染防治工作情况；审议并原则同意区财政局提交的《广州市番禺区财政局关于实施〈番禺区水环境治理三年攻坚行动计划工程项目概（预）算评审时效优化专项方案〉的请示》等请示；审议区河长办提交的《广州市番禺区全面推行河长制工作领导小组办公室关于优化水务工程占道施工审批流程的请示》 |
| 9 月 26 日 | 十八届第 48 次 | 听取了区市场监管局传达《国务院办公厅关于全面加强药品监管能力建设的实施意见》等；审议并原则同意区民政局提交的《广州市番禺区民政局关于审定〈2022 年广州市番禺区养老服务工作要点（送审稿）〉的请示》、区交通运输局提交的《广州市番禺区交通运输局关于开展番禺区美丽农村路建设工作的请示》等请示；审议沙湾街道办事处提交的《沙湾街道办事处关于沙湾街新乡村示范带建设有关事项的请示》 |
| 10 月 8 日 | 十八届第 49 次 | 审议并原则同意石楼镇政府提交的《番禺区石楼镇人民政府关于广州番禺国家级沿海渔港经济区建设及配套项目专项债申报工作的请示》、区农业农村局提交的《广州市番禺区农业农村局关于审定〈广州市番禺区政策性农业保险提标增品方案（送审稿）〉的请示》、区财政局提交的《广州市番禺区财政局关于审定 2021 年度区本级财政支出绩效情况报告的请示》等请示 |
| 10 月 21 日 | 十八届第 50 次 | 审议并原则同意市规划和自然资源局番禺区分局和区农业农村局共同提交的《广州市规划和自然资源局番禺区分局 广州市番禺区农业农村局关于审定〈广州市番禺区制止耕地“非农化”防止耕地“非粮化”工作方案〉的请示》、市生态环境局番禺分局提交的《广州市生态环境局番禺分局关于审定番禺区 2022 年秋冬季大气污染防治百日攻坚强化方案的请示》等请示；审议区城市更新局提交的《区城市更新局关于提请审议〈广州市番禺区南村镇里仁洞村更新改造实施方案＞的请示》 |
| 10 月 26 日 | 十八届第 51 次 | 传达学习中共二十大、中共二十届一中全会精神、习近平总书记在中共二十大系列重要讲话精神，市委常委会（扩大）会议、市政府党组会议暨市政府党组理论学习中心组学习（扩大）会议、区委常委会（扩大）会议精神；审议并原则同意区政务服务数据管理局提交的《区政务服务数据管理局关于审定以“番禺区 2022—2026 年智慧城市和数字政府建设项目计划”申报地方政府专项债的请示》 |

续表 3

| 会议时间 | 届次 | 议题内容 |
|---|---|---|
| 10 月 31 日 | 十八届第 52 次 | 审议市规划和自然资源局番禺区分局提交的《广州市规划和自然资源局番禺区分局关于审定〈关于印发《广州市番禺区 2022 年度耕地“进出平衡”总体方案》的通知〉的请示》、区司法局提交的《广州市番禺区司法局关于履行市政府行政复议决定的请示》；审议并原则同意区土地开发中心、区科工商信局、区招商办共同提交的《区土地开发中心 区科工商信局 区招商办关于审定〈广州市番禺区产业用地土地出让流程指南〉的请示》等请示 |
| 11 月 12 日 | 十八届第 53 次 | 审议并原则同意区卫生健康局提交的《番禺区卫生健康局关于“十四五”期间卫生健康系统医疗环境升级改造项目申报地方政府专项债的请示》、区司法局提交的《广州市番禺区司法局关于呈报 2022 年法治政府建设年度报告的请示》等请示；通报番禺区批而未供和闲置土地处置有关情况 |
| 11 月 17 日 | 十八届第 54 次 | 传达学习习近平总书记关于弘扬中华体育精神的重要论述及省市有关会议精神；审议并原则同意区水务局提交的《番禺区水务局关于提请审定〈番禺区水务发展“十四五”规划〉的请示》、区财政局提交的《广州市番禺区财政局关于报送2023年地方政府新增债券需求的请示》等请示；审议了区科工商信局提交的《区科工商信局关于审定〈番禺区工业用地产业监管工作指引〉的请示》等请示 |
| 12 月 7 日 | 十八届第 55 次 | 审议并原则同意团区委提交的《共青团广州市番禺区委员会关于审议〈番禺区中长期青年发展规划（2021—2025 年）〉的请示》、区政务服务数据管理局提交的《区政务服务数据管理局关于审定广州市番禺区大数据及数字政府建设“十四五”规划的请示》、区文化广电旅游体育局提交的《广州市番禺区文化广电旅游体育局关于审议〈番禺区全民健身实施计划〉的请示》等请示；审议区城市管理和综合执法局提交的《广州市番禺区城市管理和综合执法局关于制订〈广州市番禺城市管理有限公司负责人经营业绩考核和薪酬管理暂行规定〉的请示》 |
| 12 月 13 日 | 十八届第 56 次 | 传达学习新修订《广州市绿化条例》；审议并原则同意区城市管理和综合执法局提交的《番禺区城市管理和综合执法局关于审议〈番禺区 2022—2023 年持续提升人居环境质量方案——城乡植树绿化〉的请示》、区住房城乡建设局提交的《番禺区住房和城乡建设局关于审定〈番禺区加强住房保障工作加快发展保障性租赁住房工作方案（送审稿）〉的请示》、区审计局提交的《番禺区审计局关于审定番禺区 2021 年度审计整改工作情况报告的请示》等请示；审议区财政局提交的《广州市番禺区财政局关于审定〈广州市番禺区人民政府关于调整优化区和镇（街）财政分配体制的方案〉的请示》等请示；听取区政府办关于 2022 年第二、三季度番禺区承办“12345”热线工作情况报告 |
| 12 月 30 日 | 十八届第 57 次 | 审议并原则同意区交通运输局提交的《广州市番禺区交通运输局关于审定广州市番禺区“十四五”时期综合交通体系建设规划的请示》、区发展改革局提交的《番禺区发展和改革局关于审定番禺区战略性新兴产业创业投资引导基金 2022 年投资方案的请示》等请示；审议区水务局提交的《广州市番禺区水务局关于审议实施〈番禺区无开发商住宅小区（散区）排水单元达标改造工作方案〉的请示》、区政府办提交的《广州市番禺区人民政府办公室关于审定 2023 年区十件民生实事候选项目的请示》等请示 |

访事项 13477 件，其中来访 869 批次，到广州市上访 1183 批，来信 5310 批次，网上投诉、建议 6611 批次，领导信箱 687 批次，人民网留言 18 批 281 件、信访复查 48 件、信访复核 8 件。办理国家信访局群众满意度评价件 2158 件，办理广东省信访局群众满意度评价件 4717 件。番禺区办理广东省交转“百日攻坚”信访积案 94 件，报结率 95.7%。广州市交转“百日攻坚”信访积案 55 件，报结率 100%。国家、广东省信访局交办番禺区第一、第二批重复信访治理积案 380 件，化解进度、质量排全市各区前三名。

【信访工作机制】2022 年，番禺区信访工作联席会议第一、第二召集人召开专题会议，研究部署重点信访工作推进措施。中共番禺区委书记黄彪接访东环街道甘棠村 3 名信访户反映村务管理问题，区长叶珊瑚到基层调研信访事项。番禺区信访工作联席会议办公室（简称番禺区信联办）建立常态化研究督导机制，中共番禺区委常委李育林定期研判部署工作措施，副区长郭洪杰每周安排半天时间到区信访局督导信访工作，研究推动信访积案化解攻坚。区领导全年接访约访下访群众 60 批 103 人次。

【信访督办工作】2022 年，番禺区实施“双向落实、三级督办”机制，对于各类信访事项和风险矛盾问题，番禺区信联办双向溯源找准“事”和“人”源头，双向交办主责部门和属地镇街，既落实“管事”也强调“管人”，双向牵头按“谁主管、谁负责”原则压实主责单位和属地责任，双向考核确保“事要解决”和“人要稳定”，双向问责对“事”久拖不决、“人”重复倒流等情况严肃履行“三项建议权”。番禺区信联办发出各类“三项建议权”函件督办提醒函 179 份。

（麦凯欣）

## “数字政府”建设

【概况】2022 年，番禺区贯彻落实广东省、广州市关于“数字政府”改革建设工作部署，围绕《番禺区建设“数字政府”推动大数据综合治理三年行动计划（2021—2023 年）》，以数字设施和基础平台集约建设为支撑，以数据要素流通应用助推城市智能化运行和市民便捷化生活，推动数实融合高质量发展，推进政务服务“一网通办”、区域治理“一网统管”、政府运作“一网协同”、数据资源“一网共享”。加强日常政务外网的网络安全威胁发现能力，建立完善值守制度，加强对服务器、数据库、应用等巡查监控，执行防守汇报机制，保证政务系统正常运行。番禺区政务 AI 数字人“小禺”入选 2022 年中国政务服务人工智能应用十佳典型案例。

【数字基础设施建设】2022 年，番禺区新建 5G 基站 1760 座，任务完成率 101%。累计建成 11652 座，全市排名第二。农村“三线”整治清理废旧线 106.5 吨，拆除废旧通信箱盒 898 个。建设（改造）97 根智慧灯杆，供车联网项目使用，推动番禺车联网示范区信息基础设施建设。推进云网升级改造，完成政务外网 IPV6 升级改造，建成信创云服务平台，完成 4 个系统信创适配改造。推进番禺区网络安全防御指挥中心建设，完成 16 个镇（街道）安全设备部署。

【数据治理能力提升】2022 年，番禺区成立首席数据官试点工作专班，印发《2022 年番禺区首席数据官制度试点工作要点》《番禺区推行首席数据官制度试点评估实施方案》，组织开展区首席数据官队伍数字化能力素养培训，落实首席数据官考核评价机制。开展全区公共数据资源普查和职能数据目录清单梳理，印发番禺区公共数据资源目录（第一版），涉及 27 个单位 1634 个数据主题。规范数据共享开放全流程管理，推进番禺区大数据治理平台升级建设，将区自建信息系统数据统一接入区大数据治理平台，审核信息化项目立项和验收环节的数据资源目录。建立政务数据共享协调机制，印发《番禺区公共数据共享实施细则》。

【重点应用建设】2022 年，番禺区推进移动政务服务平台“禺好办”建设，建成 20 个主题应用。上线数字保险箱存储企业群众电子证照、材料，上链 43 类个人证照、40类企业证照，开通账户数1881个，实现多种业务全程无纸化办理。定制建设政务数字人“小禺”，为办事群众提供专业政务咨询服务。推进城市信息模型建设，汇聚多平台数据，构建全区540平方千米建筑白膜，涵盖各类专题服务图层780个。

【城中村治理数字化】2022年，番禺区部署上线城中村数据采集汇聚系统，关联“四标四实”数据，开通系统用户648个，采集补录核准数据300.4万条。依托番禺区大数据治理平台，编制《番禺区城中村治理专项数据目录（第一版）》，对接29个部门接入397个数据主题，入库221个数据主题，汇聚数据1.1亿条。聚焦城中村治理中的难点、堵点及事件处置流程，依托城中村治理专题数据库完成数据看板开发。初步完成“概况、人、屋、场、企”相关数据上图，围绕网格员等基层使用群体需求展开移动端功能建设。

【政府网站和政务新媒体】2022年，番禺区完成区政府网站“千人千页”智能服务和适老化（无障碍）访问功能升级改造。制定《番禺区政府网站群安全应急预案》，24小时值班，及时发现和处置安全隐患，确保政府网站和政务新媒体发生安全事件时，立即启动应急预案。加强政府网站和政务新媒体巡检及网络运维安全管理，全年巡查40次，整改各类问题158个。番禺区政府网站在广州市2022年度政府网站与政务新媒体考评中被评为优秀等次。

（陈静）

## 政务服务

【概况】2022年，番禺区政务服务受理业务158.77万件，群众评价满意率100%。截至12月31日，全区1927项依申请及公共服务事项100%可网办，100%完成电子证照材料绑定及差评整改；964项行政许可事项99.69%实现四级办理深度（零到场）。番禺区政务服务数据管理局（简称番禺区政务数据局）被评为2022年全国政务服务三化（标准化、规范化、便利化）建设示范单位，“标准化、信息化、智能化手段打造番禺区政务服务数字化、绿色化、国际化”入选2022年数标指数全国典型实践50强案例，“标准化助力番禺政务服务数字化便利化”入选2022年广东省政务服务创新案例。成立中共番禺区政务服务中心纪委，协助中心大党委推进全面从严治党工作。番禺区政务服务中心被评为广东省县（区）级标杆政务服务中心、中国政务服务博览会2022政务服务优秀品牌单位。

【政务服务】2022年，番禺区政务数据局深化云集约化改革，出台番禺区云政务服务大厅管理办法，建立健全部门业务综合授权的“云首席事务代表”制度。制定全国一体化政务晓屋共享平台运行规则、服务公约，推动政务服务事项“跨域通办”。优化消防专题会议流程，完成10个项目消防专题会议审议流程，助力“新造粮仓”等项目工业历史建筑整体活化利用，加速小鹏汇天基地建设。完成番禺首例社会投资简易低风险工程报建手续并联审批，综合窗免费代办，并联审批办结时间由20个工作日压缩至5个。推进政务服务网上办移动办，实现全流程网办事项1393项。政务服务事项418项上线“穗好办”番禺专区，435项上线“禺好办”小程序。运用人工智能技术替代人工审核，区城管局“在城市建筑物、设施上悬挂、张贴宣传品审批”事项及区气象局“气象证明出具”事项实现“秒批秒办”。

【“办不成事”反映窗口】2022年4月14日，番禺区政务服务中心、万博分中心分别设立“办不成事”反映窗口，针对群众在商事登记和建设工程业务办理中遇到的难题提供兜底服务，包括：复杂的业务窗口咨询未能一次性告知不予受理原因、线上或线下成功提交申请材料后未能实现受理审批、线下多次办理却未能解决问题，以及办事过程中遇到的窗口人员慢作为、不作为等，着力解决企业和群众办事过程中遇到的难题。5月25日，印发《番禺区政务服务“办不成事”反映窗口管理制度（试行）》，16个镇、街道设置“办不成事”反映窗口，全年受理并解决群众反映问题112个。

【政务分中心升级改造】2022年5月20日，番禺区政务服务中心万博分中心、大学城分中心完成升级改造对外提供服务。万博分中心加挂“广州市政务服务中心南站分中心万博服务厅”牌子，首层智慧政务大厅设税务、公安、政务等自助服务区，二楼政务办事大厅进驻市政务服务中心、市商事调解中心、区政行复议受理点、民商事仲裁、公证业务以及区税务局、市场监管局等多个部门服务窗口。大学城分中心由番禺区政务数据局与小谷围街道共建，加挂“小谷围街便民服务中心”牌子，中心首批进驻事项310项，为企业提供政务服务、政策兑现、知识产权保护及金融等服务，中心还设置重点项目办公室，依托番禺区亲商服务平台为重点企业提供绿色通道服务。

2022年5月20日，番禺区政务服务中心万博分中心、大学城分中心在万博商务区揭牌
（区政务数据局 供图）

【智慧政务服务】2022年，番禺区打造“1+N”24小时智慧政务服务体系，在全区“1+6”24小时智慧政务大厅基础上，新增东环、大学城、番禺经济技术开发区、祈福新邨、石楼、沙湾6个智慧政务大厅。印发《番禺区便民服务站补助经费专项资金管理办法》，鼓励采用人工服务+自助终端+政务晓屋模式，提升便民服务站服务能力。依托全区89个政务晓屋、326个云坐席账号，提速企业开办、身份证补换领、缴纳出租屋综合税等3479个本地服务事项，全年全区晓屋网点受理业务超1.5万件。引入“政务AI数字人”，推动24小时提供政务服务。统一全区业务预约渠道，提供机器人导办、人工辅办、延时服务、双向邮寄、适老化适残化等服务。

【“放管服”改革】2022年，番禺区召开推进政府职能转变和“放管服”改革协调小组专题协调会议，制定《广州市深化“放管服”改革着力培育和激发市场主体活力重点工作任务督办表》。推进告知承诺制事前事中事后闭环管理。动态管理实行告知承诺制的事项清单，全区862项依申请服务事项实现告知承诺制办理。核验新设立商事主体场所超3.96万处。执行全省中介服务事项一张清单，在广东政务服务网番禺区专页展示179项中介服务事项。区有关单位发布中介服务采购项目101项，选取101项，完成服务29项，668家中介机构报名，竞价选取项目的财政资金节约率32.62%。

【行政审批制度改革】2022年，番禺区印发2022年政务服务“一件事”套餐建设工作方案，依托广东政务服务网发布59个“一件事”导办、147个“一件事”联办套餐，在区政务服务中心开设“一件事”专窗，企业、群众可通过线上办、晓屋办、窗口办等形式接受套餐式服务。全年发生业务446.94万件。开展新一轮“减材料”工作，全区2065项政务服务事项，平均材料4.63份，免提交比例27.88%。公布番禺区容缺容错受理政务服务事项清单，全区429个政务服务事项超过800份材料可实施容缺容错受理，增加政务晓屋补交容缺容错材料方式。全面评估区承接市级行政审批事权和镇、街道承接区级行政审批事权的实施情况，配合市级收回区市级行政权力事项11项。番禺区交通运输局暂缓26项行政许可事项下放镇、街道。印发《关于进一步做好行政审批和执法事项下放有关工作的通知》，编发《番禺区行政审批事权下放承接工作指引》，建立事权下放承接统筹指导监督机制，规范区权责清单和政务服务事项标准化管理。建立办事指南定期检查整改工作机制，督促区有关单位开展区政务服务事项办事指南自查整改。

【惠企政策落实】2022年5月9日，番禺区在全市率先启动实施小微出口企业出口信用保险惠企政策，依托“禺好办”小程序、番禺政务通等渠道推送惠企政策信息至符合资格的1572家企业。在全市率先实现跨区通办，指导协助588家企业成功申领保单，申领出口信用保险保单企业数量列全市第一。推进政策兑现事项集成办理，有效政策兑现事项73项，实现全流程网办26项，进驻区政务服务中心综合窗集成受理37项，延伸镇、街道、村（居）办理13项。依托番禺区政策兑现服务平台，发布政策文件66件、政策解读83件、申报通知48条，提供在线申办服务。开展“粤财扶助”惠民惠农项目上线，通过“广州市政务服务事项数据应用管理系统”录入政策信息5条、政策清单5个，并在“粤财扶助”平台集中公布。

（陈静）

## 招商引资

【概况】2022年，番禺区以招商引资做强产业、提振经济，引进落地广汽自主电池项目、广汽自主电驱项目、芯讯通物联总部、意高装备、酷睿智能、苏州智华、广东富强、华粤行仪器、比音勒芬粤港澳大湾区时尚产业总部基地等重大项目18个，项目用地面积约83.9公顷（1258.51亩），总投资191.81亿元，预计年产值366.4亿元，年纳税23.14亿元；新洽谈投资总额或年产值（营收）1亿元以上重点项目344个，完成率118.62%，比上年增长33.33%；签约项目159个，完成率122.31%，增长23.26%；注册项目157个，完成率120.77%，增长25.6%；注册项目协议投资总额901.92亿元，完成率100.21%，下降0.82%；注册项目协议达产年产值1445.55亿元，完成率111.2%，增长14.78%。

【汽车产业招商】2022年，番禺区推进智能网联与新能源汽车产业创新基地建设，开展汽车及核心零部件项目招商，实现汽车项目产值突破800亿元。投资、产值“双百亿级”的广汽自主电池项目动工，成为广州投资规模最大的“动力电池+储能电池”项目。广汽埃安第二智造中心竣工投产，整体规划产能突破40万辆，生产效率提升45%，定制化能力提升35%。建立以区领导为“链长”的汽车产业招商工作机制，争取广东省、广州市266.67公顷（4000亩）专项用地指标，规划番禺智能网联与新能源汽车产业创新基地，出台支持汽车及核心零部件补链强链政策措施，在资产投资、租金补贴、人才引进等方面给予扶持。区领导多次带队会同广汽车企组成招商突击队，分赴华东、华中等地招商，举办供应商大会、技术交流会，推介引流项目资源，进场车企近1000家，接洽汽车项目56个，重点储备项目48个。

【产业链招商】2022年，番禺区聚焦广汽埃安、广汽乘用车两大整车企业核心需求，推进汽车产业链招商强链补链。推动服装、生物医药、医疗器械、珠宝首饰等重点产业招商。番禺区投资促进中心深入调研服装产业发展，撰写加快服装产业转型发展调研报告。走访区内生物医药及医疗器械企业，梳理行业头部企业清单，探讨上下游企业落户的可行性。推动番禺珠宝产业国际化、数字化发展，协助京东科技集团与钻汇集团签订时尚珠宝产业数字化经济示范项目合作框架协议。开展软件和信息技术服务、数字经济、文旅体等产业链项目洽谈，引进中悦软件、国链数字科技等新业态优质项目在番禺区落户集聚发展。

【平台招商】2022年，番禺区推进平台招商。在万博商务区，互联网、数字经济、现代服务业集聚发展，番禺信投公司万博物业新增出租面积21.4万平方米，新增出售面积0.36万平方米，引进方硅信息、百果园科技、希音集团、一亿中流、清华启迪等16家新兴产业，长隆万博商务区内商事登记主体超2.3万家，“四上”企业335家。在2022广州投资年会推介活动中，向70多名来自全国各地的客商推介并实地考察广州南站地区。美国开市客、宁波杉杉商业集团、日本永旺等大型零售业集团考察广州南站，中电国储、中建四局等大型央企区在广州南站地区设立项目公司。广州南站地区新引进项目（商事主体）超700家，其中“四上”企业164家。广汽自主电驱、广主自研电池、众源科技、型腔模具等8个项目落地番禺汽车城，洽谈推进项目29个。

（李金昆）

## 对口协作

**【概况】**2022年，番禺区出台《番禺区2022年东西部协作工作要点》《番禺区2022年推动东西部协作提质增效工作方案》《番禺区2022年支持毕节市赫章县易地扶贫搬迁后续扶持工作实施方案》《番禺区2022年驻镇帮镇扶村工作要点》《番禺区对口帮扶梅州市五华县2022年度工作要点》《番禺区2022年广东扶贫济困日活动工作方案》等文件。上缴2022年东西部协作资金8753.7万元，对口支援三峡库区巫山县资金45万元，安排协作帮扶资金1560万元。

**【产业帮扶】**2022年，番禺区与贵州省毕节市威宁彝族回族苗族自治县、赫章县签订现代农业产业园共建协议，产业园引进企业，企业吸收当地农村劳动力。威宁彝族回族苗族自治县产业园内来自东部的企业新增投资额5407万元，吸纳农村就业劳动力233人。赫章县新引进13个企业，吸纳农村劳动力就业895人。金沙县新引进7个企业，吸纳农村劳动力就业427人。番禺区协助梅州市五华县新引进项目16个，吸纳农村劳动力就业560人。五华（番禺）粤港澳经贸发展中心举办招商推介会，12家企业签约入驻。

在协作帮扶地区农村发展富民兴村产业。在五华县推广“稻虾共作”养殖模式，建成种养基地165.87公顷（2488亩），撂荒地复耕复种93.33公顷（1400亩），带动300名劳动力就业，“龙须菜、树仔菜、夜兰花”三种精品蔬菜种植项目在五华推广。五华县光伏扶贫发电项目有10个村并网发电。“黔货出山”全年销售威宁彝族回族苗族自治县农畜牧产品和特色手工艺品7.5719亿元，赫章县2.584亿元，金沙县0.816亿元。

2022年8月19日，广州市番禺区残联赴贵州省毕节市威宁彝族回族苗族自治县开展结对帮扶工作（黄志远　摄）

**【劳务帮扶】**2022年，番禺区加强帮扶地区就业信息供给、用工对接、交通保障，帮助威宁彝族回族苗族自治县举办劳务培训班35期，培训农村劳动力1635人，协助实现就业11630人。帮助赫章县举办劳务培训班38期，培训农村劳动力1691人，协助实现就业10087人。帮助金沙县举办劳务培训班22期，培训农村劳动力870人，协助实现就业3425人。

**【技术人才帮扶】**2022年，番禺区继续选派6名干部到威宁、赫章县挂职锻炼，选派31名驻镇帮镇扶村干部和3名对口帮扶干部到五华县挂职锻炼。威宁彝族回族苗族自治县人才支援到位34人，举办干部培训班2期培训168人，举办专业人才培训班3期培训1169人。赫章县人才支援到位39人，举办干部培训班1期培训137人，举办专业人才培训班13期培训844人。金沙县人才支援到位9人，举办专业人才培训班76期培训2757人。

番禺区教育、卫健部门与威宁彝族回族苗族自治县完成22所学校、3所医院结对，与赫章县完成33所学校、5家医院结对；与金沙县完成10所学校、3家医院结对。番禺区教育局选派15名优秀教师到五华县水寨中学等学校开展支教工作。番禺区卫生健康局共派出专家28人，2022年，开展培训，受训7192人次，现场指导1022次，教学查房662次，手术示教334台，帮助学科15个，开展义诊67次，开展新项目28项。

（柴畅）

## 中国人民政治协商会议广州市番禺区委员会

【概况】2022年，中国人民政治协商会议广州市番禺区委员会（简称番禺区政协）机关设1个办公室、6个专门委员会，分别是提案委员会、经济和城建资源环境委员会、社会法制和农业农村委员会、教科文卫体委员会、港澳台侨外事和民族宗教委员会、联络工作委员会，另设13个委员小组、16个政协镇街工作室。番禺区政协采取全体会议、常委会议、主席会议、党组会议集中学习研讨和专家授课、专题党课等形式，深入学习贯彻中共二十大精神。区政协党组成员、主席会议成员分工挂点，深入开展“暖企”走访调研。履行政治协商、民主监督、参政议政职能，番禺区政协全年召开全体会议1次、常委会议4次、党组会议17次、主席会议10次、专题协商会33次，83件交办提案全部办结。

【番禺区政协十五届二次会议】于2022年1月20—21日召开。会议听取和审议政协第十五届广州市番禺区委员会常务委员会工作报告。委员们列席广州市番禺区第十八届人民代表大会第二次会议，听取和讨论区政府工作报告和其他报告。会议审议政协第十五届广州市番禺区委员会第二次会议提案审查情况的报告，审议通过政协第十五届广州市番禺区委员会第二次会议决议。

【番禺区政协常委会议】2022年，番禺区政协召开常委会议4次。

十五届二次常委会议于1月14日上午召开。会议传达学习中共中央办公厅《关于加强和改进新时代市县政协工作的意见》、中共广州市第十二次代表大会精神，听取和协商区“一府两院”及区党风廉政建设工作情况通报，审议召开区政协十五届二次会议的有关事项。

十五届三次常委会议于1月21日下午（在区政协十五届二次会议期间）召开。会议听取了委员小组讨论情况综述，审议通过政协第十五届广州市番禺区委员会第二次会议提案审查情况的报告（草案）、政协第十五届广州市番禺区委员会第二次会议决议（草案）。

十五届四次常委会议于6月28日下午召开。会议传达学习习近平总书记有关重要论述和重要讲话精神以及上级有关会议和文件精神，听取“百幅地图看千年广州历史变迁”专题讲座，围绕“生态文明建设和历史文化保护传承”主题开展协商议政，审议通过有关人事安排。

十五届五次常委会议于12月29日下午召开。会议传达学习贯彻中共二十大精神，围绕“助力番禺珠江沿岸地区历史文化带建设”开展专题议政。

【协商议政】2022年，番禺区召开区政府—区政协联合协商座谈会、工商组委员座谈会，交流讨论有关番禺经济发展工作，广泛收集委员企业生产经营中遇到的具体问题，协调区相关职能部门解决。番禺区政协落实番禺区委、区政府关于“链长制”工作部署，开展灯光音响、珠宝首饰产业链专题调研，推动出台相关产业链高质量发展三年行动计划，助力实体经济持续健康发展。番禺区政协主席会议视察丹山河（东环段）、市桥河（莲湖涌段）碧道和莲湖生态公园建设情况，围绕文化植入、串珠成链、建后管养等方面开展专题协商议政，为碧道建设建言献策。番禺区政

2022 年 3 月 3 日，番禺区政协主席会议视察莲湖生态公园碧道建设情况
（冯锦仪 摄）

协常委会议围绕生态文明建设和历史文化保护传承开展协商式监督，听取番禺区城管局关于园林绿化和城市管理工作的情况通报，聚焦热点问题进行协商。界别委员发挥专业优势，针对城市内涝风险预警管控、危险废物处理等问题提交提案、大会发言，参与相关评估验收、决策咨询、项目论证等活动。

【政协专题调研】2022 年，番禺区政协协助广东省政协做好重点提案《关于修缮番禺熊十力旧居的建议》有关调研工作，推动历史名人旧居保护及文化遗产传承发展。协同广州市政协各专委会开展联合调研视察、联动协商议政，组织市政协委员就鸦片战争海防遗存保护利用、乡村风貌修复维育、南大干线建设、光伏产业发展等开展履职交流。4—12 月，联合番禺区有关部门、党派、镇和街道等组成调研组，到番禺区文广旅体局、番禺区规划资源和自然分局、化龙镇、新造镇、小谷围街道、洛浦街道等单位开展专题调研，召开区政协常委会专题协商议政，形成《把握历史文脉 深化传承利用 以文化赋能番禺珠江沿岸地区高质量发展》常委会议建议案，就深化历史文化资源传承利用、促进文商旅融合发展提出意见建议。番禺区政协联合番禺区人大常委会视察调研西坊大院和九成书院，就历史建筑的保护利用建言献策。组织界别委员围绕岳溪乡立小学旧址的修缮活化、弘扬陈树人艺术成就和陈复革命精神等开展专题调研，推动有关历史文化保护工作更好落地落实。做好政协文史工作，挖掘整理屈大均和屈氏村落记忆等历史文化资料，编撰《番禺文史》。围绕番禺国家级沿海渔港经济区建设，组织有关界别委员调研现代水产养殖发展。开展乡村振兴、村镇工业集聚区、农村留用地专题调研，力促乡村产业发展中重大问题解决。推进落实东西部协作工作，赴贵州省毕节市金沙县、赫章县、威宁彝族回族苗族自治县开展监督性调研。

【政协提案督办】2022 年，番禺区政协提出提案 100 件，经审查立案 83 件，立案率 83%。立案提案中，涉及经济、城建、环境资源方面的 35 件，教育、科技、文化、卫生方面的 36 件，社会、法制、民族宗教方面的 7 件，乡村振兴、旅游、扶贫方面的 5 件；集体提案 57 件，占 69%。完善提案督办机制，协调与督促提案办理工作，区委书记督办《关于加快推动快时尚产业发展，培育建设国际消费中心城市主力区的建议》重点提案，区长督办《关于提升村级工业园改造品质，推进先进制造业高质量可持续发展的建议》，区政协主席会议督办《关于加快珠宝产业数字化转型，促进我区平台经济、共享经济健康发展的建议》等重点提案。其他提案由各专委会分工督办，实现督办全覆盖。立案提案全部办复，所提问题已经解决或基本解决的 47 件，占办理总数的 57%；意见建议已被采纳，列入计划逐步解决的 24 件，占办理总数的 29%；受条件限制、一时难以解决的 12 件，占办理总数的 14%。

【团结联谊】2022 年，番禺区政协落实党组成员分工联系党派团体和界别委员、重要会议活动邀请民主党派列席等制度，

表 4

## 2022年番禺区政协立案提案情况一览表

| 编号 | 提案者 | 提案名称 |
| --- | --- | --- |
| 1 | 民革番禺区基层委员会 | 关于谋划建设高端会展成果转化基地的建议 |
| 2 | 民盟番禺区委员会 | 关于持续推进番禺营商环境优化升级的建议 |
| 3 | 民盟番禺区委员会 | 关于加快万博商务区楼宇经济发展的建议 |
| 4 | 民建番禺区基层委员会 | 关于加快“制造”向“智造”转化，促进实体经济高质量发展的建议 |
| 5 | 致公党番禺区基层委员会、东环街工作室 | 关于提升村级工业园改造品质，推进先进制造业高质量可持续发展的建议 |
| 6 | 区政协农业农村组、九三学社番禺委员会 | 关于探索农村留用地科学开发利用 为乡村振兴注入新动力的建议 |
| 7 | 区政协工商组、南村镇工作室 | 关于加快推动快时尚产业发展，培育建设国际消费中心城市主力区的建议 |
| 8 | 区政协香港组 | 关于加快珠宝产业数字化转型，促进我区平台经济、共享经济健康发展的建议 |
| 9 | 钟村街工作室 | 关于将中医药为基础的现代健康业打造成为区域支柱产业的建议 |
| 10 | 傅红卫 | 关于深入推广发展装配式建筑 助推我区建筑业高质量发展的建议 |
| 11 | 高妍、梁建立、李铭华、陈志煊 | 关于促进番禺知识产权事业发展，提升番禺营商环境的建议 |
| 12 | 陈琨、李伟、王鹤、陈扬、肖潇、于金喜 | 关于激发直播产业活力 加快打造网络直播产业高地的建议 |
| 13 | 黄建东、李敏、黄烁、李铭华、吴卓婉 | 关于发挥番禺产业优势，打造“直播电商之乡”的建议 |
| 14 | 张俊 | 关于番禺钻石产业发展的几点建议 |
| 15 | 李丽娟 | 关于支持外贸新业态对接传统产业链，加快推进番禺区制造业转型升级的建议 |
| 16 | 何兆华 | 关于番禺区提高工业用地容积率的建议 |
| 17 | 温冬开、查鸿山 | 关于提升智能网联汽车产业链竞争力的建议 |

续表 4

| 编号 | 提案者 | 提案名称 |
|---|---|---|
| 18 | 李桥锋 | 关于构建番禺冷链食品加工产业园、发展冷冻食品产业链的建议 |
| 19 | 谢柳青 | 关于推进番禺粤港澳优质生活圈示范区产业发展的建议 |
| 20 | 傅红卫 | 关于抢抓粤港澳大湾区重大机遇 加快推进我区港口与外贸产业发展的建议 |
| 21 | 民盟番禺区委员会 | 关于强化“产学研”发展路径 助力广州大学城打造大湾区最强“智核”的建议 |
| 22 | 民建番禺区基层委员会 | 关于打造“城市大脑”，加快推进我区智慧城市高质量发展的建议 |
| 23 | 区政协澳门组、小谷围街工作室 | 关于加大港澳双创扶持力度，发挥番禺在粤港澳大湾区建设引领作用的建议 |
| 24 | 区新的社会阶层人士联谊会、东环街工作室 | 关于利用互联网技术优势，加快推进番禺区政府数字化转型的建议 |
| 25 | 沙湾街工作室 | 关于优化紫坭岛规划，推动乡村振兴取得新成效的建议 |
| 26 | 大石街工作室 | 关于打造世界一流文商旅综合体，助力长隆—万博世界级地标商圈建设的建议 |
| 27 | 彭颖茹 | 关于点亮乡村“夜经济” 促进我区全域旅游高质量发展的建议 |
| 28 | 古嘉杰 | 关于打造番禺区现代渔业亮丽名片的建议 |
| 29 | 卢新茂 | 关于开展对口帮扶五华地区乡村振兴驻镇帮镇扶村工作的建议 |
| 30 | 民革番禺区基层委员会 | 关于开展番禺北部万博—长隆及周边地区产业、交通规划研究，促进番禺北部城区互联互通的建议 |
| 31 | 民建番禺区基层委员会 | 关于解决停车难问题的建议 |
| 32 | 农工党番禺区委员会 | 关于加强电动自行车治理 建设平安绿色幸福番禺的建议 |
| 33 | 九三学社番禺委员会 | 关于打造新光快速沿线慢行交通系统的建议 |

续表 4

| 编号 | 提案者 | 提案名称 |
|---|---|---|
| 34 | 化龙镇工作室 | 关于对区内重点区域停车场进行综合改造的建议 |
| 35 | 东环街工作室 | 关于加快推进莲花大道（东环段）道路建设的建议 |
| 36 | 大龙街工作室 | 关于推进城市机动车停放精细化管理的建议 |
| 37 | 何嘉星、陈明捷 | 关于解决电动汽车充电难问题的建议 |
| 38 | 傅红卫 | 关于优化提升番禺大桥通行能力缓解局部拥堵的建议 |
| 39 | 李桥锋 | 关于解决沙头街辖区内交通状况的建议 |
| 40 | 区政协城建环资组 | 关于推进珠宝行业倒模工序集中设置 促进我区珠宝行业持续高质量发展的建议 |
| 41 | 沙头街工作室 | 关于提升城市内涝风险预警管控能力的建议 |
| 42 | 戴子颖、黄烁、江敏洁 | 关于城中村围蔽管理停车收费整治存在问题的建议 |
| 43 | 李伟玲 | 关于解决高层住宅电梯维修、更换难的建议 |
| 44 | 何雪强 | 关于加强番禺区危险废物中转站建设的建议 |
| 45 | 民建番禺区基层委员会 | 关于将何贤故居列为名人故居的建议 |
| 46 | 民进番禺区基层委员会 | 关于建设番禺品牌文化港的建议 |
| 47 | 致公党番禺区基层委员会 | 关于保护和传承“狮舞（广东醒狮）”非物质文化遗产的建议 |
| 48 | 九三学社番禺委员会 | 关于整合番禺元素，绽放番禺活力的建议 |
| 49 | 区党外知识分子联谊会、区政协社会法制和农业农村委员会、石楼镇工作室 | 关于修缮活化岳溪思贤堂 建设青少年艺术基地的建议 |

续表 4

| 编号 | 提案者 | 提案名称 |
|---|---|---|
| 50 | 区政协文体组 | 关于加快万博商务区文体设施建设的建议 |
| 51 | 沙头街工作室 | 关于加强番禺西部文化旅游片区人文景观建设的建议 |
| 52 | 陆宇翔、陈明捷、何嘉星、李伟玲、李伟波 | 关于进一步弘扬陈树人艺术成就和陈复革命事迹影响力的建议 |
| 53 | 刘健璋、朱光文、詹欣鸿、李伙明 | 关于修缮化龙镇塘头村观海楼（黄庆故居）的建议 |
| 54 | 民革番禺区基层委员会 | 关于做强做优家庭教育 助力“双减”提质增效的建议 |
| 55 | 民盟番禺区委员会 | 关于提升义务教育阶段公办学校生均经费标准促进“双减”政策落实的建议 |
| 56 | 民建番禺区基层委员会 | 关于加强教育培训机构管理的建议 |
| 57 | 民进番禺基层委员会 | 关于加强劳动教育实践基地建设，构建具有番禺本土特色的劳动教育体系的建议 |
| 58 | 农工党番禺区委员会、区妇联、区团委、区总工会 | 关于“双减”政策下共同支持做好家庭教育的建议 |
| 59 | 致公党番禺区基层委员会 | 关于推动托育行业市场化高质量发展的建议 |
| 60 | 致公党番禺区基层委员会 | 关于以“学”促“养”，大力发展社区老年教育的建议 |
| 61 | 九三学社番禺委员会 | 关于以“双减”为契机，建立家校教育共同体的建议 |
| 62 | 区党外知识分子联谊会 | 关于支持大学生在番禺创新创业的建议 |
| 63 | 区政协教育组 | 关于建立番禺区中小学职业启蒙体验中心的建议 |
| 64 | 小谷围街工作室 | 关于增强政策灵活性、针对性和实施力度，助力番禺区吸引人才并留住人才的建议 |
| 65 | 曾瑞平、曾敏、伍清文 | 关于增加大学城义务教育阶段学校学位供给的建议 |

续表 4

| 编号 | 提案者 | 提案名称 |
|---|---|---|
| 66 | 谢萍 | 关于“双减”背景下，切实增质提效的建议 |
| 67 | 农工党番禺区委员会 | 关于加快推进番禺区三级康复医院建设的建议 |
| 68 | 九三学社番禺委员会 | 关于加强我区未成年人心理健康教育的建议 |
| 69 | 区政协医卫组 | 关于加快建设区公共卫生服务中心 提升我区公共卫生服务能力的建议 |
| 70 | 区政协医卫组 | 关于易地重建何贤纪念医院的建议 |
| 71 | 区政协医卫组、钟村街工作室 | 关于改扩建区五医院（钟村医院），提高镇街医院医疗服务供给力的建议 |
| 72 | 桥南街委员个人工作室 | 关于在桥南街东片区域增设社区卫生服务站的建议 |
| 73 | 小谷围街工作室 | 关于建设慢性病管理大数据中心，促进健康番禺发展的建议 |
| 74 | 沙湾街工作室 | 关于创建番禺“应急地图”，争抢救治黄金时间的建议 |
| 75 | 化龙镇工作室、邓红兵 | 关于完善我区公共心理卫生服务体系 推进重大灾害心理援助服务有序开展的建议 |
| 76 | 致公党番禺区基层委员会、小谷围街工作室 | 关于构建智慧服务体系，助力老年人运用智能技术融入智慧时代的建议 |
| 77 | 区政协医卫组 | 关于加强严重精神障碍患者救治救助与共管共治的建议 |
| 78 | 石楼镇工作室 | 关于解决农村干部工资待遇偏低问题的建议 |
| 79 | 沙头街工作室 | 关于有效推进诉源治理增强化解矛盾合力的建议 |
| 80 | 王锦荣、梁志远、刘美雨、孟辉、杨香楠、南村镇委员个人工作室 | 关于深化“五社联动”机制，推动构建“一核多元”的共治共享生态圈的建议 |
| 81 | 邓红兵、蒋万银、蒋伟楷、王锦荣 | 关于进一步深化番禺区来穗人员服务的建议 |
| 82 | 陈学涛 | 关于提升隔离酒店管控能力的建议 |

加强同党外知识分子、非公有制经济人士、新的社会阶层人士、侨界人士的沟通联络。组织港澳委员围绕《南沙方案》开展互动研讨，为推动《南沙方案》落实落地建言献策。走访港澳委员企业，调研粤澳青创国际产业加速器基地、广州大学城高校海外校友会·番禺海外社团侨智联盟、粤港澳青年创业孵化器，助力粤港澳大湾区建设。调研基督教市桥堂、赤松宫、海云寺和“羊之道”民族之家，为我区宗教场所建设管理提出意见建议，加强与宗教界别委员联系，促进民族团结、宗教和谐。

**【增进民生福祉】**2022 年，番禺区政协聚焦教育事业优质均衡发展，区政协主席会议与各民主党派联合视察广东仲元中学第二校区，开展协商座谈，推动办好人民满意的教育。关注改善交通出行，组织召开交通类提案督办协商会，对区交通运输局承办的 7 件提案进行深度协商。紧扣群众入学就医、人居环境改善、广州南站地下空间建设、关爱妇女儿童等涉及群众切身利益的实际问题，有关界别小组和镇、街道工作室开展调研视察、基层民主协商、收集社情民意等。区政协领导到镇、街道和村（居）开展河涌治理、人居环境整治、城中村治理、安全生产、创文督导等 283 次。组织委员开展进社区履职活动 702 人次，接待群众 586 人，收集群众反映的问题 498 件，协商解决民生实事 164 件。到广东省梅州市五华县开展对口帮扶协作，通过委员捐资捐物、项目共建、精准帮销等方式，增强五华县的内生发展动力。

**【政协履职品牌】**2022 年，番禺区政协提升整体履职效能，打造政协活动品牌。打造“书香政协”品牌，以区政协党组理论学习中心组、党组会议、主席会议、常委会议、全体会议及机关党总支委会、支部“三会一课”等形式组织集体学习 90 多场次。开展机关干部专题研讨、委员读书交流分享活动，到“老城市新活力 四个“出新出彩”研读站研讨学习，委员提交学习中共二十大精神心得体会 100 余篇。打造“智慧政协”品牌，构建数字化履职平台，为政协委员提供信息、通信、履职、协商、互动、宣传等服务。设立参政议政人才库，打造富有政协特色的“智囊团”。建立参政议政资源库，在区政协信息网站刊登优秀提案、优秀调研报告以及年度重点提案，为委员撰写提案、调研报告提供参考。修订番禺区政协各专委会对口联系工作机制，加强与职能部门对口协商。修订镇、街道工作室委员联系村（居）实施办法，推进政协协商与基层协商有效衔接。打造“活力政协”品牌。在建成 21 个委员个人工作室（参与委员 74 人）的基础上，打造桥南街道、南村镇委员个人精品工作室，建成 10 个镇、街道人民政协主题公园、5 个村（居）政协宣传阵地。

（张海琪）

2022 年 6 月 7 日，番禺区政协召开“推动留用地科学开发利用和村级工业园升级改造 助力乡村振兴建设”调研座谈会　（张海琪　摄）

## 中共广州市番禺区纪律检查委员会 广州市番禺区监察委员会

**【概况】**2022 年，番禺区纪检监察系统推动完成大规模迁移砍伐城市树木整改任务和省委专项巡视反馈问题整改措施。开展粮食购销领域腐败问题专项整治，立案查处3人，推动整改问题45个，完善管理制度34项。跟进监督中央环保督察反馈问题整改落实，对石岗西涌黑臭水体治理不力问题严肃问责9人。建立机动监督、联合监督与查信办案协同机制，监督护航全区水环境治理三年攻坚行动。是年，广州市纪委监委对沙湾“5·1”安全生产事故及谎报事件进行倒查，对番禺区问责12人，其中立案8人。

2022年8月3日，“清正家风 与我同行”番禺区年轻干部家风分享会暨集中廉洁教育活动在余荫山房家风家训廉洁文化基地举行

（区纪委监委 供图）

**【政治监督】**2022年，番禺区召开党政领导班子以案促改专题民主生活会，汲取严重违纪违法案件教训，加强领导班子同级监督。对9个单位开展政治生态分析，研判和纠治历史欠账问题。出台《番禺区关于规范权力运行 加强对“一把手”和领导班子监督 压实党风廉政建设责任制的实施意见（试行）》，向区属党组织领导班子成员发放监督“明白卡”。检查区属各单位“三重一大”事项决策情况，发现问题243个，批评教育、谈话提醒18人，完善制度34项。中共番禺区委领导班子成员及77名下级党组织“一把手”向区委书面述责述廉，区委主要领导对同级领导班子成员、下级“一把手”开展谈话提醒7人次，全区各级党组织开展约谈2957人次。对26名新任区管干部开展廉政谈话和警示教育。

**【“营商环境”监督】**2022年，番禺区纪检监察系统专项监督稳企惠企、减税减负、保障稳定供应等政策落实情况，发现问题73个。将营商环境纳入十四届区委首轮巡察，发现问题13个、线索1件。向4000多家企业发出《区纪委监委致全区“四上企业”的一封信》，接收涉营商环境信访举报30件，通报典型问题3起。开展管理服务对象问卷测评，将测评结果纳入党风廉政建设责任制考核。围绕行政审批执法领域突出问题开展专项整治，梳理复查全区2020—2022年行政复议被撤销、行政诉讼败诉案件，推动整改问题332个。加强对领导干部违规兼职取酬问题的监督执纪执法，督促20名领导干部清退违规所得。

**【“群众身边”监督】**2022年，番禺区纪检监察系统落实“群众有诉求、纪委快出手”工作机制，对接“12345”政务服务热线，快查快办涉教育民生、生态环境、安全生产等领域信访件15件，解决群众信访举报突出问题5件。开展重复举报件治理领导包案工作，化解重复举报32件，全区重复信访举报比上年下降27%。实名举报率61%。专项整治基层治理突出问题，纠治49个行政村收取水费不执行政府定价问题，推动涉围村乱收费问题举报投诉由月均8.3件下降至不足1件。建立村居干部廉政档案管理制度，推动制定村居干部薪酬执行工作指引，将处分处理情况与薪酬待遇挂钩，督促村（居）干部规范用权。严肃执纪问责违法建设领域不作为、乱作为，处置问题线索43件，立案查处19人，通报“WE公馆”“富山自由度”等违法建设整治不力典型案例5件，督促钟村街道党政领导班子召开以案促改专题民主生活会。

**【纠“四风”树新风】**2022年，

番禺区纪检监察系统查处违反中央八项规定精神问题35个，处分49人，分6期通报曝光“四风”典型案例24个。专项监督违规公款吃喝隐形变异问题，发现并纠治问题42个，处理23人，推动修订区“三公”经费管理办法。细化党员领导干部操办婚丧喜庆事宜报告制度，审核区管干部报告事宜20人次。开展“廉根番禺”廉洁文化系列活动，创作《廉根番禺——番禺历史人文长卷》，制作廉洁家风全景VR智慧地图，举办“翰墨清风廉润番禺”廉洁文化主题书画展、“弘扬好家风 共筑家国梦”好家风故事演讲、“清正家风与我同行”区年轻干部家风分享会暨廉洁教育等活动。

2022年7月，番禺区纪委监委、区委宣传部联合举办“弘扬好家风共筑家国梦”——番禺区2022年好家风故事演说活动 （区纪委监委 供图）

【反腐执纪】2022年，番禺区纪检监察系统接收信访举报1041件次，处置问题线索706件，谈话函询48件次，立案332件，处分274人，移送司法机关7人，挽回经济损失7742.1万元。其中，查处违反政治纪律案6件，查处区管干部35人，留置区管正处级领导干部1人，将2名潜逃境外8年的“红通人员”追逃归案。清理久立未结案84件、线索47件。精准运用“四种形态”帮助、教育和处理718人次，其中第一、第二种形态占比88.3%。发出纪检监察建议57份，推动健全制度。建立“事前备案、事中申请、调查同步”容错机制，为5项重点工作事项进行容错备案，为5名干部澄清正名，教育回访272名受处分人员，帮助卸下包袱、大胆作为。审慎回复党风廉政意见3087人次，对27名干部提出不宜或暂缓使用建议，16名影响期满、表现优秀的干部得到提拔重用。完成十四届区委前三轮巡察工作，发现问题1672个、线索66件，形成专题报告13份。完善“巡纪贯通”5项对接机制和加强巡视巡察整改日常监督7项工作机制。

【纪检监察队伍建设】2022年，番禺区纪检监察系统调研信息《当前基层纪检监察干部履职存在“四个不到位”问题应予重视》获市委领导批示，调研报告《番禺区“围村收费”信访举报情况分析报告》受到区党政主要领导重视。强化机关政治建设，全系统48名干部得到提拔晋升，44名干部接受多岗位锻炼。推进16个镇（街道）配齐专职纪检监察干部。开展全区村（社区）监察站站长遴选，新配备130名站长，推进监察站规范化建设。受理涉及纪检监察干部信访反映11件，处置问题线索8件，立案1件。对5个镇（街道）纪（工）委开展内部专项检查，发现问题325个，相关经验被《人民日报》客户端推广。

（谭颖）

# 民主党派·工商联



## 中国国民党革命委员会番禺区基层委员会

【概况】2022 年，中国国民党革命委员会番禺区基层委员会（简称民革番禺区基层委）发展新党员 6 名，在册民革党员共 124 人，其中高级职称 43 名，中级职称 39 名。7 名党员当选第十五届区政协委员，其中 2 名政协常委。党员吴秉宾、孙凤刚分别当选民革广东省委新一届专委会人口资源委委员、经济委委员。

【参政议政】2022 年，民革番禺区基层委提交 1 份区政协重点调研课题、2 份集体提案、3 份个人提案、7 份联名提案、反映社情民意信息 4 篇、向民革市委会献一策 4 篇。吴继缘撰写的民革集体提案《做强做优家庭教育，助力“双减”提质增效》作为政协大会发言。吴继缘、吴卓婉参与的东环街道工作室提案《关于提升村级工业园改造品质，推进先进制造业高质量可持续发展的建议》被评为十五届二次会议优秀提案。

【公益服务】2022 年，民革番禺区基层委参与民革市委会发起的“2022 参与定点帮扶纳雍县新房乡滥坝村人居环境整治提升项目”，捐助 13100 元助力纳雍县新房乡乡村振兴建设工作。委员徐鸣策划组织区残联与威宁彝族回族苗族自治县儿童福利院开展结对帮扶项目。

（李洋）

## 中国民主同盟番禺区委员会

【概况】2022 年，中国民主同盟番禺区委员会（简称民盟番禺区委）有盟员 319 人。其中，民盟省委专委会成员 3 人，民盟市委专委会成员 27 人，民盟市专委会副主任 4 人，民盟市理论研究会副会长 1 人，市人大代表 1 人；区人大代表 3 人、区政协委员 21 人（含常务委员 4 人）。民盟番禺区委被民盟市委评为理论研究工作先进集体二等奖，何世良获得广东民盟成立 80 周年“杰出盟员”称号。

【参政议政】2022 年，民盟番禺区委提交人大议案 1 件，政协提案 7 件，入选大会发言 1 项。向民盟市委、区政协提交“献一策”文章 5 篇，其中被采纳 2 篇，提交社情民意信息 33 条，其中被采纳 6 条，麦勇撰写的信息《鼓励银发经济发展，提升老年人幸福感》被民盟中央采用。民盟番禺区委被民盟市委评为参政议政工作先进集体三等奖，曾瑞平等 2 人获参政议政工作先进个人三等奖，骆文怡获反映社情民意信息工作先进个人三等奖。

【公益服务】2022 年，民盟番禺区委联合越秀盟员向贵州省毕节市赫章中等职业学校捐赠价值 11500 元的办公设备。联合区教师教师进修学校“名师大讲坛”、盟市委“长颈鹿教室”等教育工程，开发线上教育帮扶系列内容，让优质教育资源惠及广州、清远、毕节等近 2 万名师生。

（曾瑞平）

## 中国民主建国会番禺区基层委员会

【概况】2022 年，中国民主建国会番禺区基层委员会（简称民建番禺区基层委）有 111 会员，新发展会员 6 名。有省人大代表 1 名，区政协委员 9 名，其中常委 2 人，区人大代表 2 名。民建番禺区基层委员会被民建省委会评为先进基层组织，李伟、崔旭明被民建省委会评为2017—2022年优秀会员。民建广州市委企业家联谊会番禺分会于3月5日成立，黎名准任联谊会会长。

【参政议政】2022年，民建番禺区基层委提交提案5份、社情民意3份、立案5份。其中《关于抓住粤港澳大湾区的重大机遇 加快推荐我区人工智能产业发展的建议》被评为政协第十四届番禺区委员会优秀提案，《打造岭南文化大舞台推进番禺特色文化新发展》《发挥番禺有事 积极融入粤港澳大湾区建设》被评为政协第十四届番禺区委员会优秀调研报告。2022年，民建广州市委员会调研组在广州市人大常委、市委会副主委黎名准带领下，走访调研民建番禺区委员会会员企业，参观考察浩洋电子、建达建设、一变电气设备和启光智造服务等会员企业。

【公益服务】2022年，民建番禺区基层委在广东扶贫济困日筹款41988元。为中华思源工程扶贫基金“扬帆教师培训公益项目”募集善款13506元。彭景伟、崔旭明等会员代表前往陆河东坑中学为6名特困家庭学生捐款2.4万元。民建企业家联谊会番禺分会向五华县梅林中学捐赠3万元用于购买实验室器材。向白云区慈善会捐款2万元、向番禺区慈善会捐款8万元用于购买物资，并向海珠区捐赠价值2万元防护用品。2016—2022年，连续7年到石楼颐养院开展“情系长者、金秋送暖”主题慰问活动。

（王凯伦）

## 中国民主促进会番禺区基层委员会

【概况】2022年，中国民主促进会番禺区基层委员会（简称民进番禺区基层委）在册会员91名，有5位新会员加入。吴隽被世界职业院校与技术大学联盟大会授予“2022年世界职业院校与技术大学联盟卓越奖”教育工作者银奖，是唯一获得该奖项的中国教师。李洁莹在广东教育学会年度学术论文中获一等奖，王蕾蕾在广东省教育厅举办的2022年度广东省职业院校教学能力比赛中获一等奖，叶凤仪在中小学思政课与党史学习融合教育成果获广州市二等奖。

【参政议政】2022年，民进番禺区基层委李洁莹就集体提案《关于加强劳动教育实践基地建设，构建具有本土特色的劳动教育体系的建议》作区政协会议发言。“打造番禺直播基地拉动番禺经济”调研课题被纳入区政协2022年重点调研课题。“关于‘双减’背景下基础教育若干问题的建议”课题被民进市委会确定为2022年议政调研课题。由冷根源、黄志威、温学红、吴为波联名提交的《关于建立共建共治共享的物业管理机制 提高住宅小区的社会治理水平的建议》、李洁莹的《健全机制高质量推进新时代中小学劳动教育》获民进广州市委员会2022年度优秀议政调研成果二等奖。孙俊杰被民进市委会评为反映社情民意信息工作“明星会员”，冷根源、叶凤仪被评为“新星会员”。

【公益服务】2022年，民进番禺区基层委员会至红郡小学、象达中学开展“送法进校园”活动，到新造镇谷围新邨社区免费为群众书写春联，到石碁镇、市桥街道、钟村街道开展春节前夕送温暖慰问。到梅州市五华县小都实验学校开展支教活动，筹集捐款33500元用于购买教学设备和慰问贫困学生。在抖音平台为南沙区大岗镇龙古村村民直播带货售卖潭州白蔗。会员企业广州市穗云恒基输变电工程有限公司驰援施工建设南沙九涌方舱医院、广州南沙健康驿站。会员李敏联合10余家企业，通过行业协会捐赠价值5万元的物资。

（李洋）

## 中国农工民主党番禺区委员会

【概况】2022年，中国农工民主党番禺区委员会（简称农工党番禺区委）新发展党员13人，有成员318人。有市人大代表1人、市政协委员1人、区人大代表2人、区政协委员18人。周燕军在“名师优课——2022

年全国教育教学优秀论文、教学设计、教育案例、课件、优质课评选活动”中获一等奖。卢君娥被评为广州市中小学名师工作室主持人，获聘华南师范大学兼职教育硕士导师，其主持的广东省“十三五”规划课题结题获广州市基础教育教学成果奖。卢飞跃获全国大学生电子设计竞赛广东赛区一等奖指导教师。陈树秋获广东首届马兰花创业培训讲师选拔赛暨第三届马兰花全国创业培训讲师大赛广东省分赛二等奖。姚丹玲的“批量洗瓶机”获国家知识产权局授予的实用新型专利。喻得蓉获岭南名医和第三届广东优秀基层医师称号。

【参政议政】2022年，农工党番禺区委提交关于加强电动自行车治理、“双减”政策下共同支持做好家庭教育等方面的集体提案4件、个人提案1件。在区政协十五届二次会议上，农工党番禺区委作题为“加强电动自行车治理建设平安绿色幸福番禺”大会发言，被确定为区政协主席会议重点督办提案。开展专题调研，就供应链阻断、产业链布局及完善、产业人才培养等问题进行研讨。开展参政议政学习交流活动，提升骨干党员履职能力。

【公益服务】2022年，农工党番禺区委联合区委统战部、政协桥南街工作室、广州壹山傍水农业科技有限公司等赴桥南街道和南村镇，慰问困难群众26户。牵头组织番禺区同心医疗卫生服务队，为300多名群众免费健康咨询和体检。发动党员参加扶贫济困日活动，筹得善款2.5万元。

（黄连高）

## 中国致公党番禺区基层委员会

【概况】2022年，中国致公党番禺基层委员会（以下简称“致公党番禺基层委”）有党员115人，设5个支部。1月11日，致公党番禺区基层委员会课题组一行到番禺区科工商信局开展村级工业园改造提升专题调研。6月12日，致公党中山大学基层委员会、致公党广东工业大学总支部与致公党番禺区基层委员会在番禺区民主大楼联合开展党务工作经验交流。

【参政议政】2022年，致公党番禺区基层委员会有5份提案被区政协立案，分别是《推动珠宝首饰产业数字化转型，助力广州建设国际消费中心城市出新出彩》《关于保护和传承“狮舞（广东醒狮）”非物质文化遗产的建议》《关于推动托育行业市场化高质量发展的建议》《以“学”促“养”，大力发展社区老年教育》《关于构建智慧服务体系，助力老年人运用智能技术融入智慧时代的建议》。基层委的区政协大会发言《提升村级工业园改造品质，丰富产业载体》选为区长重点督办提案。《推动珠宝首饰产业数字化转型，助力广州建设国际消费中心城市出新出彩》作为市政协大会发言。

【援助古巴中国洪门民治党】2022年4月15日，致公党番禺区基层委收到一封古巴中国洪门民治党寄来的感谢函。古巴谢戈德阿维拉省受疫情影响，医疗系统接近瘫痪，缺乏抗疫药品。致公党番禺区基层委得知情况后，以最快的速度组织党员捐款4万元，购买所需药品邮寄至古巴谢戈德阿维拉省中国洪门民治党及当地有关卫生部门。

（黄连高）

## 九三学社番禺委员会

【概况】2022年，九三学社番禺委员会有社员154人。主委周建中，副主委傅红卫、陈红艳、李东、王顺胜，有委员9名，下设6个支社。九三学社番禺委员会被九三学社省委授予组织工作先进集体。社员钟晓玲被全国职业院校技能赛组织委员会授予2022年全国职业院校技能大赛高职组会计技能比赛团体二等奖；社员于峥论文《低成本处理脱硫废水实现零排放的关键技术》获广东省电机工程学会授予2022年度广东省电力科学技术项目奖三等奖。

【参政议政】2022年，九三学社番禺委员会向区政协十五届二次会议提交8件提案、3条社情民意，其中集体提案《以乡村振兴为抓手，探索乡村建设品质提升及人居环境优化改善的途径和策略》同时被评为区政协 2022 年重点课题。向九三学社市委提交社情民意 10 篇、“献一策”文章 4 篇、统战理论成果 1 篇。

【公益服务】2022 年，九三学社番禺委员会在“广东扶贫济困日”捐款 4990 元，捐献物资价值 6200 元。为援助海珠区筹得捐款 9150 元及防护服物资折合 1.73 万元。

【调研活动】2022 年，九三学社番禺委员会到中山大学生物技术基地调研，参观人工智能气候栽培室，了解校企合作项目企业发展情况。到广东小米科技责任有限公司和蚂蚁科技集团股份有限公司广州分公司调研，了解全球化移动互联网技术日常应用。组成课题组到增城区、从化区和江西省上饶市开展乡村振兴调研考察。走访广东光华科技股份有限公司、广东正合智能设备有限公司、广州飞瑞敖电子科技股份有限公司、广东金熙创新技术股份有限公司等社员企业和发展对象企业。

（王凯伦）

## 番禺区工商业联合会

【概况】2022 年，番禺区工商业联合会（总商会）（简称番禺区工商联），有会员企业4600 多家，执委会成员 195 人，商协会组织 39 个。其中镇街商会 16 个、行业协会 18 个，异地商会 5 个。2018 年以来，连续 4 次获评全国民营企业调查点先进单位。2022 年，番禺区工商联荣获全国首批“五好”县级标杆工商联、全国民营企业调查点先进基层单位称号。

【非公有制企业党建】2022 年，番禺区工商联 31 家正副主席企业（不含 2 家港澳企业及 2 名机关干部）中已成立或加入党组织的企业有 27 家；纳入“双同步”的非公有制企业 9105 家，党员总数 8445 名，有党员的企业 1396 家，成立党组织数 651 家，实现非公有制经济组织党组织和党的工作全覆盖。实施红联共建“红链计划”，组建珠宝首饰产业链和灯光音响产业链党委，以党建赋能产业链高质量发展。中共广东海大集团股份有限公司委员会等 11 个党组织荣获“广州市非公有制经济组织‘双强六好’党组织”称号；中共广州巨大创意产业园支部委员会书记郑永刚等 11 人荣获“广州市非公有制经济组织党务工作标兵”称号；广东盛瑞科技股份有限公司党支部书记、副总经理韩健等 9 人荣获“广州市非公有制经济组织党员先锋示范岗”称号。

【调研报告】2022 年，番禺区工商联对区内企业调研，形成《激发民营经济活力加速城市数字化转型——番禺区民营企业助力城市数字化转型调研报告》《简述非公企业党建如何发挥“红色引擎”作用助力乡村振兴的思考》等调研报告，提供区委、区政府决策参考。

【非公有制组织党建】2022 年，番禺区工商联组织民营经济人士参加《“聚焦二十大经济新格局”——宏观经济专题系列》等线上直播学习，举办禺商论坛之“党的十九届六中全会精神宣讲会”、区非公有制企业党组织红色诗歌朗诵比赛，引导非公有制经济人士感党恩、听党话、跟党走。推进党建摸排和组织建设“双同步”，非公有制经济组织党组织和党的工作实现全覆盖。实施红联共建“红链计划”，组建珠宝首饰产业链和灯光音响产业链党委，以党建赋能产业链高质量发展。深化“三个培养”工程。100 名优秀基层干部进驻重点园区、非公有制企业开展党建指导。32 家党组织纳入“双强六好”重点培育企业数据库，11 个党组织荣获“广州市非公有制经济组织‘双强六好’党组织”称号。

【推进营商环境优化】2022 年，番禺区工商联牵头推进番禺区创建“两个健康”示范城市工作，凝聚各方力量助推非公有制经济高质量发展。深入开展暖企行动，推进“三联一制”联系服务工作。举办 5 期主席（会长）轮值活动暨优化营商环境座谈会，为企业发展支招解难。举办品牌传播需求座谈会，畅

2022年7月15日，“新时代禺商培养工程”开班仪式　（区工商联 供图）

通重点行业和企业的宣传渠道。举办“新时代禺商培养工程”，助力企业有序传承发展；优化民企法律服务，开展“百所联百会”行动，36个商协会与律师事务所建立结对帮扶关系；组织两家公司开展民营企业知识产权、劳动用工专项法治体检。联合区检察院探索推进涉案企业合规改革，健全第三方监督评估机制，设立首批82人的第三方机制专业人员库。在南村镇打造“检企同行”企业合规法律服务办公室，引导民营企业守法经营。出台《番禺区工商联（总商会）构建新型政商关系工作方案》，规范政商交往行为。

**【商会建设提质增量】**2022年，番禺区工商联发动商会开展社会组织等级评估，现有广州市AAAAA级社会组织5个、AAAA级1个、AAA级13个。吸纳番禺区饮食行业协会进入工商联，不断壮大商会会员队伍，现有会员企业4600多家，商协会组织39个。南村总商会、沙湾商会、石碁镇商会、广东演艺设备行业商会获评全国“四好”商会，大石街道商会获评广东省“四好”商会。推动“特色商会”创建，广东演艺设备行业商会“GETshow”灯光音响展览会享誉全球；区金融协会举办走进番禺“惠企日”助企纾困金融服务产品推介会等活动，全区金融机构累计为1621家中小微企业解决共117.3亿元的融资需求。

**【商会公益行动】**2022年，番禺区工商联组织开展“百企兴百村助力乡村振兴”活动，320家企业与275个村（社区）完成对接；组织会员企业家到五华县梅林镇、贵州省开展帮扶对接和营商环境考察。举办广东扶贫济困日活动重点民企座谈，为区生物多样性保护基金筹得善款超过88.5万元；各商协会开展爱心慰问活动51次，送上慰问金（慰问品）共计超过46万元；组织企业参与“展翅计划”、应届毕业生名优企业大学城专场招聘会，为毕业生提供就业岗位超过125个。畅通民营经济人士参政议政渠道，协助开展民营经济人士综合评价25人次；举办“坚定信心共谋发展”番禺区政协工商组委员座谈会；组织591家次企业参与万家民营企业评营商环境调查和4次民营企业运行状况调查，为党委政府科学决策提供依据。

（何敏儿）

# 群众团体

番禺年鉴 2023

## 番禺区总工会

【概况】2022年，番禺区总工会健全职工维权机制、抓产业人才培育、落实帮扶关爱、推进工会固本强基，团结动员广大职工担当作为。番禺区16个镇、街道总工会基本成立新业态行业工联会或寄递物流行业工联会，全区25人以上建会411家，其中100人以上企业42家。新入会会员36034人，其中发展新业态会员12033人，粤工惠实名注册10220人。评选出梁大钊等20人为区劳动模范、广东海大集团股份有限公司海大研究院等20个单位为区先进集体。联合相关企业成立新就业形态行业工会联合会，吸纳新就业形态劳动者。利用组织送温暖、知识竞赛、联谊、烘焙、乡村游、摄影展等活动机会，推广“粤工会”App，吸纳新会员。指导镇、街道工会规范化建设，走访30多间企业，指导新建基层工会23家，指导发展新会员630多人，推进基层工会规范化建设，指导行业企业开展劳资沟通协商，签订集体合同16间。全年办理新增工会法人资格证书申请174项、工会法人变更登记申请390项、工会法人注销登记申请16项。

【职工知识技能提升】2022年，番禺区总工会推进“提素圆梦”工程，对2021年9月1日至2022年10月28日入读大专、本科学历教育或获得大专、本科学历毕业证书的职工564人，按照每人500元标准发放学费补贴28.2万元。对2015年秋季至2018年春季入读预登记并毕业的职工学历教育135人，发放配套补助20.25万元。全年发放学历教育补助48.45万元。采取“基层点单、错峰服务、送教上门、植根基层”服务模式，为超过100家基层单位3000多名产业工人提供31个专题135项专业化培训。开展区级职业技能竞赛，围绕番禺产业特色设置7个竞赛项目，有435名选手参赛，99名选手通过竞赛获得高级工职业技能等级证书，21名选手获得“番禺工匠”称号。谢重阳等22名选手参加广州市第七届建筑工匠技能擂台赛。举办番禺区首届环卫工人技能竞赛，来自各镇（街道）环卫行业的16支参赛队伍48名代表参加环卫知识竞赛，32名代表参加环卫实操技能竞赛。与区就业服务中心等部门联合举办家庭保洁与收纳、婴儿照护、长者护理、家政和厨艺职业技

2022年6月9日，广州市番禺区总工会职工大学堂开课

（区总工会　供图）

能培训班，300多名职工参加培训。

**【弘扬劳模精神】**2022年，番禺区总工会推荐评选各级劳模和先进集体，广东海大集团股份有限公司海大研究院创新技术中心获得“全国工人先锋号”，广汽埃安新能源汽车有限公司获得“广东省五一劳动奖状”，广州市番禺祈福新邨房地产有限公司港澳事务办公室主任曾瑞滨获得“广东省五一劳动奖章”，有米科技股份有限公司有米科技双创示范基地团队获得“广东省工人先锋号”。开展劳模精神宣讲进园区、进企业、进校园，邀请曾瑞滨和区劳动模范黄惇敏、张海燕分享经验。

**【工会履职维权】**2022年，番禺区总工会维护劳动关系领域政治安全，协调处理职工信访，健全敏感时期信访预警机制，协助妥善处理突发群体性事件及职工工伤事故。受理职工来电来访，参与处理劳资纠纷。区总工会法律服务律师团代理职工劳动争议案件，为职工排忧解难。番禺区劳动人事争议三方联合调解中心现场处理调解案件，维护劳动者合法权益。

**【帮扶关爱职工】**2022年，番禺区总工会开展“情暖职工心”活动和“情暖劳动者穗岁平安年”关爱行动，为新业态劳动者送年糕，为留粤过年农民工送上慰问品。采购饮品慰问从事高温作业的一线职工。在元旦、春节、国庆、中秋等节日，上门慰问困难职工、劳模、外派干部，发放慰问金和慰问品总价值2.4万元。向2702人发放“广州市在职工会会员住院关爱计划”慰问金135.1万元。开展“金秋助学”活动，资助困难职工在读子女11人。开展“番禺区职工特种重病互助医疗保障计划”和“番禺区女职工安康互助保障计划”项目，210人领取补助463.75万元，其中25人领取双份额补助。组织500名技术工人免费疗休养。组织区饮食行业商会、区饮食行业工联会、区肉类协会、中国工商银行番禺支行、雍苑酒家、禺山腊味、康齿美口腔医院、比亚迪汽车等单位，为参与支援海珠区队员提供后勤保障。开展“爱番禺游番禺”职工研学游、番禺区职工（农民工）消费帮扶乡村振兴游活动，2020年9月至2022年12月，组织64个基层工会为80批次3800多名工会会员提供研学游服务。组织各级工会开展单身职工交友联谊活动8场，有400多名职工参与。开展工会送文艺下基层活动。

（沈海燕、李辉）

## 共青团番禺区委员会

**【概况】**2022年，中国共产主义青年团广州市番禺区委员会（简称团番禺区委）结合庆祝中国共青团成立100周年，组织全区团员青年参加志愿服务、科技创新、乡村振兴等工作。是年，按计划发展团员并举行入团仪式，覆盖168个团支部、2503名团员青年。番禺区青联常委、广州九尾科技董事长王锐旭获得第26届中国青年五四奖章，以伴青少年发展中心龚旺被评为全国年度向上向善好青年，1名学生获得全国优秀少先队员，广东仲元中学学生会被评为广东省优秀学生会。4个课程入选第三届广东省中学团校“百佳微团课”，其中洛浦中学课程被评为精品课程。

**【庆祝建团100周年】**2022年，团番禺区委开展建团100周年大会精神和党的青年运动史专题学习，联合区委宣传部制作《中心组学习参考——庆祝中国共产主义青年团成立100周年专刊》。5月10日，组织超10万名团员和团干部、青联委员、少先队员、青年学生收看收听庆祝共青团成立100周年大会直播。制作“青春心向党 建功新时代”番禺共青团历史画册和视频。在番禺新媒体矩阵发布“番禺青年说”专栏，宣传番禺区优秀青年、团员的奋斗故事。开展“共青团伴我成长”“我和团旗团徽同框”等各类主题活动，组织演绎团广州市委原创歌曲《闪亮》。番禺区税务局团委代表王玉珏参加第五届广州团干部讲党团课大赛，获优秀课件奖一等奖。联合广州地铁揭牌“逐梦·青春”团建基地。共青团大石街工委建成镇（街道）级团史室。

2022 年 8 月 30 日，共青团番禺区委员会举办团干部高级培训班
（团区委 供图）

【中长期青年发展规划】2022 年，番禺区完善区中长期青年发展规划实施工作联席会议机制，审定通过年度规划实施工作要点，完善服务青年发展的政策体系和保障机制。修订《番禺区中长期青年发展规划（2021—2025 年）》，以区委、区政府名义印发。团番禺区委联合广州市团校开展番禺青年发展现状调查，发放回收 2000 余份调查问卷，了解青年现状和需要解决的问题，提出措施供决策参考。

【县域共青团基层组织改革】2022 年，团番禺区委召开县域共青团基层组织改革暨“命脉工程”推进会，印发《关于选拔优秀青年兼任镇（街道）、村（社区）团组织团干部的工作方案》，与广东女子职业技术学院签署校地共青团组织结对共建协议。建立非公有制企业团组 236 个、社会组织团组 36 个，区“两新”组织团建完成率 100%。完成 4982 名毕业生团员组织关系转接，完成率超 92%。修订《共青团番禺区委员会业务主管青年社会组织管理办法》，召开区青年联合会第四届常委会第四次全体会议，实行区青年志愿者协会依法独立运行。召开 2022 年度区少工委第一次全体会议，向首批番禺区少先队名师工作室和少先队校外实践教育营地（基地）授牌，指导建立镇、村（社区）少工委架构。东环街道东沙村少工委获得广东省优质校外少先队活动课展示交流二等奖，是全省唯一获奖的村级少工委。

【青年创新创业就业】2022 年，团番禺区委促进港澳台青年创新创业基地与南沙粤港澳青年创新工厂交流互动，举办第四届“番青杯”青年创新创业大赛暨“青创杯”第九届广州青年创新创业大赛番禺分赛，吸引 80 多个项目参加，其中 4 个项目获得市赛优胜以上名次。结合青年就业创业形势出台实施促进青年群体就业创业专项行动方案，与华南农业大学、广东工业大学联合打造就业实习基地，依托区青联、区青企协开展“展翅计划”，落实岗位 166 个，超额完成广州市下达的指标。

（刘家玲）

## 番禺区妇女联合会

【概况】2022 年，番禺区妇女联合会（简称番禺区妇联）着力维护妇儿权益，落实妇联执委联系群众制度，推进《中华人民共和国家庭教育促进法》落地实施，完善区家庭教育指导服务中心建设，选拔家庭教育名师工作室，指导区家教会成立党支部，组织召开镇（街道）妇联维权会议，深入开展“乡村振兴巾帼行动”“科技创新巾帼行动”，与区人社区、区总工会开展番禺区职业技能竞赛。发挥全区 4000 余名妇联执委、1300 余名巾帼志愿者作用，通过“妇女献爱心”互助、“南粤红豆”巾帼志愿服务和公益创投，为患病妇女、单亲困难母亲、来穗儿童等特殊群体提供关爱服务。

【家教家风建设】2022 年，家庭教育“番禺模式”在广州市家庭教育宣传周启动仪式上获得推广。番禺区家庭教育进网格社会治理模式在广州市妇联“平安家庭智慧治理”现场会上获得推广。番禺区家庭教育服务指导中心入选广东省（区）家庭教育指导中心规范化建设项目创新试点。番禺区妇联在全区范围内甄选101户“最美家庭”“慈善家庭”“廉洁家庭”“绿色家庭”“平安家庭”“书香家庭”，3个家庭被评为2022年度省、市级先进典型家庭。区家庭教育指导服务中心在区广播电视大学、区儿童活动中心、星海青少年宫、区民心家庭教育服务中心设点开展家庭教育研究、服务人员队伍建设和培训、公共服务产品研发。设立首批6个以优秀工作者名字命名的家庭教育工作室。探索平安家庭智慧治理，发展妇联执委加入网格员队伍。启动大岭村家风家教主题升级改造计划，打造好家教好家风好家训研学路线。发放《致全区领导干部家属的一封信》，引导女性年轻干部及领导干部家属守好廉洁自律底线。番禺区妇联联合广州市妇联、番禺区纪委在石碁镇凌边村开展“红色家风映初心”宣讲会。番禺区家教会党支部党日活动暨“做学习的领导者”主题讲座吸引30组家庭参与。

**【促进妇女就业创业】**2022年，番禺区妇联开展“科技创新巾帼行动”，走访慰问海大集团等女性科技人才较多的企业、产业园区。宣传发动女性科技人才参加大湾区女性创新创业大赛。开展职业技能竞赛，与区人力资源社会保障局、区总工会开展番禺区第十四届职业技能竞赛，推进“粤菜师傅”“广东技工”“南粤家政”3项工程。培养南粤家政7654人次，培训后促进就业4648人。指导区女企业家协会召开专题会议，促进本地企业互助互立共惠发展。

**【巾帼行动】**2022年，番禺区妇联开展“巾帼心向党　喜迎二十大”群众性宣传活动32场，各镇、街道妇联组织开展专题讲座、故事分享会、植树绿化、环境清洁、观看学习视频、社工培训、义诊服务、诗歌朗诵会等活动。促进基层妇女干部能力建设，选拔6个行政村建设“广州巾帼头雁村”。联合广州市妇联在沙湾古镇主办“乡村振兴巾帼行动之美丽乡村游＋赋能”活动。向结对的梅州市五华县华城镇资助学校运动场改造项目，还资助贵州省毕节市赫章县平山镇中寨社区。组织妇女群众参加“读懂广州、热爱广州、奉献广州”羊城巾帼风采作品展示活动，遴选29件优秀作品，举办“读懂番禺、热爱番禺、奉献番禺”羊城巾帼绽风采优秀作品巡展。指导西坊大院旧改在“老城市、新活力”文化传播中融入家庭教育元素。

**【妇联组织建设】**2022年，番禺区妇联完善区级妇联执委队伍，先后召开十四届五次、六次执委大会，选举区妇联副主席、挂职副主席，并增补执委。完成镇（街道）妇联换届工作，换届选举全区镇（街道）级妇联执委572人，其中大专及以上学历占95.7%。

**【妇女儿童发展】**2022年，番禺区印发《广州市番禺区妇女发展规划（2021—2030年）》《广州市番禺区儿童发展规划（2021—2030年）》。依托“舒心驿站”、法律维权咨询室、和美家庭工作室、婚姻家庭纠纷人

2022年7月22日，番禺区妇联举行“巾帼心向党 喜迎二十大——红色家风映初心”宣讲会　（区妇联　供图）

民调解工作室、“阳光心晴”心声热线以及家庭教育专家热线，依法维护妇女儿童权益。番禺区妇联与区公安分局、区法院围绕规范处置家庭暴力警情、发出“反家庭暴力告诫书”“人身保护令”等开展合作，做好重点人群重点家庭关爱服务和反拐卖工作。9月，全区摸查出重点儿童958人、重点妇女1778人、重点家庭311个。番禺区妇联与区卫健局、团区委、区民政局等16个部门多维度合作促进妇女儿童卫生健康，对辖区13家助产机构完成产儿科质量检查，开展母婴安全工作调研，新生儿疾病筛查全部达标。托育机构卫生保健评价通过率由20%提升至40.5%。

【帮扶困难妇女儿童】2022年，番禺区妇联开展妇女“献爱心”互助活动，资助或补助患特种重病、重大疾病及慰问患病妇女350人。帮扶单亲困难母亲988人次，向5户单亲困难母亲家庭应届高考子女每户助学1万元，向特殊困难家庭慰问3人次。开展第三届妇女献爱心公益创投活动，协调社会组织为妇女儿童提供专业维权服务和心理干预、婚姻家庭调解、家庭教育和法律知识培训。启动2022年“学子梦”活动，组织发动党员干部、妇联执委、优秀妇女、巾帼志愿者等帮助295名来穗困境儿童实现心愿。

（陈华）

## 番禺区科学技术协会

【概况】2022年，番禺区科学技术协会（简称番禺区科协）完成换届，选举石志伟为番禺区科协第九届委员会主席，徐正初为专职副主席，刘照佳、孙艳军、吴志明、邹雨元、曾伟杰5人为兼职副主席。牵头制定《广州市番禺区全民科学素质行动规划纲要实施方案（2022—2025年）》，促成番禺区院士（专家）工作站建设资助政策，以服务科技创新生态优化为导向创新科普宣传阵地建设，举办青少年科普活动，开展科普基地免费开放日活动。番禺区代表队俞晓辉、梁碧芝在广州“讲科学、秀科普”大赛中获得一等奖，被授予“2022年广州市十佳科普使者”称号。番禺区入选“科创中国”创新枢纽城市建设广州市级试点区，广州市番禺节能科技园发展有限公司、广州粤澳青创科技孵化器有限公司入选广州市级试点园区。

【全民科学素质实施方案】2022年7月，番禺区科协牵头制定《广州市番禺区全民科学素质行动规划纲要实施方案（2022—2025年）》，部署实施科技资源科普化工程、科普信息化提升工程、科普基础设施建设工程、基层科普能力提升工程。明确区“十四五”期间公民科学素质建设工作目标、重点任务、工作分工和保障措施。

【资助院士（专家）工作站建设】2022年，番禺区制定并发布《2022年番禺区院士（专家）工作站建设资助专项申报指南》。佳都科技股份有限公司、广州思林杰科技有限公司、广州环峰能源科技股份有限公司3家企业院士专家工作站被认定符合资助专项要求。11月，番禺区政府给予3家合资格企业机构90万元建站配套资助。

【科普宣传工作】2022年，番禺区科协融合“禺乐+”App、微信服务号、小程序等手机端平台，实现“一平台多终端”科普宣传信息同步输出。依托区融媒体中心微信公众号平台开设“科普番禺”一级主菜单栏。“科普番禺”电视栏目扩版，包括“航空航天”“健康医疗”“应急避险”“科普广州”等10个版块。截至12月，栏目上传更新视频总量超过3000部，视频点播超过40万次，促成各村（居）活动室接入“科普番禺”平台。番禺区科协对210个村（社区）科普宣传栏实行统一管理。举办3场科普日活动，主会场设在广东海启星科普基地，向学生展示海洋生态知识。5月21日，2022年番禺区科技活动周在广东科学中心开幕，区地震科普馆等7家科普基地同步开展科技宣传活动。番禺区科协组织广东省科学中心、佳硕农场等多家科普资源单位参加广州科普开放日活动，开展科普

2022年9月17日，广东海启星科普基地举办“喜迎二十大　科普向未来”2022年番禺区全国科普日活动　（吴海波　摄）

活动35次。成立番禺区“科普志愿者讲师团”，向群众宣传科普知识。

【“科普四进”活动】2022年，番禺区科协组织区医学会、区护理学的科普志愿者、专家深入社区、农村、学校和企业，开展义诊、急救技能培训、健康素养科普讲座等活动15场，受众2000人次。举办“科普进校园”活动，组织洛城中学、市桥桥兴中学、石碁镇中心小学等科技特色学校开展人工智能科普教学、航天航空知识等科普活动。联合区医学会、区融媒体中心组织开展“‘医’心向党踔厉奋进”科普视频制作大赛，传播健康医疗知识。走访科技企业23次，听取思林杰科技、环峰能源科技、海启星海洋科技等公司科技工作者的意见建议，了解企业科技项目研发、创新平台建设、产学研联盟建设、科技企业培育、人才引进、校企合作等创新情况，宣讲创新政策，征集企业需求。

【青少年科技创新大赛】2022年，番禺区科协、区教育局联合举办第38届番禺区青少年科技创新大赛，大赛以“体验创新，快乐成长”为主题。活动在3月启动，收到科技辅导员项目185项、学生作品2756项。9月，决赛终评在广东番禺中学附属学校展开，评出一等奖185项，二等奖404项，三等奖597项，师生获奖1206项。

（薄圆圆）

## 番禺区归国华侨联合会

【概况】2022年，番禺区归国华侨联合会（简称番禺区侨联）召开十届三次、四次、五次全委会议，卸免和增补部分常委、委员，补选秘书长，增补专职）副主席。各镇（街道）侨联完成了换届。动员侨界力量，发动法国番禺富善社、美国旧金山番禺昌后堂等侨社团、侨企业捐赠物资。推荐侨联界别区政协委员人选，履行参政议政职责，倾听侨界群众呼声，掌握侨界动态，撰写提案建议。区侨联机关每名干部直接联系1个村（社区）侨联小组。沙湾古镇被评为第十批“中国华侨国际文化交流基地”。联合广州市侨联、沙湾街道在滴水岩森林公园举办“奉献侨心、植树造林”活动，共建番禺首个“侨心林”。

【向侨胞传递乡情】2022年，番禺区侨联利用《番禺侨讯》和“番禺侨声”政务微信平台宣传番禺，配合做好“侨智联盟”运营，联系沟通各地侨领，讲好番禺故事。与区委统战部、区文联、石碁镇官涌村党总支和新西兰中华文化艺术学院等单位联合举办线上“礼赞二十大　翰墨写侨心——番禺海内外书画作品展暨麦华三书法作品展”。参与组织开展2022年“亲情中华·为你讲故事”网上夏（冬）令营（广东广州营）活动，发动海外侨团参营。发动全区中学生参加2022年第22届世界华人学生作文大赛，有77人获奖，其中6人获一等奖。

【拓展海外联谊】2022年，番禺区侨联接待中山大学温哥华校友会访问团，拜访法国番禺富善社广东代表处，宣传推介番禺营商环境。法国番禺富善社与番禺国际商会签署合作协议，搭建法国与番禺商贸、文化、艺术、科技交流平台。迎接中国侨商投资（广东）大会侨商投资贸易考察，会同区投资促进中心等部门推介对接区重点投资项目。

【维护华侨权益】2022 年，“穗好办”App 开通番禺区“涉侨服务专区”，可办理华侨回国定居申请等 10 多项政务事务。参加区 3 个直属侨友会（组）活动，协助解决问题。与广州市侨联在春节前走访慰问相对困难侨眷。受理涉侨信访案 3 件，办结率 100%。联合区委统战部（区侨务局）在各镇、街道开展“侨法进基层”法制宣传，借力“社区驻点律师坐岗”活动，扩大“侨法进村居”成效。“番禺侨声”政务微信平台开设“侨法侨规”“侨法课堂”专栏。

（李佳媚）

## 番禺区文学艺术界联合会

【概况】2022 年，番禺文学艺术界联合会（简称番禺区文联）学习贯彻习近平总书记关于文艺工作的重要论述，坚持以人民为中心的创作导向和工作导向，团结和组织全区文艺家，助力提升番禺文化软实力。

【文艺品牌活动】2022 年，番禺区文联聚焦文商旅融合发展、打造魅力彰显的岭南文化特色区等主线，围绕“岭南古邑 粤韵番禺”主题，组织开展文艺品牌活动。受邀组建番禺龙狮团进京参加中国文联百花迎春 2022 年春节大联欢晚会演出。举办“我们的中国梦”——文化进万家活动之“情暖回家路”暨 2022 年广铁春运“送万福·进万家”文化公益活动。与区纪委监委、区委宣传部等单位联合举办“翰墨清风 廉润番禺”廉洁文化书画展。指导区作家协会举办纪念毛泽东同志《在延安文艺座谈会上的讲话》发表 80 周年暨《禺山战疫》创作分享会。承办“云山珠水颂党恩”第 12 届广东音乐邀请赛颁奖音乐会。与区关工委、区文明办等单位共同举办第五届“笔尖下的童真”少儿书画大赛。举办“读唐诗——唐诗中的黄鹤楼”诗歌分享会。指导区青年书法家协会等单位举办“笔墨颂时代 青春正当时”——番禺区第二届青年楹联书法展。

2022 年 1 月 18 日，番禺区文联在广州南站举办“我们的中国梦”——文化进万家活动之“情暖回家路”2022 年暨广铁春运“送万福·进万家”文化公益活动
（段徐雨 摄）

【文化交流活动】2022 年，番禺区文联加强文化交流工作，陪同中国书协副主席、湖南省文联主席、湖南省书协主席鄢福初参观广东横渠书院美术馆、番禺区化龙广州文化艺术村，开展“墨缘湘粤”书法文化交流活动。区文联组织上门慰问居住在番禺的著名艺术家郭兰英、王增丰、赵泰来、吴钊洪等。

【文艺惠民服务】2022 年，番禺区文联推进区文艺家活动中心和广州文艺市民番禺空间建设，强化为文艺家和基层服务意识。运营“番禺文艺”微信公众号，线上线下同步宣传。

广州文艺市民番禺空间与区民间文艺家协会，举办“惊蛰”“春分”“谷雨”等多场 24 节气民俗活动并进行线上直播。

（侯珏）

## 番禺区残疾人联合会

【概况】2022年，番禺区残疾人联合会（简称番禺区残联）新办理残疾证968张，累计办理16017张；新办理羊城通乘车优惠卡172张，累计办理5913张。开展第六次全国残疾预防日宣传教育系列活动，为自闭症儿童义诊，举办“爱耳日”、助残日宣传活动。完成广州市康园工疗机构服务升级试点石楼镇工疗站升级改造工程。番禺区康园中心申请参加广东省残联首批星级社区康园中心评定，在全省1715家社区康园工疗站515家申报点中，番禺区16家康园工疗站被评为五星级1家、四星级2家、三星级13家。

【残疾人社会保障】2022年，番禺区残联加强残疾人社会保障工作，为6800人次残疾人审批康复资助966.09万元，其中医疗康复资助4727人次184.35万元、机构康复训练资助805人次316.33万元、辅助器具适配资助988人次461.49万元、首次评残办证资助280人3.92万元。审核残疾人“两项补贴”（困难残疾人生活补贴和重度残疾人护理补贴）2315人。审核城镇职工养老保险80人，计划资助44.54万元。动态更新残疾人信息，入户调查登记残疾人15898名。春节前夕，向全区15624名残疾人发放春节慰问金318.72万元，入户慰问困难残疾人家庭和留守残疾儿童。为290名残疾人机动车主申请并拨付燃油补贴7.54万元，向12人发放残疾人机动轮椅车报废补偿。落实残疾人教育扶助办法，向965人次审核发放特殊儿童学前教育生活补助、残疾学生和贫困残疾人子女教育生活补助、残疾学生一次性教育奖励等扶持资金117.1万元。

【残疾评定服务】2022年，番禺区残联开展上门评残办证工作，到16个镇（街道）为105人免费提供重度肢体评残“一站式”服务。邀请区第三人民医院为117名群众免费提供精神残疾上门评定服务，加强严重精神障碍患者管理服务。开通区何贤纪念医院评残服务，增设了0～6岁智力残疾评定服务，全区残疾等级评定机构增至3家。

【残疾人康复服务】2022年，番禺区残联组织区残疾人康复中心开展队伍专业化建设，组织基层康复协调员参加康复专业技术知识培训班。开展特殊儿童康复个性化教学，进行教学评估103人次、直播课程880节、社区体验活动10次，举办7场康复教育家长专场培训。康园中心为全区1100名残疾人提供日间托养、心理咨询、康复功能训练和职业技能训练等服务。其中，工疗站服务555人，儿童康复训练中心服务47人，精神综合服务中心服务430人，展能庇护工场服务68人。

【残疾人就业帮扶】2022年，番禺区残联贯彻落实《广州市残疾人就业创业扶助办法》，向19人发放残疾人就业创业资金19.42万元。举办残疾人就业专场线上招聘会，12家用人单位为残疾人提供37个就业岗位。64名残疾人求职登记，就业推荐369人次。推进就业年审，落实残保金分档减缴和暂免征收优惠政策，审核1885户，安排残疾职工4300人。举办残疾人线上职业技能培训班及实战项目，有501人次参与。组织参加第七届广州市残疾人职业技能竞赛。与5家公司保持

2022年7月26日，番禺区第八届残疾人运动会开幕　（郭嘉颖 摄）

合作，落实残疾人庇护性就业，拨付庇护工场学员职业训练津贴 36.76 万元。建立残疾人移动洗车服务队、手工艺品展销服务队，组建残疾人网上销售队。

（林琳）

## 中国国际贸易促进委员会广州市番禺区委员会

2022 年 7 月 5 日，“中国国际贸易促进委员会广州经贸摩擦预警中心番禺预警服务站”授牌仪式举行 （区贸促委 供图）

【概况】2022 年，中国国际贸易促进委员会广州市番禺区委员会（简称番禺区贸促委）深化服务外贸企业，建立访企暖企工作专班，重点走访外贸百强、产业链“链主”企业、重点珠宝首饰企业，询问产业链供应链关键环节情况。调研外贸进出口重点企业 158 家次，助企纾困解决企业反映问题 55 个。以服务 383 个区国际商会会员为出发点，建设 28 个番禺贸促企业服务阵地。举办 9 期“番禺稳外贸”专题活动，2000 多家企业线上线下参训。宣传推介区域优惠原产地证使用办法，引导更多企业用好用足自贸协定关税减让优惠。

【商事认证服务】2022 年，番禺区贸促委为企业办理一般原产地证 57797 份，同比增长 41.1%；办理区域优惠原产地证 3495 份，增长 9.6%，涉及货物金额约 1.9 亿美元，预计为企业减免进口国关税约 889.88 万美元；出具各类商事证明文件 22586 份，减少 3.2%；代办领事认证 735 份，增长 22.1%; 办理 ATA 单证册 5 份。

【会展服务】2022 年，番禺区贸促委发动 39 家次企业参加 5 场展会，包括 2022 年的“云上·亚洲商业与休闲娱乐博览会”、中国—中东及北非国际贸易数字展览会、印尼国际消费类电子及家用电器博览会、海南国际珠宝展、“香港国际珠宝展”线上商贸对接会，收到香港贸发局感谢函。组织番禺灯光音响企业服务北京冬奥会开闭幕式，收到北京冬奥会组委会感谢信。

【服务珠宝产业】2022 年，番禺区印发《番禺区构建“链长制”推进珠宝首饰产业高质量发展工作实施方案》，建立“区链长 + 副链长 + 链主企业 + 珠宝首饰链长办”的“1+1+9+1”工作机制。推动斯维迪智造、金笔珠宝 2 家珠宝企业通过省级高新技术企业认定评审。国家级珠宝首饰产业创新研发中心、沙湾国际珠宝时尚创展汇、谢瑞麟生产研发中心等产业重点项目加快建设。更新修订《2022 年度广州市番禺区促进珠宝首饰产业转型升级发展管理办法申报指南》，完善申报流程监管，引入第三方评审环节。全年共受理申报项目 20 个，涉及扶持资金预计约 411 万元。

【经贸摩擦预警】2022 年 7 月 5 日，中国国际贸易促进委员会广州经贸摩擦预警中心番禺预警服务站授牌仪式暨 RCEP 政策培训会在科尔海悦酒店举行。活动由广州市贸促会主办、番禺区贸促会、番禺区国际商会承办，全区 130 家外贸企业参加。服务站旨在帮助区外贸企业开拓国际市场，了解应对海事仲裁、商事调解、海损理算、敦促履约等国际商事纠纷办法。

（谢战儒）

# 法治



## 政法委与综治

【概况】2022年，中共广州市番禺区委政法委员会（简称番禺区委政法委）全面落实《中国共产党政法工作条例》，把政法各单位贯彻落实情况纳入年度督办事项，统筹推进安全稳定、社会治理、基层基础、服务管理等各项工作。成立维稳安保工作领导小组，发动“广州街坊”群防共治力量参与社会面整体防控。出台番禺区基层矛盾纠纷排查化解工作指引，开展诉源治理和社会矛盾纠纷多发领域专项治理。组织开展“忠诚铸平安护航新征程”主题宣传，宣扬22名政法先进典型、4个先进集体。制定出台巩固政法队伍教育整顿成果推进全面从严管党治警24项任务47项措施。深入推进反偷渡反走私工作，强化“打团伙、摧网络、断链条”，打掉一批偷渡、走私团伙，切断境外输入渠道。

【扫黑除恶常态化】2022年，番禺区委政法委组织推进扫黑除恶常态化，宣传《中华人民共和国反有组织犯罪法》，专项整治重点区域和五大行业领域，受理涉黑恶原始警情3582起，破案305起，刑拘564人。打击电信诈骗违法犯罪，立案4802起，破案2205起，其中当年破案1546起。番禺区打击治理电信诈骗工作正负向考核排名全市第三。开展打击整治养老诈骗专项行动，抓获嫌疑人368名，追赃挽损1.02亿元，挽损率80.82%。

【社会治安环境】2022年，番禺区委政法委推进社会治安重点地区突出问题专项整治，挂牌整治大石街道、石楼镇，关注走私问题突出的9个镇、街道，推动治安环境好转。成立番禺区严重精神障碍患者防治关爱领导小组，优化联管联控和闭环管理机制，未发生严重精神障碍患者肇事肇祸案件。奖励慰问见义勇为人员、见义勇为牺牲者家属和烈士家属31人。牵头推进城中村治理基础排查、平安建设专项工作，提前完成100个城中村“人、屋、车、场、网”底数摸排以及广州市下达的第四轮核查指标任务，建立常态化治安巡防体系，开展安全隐患治理。举办2022年“广州街坊”形象大赛，向21支“广州街坊”品牌队伍授旗，发起群防共治活动24802场。

【矛盾纠纷化解】2022年，番禺区委政法委健全协调联动“大调解”机制，出台全区矛盾纠纷源头化解行动方案、基层矛盾纠纷大排查大化解专项行动工作方案。完成区、镇（街道）、村（居）三级公共法律服务平台建设，建立“云咨询”线上法律服务平台。成立番禺区诉调中心，设立网上巡回法庭，引进40名简易公开听证员参与信访矛盾源头化解，在法院、公共法律服务中心、3个律师事务所设立律师调解工作室。中立法律服务站服务群众325批352人次。开展案件评查活动，督促政法单位开展涉法涉诉信访案件化解。向41件案件48名困难群众发放司法救助金127.28万元，比上年上升53.6%。

【网格化服务管理】2022年，番禺区委政法委牵头成立区来穗人员和网格化服务管理工作领导小组、区网格指挥调度中心，设立网格化管理科，完善基层社会治理综合网格“采办分离”、绩效考核、入格事项管理等制度。全区划分基础网格1585个、最小服务管理单元17869个，配备专职网格员1507名、兼职网格员1413名。全年报送网格事件50.98万件，办结率99.99%。划分城中村综合网格，配备700多名专职网格员，组建900多个最小应急单元。举办全区最小应急单元大比武活动，配齐应急处突设备和对讲机1853部，实现快速通联和点对点指挥调度，健全“一点呼叫、多点响应、集结迅速”联动机制，全区建立最小应急单元2344个，配备应急处置力量16520人。

【来穗人员融合】2022年，番禺区启动新一轮来穗人员融合行动计划，开展“房屋租赁保险 微心愿”服务，为667户来穗人员家庭实现“微心愿”。开展春节关爱、融合服务周、候鸟儿童主题服务月、金雁志愿服务等活动。升级来穗人员积分制入学申请系统，实现申办“零跑腿”、全流程网办，为来穗人员子女提供学位4889个。搭建来穗人员参与社会治理平台，有金雁志愿者服务队员1.34万人。全区登记在册来穗人员178.84万人。

【出租屋管理】2022年，番禺区委政法委组织开展保持“生命通道”专项行动，排查出租屋887.39万套次，整治各类安全隐患25.61万处。对电动自行车统一停放、集中充电，划设室外专门区域或在出租屋周边建设便民共享设施1609处、13019个。引导出租屋楼栋长签订共建共治共享协议书，出台工作指引，派发电子证书，公示楼栋长、社区民警、网格员信息，构建出租屋协同管理格局。全区登记在册出租屋17.32万栋100.3万套。

【综治中心提档升级】2022年，番禺区出台推进综治中心提档升级建设实施方案及工作指引，选取石碁镇、石楼镇作为市、区综治中心融合试点，在城中村属地镇（街道）各选取1个城中村打造综治中心提档升级示范点。全区16个镇（街道）综治中心建立完善工作制度，落实“一厅五室”设置，有工作人员547人，初步构建“综治中心+综合网格+最小应急单元+智能化”工作体系。

（刘南荣）

## 法治政府建设

【概况】2022年，番禺区落实中共中央、国务院《法治政府建设实施纲要（2021—2025年）》部署要求，推进法治政府建设，制定区委全面依法治区委员会2022年工作要点、法治宣传教育第八个五年规划，健全党政主要负责人向党委法治建设议事协调机构述法全覆盖制度。区教育局《番禺区多维联动：全方位构建区域青少年法治教育网络》获第六届“法治政府奖提名奖”。区城管局被评为住房城乡建设部“强转树”专项行动表现突出单位。石碁镇和洛浦街道开展法治示范镇、街道创建的工作成效得到市委依法治市办肯定。

【依法行政决策】2022年，番禺区政府修订《番禺区重大行政决策程序规定》，规范重大行政决策启动、形成、审查、决定全过程。健全城市建设重大项目决策机制和城市规划建设管理制度，将“推进城市优化改造”和“推进交通拥堵点治理”列入2022年度区政府重大行政决策事项目录。制定番禺区2022年度政府和部门行政规范性文件项目库，加强规范性文件申报调整、制定发布、评估修订和公平竞争审查等工作，英文翻译8份规范性文件，实现规范性文件100%解读。坚持在法治轨道上推进大规模迁移砍伐城市树木问题整改，制定和修订涉及重大决策、园林绿化、城市建设、历史文化等领域的制度机制485项。执行信息发布制度，印发57份通告，发布复工复产、政策解读等信息2162条。推进镇街综合行政执法改革，建立11项机制推动镇街综合行政执法，选取石楼镇和桥南街道开展镇街综合行政执法标准化、信息化建设试点。

【法治化营商环境】2022年，番禺区推进营商环境5.0改革，出台改革任务清单，聚焦提升投资、建设便利度等十个领域推出147项举措，推进证明事项告知承诺制。实现与浙江、北京等23个省、市政务互联互通，可办理本地事项3252项、全国跨域通事项22492项。建成9

个24小时智慧政务大厅，可自助办理涵盖27个部门1600多个服务事项。严格执行“双免”清单，对市场经营主体轻微违法行为实施包容审慎监管。落实中小企业减税降费措施，建立中小企业融资需求库。打造万博法律服务集聚区，引进各类法律服务、会计、税务、知识产权等企业、机构或组织46家。设立广州南站（万博）商事仲裁调解中心。

【规范行政权力运行】2022年，番禺区落实重大事项提请区人大常委会审议、报告、备案制度。对39个单位开展“三重一大”事项进行监督检查，统筹衔接纪律监督、审计监督、巡视巡察监督。开展行政审批执法、安全生产、营商环境等15项专项监督。率先成立行政复议委员会，建立复议办案繁简分流制度，受理行政复议申请694件，综合撤改率26.81%。番禺区政府作为被申请人的行政复议案件有3件，新收行政诉讼案件109件，部门和镇（街道）新收行政诉讼案件380件。区长主动出庭应诉，为行政机关负责人起示范表率作用。12个单位的正职负责人出庭应诉，行政机关负责人出庭应诉率73.38%。

【学法用法普法】2022年，番禺区贯彻实施“八五”普法规划，开展《中华人民共和国宪法》《中华人民共和国民法典》和涉及营商环境、粤港澳大湾区建设等重点法律法规的普法工作。全区遴选出1123名“法律明白人”，开展“美好生活民法典相伴”主题宣传活动60场和“法律六进”活动870场。深化公共法律服务体系建设，推进区级公共法律服务中心建设，整合人民调解、法律援助等法律服务资源，为企业和群众提供全周期公共法律服务。

（董晓慧）

## 公 安

【概况】2022年，广州市公安局番禺区分局（简称番禺区公安分局）以“百日行动”、“五大要素”摸排、实有人口摸排、城中村综合治理等专项工作为牵引，开展“防风险、保安全、护稳定、促发展”工作，完成维护政治安全、打击犯罪、治安防控、服务群众等工作和全国两会、冬奥会、省党代会、端午、高考及中共二十大安保等重大活动保卫任务。全区“110”案件类警情比上年下降1.2%，实现重特大个人极端案事件和公共安全领域重大事故“零发生”，命案、“两抢”、涉枪案破案率100%，打击电信网络诈骗、经济、食品药品和环境领域犯罪、扫黄禁赌禁毒等工作取得成效。

【反恐】2022年，番禺区公安机关深化涉恐情报综合研判和线索核查，运行反恐业务闭环管理，加强反恐情报搜集、基础摸排、阵地控制和涉恐重点人管控。在长隆旅游度假区举行“反恐宣传进重点目标”主题宣传活动，现场设置宣传展板，进行反恐主题骑行巡游，向群众派发宣传资料。全年全区未发生涉恐案件、事件。

【打击电信网络诈骗】2022年，番禺区公安分局紧扣“全链条打大案攻坚”和瞄准“黑灰产打断卡攻坚”，加强大数据情报研判，对电信网络诈骗保持严打高压态势，全区诈骗立案8054起，总量列全市第二，比上年下降3.01%，实际破获电信网络诈骗案件2205件，上升97.8%，抓获涉诈嫌疑人1486人，其中刑拘893人，逮捕64人，打掉涉诈团伙45个，刑拘数上升41.7%，刑拘总数列全市第二。全区电信网络诈骗警情8371起，比上年下降1.47%。开展反诈宣讲5383场，预警发现潜在被骗群众数据96万条，紧急止付有资金的账户6590个，止付金额1.28亿元，冻结7664个账户，冻结金额2.02亿元，为1050名正在被骗群众拦截资金4274万元。

【打击偷渡走私犯罪】2022年，番禺区推进反偷渡反走私工作，加强基层基础数据摸排，增强人防物防技防建设，筑牢“严防输入”工作防线。成立由区长任组长、区政法委书记和区公安分局分局长任常务副组长的区反偷渡反走私工作领导小组，整合公安、海洋综合执法、海事、海关缉私、海警等执法力量，压实水域沿线各镇（街道）责任，以设置水上检查站、增设值守岗亭、开展岸线巡防、增设探照灯、视频监控等方式强化人防物防技防建设，筑牢水陆防线，开展数据摸排、村（居）全覆盖宣传和督导检查，巩固海鸥岛“省级基层反走私综合治理示范点”建设。全年全区抓获涉偷渡走私违法人员273人，破获涉偷渡走私刑事案件27件，打掉涉偷渡走私犯罪团伙10个，查获涉走私冻品35.57吨、汽油5.44吨，涉走私“三无”船舶144艘、车辆15辆，全区涉走私举报警情35起，比上年下降89.58%。侦办妨害国（边）境案件14件，刑事拘留21人，查处“三非”外国人297人，比上年上升3.1%，遣送出境（含驱逐出境）24批次86人，上升168.8%。

2022年7月30日，番禺区公安分局开展强化社会面治安防控行动
（谢展鹏 摄）

【打击经济犯罪】2022年，番禺区公安分局受理经济犯罪案件504件，比上年下降17.5%；立案424件，下降24.2%；破案125件，上升14.4%；刑事拘留122人，上升18.2%；追赃挽损4.4亿余元。其中，破获一起2022年全市最大持有、使用假币案。

【社会治安防控】2022年，番禺区公安分局抓社会面巡逻防控、群防群治，落实应急处突响应机制，强化区行政办公中心、番禺广场、广州南站、广州大学城等重点场所的巡护驻守，加强社会面整体防控。优化快速反应勤务圈，全面压减警情。执行重点敏感时期和重大活动等级勤务响应机制，中共二十大安保防护期间，每天部署382个巡组警力，发动2354个最小应急单元、2.4万余名“广州街坊”等群防群治力量会同230多名区干部尖刀班成员开展社会面巡防。推进夏季治安打击整治“百日行动”，取得“两升两降”成效，刑事破案1664件、比上年上升24.2%，拘留人数3870人，上升15.5%，“110”案件类警情7127件，下降1.8%，刑事警情2230件，下降2.9%。开展派出所等级评定工作和“枫桥式公安派出所”创建，22个派出所按照“两队一室”或“两组一岗”运作，建成中心警务室48间。新客运站派出所被公安部评为“全国公安机关成绩突出集体”。

【公安窗口服务】2022年，番禺区公安分局深化“放管服”改革，推进户政业务“就近办”“网上办”“掌上办”“马上办”“跨省通办”“全城通办”“门牌补领网上办”和“婴儿出生一件事”“退役军人入户一件事”等便捷服务，在全区设立84间5G+VR新型“政务晓屋”。全区16个派出所户籍室接待办事群众约62万人次，实际产生业务量42.6万件。政务中心户政窗口接待办事群众约10万人次，实际产生业务量5.01万件。

【交通管理】2022年，番禺区公安分局查处交通违法行为58.07万起，其中酒驾1839起、摩托车和电动自行车违法13.6万起、货车超载3260起、“泥头车”超载2011起。围绕国道、省道、校园周边、临水临崖路段等重要点位，排查整改道路安全隐患586处，完成番禺大桥底与沿江路南进口、东进口设置潮汐车道工程的双微改造。优化非机动车道48.194千米，在广州市交通秩序大整治专项行动中排名全市第一。启用交警大队违法处理中心。开展交通宣传，对学生和老幼群体、村民和厂企员工宣传盲区知识，到客货运输企业、机关单位宣讲推广防御性驾驶技术。打造番禺交警宣传特色栏目，制作《平安“禺”你同行》交通安全情景剧40条，录制《天天交警》安全提示72条。通过微信、微博、抖音平台宣传报道381篇。开展“七进”交通安全宣传1369次，22.3万人受教育。

【执法规范化】2022年，番禺区公安分局以执法办案管理中心建设为突破口，提升执法规范化水平。通过互联网、大数据、物联网等信息化技术与硬件深度融合，建成集案件办理信息化、智能化、物证及档案管理、执法监督、合成作战等功能于一体，实现送拘过程全流程闭环化、管理集约化、办案智能化的广州地区规模最大的执法办案管理中心，构建部门警种密切协作、办案资源相对集中的执法办案格局，实现执法办案精细化监督管理。番禺区公安分局执法办案管理中心被公安部评为“全国公安机关建设成效突出执法办案管理中心”。

（杨爽）

## 检察

【概况】2022年，广州市番禺区人民检察院（简称番禺区检察院）受理审查逮捕案件1359件（涉及1744人），批准逮捕599件（涉及724人），受理审查起诉案件2238件（涉及2589人），决定起诉1552件(涉及1855人)，办理其他刑事检察案件329件。办理民事检察案件245件、行政检察案件28件、公益诉讼案件107件、其他诉讼监督案件1140件。5个案件入选全国检察机关“千案展示”案例，4个案件被评为广东省检察机关典型案例、最佳办案故事。与基层检察院工作相关的55项办案质效指标有30项位列全市最优。

【服务平安建设】2022年，番禺区检察院贯彻总体国家安全观，落实《中华人民共和国反有组织犯罪法》，推进扫黑除恶斗争，就广东省检察院督办梁某涉黑恶专案中发现的套路贷虚假诉讼问题，提出再审检察建议11件，均获法院采纳。防范走私冻品风险，严打海上跨境走私犯罪，批准逮捕31人。惩治“黄赌毒”犯罪，批准逮捕起诉300人，其中检察环节追捕追诉54人。协同打击养老诈骗，审查起诉66人，助力追赃挽损逾8000万元。办理支持起诉、执行监督、促成和解案件285件，监督追回欠薪1200多万元，其中一案被评为全省检察机关第一批民事检察和解典型案例。

【法治化营商环境优化】2022年，番禺区检察院依法打击侵犯各类市场主体产权和合法权益犯罪，办理涉非法经营、合同诈骗等扰乱市场经营秩序捕诉案件90件（涉及183人）、侵犯知识产权捕诉案件13件（涉及22人）。与番禺区工商联签订合作备忘录，畅通“涉民营企业法治保障绿色通道”。成立涉案企业合规第三方机制管委会和专业人员名录库，组建专业化涉企办案团队。依法办理企业合规案件8件。对非法吸收公众存款、集资诈骗、组织领导传销、“套路贷”等涉众型经济犯罪案件的160名犯罪嫌疑人依法提起公诉，办理涉网络犯罪捕诉案件237件（涉及332人）。打击私募基金、网络信贷等重点领域金融犯罪，办理金融诈骗、破坏金融管理秩序捕诉案件62件（涉及79人），为5608名被害人挽回经济损失3046.46万元。惩治洗钱犯罪，依法追诉漏罪、漏犯2人。受理审查起诉职务犯罪案件12件（涉及17人），涉案金额4851.38万元。受理审查起诉非国家工作人员行受贿案件11件（涉及11人），从源头上遏制权钱交易、商业贿赂对政商关系和营商环境的破坏。移送涉嫌犯罪线索立案率位列全市第一。

【诉源治理】2022年，番禺区检察院推进从“治罪”走向“治理”，挖掘个案中的共性问题，制发检察建议201份。完善非诉讼纠纷解决机制，开展听证活动64次，比上年上升326%。与番禺公证处建立刑事赔偿保证金提存工作制度，提升刑事赔偿协商成功率。组建检察官普法宣讲团，开展法治进校园、入企业、

2022年7月22日，番禺区检察院“益企向未来”系列法治宣讲直播栏目上线 （郑少春 摄）

访社区活动22次。落实认罪认罚从宽制度，认罪认罚适用率87.21%，确定刑量刑建议采纳率99.11%，排名全市第一。

【检察监督】2022年，番禺区检察院依托侦查监督与协作配合办公室，规范行政执法与刑事司法衔接，重新确定番禺区“两法衔接”联席会议成员单位，提升刑事立案监督和侦查活动监督质效。督促侦查机关立案56件、撤案86件，书面提出纠正意见203份，监督采纳率100%。纠正漏捕63人，追诉漏犯112人，纠正漏捕、漏诉率排名全市第一。加强刑事审判监督质效，对陈某某涉嫌诈骗案中存在的定性分歧提请抗诉并获广州市中级人民法院改判。监督纠正“牢头狱霸”、混管混押等情况，维护监管场所安全稳定和在押人员合法权益。加强对民事审判、执行活动监督，办理各类民事、行政监督案件423件，促成各类民行案件息诉和解62件。联合番禺区政府、法院在全省率先出台《关于联合加强土地违法案件处置力度的实施方案》，共同守护耕地红线。构建诉中监督与诉后监督相结合的全方位监督体系，严查彻办虚假诉讼监督案件42件。依法监督民事行政执行活动，办理的“梁某某、黄某某申请执行监督案”入选全省检察机关民事执行监督典型案例。

【公益诉讼】2022年，番禺区检察院立案办理公益诉讼案件107件，诉前整改率、提起公益诉讼后法院支持率均为100%。办理生态环境和资源保护领域公益诉讼案件34件，督促清除违法占地、恢复耕地林地原状4.33公顷（64.97亩）、整治水体污染河涌1.8千米、查处污染企业7家。联合区法院、公安、生态环境、城管等部门建立广州市首个针对生态环境修复的司法协作机制，实现生态环境行政治理、刑事定责、民事追损全链条保护。与区内9家行政机关签订“双员互聘”协作机制，聘任公益诉讼观察员。协同构建“树长＋指导员＋检察官”的监管模式，深入镇（街道）和村落推动落实古树养护。协同行政机关开展“守护旅宿入住安全”专项监督、燃气安全专项摸查，加强对未成年人和生产经营安全的保护。纠正知名网络平台直播乱象，建议行政机关健全网络主播信用等级管理体系。加强军人荣誉和权益保护，推动17个景点、渡口落实对军人优先优惠措施。开展古牌坊、古祠堂保护专项监督，督促修缮文物15处。

【保障未成年人权益】2022年，番禺区检察院打造“小谷粒”未检工作品牌，被评为广东省优秀普法项目，相关经验做法向全国人大常委会领导作专题汇报。坚持惩戒与矫治并重，依法不批准逮捕涉罪未成年人31人，不起诉22人。依托“心”启程未成年人观护基地，引导5名涉罪未成年人重返正途，所办案件被评为广东省检察机关“最佳办案故事”。办理审查逮捕侵害未成年人人身权利犯罪案件82件（涉及94人），办理审查起诉48件（涉及56人）。在全市率先建立涉案未成年人临时监护工作机制，帮助15名未成年被害人及家属获得赔偿

115.2 万元，制发督促监护令 11 份。番禺区青少年法治教育基地、青少年犯罪预防基地建成使用。

（郑镇坤）

## 法院

【概况】2022 年，广州市番禺区人民法院（简称番禺区法院）新收各类案件 47098 件，同比下降 15.78%，为 2014—2022 年首次实现新收案件数同比下降，办结案件 47493 件，连续 3 年实现办结案件数高于新收案件数，法官人均结案 545.9 件。全年受理刑事案件 1758 件（涉及 2148 人），审结 1793 件（涉及 2009 人）。全年新收民商事案件 24448 件，比上年下降 20.36%，审结 24454 件，标的额 103.8 亿元。全年新收执行案件 19010 件，下降 8.12%，执结 19318 件，执行到位金额 14.6 亿元。

【扫黑除恶常态化】2022 年，番禺区法院对具有较大影响的梁某黑恶团伙相关案件，开展全面清查工作，坚决一查到底。聚焦生效判决查明的犯罪事实，启动“联合查”，发挥法检“两长”联席会议机制，对 4 件虚假诉讼案件，撤销相关调解协议的司法确认书；对 7 件涉嫌追讨“黑财”案件，依法启动审判监督程序。围绕涉及团伙成员的其他案件，主动倒查排查相关案件 64 件，逐案审查相关财产来源及性质。2022 年，法官麦雄杰被评为广州市扫黑除恶专项斗争先进工作者。

【民生案件审理】2022 年，番禺区法院审结涉就业、住房、医疗、婚姻家庭等民生领域案件 4423 件。审结广州市维某房地产有限公司人防车位系列案，保护业主车位使用权。审结婚姻家庭案件 723 件、劳动争议案件 1990 件。妥善化解轻某家政平台跨市欠薪系列纠纷，获广州市委政法委表扬，由此形成的“番禺模式”在全市基层法院推广。

【解决执行难】2022 年，番禺区法院与公安、规划资源、市场监管、税务、交通运输、银行等相关单位执行联动，网上查控 5.79 万余人次，依法限制消费 1.86 万余人，拘留 20 人，限制出境 6 人，追究刑事责任 6 人，促使 4690 人主动履行义务。借助公安机关信息技术优势，联动“查人扣车”33 件，提升查人找物效率。向房产强制拍卖后的腾房交付难题“宣战”，引入人大代表、检察官、公证员等第三方见证人，靠前见证强制清理现场，妥善处置了一批强制搬迁“骨头”案。

【法治化营商环境建设】2022 年，番禺区法院审结各类合同纠纷 19104 件、标的额 80.49 亿元。稳妥化解广州南某酒店有限公司业主委托合同纠纷系列案，引导百余名业主理性选择解决纠纷渠道。审结与公司、证券、保险、票据等有关商事纠纷案件 749 件。注重新技术、新产业、新模式司法保护，审结涉互联网企业案件 266 件。引导企业有序退出市场，审结清算案件 33 件。

【善意文明执行】2022 年，番禺区法院快速执结涉企案件 4409 件，运用“滚动解封”“执行和解”

2022 年 7 月 15 日，番禺法院法官参加平安番禺建设宣传日暨打击整治养老诈骗主题宣传活动

（区法院　供图）

等方式盘活企业资金、保障胜诉债权。开展欠薪专项执行行动，执结劳动争议案件1352件，为劳动者追回欠薪1763.46万元。公开执行法官工作微信号，让信访人能直接联系经办人。

【联合处置护耕模式】2022年，番禺区法院以涉耕地违法案件为抓手，与番禺区政府、区检察院制定《关于联合加强土地违法案件处置力度的实施方案》，形成“一府两院联合处置”司法执行护耕新模式。执结涉耕地违法非诉行政执行案件11件，拆除农用地上违法建筑物及其他设施2000余平方米，整治并恢复耕地、基本农田种植条件近4200平方米，执行到位行政罚款160万余元，实施司法惩戒罚款3万元，工作经验获广东省法院推广。

【完善诉源治理】2022年，番禺区法院探索“示范诉讼+诉前调解”新机制，在诉前调解阶段引导同类型纠纷的当事人形成合理的诉讼预期，成功将6847件信用卡、著作权权属纠纷化解在诉前。将具备调解基础的简单案件引入大速裁中心快速调解，其余普通案件引入多元化解纠纷机制，通过诉前调解成功化解纠纷11972件，是2021年同期的近3倍，推动全院新收案件数大幅回落。加快立案无法调解的矛盾纠纷，对接“快审+普审”民事审判工作格局，实现简案快审、繁案精审。

【网上巡回法庭】2022年3月，番禺区法院在化龙镇设立广州市首个网上巡回法庭——广州市番禺区人民法院化龙网上巡回法庭，将司法服务下沉基层。在巡回法庭揭牌当日，成功调解一起赡养纠纷，被人民网、民主与法制网、《广州日报》等媒体报道。联合人社、司法等部门组建劳动争议三人小组，化解广州卡某食品有限公司劳动争议系列案，从法院介入到司法确认裁定书送到当事人手上，用时不到48小时。

（郭昊坤）

## 司法行政

【概况】2022年，番禺区司法局推进司法行政各项工作，为维护番禺经济发展和社会稳定提供法治保障。制定番禺区委党建引领城中村治理专项工作平安建设组矛盾风险排查整治工作实施方案，全区100个城中村均设置人民调解委员会，配备人民调解员570名、专职调解员102名。继2018年、2021年后第三次被评为全国组织宣传人民调解工作先进集体。

【行政执法协调监督】2022年，番禺区司法局建立11项机制推动镇（街道）综合行政执法由“碎片化”向“一体化”转变，选取石楼镇、桥南街道作为镇（街道）综合行政执法规范化、标准化、信息化建设试点单位。在广州市率先建立广东省行政执法“信息平台和监督网络平台”区级执法办案平台，举办镇（街道）综合行政执法办公室首任主任培训班、镇（街道）综合法律知识及复议应诉培训班、非现场执法系统上线应用培训会，组织协助各单位执法人员申领执法证1992个，参加综合法律知识考试29场。出具执法协调工作书面处理意见10份。全区16个镇（街道）办结行政处罚案12774件，“粤执法”办案、非现场执法数量均居全市第一。

【行政复议和行政应诉】2022年，番禺区发挥行政机关负责人在实质性化解行政争议的关键作用，区长主动出庭应诉。在番禺区政务中心万博分中心设立行政复议案件受理点。启用广州南站（万博）商事仲裁调解中心设立的广州仲裁委员会第二十庭，收到仲裁申请30份。番禺区司法局全年收到向区政府提出的行政复议申请694件，代理区政府出庭应诉的行政案件109件和检察监督35件、民事案件1件，收到法院判决和裁定案件146件（含往年结转），行政诉讼案件作为共同被告被法院撤改1件，败诉率为0.68%。加强法制审核，防控政府合同法律风险，办理各类涉法文件1256件，审查政府和部门规范性文件7份，收到向区政府办提出的政府信息公开申请41件。

【矛盾排查调处】2022年，番禺

区司法局招录8名专职人民调解员，全区建成调解组织388个，全年调解矛盾纠纷4955件，调解成功率100%，协议涉及金额5.07亿元。印发《广州市番禺区基层矛盾纠纷大排查大化解专项行动工作方案》《番禺区司法行政系统深入推进矛盾纠纷源头化解行动工作方案》，成立番禺区司法行政系统城市更新领域矛盾纠纷排查化解工作领导小组。开展矛盾纠纷大排查大化解专项行动、“人民调解宣传月”系列活动，组织全区调解员4700多人次参加专题培训。协助区领导接待群众来访60批103人次。

【法治宣传教育】2022年，番禺区印发《区委宣传部、区司法局关于开展法治宣传教育的第八个五年规划(2021—2025年)》《2022年番禺区普法依法治理工作要点》《2022年依法治区工作要点》。举办两场广州市法治镇（街道）培育工作培训暨业务指导交流会，以石碁镇、洛浦街道两个培育对象为点带面，提升全区的镇（街道）法治建设水平。成功创建市桥街道康裕社区、石碁镇前锋村、洛浦街道上漖村为省级民主法治示范村（社区）。全区遴选出1123名“法律明白人”，开展“民法典宣传月”“法律六进”活动。

【社区矫正和安置帮教】2022年，番禺区接收社区矫正对象919人，在册社区矫正对象697人，解除矫正892人。完善《广州市社区矫正工作档案》，加强社区矫正工作人员业务培训。制定《广州市番禺区社区矫正对象排查管控工作实施方案》，完善《广州市番禺区社区矫正突发事件应急处置预案》，开展社区矫正对象隐患排查整治专项督查，组织开展督导检查和司法所交叉评查。全区在册刑释人员2369人，推进本地户籍服刑人员的信息核查（反馈）和预释放人员的信息对接，对特困人员开展社会帮扶。

【律师管理】2022年，番禺区有律师事务所72家、执业律师730名、实习人员302名。全区律师办理各类诉讼案件16583件、非诉讼法律事务5787件，担任政府及职能部门、企事业单位、社会团体等单位法律顾问2117家，全年全区律师总收入为25533.62万元。建设万博法律服务集聚区，引进法律服务机构46家。以广东汇胜律师事务所与香港何新权、黄天荣律师事务所签订战略合作协议为契机，推进穗港澳三地律师合作发展。加强律师执业监管，定期举办番禺区律师工作会议、业务培训班、职业道德和执业纪律专项培训班，定期对辖区内律师事务所和律师开展年度考核检查和“双随机、一公开”检查。

【公共法律服务】2022年，番禺区三级公共法律服务平台接待群众来访来电法律咨询2475人次，受理法律服务1681件，到岗服务6955人。全区275个村（社区）231名法律顾问提供法律服务6818次。将经济困难标准放宽至可支配收入每月3101元，全年办理法律援助案件1252件，为受援人挽回经济损失或取得利益超过2300万元，提供法律咨询3346人次。开展主题法治讲座和法律援助宣传9场次。见证犯罪嫌疑人签署认罪认罚具结书1960人次，协助番禺区法院开展刑事辩护法律帮助1304人次，为犯罪嫌疑人提供认罪认罚法律帮助1960件。在结对的贵州省毕节市赫章县开展公共法律服务，与赫章县司法局签署《乡村振兴 法治同行》框架协议，在移民搬迁社区设立“乡村振兴法律服务站”。

（董晓慧）

# 军事



## 人民武装

【概况】2022年，番禺区人民武装部（简称番禺区人武部）坚持以习近平强军思想为指导，坚决贯彻落实中共中央、中央军委、省军区和警备区决策部署，组织召开区党管武装工作述职会，围绕“一手抓重点工作、一手抓基础建设”工作指导，抓训研战等工作稳步推进，党管武装工作考评综合排名全市靠前。

【思想政治建设】2022年，番禺区人武部贯彻习近平关于国防动员工作的重要论述，学习中共二十大精神，落实党委会议第一议题学习制度。开展“不负时代”专题教育。开展党委议教制度落实、群众性大谈心和“三帮一带”活动，按照主题教育方案落实安全保密等经常性教育。运用交班会、党团活动和主题教育开展思想政治教育。

【战备训练】2022年，番禺区人武部以勤代训提高民兵遂行任务能力。严格按年度训练计划落实战备任务训练，依托区国防教育训练基地对民兵队伍进行轮训，以实际任务为牵引，突出民兵遂行多样化任务能力建设。组织民兵参加广州南站春运执勤，协助公安部门维持南站周边地区及重点区域的治安和交通秩序。2—4月，每日出动民兵应急力量协助地方开展“反偷渡反走私”工作，配合公安部门抓获嫌疑人156人，打掉涉偷渡涉走私团伙6个，查获船舶77艘，查获无合法来源冻品13.64吨。

【国防动员】2022年，番禺区调整成立区国防动员委员会，编建各类区国防动员专业队伍，为实现快速高效响应国防动员机制打下基础。成立区民兵调整改革领导小组，加强民兵队伍建设，强化日常管理，优化民兵队伍数量和质量，确保基干民兵在日常勤务、战备值班、应急维稳中发挥作用。召开国防潜力调查任务部署会，明确任务，组织开展调查并汇总数据，掌握区国防动员基本潜力底数，实现高新技术国防动员相关领域潜力调查全覆盖。

【兵员征集】2022年，番禺区完成年度兵员征集任务，兵员征集提质增效。针对兵员征集以大学生、大学毕业生为主的新要求，区征兵办改进传统征兵宣传思路，联合区委宣传部、区融媒体等有关部门运用新媒体手段开展征兵宣传。通过开展征兵宣传进高校、线上征兵宣讲直播，营造社会参军氛围。探索从国企单位征集兵员并取得成效。是年，全区大学生和大学毕业生征集比例均超上级指导比例，实现全年无责任退兵。

【双拥共建】2022年，番禺区人武部联合区退役军人事务局为辖区立功军人家庭送喜报，为辖区转业安置干部开展军转干部“一站式”报到服务。协调开展现役军人子女入学优待和驻艰苦岗位军人家庭优抚慰问等拥军工作。联合区委宣传部、组织部发文，协同加强征兵宣传和民兵双争工作，协调广州市国防教育讲师团深入广州医科大学等高校开展国防教育“五进”活动。

【党管武装】2022年6月，番禺区人武部组织召开区党管武装工作述职会，会议传达学习习近平关于武装工作的重要论述与广州市党管武装工作述职会议精神，就新形势下开展区武装工作进行部署。12月9日，组织召开2022年度区委议军会暨区全民国防教育工作领导小组会议，会后开展区领导干部“军事日”活动。

【国防教育】2022 年，番禺区人武部依托市国防教育讲师团和区国防教育训练基地民兵教官，开展国有企事业单位、民兵和学生群体的国防教育。购置国防教育类书籍赠予共建的 3 所学校。邀请市国防教育讲师团讲师到广州医科大学、广东文艺职业技术学院开展国防教育授课。派出国防教育基地 4 名教官为区属机关幼儿园开展升国旗活动。依托区国防教育训练基地，全年承接辖区 1.1 万名高中(含职校)新生、7000 余名大学新生的军训任务。为广州医科大学附属脑科医院、省工信厅、省退役军人事务厅、广州立白集团等 6 个单位 700 余人开展集训培训。

（朱如辉）

## 人民防空

【概况】2022 年，番禺区人民防空办公室（简称番禺区人防办）围绕“能打仗、打胜仗”目标要求，聚焦人民防空实战化训练，扎实抓好按纲施训工作。坚持训练制度，领导议训、骨干组训、受训者参训。加强以信息化条件下城市防空袭作战为背景的演练，开展城市人民防空演习。加强人防通信指挥体系建设，大力推进结建人防工程设施设备专项维护治理工作。加强人防工程日常维护管理，完善人防工程巡查工作机制，开展防汛针对性专项检查，推进老旧小区结建人防工程维护治理，确保人防工程处于良好战备状态。

【人防演习】2022 年 9 月 17 日，番禺区组织开展城市人民防空演习。此次演习检验区人民防空建设成果，锻炼人防专业队伍遂行任务能力，增强群众国防观念和防空意识。全区与广州市同步进行防空警报试鸣，包括预先警报、空袭警报和解除警报。

【人防宣传】2022 年，番禺区人防办以番禺人防宣教馆为阵地，将党史学习教育与国防、人防教育有机结合开展宣传，接待机关企事业单位、社会团体等参观者 500 余人，向全区中小学校派发人防宣传读本《人民防空知识》790 本。在全区中小学校开展人防知识宣传教育，在线举办“居安思危、关注人防”有奖知识问答，有 10.15 万人次参与。

【人防工程防汛】2022 年，番禺区人防办完善防汛预案，落实汛期值班制度，开展防汛宣传。对区内人防工程防汛台账进行分类分级管理，加强对存在防汛风险的人防工程的督导管理。督促相关单位落实人防工程防汛措施，压紧压实安全责任，落实人防工程汛期各项安全工作。针对发现的问题，要求人防工程使用管理单位及时整改，并跟踪整改落实闭环管理。

（陈泳欣）

## 退役军人事务

【概况】2022 年，番禺区退役军人事务局以让退役军人获得感成色更足为主线，开展退役军人安置就业等服务保障工作，健全抚恤优待保障体系，营造崇尚英雄、缅怀先烈环境，打造“红棉老兵”志愿服务品牌。印发区退役军人、其他优抚对象优待证申领发放工作实施方案，于 6 月全面铺开优待证申领工作。落实常态化联系退役军人机制，开展“大走访”活动、退役军人党员结对子“齐步走”等活动，常态化做好退役军人沟通联系、帮扶解困、思想引导，入户走访慰问退役军人，举办茶话会座谈会，以打电话、发短信形式表示慰问，发送春节慰问信、八一慰问信，党员结对匹配实现区退役军人及其他优抚对象走访联系全覆盖。

【退役军人安置就业】2022 年，番禺区退役军人事务局打造“阳光安置”工程，组织退役士兵、转业军官“一站式”报到，完成年度退役士兵、政府安排工作退役士兵及退出消防员、转业军官和军休干部等移交安置任务。贯彻落实退役军人逐月领取退役金安置办法，安置接收逐月领取退役金的退役军官。发放2021年度自主就业退役士兵自主就业一次性经济补助、2022年度政府安排工作条件退役士兵自谋职业一次性经济补助。打造“戎归禺山”就业创业品牌，联合区就业训练中心开展2022年度自主就业退役士兵专业技能培训，建立退役士兵就业基础信息库，提供就业指导和就业帮扶。依托“番禺就业”网站和微信公众号等招聘平台，向企业推介吸纳退役军人就业相关优惠政策，指导企业在平台发布专项招聘信息。走访调研企业，举办5场线下和网上专场招聘会，解决退役军人及军属的就业问题。

【烈士纪念褒扬】2022年，番禺区退役军人事务局在春节、清明、烈士纪念日等重要时节走访慰问重点优抚对象、烈属。清明期间，组织召开烈属慰问座谈会，向全区发出“鲜花献烈士”倡议书，开展“2022·奋进·网上祭英烈”主题网上祭扫活动，在番禺区政府门户网站开设广东英烈网链接专栏。9月30日，在植地庄抗日战斗烈士纪念碑开展番禺区公祭烈士活动。10月25日，举办番禺区“致敬最可爱的人”抗美援朝老战士代表慰问座谈会。加强烈士纪念设施管理维护，对植地庄抗日战斗烈士纪念碑、“二一八”抗战烈士纪念碑进行修缮保护和环卫清洁。

【双拥活动】2022年，番禺区以创建广东省双拥模范区“七连冠”为契机，提升双拥工作水平。10月9日，召开区委退役军人事务工作领导小组暨区双拥工作领导小组第4次全体会议，研究部署创建省双拥模范区工作。春节、八一期间，区领导率团走访慰问上级军事机关、驻区部队人员并赠送慰问品。以区委、区政府名义印发慰问信。发挥退役军人服务保障体系作用，走访慰问退役军人，慰问边海防官兵，开展军人立功送喜报活动，举办座谈会。向部队赠送一批图书。为军人子女协调解决入托入学，安置随军家属。组织辖区民兵参与广州南站执勤、辖区“反走私、反偷渡”执勤。武警部队担负广州南站安保巡逻任务。空军部队协助番禺区民兵进行训练，组织官兵义务献血，慰问共建单位。开展推荐“最美退役军人”“最美拥军人物”“最美退役军人服务站长”“最美红棉老兵”学习宣传活动。广州天海翔航空科技公司董事长李裕壮被评为广州市“最美退役军人”、广州市番益军创服务有限公司董事长刘磊被评为广州市“最美拥军人物”、桥南街道退役军人服务站站长郭少娟被评为广州市“最美退役军人服务站长”、石碁镇政务服务中心导办员张勇被评为广州市“最美红棉老兵”。

【优待抚恤】2022年，番禺区退役军人事务局健全抚恤优待保障体系，落实优抚待遇，发放优抚对象抚恤及生活费等各类补助。完善优抚对象数据，完成享受国家定期抚恤补助优抚对象年度确认，完成率100%。组织未享受城镇职工基本医疗保险的优抚对象、企业军转干部和军休干部免费体检。为符合规定条件的优抚对象申请羊城通（社保卡），救助困难优抚对象，发放参战复退就业困难人员公益性岗位补贴、招用工岗位补贴，为部分优抚对象缴纳基本养老保险费提供补助，审批发放临时困难救助。关爱身患重大疾病的困难退役军人，为退役军人申请广东省应急救助资金。调动社会资源，联合广东省平凡慈善基金会开展“情系老兵·‘禺’你同行”退役军人及其他优抚对象关爱帮扶，为区享受定期抚恤补助待遇优抚对象、立功受奖退役军人以及低保、独居孤寡、生活困难退役军人提供物资帮扶。

【“红棉老兵”志愿服务】2022年，番禺区推动“红棉老兵”志愿服务队伍建设，建立“一月一主题”志愿服务机制，引导退役军人参与新时代文明实践。截至12月，全区成立“红棉老兵”志愿服务队84支，开展传承红色基因、助力文明实践、推动平安建设、服务经济发展、协同应急救援、开展双拥共建、关爱困难老兵等特色志愿服务活动1203场，近1万人次志愿者参与，服务总时长6.3万多小时。

（陈嘉韵）

# 经济管理



## 发展与改革

【概况】2022年，番禺区实现地区生产总值2705.47亿元，增长1.4%。工商业持续快速增长，规上工业总产值、限上商业额分别增长8.2%、19.9%。建筑业总产值561.12亿元、增长2.3%。工业投资稳步提升，实现总量97.4亿元、增长22%。固定资产投资737.45亿元；235个区重点建设项目完成投资607.96亿元，年度投资完成率100.4%。实现社会消费品零售总额1263.98亿元，公共网络实现零售额58.2亿元、增长81%。

番禺区出台《落实促进服务业领域困难行业恢复发展若干措施工作方案》，区属国有企业减免2905宗国有房屋租金约1.6亿元，办理留抵退税9377户次、涉税额超45.1亿元。区内500多家企业参加“羊城欢乐购”广州消费券促销活动。

【重点项目投资建设】2022年，番禺区投资总额保持平稳较快增长，完成固定资产投资737.45亿元。235个区重点建设项目完成投资607.96亿元，完成年度计划的100.4%。由番禺区牵头的188个市“攻城拔寨”项目完成投资389.45亿元，完成年度计划112.5%；7个省重点项目完成投资36.73亿元，完成年度计划109.6%。地铁22号线、3号线东延段、7号线二期、12号线以及佛莞城际线、广佛环城际（广州南站至白云机场）、穗莞深城际琶洲支线等轨道交通项目按计划推进。

【营商环境改革】2022年，番禺区推行营商环境5.0改革。《番禺区优化营商环境5.0改革工作举措清单》在落实市营商环境5.0改革任务的基础上，学习借鉴深圳、杭州等地的先进经验，构建有效率的企业全生命周期服务体系，涉及10个方面148项工作举措。制定《番禺区2022年营商环境改革重点工作安排》，在深化营商环境综合改革、提升企业办事便利度、优化惠企暖企政策等方面细化工作任务，明确责任分工。针对《基层反映当前营商环境四方面“管企吃企”问题亟需引起重视》等有关材料反映的各项问题，开展专项督查整治。

【金融服务】截至2022年年末，建设银行番禺支行设立“首贷中心”以及全国首家渔港经济区支行和“绿色低碳支行”。数字人民币试点小谷围“数币岛”建设进展顺利。万博创投集聚区新增落户风险投资机构24家，累计落户风险投资机构172家，实际募集资金规模152.27亿元，累计投资区内项目近50个。全区上市企业数量增至26家，思林杰科技、奥迪威分别成为全区首家科创板上市企业和北交所挂牌上市企业。全区政策性农村住房保险覆盖率100%，“出租屋共保体”惠及97万名番禺新市民群体。

【市场价格管理】2022年，番禺区发展和改格局印发价格监测实施方案、价格异动应急预案，健全完善价格异动应急处置机制，加大价格调控。

【粮食储备安全】2022年，番禺区在2021年度粮食安全考核成绩位列全市第一。港口粮库扩建二期工程竣工验收并投入使用，区属粮油仓库总仓容同比增加53.85%。粮库开展智能化升级改造、粮食质检体系建设，入库粮食质量100%达标。

【信用体系建设】2022年，番禺区在广州市2021年度社会信用体系考核中被评为优秀等次。印发《番禺区社会信用体系建设领导小组办公室关于印发信用服务示范区建设实施方案的通知》，在全区珠宝文化产业推进“一区一品牌”珠宝文化产业信用建设、信用园区试点建设工作。全区企业实名注册26596家，占辖区企业的7.67%。全区行政许可和行政处罚“双公示”信用信息412.02万条，其中行政许可信息85.18万条、行政处罚信息326.84万条。获取“红黑名单”信用数据5.85亿条。

【番禺南沙合作】2022年，番禺区与南沙区签订战略合作框架协议，两区共同制定实施《番禺区与南沙区深化战略合作2022年工作要点》。根据国务院《广州南沙深化面向世界的粤港澳全面合作总体方案》，番禺区编制《番禺区关于支持广州南沙深化面向世界的粤港澳全面合作的行动方案》，提出第一批15项政策事项21条具体落实举措。编制番禺区主动对接支持服务南沙区工作内容，依托两区地理相邻、交通互联优势，重点推进重大平台、重大项目深度合作。

【湾区项目建设】2022年，番禺区加快湾区交通项目建设。佛莞城际基本完工，地铁22号线首通段通车，南大干线主线大部分贯通，金光东隧道主体工程基本完工，沙溪大桥扩建工程建成通车。推进广佛同城化建设，实施番禺与顺德、南海区域在基础互联、规划对接、环境共治、平台共建、产业联动等方面合作。共建广佛全域同城化高质量发展试验区先导区，承担广东省赋予广佛试验区“广州南站—佛山三龙湾—荔湾海龙围”先导区先行先试、积累经验、形成示范任务，重点聚焦两个启动区建设，推进广州南站重大项目。

（冯楚媚）

## 国有资产监督管理

【概况】全年9家区属一级（直管）国有企业资产总额625.91亿元，同比增长2.48%；营业收入44.54亿元，同比下降24.37%；利润总额0.75亿元，同比下降93.22%；归母净利润-5593.69万元，同比下降106.58%；缴纳税金5.17亿元，同比下降11.77%。

【国资国企改革】2022年3月10日，《番禺区国企改革三年行动方案》经区委深改委审批同意实施。方案从加强国有企业党的政治建设、推进党建工作与生产经营深度融合、全面加强企业董事会建设、加强国企人才队伍建设、形成以管资本为主的国有资产监管体制、加强事中事后监管等方面提出具体改革要求。至年底，三年行动整体完成率100%。

番禺区国资局起草《区属国企优化整合方案》，将区属国有企业按功能定位分为竞争类、功能类和准公益类三类进行管理，计划构建番禺国资“城市基础设施建设运营维护”“城市开发建设”“产业投资”“文旅开发”“公用事业”和“资产管理”六大业务板块。

【完善国资监管体制】2022年，番禺区国资局修订《关于规范我区区属国有企业物业出租等多种经营行为的指导意见》，提升资产处置的市场化程度。出台《番禺区国资局监管企业资产评估管理办法》，明晰国有资产评估权责边界。出台《番禺区属国有企业采购管理指导意见》，为企业内部建立健全采购综合监管体系提供制度保障。修订《广州市番禺区区属企业重大经济事项管理办法》，推动国资监管职能向以管资本为主转变。

【区属企业新投资项目】2022年，番发集团公司投资新兴战略产业，新洽谈项目19个，预计总投资187.18亿元。交投集团产投公司与珠江粮油集团公司合作设立番禺新能源汽车产业基金——广州番禺至安股权投资合伙企业（有限合伙），完成对广汽埃安7亿元的投资。

（杨婷雅）

【番发集团有限公司】2022年1月，广州市番禺区番发集团有限公司（简称番发集团有限公司）当选为广州地区旅游景区协会第五届理事会会长单位，番发集团有限公司董事长李仲民当选为会长。10月，番发集团莲花山旅游区被评定为“广东省研学旅行实践基地（营地）”。宝墨园被评为“番禺区文明单位”。紫坭热电公司推进紫泥堂电影拍摄基地项目建设，其中一期工程“电影+动漫”项目完工，可供使用的大型影棚有6个，建筑面积约4万平方米。番发集团对口帮扶梅州市五华县岐岭镇解决民生项目建设，销售当地产品。在贵州省毕节市威宁彝族回族苗族自治县中水镇花园村和银厂村投入资金改善乡村人居环境。

（戴雅静）

2022年6月17日，番盈新公司代管企业建安公司举行璞丽轩项目封顶仪式

（番盈新投资有限公司　供图）

**【番禺交投公司】**截至2022年年末，番禺交通建设投资有限公司（简称番禺交投公司）总资产约174亿元，净资产约63亿元，员工800多人，有全资、控股、参股企业39家。公司代建项目计划完成投资10.68亿元，实际完成投资10.77亿元，完成率100.8%，代建工程项目58项。下属产投公司备案的市场化基金8支，基金实缴规模11亿元，直接投资项目30个，投资金额9亿元。番禺交投公司竞得禺山大道南侧地块。大夫山南门智能AGV立体停车场项目投入试运营。下属产投公司与广州市番禺粮食储备有限公司合作设立番禺新能源汽车产业基金。

（朱栩栩）

**【番盈新投资有限公司】**广州市番盈新投资有限公司（简称番盈新投资有限公司）2022年营业收入约1.57亿元，净利润约0.77亿元。公司负责协调番禺工业经济总部园区工作，园区17家企业有16个项目开工建设，完成投资13亿元，投资完成率105%。化龙复甦新村（一期）安置区A、B、C区工程项目完成投资1.49亿，16栋建筑中有7栋封顶，完成总工程量67%。信息产业中心项目13幢建筑全部封顶，完成总工程量的90%，完成投资约3.5亿元，投资计划率完成110%。2022年在建项目有祈福新邨商业地块项目、大石丽水蓝天商业大厦项目、星润大厦项目、璞悦台项目、璞丽轩项目、永大社区旧城改造项目、大龙街旧水坑村级工业园改造项目、石碁镇桥山村草岗工业园区项目、化龙镇潭山村留用地项目。

（叶家升）

**【莲花山保税区公司】**2022年，莲花山保税区投资管理有限公司（简称莲花山保税区公司）营业收入约7696万元(不含亿隆公司)，比上年增加283万元，净利润约214万元，上缴税收909万元，减免121家承租户租金超过1000万元。向番禺汽车城企业提供高质量后勤服务，为广汽埃安新能源、广州尼得科汽车驱动等入驻企业解决新招员工住宿问题。

（汪若瑜）

**【番禺信投公司】**2022年，番禺信息技术投资发展有限公司（简称番禺信投公司）在万博商务区项目德舜大厦完成综合验收，收回舜德酒店、四海城、奥园等项目物业，园区实施改造交通、绿化、夜景、环境综合、商业氛围“五大提升”工程。按照万博产业定位发展楼宇经济，引入希音、百果园、方硅、启迪、一亿中流等名企。在大学城园区，分两期推进番禺区计算科学与大数据产业园项目建设。国家数字家庭应用示范产业基地获广东省 2021 年度科技企业孵化载体运营评价优秀（A 级）等级和广州科技局首届孵化载体“以赛促评”一等奖。

（刘畅）

【番禺区经济发展公司】2022 年，番禺区经济发展有限公司（简称番禺区经济发展公司）接管 50 家转制企业（含新接管、关停转制、租赁托管等）。至 2022 年年末，公司账面资产总额 97447 万元，营业收入 2503 万元，净利润 610 万元，缴纳各项税金 427 万元，减免 47 户符合条件的承租方租金 425 万元。关停转制企业自行清算注销 3 家，司法清算注销 2 家，累计清算关停转制国有企业 78 家。

（梁赞泉）

【珠江粮油集团】2022 年，广州珠江粮油集团有限公司（广州市番禺粮食储备有限公司）创建金尚源、绿榕、番粮大米和金湾食用油等自主品牌系列粮油产品。下属控股企业广州珠江美乐多饮品（香港）有限公司。对外主要投资企业有正大康地（广州番禺）有限公司、广州市百宜食品有限公司、广州番禺至安股权投资合伙企业（有限合伙）。2022 年年末，应急加工和配送 9000 包大米供应花都区保障粮油市场供应稳定。

（江茵）

# 市场监督管理

【概况】2022 年，番禺区实施“开办企业一网通办”和“一照通行”改革，推动开办企业和申请涉企许可一体化联办。组织公平竞争审查政府采购领域自查抽查、制止滥用行政权力排除限制竞争等公平竞争、反垄断专项行动。落实食品药品安全监管、特种设备安全监管和工业产品质量监管，完善消费维权机制。制定《番禺区检验检测服务业高质量发展行动计划（2022—2024）》，成立产业链专班，明确链主龙头企业以及产业链下设食品分链、计量分链链主，引领区内 14 个国家级检测中心、127 个省级检测中心以及产业链上下游企业联合发展。全区登记注册市场主体逾 35.91 万户，企业注册资本总额 9436.87 亿元，其中注册资本 1 亿元以上企业 812 户、1 千万元以上企业 2.37 万户。CCC 强制性认证生产企业 402 家。食品生产企业 374 家，约占全市食品生产企业的 20.47%；食品小作坊 128 家，约占全市的 15.92%；食品相关产品获证企业 146 家。食品销售单位 23866 户，餐饮单位 23709 家。药品生产企业 12 家（包括厂外车间和中医院制剂室），药品批发企业 51 家，药品连锁总部 18 家，药品零售企业 1328 家，医疗机构 601 家，医疗器械生产企业 209 家，医疗器械经营企业（二类 4980 家，三类 1511 家），化妆品生产企业 67 家。全区特种设备存量 51444 台，其中锅炉 216 台，压力容器 7495 台，电梯 26194 台，起重机械 7127 台，厂内车辆 9504 台，大型游乐设施 73 台，客运索道 3 台，压力管道 832 套。特种设备使用单位 7965 家，重点监控单位 22 家，重点监控设备 90 台，气瓶充装单位 2 家。

【质量强区建设】番禺区获广州市 2021 年度质量工作考核 A 级

2022 年 5 月 13 日，2022 年番禺区“十大名菜，名点”评选暨团体标准制定仪式启动

（区市场监管局　供图）

第一名，32个优秀单位（个人）获得省、市质量奖。省疾控中心微检所获得2022年第七届省政府质量奖。开展擦亮“番禺制造”提升产品质量走访活动，实施灯光音响、服装和珠宝产品质量比对提升工程。建设演艺灯光、专业音响、快时尚服装质量基础设施“一站式”服务线上平台和线下站点。

【知识产权强县建设试点】2022年，番禺区获批试点建设国家知识产权强县（区）。全区专利授权量11781件，同比增长20.4%；累计获得中国专利奖21项，22家企业被评为国家知识产权优势示范企业；知识产权质押融资9.55亿元，同比增长86.53%；查处商标专利侵权、假冒专利案件122件。全区有中国驰名商标22件、集体商标10件。

【标准化建设】2022年，番禺区主导、参与标准制修订1251项，比上年增加523项，增长71.84%。“广州番禺区云政务服务晓屋建设与运行标准化试点”“广州莲花山景区旅游服务标准化试点”“广东省都市型智慧渔业与渔联网标准化试点”等国家、省级标准化试点落户番禺。广汽乘用车等6家企业的10个产品标准获2021年度企业标准“领跑者”称号。开展“味在番禺”新十大特色名菜、名点评选和系列团体标准制定，申报“粤菜预制菜全产业链标准化试点”。

【商业秘密保护】2022年，番禺区申报广东省“黄金内湾商业秘密保护创新工程”先行区，将商业秘密保护作为打击侵犯知识产权和制售假冒伪劣商品工作的一项重点内容。12月，广州天安番禺节能科技园成为《商业秘密保护基地（园区）建设规范》广东省地方标准首批试点园区。

【信用监管】2022年，番禺区市场监管局制订《番禺区2022年度跨部门联合抽查工作计划》《番禺区市场监管领域部门联合抽查事项清单（2022年版）》，开展跨部门联合信用检查市场主体5716户。列入经营异常名录市场主体7862户，移出经营异常名录1447户、严重违法失信名单45户，停止对外公示行政处罚88条。清理长期停业未经营企业272户。

【食品安全监管】2022年，番禺区市场监管局开展食品安全抽样检验21.9万余批次，全区食品安全合格率98.92%。将1.45万家食品生产经营企业分层（市、区、镇街、村社区四级）分级（A、B、C、D四级）；制定《网络订餐配送服务规范》，投放使用“食安封签”50万张。开通“冷库通”账号1478个，上传进口冷链食品出入库信息逾168.5万条。推广52家市场、超市食用农产品经营业户试点使用市食用农产品市场销售质量安全监管平台，录入进货凭证31649条。区内759家企业使用省特殊食品电子追溯系统，持续上报率为93.28%。广州沃尔玛百货有限公司（山姆店）获得“广东省放心肉菜超市”称号。

【药品安全监管】2022年，番禺区实施医疗器械风险等级分类分级全链条管理，落实医疗器械注册人备案人不良事件监测。番禺区市场监管局印发《番禺区深入开展药品安全专项整治行动方案》，加大对高风险企业和产品的监管频次，委托第三方专业机构开展专项风险排查。加强对线上化妆品风险隐患的监测和质量安全防控，从严查处重点领域化妆品违法违规行为。

【特种设备安全监管】2022年，番禺区未发生特种设备安全事件。番禺区市场监管局强化重点场所检查，参与《在用电梯风险评价规范——曳引驱动电梯》《重大活动特种设备安全保障规范——电梯》《重大活动和重要节假日大型游乐设施安全检查规范》等标准制定；加大对游乐场、旅游区、公共交通枢纽等重点场所的大型游乐设施、客运索道及电梯的管理。

【工业产品质量监管】2022年，番禺区市场监管局加大9家生产许可证管理、493家CCC认证管理企业日常监管工作力度，推进CCC免办事项受理办理工作。以电动自行车、家用电器、燃气用具等13类产品为重点整治对象，提升工业产品质量。

开展区级风险监控抽查，抽查产品 364 批次。

【消费维权】2022 年，番禺区市场监管局受理投诉举报咨询 64383 件，同比下降 2.27%，帮助消费者挽回经济损失 2926.07 万元。建立"责任领导 + 责任人"机制，实施初信初访案件分类督办。建立消费维权服务站 144 家，实现行政区域和农贸批发市场全覆盖。建立在线消费纠纷解决（ODR）企业 32 家，处置投诉数量达总量的 9.20%，实现矛盾纠纷源头预防、前端化解。

（杨忠）

## 审计

【概况】2022 年，番禺区审计局完成审计（调查）项目 26 个，查出问题金额 4118.46 万元，其中违规金额 25.45 万元、管理不规范金额 4093.01 万元。审计期间整改金额 1065.73 万元；审计处理处罚 115.49 万元，其中应上缴财政 22.4 万元、应调账处理金额 90.04 万元、应归还原渠道资金 3.05 万元；移送处理事项 14 件；提出审计建议 58 条。

【审计政策落实】2022 年，番禺区审计局审计国家级渔港经济区建设、排水单元达标攻坚、残疾人福利保障、发展养老服务业等重大政策措施落实情况，完成 2022 年国家、省、市重大政策措施落实情况跟踪审计项目。采用"一报告三清单"（审计报告、典型经验做法清单、审计发现问题清单和政策建议清单）模式，对政策执行过程中偏离预期目标等问题提出审计意见和建议，及时纠正不规范行为。

【财政资金审计】2022 年，番禺区审计局对区本级和 65 个区级部门的 2021 年财政预算执行情况开展审计。对重点部门下属单位开展延伸审计，涉及财政预算编制和财政预算执行、公务支出和公款消费、政府采购等内容。对专项资金使用情况审计中采用"经济责任审计 + 专项资金审计"的形式，将审计项目与审计组织方式"两统筹"贯彻到审计项目制定、组织实施全过程，实现审计成果"一果两用"。

【领导干部审计】2022 年，番禺区审计局对 13 名领导干部开展经济责任审计，对任职时间较长或长期未接受审计的主要领导干部优先安排审计，实现 5 年一轮审。经审计发现负有直接责任的问题共 4 个，负有领导责任的问题 31 个，提出处理建议 20 条。是年，番禺区审计局开展石楼镇原党委书记、镇长自然资源资产离任（任中）审计以及 2020—2021 年区城镇生活污水处理厂运行绩效专项审计调查。采取"经济责任审计 + 资源环境审计"相结合模式，围绕领导干部履行自然资源资产管理和生态环境保护责任情况进行审计。实行"三级督查"机制，落实问题清单销号制度。

【国有企业审计】2022 年，番禺区审计局在摸清对国有企业的审计采用"经济责任 + 企业审计"和"经济责任 + 专项审计"等"1+N"的审计模式，按照企业的股权投资关系和国有资产监督管理关系，分级别分层次对国有企业和国有资本开展全覆盖审计。发挥审计专员派驻国有企业的"探头"和预警作

2022 年 10 月 14 日，番禺区审计局到石楼镇开展南派水闸重建工程的现场审计

（余敬仰 摄）

用，前移监督关口，实现对国有企业全过程、全链条、全覆盖的审计监督。对审计、巡察发现的共性问题提出规范性建议，推动国有企业建立健全内部审计制度。

【公共投资审计】2022年，番禺区审计局开展金光西大道（滨河路至兴业大道）工程、水濂小学重建工程、石楼镇南派水闸重建工程等6个公共投资审计，开展50万元以下财政投资项目评审工作情况专项审计调查。重点调查立项决策、项目审批、预算执行、竣工结（决）算等环节的执行情况，推动政府投资项目高效审批和成本有效管控。在雁洲涌黑臭水体治理工程和石岗西涌水体治理工程专项审计调查中，采用生态环境部门的专业技术手段，选择不同点位，对河涌水质进行监测，综合研判河涌治理成果。

【民生审计】2022年，番禺区审计局开展了社区嵌入式养老机构建设专项审计调查、学前教育相关政策落实和财政补助资金管理使用情况专项审计调查，并配合上级审计机关开展了东西部协作政策落实和帮扶资金管理使用情况审计。持续加大对教育、养老、东西部协作政策落实等重点民生资金的审计力度，重点关注民生政策落实、预算安排、资金拨付进展和使用效益。针对学前教育政策性强、覆盖面广、关注度高、资金量大等特点，采取由面定点、点面结合、“走现场＋大数据”的方式，推动学前教育相关政策落实和财政补助资金管理使用情况跟踪审计的全覆盖。

【大数据审计】2022年，番禺区审计局设立首席数据官，组建由审计业务骨干和计算机专业人员组成的大数据分析小组开展大数据审计。在对残疾人“两项补贴”（困难残疾人生活补贴和重度残疾人护理补贴）资金和社区居家养老服务资助资金的使用审计中，按照审计项目需要编制大数据分析实施方案，通过跨部门、跨业务数据比对，快速锁定审计疑点，对9500万元财政资金使用管理情况进行全覆盖审计。运用“总体分析、发现疑点、分散核查、系统研究”的数字化审计模式，突破“数据烟囱”和“信息孤岛”屏障，推动财政审计提质增效。

（叶泳怡）

## 统 计

【概况】2022年，番禺区按计划完成“四上”企业统计报表报送、“四下”企业抽样调查、广州市万户居民入户调查工作。开展数据生产要素统计核算、统会融通试点和2022年人口变动情况抽样调查。完成企业增值税留抵退税实施情况调查表、“百家文化企业”快速调研、千家单位运营状况调查和商业企业电子统计台账上报多个快速调查任务。番禺区在全市统计业务工作考评中获优秀等次，位列全市各区第二。番禺区统计局《抢抓机遇优化产业链做大做强汽车产业》统计分析报告获2021年广州市优秀统计分析报告一等奖。

【企业数据统计】2022年，依照国家统计方法制度，全区4500多家“四上”企业完成统计报表报送任务。区统计局实时监控企业上报数据，做到即报即审，网报进度“每日一报”。

【统计成果发布】番禺区统计局发布《2021年番禺快速统计资料》《2021年番禺统计年鉴》《2021年广州市番禺区国民经济和社会发展统计公报》和2022年番禺统计月报，向社会发布全区国民经济和社会发展情况。运用统计成果监测分析经济运行变化情况，掌握全区经济运行情况。统计联席会议工作机制整合区级统计机构与部门统计资源，共享统计数据信息。

【“四上”企业入库】2022年，番禺区统计局通过实地走访调查方式，摸清企业经营状况，畅通企业联系，开展“扫码读数”工作，对底册单位开展实地核查。完成“扫码读数”15789家。“四上”企业入库月度新增入库230家，年度新增入库510家，共740家。

（杨旭冰）

# 财税·金融



## 财政

【概况】2022年，番禺区财政收入及支出均有下降。根据经济社会发展形势，年初编制的财政预算做过三次调整，优化支出结构，科学调配财政支出，兜牢“三保”底线、保障“六稳”“六保”需要。全区一般公共预算收入104.26亿元，完成年度预算的100.99%，按自然口径计算同比减收3.41亿元，下降3.17%，剔除留抵退税后同口径增收0.73亿元，增长0.67%。其中税收收入72.08亿元，按自然口径计算同比减收9.21亿元，下降11.33%；剔除留抵退税后同口径减收5.07亿元，下降6.07%；非税收入32.18亿元，同比增收5.80亿元，增长21.98%。政府性基金预算收入70.73亿元，完成年度预算的92.06%，同比减收98.79亿元，下降58.27%。国有资本经营预算收入2.25亿元，完成年度预算的99.92%，同比减收0.31亿元，下降12.23%；国有资本经营预算支出0.63亿元，同比减支0.47亿元，下降42.52%。全区一般公共预算支出167.56亿元，同比减少27.82亿元，下降14.24%。政府性基金预算支出84.19亿元，同比减支53.88亿元，下降39.03%。是年，番禺区新增地方政府债券资金36.16亿元，利用债券资金稳投资、补短板，对政府性债务与隐性债务严控增量、化解存量。全年完成财政投资评审项目1100项，送审金额约122.90亿元，核减不合理资金约5.69亿元，平均核减率为4.63%。

【财政管理】2022年，番禺区财政局开展一系列财政管理办法。编制《关于调整优化区和镇（街）财政分配体制的方案》《广州市番禺区区对镇财政转移支付资金管理办法》，规范区对镇财政转移支付资金的分配和使用。运用评价、反馈、整改、提升循环过程，扩大预算绩效评价范围，将新增重大政策或项目事前绩效评估、部门整体预算评审纳入日常绩效管理工作，同时建立镇级预算绩效考评和结果通报机制。

【财政资金直达基层】2022年，番禺区直达资金指标17.38亿元，实现支出16.69亿元。番禺区财政局印发《广州市番禺区常态化财政资金直达机制管理办法》，细化全区直达资金管理。定期对全区直达资金使用情况进行通报并抄送区政府和区审计局，要求相关单位严格按规定使用和监管直达资金，确保直达资金直达基层、直接惠企利民，配合落实“六保”任务。

【财政支持乡村振兴】2022年，番禺区财政投入25401万元支持乡村振兴和农业农村现代化建设。安排农业渔业补贴补助5460万元，番禺区名优现代渔业产业园（省级）31个项目完成验收，智慧渔港系统建设工程开工，推进都市现代农业产业链建设。扶贫帮扶支出12732万元，在梅州市五华县推广“稻虾共作”养殖模式，推动撂荒地复耕复种120公顷(1800亩)。安排84147万元改善农村人居环境，主要支出用于污水处理运营服务费、一体化污水处理设施运行维护费、污水管网工程、62条河涌管网完善、农村生活污水查缺补漏工程和排水设施整治等。

【公共服务财政投入】2022年，番禺区财政安排359414万元推进城市建设，完善配套交通设施。主要支出用于支持充电基础设施建设、地铁轨道交通建设、穗莞深城际轨道琶洲支线项目（番禺区）、公交行业财政补贴及审计费用等。投入8481万元推进文旅体建设。主要支出用于番禺区图书馆新馆建设、文化馆分馆建设经费、旅游区发展工作经费和赛事经费等。投入634561万元支持教育事业，推进教育均衡发展。主要支出用于教师队伍工资及人员经费支出、学前三年行动计划经费、城乡义务教育补助经费和学校建设项目等。投入172138万元用于落实社会保障体系。主要支出用于机关事业单位职业年金等社保缴费、离退休人员统发工资、住房改革、慰问等经费支出和各类就业补助资金等。

**【财政支持产业发展】**2022年，番禺区财政安排34954万元激发市场主体活力，提振市场主体信心，培育创新主体。其中安排汽车制造、珠宝首饰等重点行业和领域产业发展扶持资金12428万元，安排新能源汽车购置地方财政补贴9390万元，拉动汽车制造业实现产值1019.15亿元，增长37.3%；安排广汽新能源汽车产业园周边道路建设5180万元，着力打造千亿级产业集群，推动中航光电华南产业基地、广汽埃安自研电池、时代广汽动力电池等一批项目加快建设；安排科技经费项目1705万元，安排大学城青创汇项目6000万元，推动未来产业科技园落地广州大学城，建设科技创新平台；安排人才工作经费和产业人才发展专项资金251万元，开展人才服务系列活动，引进企业在职人才13100多人。

**【行政事业单位资产管理】**2022年，番禺区修订《番禺区行政事业单位国有资产使用管理办法》，将租期6年以内公开出租等审批权限下放给对应的行政主管部门，缩短审批流程，提高资产盘活效率。印发《广州市番禺区财政局关于做好区属行政事业单位及下属全资、控股和实际控制企业2022年国有房屋租金减免工作的通知》等文件，全年实际减租物业556宗，减免租金3935.29万元。全年行政事业单位上缴资产出租收入1.15亿元、资产处置收入5.25亿元。

（杨婷雅）

## 税务

**【概况】**2022年，番禺区税务局、广东省税务局第三税务分局及广州市税务局第三税务分局在番禺区组织各种税费收入718.85亿元，同比增长19.38%，增收116.70亿元。其中，国内税收收入338.28亿元，同比下降14.82%，减收58.84亿元；费金收入380.57亿元，同比增长85.62%，增收175.54亿元。组织市一般公共预算收入32.54亿元，同比下降6.3%。组织区一般公共预算收入76.70亿元，同比下降13.06%。番禺区税务局自行组织税费收入689.21亿元，同比增长18.68%，增收108.50亿元。

**【落实减税降费政策】**2022年，番禺区税务局组建专项减税降费工作专班，税务、财政、国库三方协作，保障留抵退税专项资金调拨，完成留抵退税任务。全年办理留抵退税45.1亿元，惠及企业9377户次；加快出口退税进度，1569户出口企业办理退（免）税51.12亿元；全区2460户纳税人享受增值税加计抵减政策3.8亿元；失业、

2022年7月5日，广州锦信公交、创大公交公司向番禺区税务局赠送牌匾（李儒 摄）

2022 年 2 月 22 日，国家税务总局广州市税务局纳税服务运营中心（番禺）揭牌成立　　（曹小能　摄）

工伤等阶段性降费政策累计减负 13.38 亿元；2601 户企业享受研发费用加计扣除优惠 89.11 亿元，同比增长 50.17%。

【税收宣传】2022 年，番禺区税务局通过第 31 个税收宣传月活动、“一期一会”云税微课堂等平台，开展各类线下培训辅导 132 场，覆盖 23 万人次；开展“穗税连心直播间”“税法进中大”空中课堂等线上宣传 10 场。“番税融媒青创工作室”推出一系列融媒宣传精品，全年 283 篇次新闻稿件、案例、素材获得中央、省、市等各级主流媒体宣传报道。

【拓展税费共治】2022 年，番禺区税务局加强与区相关职能部门的信息共通、资源共享、业务共融，在重点征管领域拓展税费共治。与镇（街道）出租屋管理部门梳理权责清单，形成《个人出租屋税收管理工作指引》；与番禺区政务数据局运用“RPA 机器人”技术建立税源信息共享平台、番禺民生卡税务支付服务平台，出租屋备案、缴税、开票“一站办结”。成立社保费征缴争议联合处置中心，“派员进驻，实体办公”，解决社保费征缴争议 6 起、涉及人数 500 余人，入库社保费 2094 万元。联合番禺区规划资源部门试行不动产交易、税务、登记“两广跨省办”，推进“互联网 + 不动产登记”、税费“一次缴”、存量房交易普通发票“掌上办”服务，全年存量房交易超 1.2 万笔，入库房屋交易税金 10.03 亿元。

【税收征管智能化升级】2022 年，番禺区税务局推进“数字化电子发票”改革全面扩围，试点覆盖全区 23.8 万户纳税人，实现“一站式”平台领票、开票、用票服务，全年开具数字化电子发票超 17 万份，价税近 160 亿元。远程办税“云税厅”受理业务量突破百万，占总业务量的 83%。

【“专精特新”企业涉税服务】2022 年，番禺区内“专精特新”企业群体享受税费缓缴 1.6 亿元。区税务局、财政局、科工商信局等部门共同构建《广州市番禺区“专精特新”中小企业税源培植巩固联动工作机制》，参照营收总额等指标，建立“专精特新”重点企业复工达产“白名单”制度，关注区内高质量税源。番禺区税务局以税收、发票等关联数据为基础，对企业入库前（事前）、报省级、国家级“专精特新”（事中）、壮大后（事后）等各发展阶段进行涉税数据分析，响应企业发展需求。

（李儒）

## 金融

【概况】截至 2022 年年末，番禺地区银行机构人民币存款余额 4683.5 亿元，增长 17.96%，人民币贷款余额 3348.9 亿元，增长 11.33%；保险机构总保费收入 73.65 亿元，增长 5.32%。出台“资本入番”行动 38 条，优化区内金融服务。举办规模以上产融对接活动 21 场，解决区内 4100 家企业约 238 亿元融资需求。

【工商银行番禺支行】2022 年，中国工商银行广州番禺支行（简称工商银行番禺支行）实现拨备前利润 8.85 亿，本外币各项存款规模 307 亿元，本外币各项贷款238亿元，辖属营业网点17个。全年发放公司贷款40亿、普惠贷款94亿、个贷14亿元，信用卡分期9亿。业务覆盖9家区一级国资企业、26家上市公司；为区内178户制造业企业投放66.49亿元贷款；小微贷款规模超过95亿元。小微贷款净增超20亿元。工行番禺支行对国库、财政、社保等领域的工作提供支持保障。2022年度代理国库业务282.25万笔1262.6亿元。

【农业银行番禺支行】2022年，中国农业银行广州番禺支行（简称农业银行番禺支行）各项存款余额394亿元，各项贷款余额210亿元。在新兴产业、先进制造业、民营企业、小微企业等重点领域投放法人贷款同比增加10亿元，其中普惠贷款增量居广州农行系统内第一。在支农方面推出穗供易贷、惠农e贷、农业龙头贷、乡村振兴产业贷、乡村振兴建设贷等产品。服务方面打造“数字政务”“智慧校园”“智慧医院”“智慧交通”等创新场景应用（以上材料及数据不包含农业银行华南支行）。

【中国银行番禺支行】截至2022年年末，中国银行广州番禺支行（简称中国银行番禺支行）实现营业净收入19.76亿元，人民币时点存款余额585.28亿元，时点金融资产余额771.43亿元，人民币各项贷款余额556.23亿元；普惠贷款余额85.81亿元，普惠贷款利率同比下降2BP（基点），为超41家企业办理延期还本付息近1.95亿元；实施“惠如愿·千岗万家”，向1049户私营与个体工商户发放经营类贷款超21.56亿元。大力支持“独角兽”“未来独角兽”“高精尖”企业、专精特新“小巨人”企业融资，为465家科技型企业提供授信支持近56亿元；为区内40余家医院、10余家社区卫生中心以及60余家门诊提供金融服务。

【建设银行番禺支行】2022年1月8日，中国建设银行广州番禺支行（简称建设银行番禺支行）与广东省低碳产业技术协会签订碳中和战略合作协议，推动番禺区绿色低碳发展，获得低碳协会颁发的碳中和注销证书。4月29日，建设银行广州分行“数字人民币综合应用示范场景（数币岛）”“中国建设银行广州番禺支行企业首贷服务中心”揭牌。8月9日，建设银行番禺支行设立全国首家渔港经济区内支行级金融机构。

【交通银行番禺支行】截至2022年年末，交通银行番禺支行各项存款余额超80亿元，各项贷款余额超100亿元。交通银行广州番禺支行聚焦小微企业市场群体，以“普惠e贷”“结算贷”“产业链”等特色产品全面提升普惠金融发展成效，全年投放普惠贷款近15亿元。

【广州农商银行番禺支行】截至2022年年末，广州农商银行番禺支行（简称番禺农商银行）本外币存款余额641.4亿元，各项贷款余额337.5亿元。以“农村金融主力军”“普惠金融领跑者”站位，促进城乡资源配置、产业融合发展。执行阶段性普惠贷款减息政策，返息约900万元，惠及企业1127家；7—12月，审批通过贷款延期还本付息241笔5.65亿元，惠及

2022年4月29日，广州市番禺区数字人民币体验推广活动暨首个数字人民币综合应用示范场景（数币岛）启动仪式在广州大学城举行

（建设银行番禺支行 供图）

197 个普惠小微贷款客户；“三农”金融产品推出金米乡村振兴集体建设用地信用贷、村民e贷、村民致富贷、村高管快贷、榕e租（以上数据及材料不包含广州农商银行华南支行）。

【招商银行广州番禺支行】截至2022年年末，招商银行股份有限公司广州分行番禺支行负债规模166亿元，资产规模207亿元，营收4.7亿元。招商银行番禺支行发出防疫贷，为实体经济降息减费，加大中小企业普惠贷款。

【广州银行番禺支行】截至2022年年末，广州银行番禺支行各项存款余额超42亿元，各项贷款余额57亿元。为企业解决“融资难、融资贵”，广州银行番禺支行推出“科技贷”“鑫园贷”“知易贷”“网商房抵贷”“广抵贷”等特色产品，主动对接企业超30家，助力番禺区中小企业经营。

【人保财险番禺支公司】2022年，中国人民财产保险股份有限公司广州市番禺支公司参与区内多层次社会保障体系建设。与区慈善会保险救助保障为1239名困难患者提供综合性慈善救助服务，发放救助资金329.6万元，慈善救助服务惠及776个家庭，服务需求群众超2000人次；在知识产权保护和运用领域签发番禺首单知识产权海外侵权责任险；推广广州市住宅工程质量潜在缺陷保险（IDI保险）保险金额超52亿元，解决住宅工程发生质量问题时引发的矛盾和纠纷；推动农业保险覆盖面提升，为全区农业提供保额11.51亿元风险保障，支付赔款2609万元。

【国寿保险番禺支公司】2022年，中国人寿保险股份有限公司广州市番禺支公司实现自营总保费14.26亿元，同比增长3.36%；服务客户90万人次，受理理赔超9万人次，给付理赔金等近3亿元。推广农村小额保险，覆盖农村人口23.7万人，保费超过1000万元台阶，年赔付1.3万人次；银龄安康保险覆盖全区14万名老年人，老年人意外伤害总保障金额近120亿元，全年理赔受惠老人7500多人次。为来穗人员、母婴、未成年人、困难人群等群体设计和推广专属保险产品，保费规模突破500万，惠及全区25万名参保人群；推广落实广州医保“穗岁康”惠民商业健康保险项目，新增参保客户59048人。

【国寿财险番禺支公司】2022年，中国人寿财产保险股份有限公司广州市番禺支公司番禺区域（含南沙）保费收入超2亿元，同比增长4.18%。通过大力发展绿色保险，助力“双碳”战略格局，为276家企业提供超过13.7亿元的风险保障额度，支出赔付金额108万元。

【太平洋财险番禺支公司】2022年，中国太平洋财产保险股份有限公司广州市番禺支公司为番禺区12.87万户农房提供超过14亿元的风险保障，助力乡村振兴。

【平安财产保险番禺支公司】2022年，平安财险番禺支公司持续服务“三农”，创新农险产品，为农户的水稻、花卉、种植大棚、蔬菜、水果等品种提供3.81亿元风险保障。依托平安自身科技优势，平安财险番禺支公司注册“平安好车主”App车主37万人，提供超80种线上服务，覆盖车服务、车生活、车金融，每月活跃用户超10万人。联合超2000家车服网点、350家加油站、960家充电站、5家大型道路救援服务供应商打造车主服务网络，推出“爱车无痕”“先赔后治”等服务。

（冯楚媚）

# 外贸·口岸管理



## 对外经济贸易

【概况】2022 年，番禺区稳住外贸基本盘，进出口跌幅持续收窄。按海关统计，2022 年 1—12 月，番禺区外贸进出口总值 1242.3 亿元，同比下降 0.5%，占广州市进出口总值的 11.3%，总量排名全市各区第三。其中，出口值 771.6 亿元，同比下降 2.3%；进口值 470.7 亿元，同比增长 2.7%。

【珠宝首饰进出口】2022 年，番禺区加工贸易进出口 710.8 亿元，同比增长 12.5%，占同期外贸进出口总值的 57.2%。加工贸易中，珠宝首饰进出口 553.7 亿元，同比增长 18.9%，占同期外贸进出口总值的 44.6%。省、市、区各项稳外贸政策措施持续发挥效用，珠宝首饰为主的加工贸易企业加工议价能力增加，成为支撑 2022 年度全区外贸进出口止跌回稳的主要力量。

【外贸发展平台建设】2022 年，番禺区制定实施国家文化出口基地建设方案，建成国家文化出口基地展厅，全区文化出口额突破 45 亿美元。文化出口产品和服务辐射全球 150 多个国家和地区，与“一带一路”沿线 30 多个国家开展业务往来。番禺区国家外贸转型升级基地（珠宝首饰）因建设成效显著，2021—2022 年连续 2 年被纳入“真抓实干成效明显”市级激励表扬名单，并通过商务部复审考核，连续 10 年保持“国家级”称号。

（蔡伟雄）

## 口岸管理

### 番禺海关

【概况】2022 年，番禺海关办理进出口报关单 11.96 万份。番禺区外贸进出口总值 1242.3 亿元，比上年下降 0.5%，占广州市外贸总值的 11.3%。其中，出口 771.6 亿元，同比下降 2.3%，占广州市出口总值的 12.5%；进口 470.7 亿元，同比增长 2.7%，占广州市进口总值的 9.9%。

【口岸监管】2022 年，番禺海关监管标准集装箱 9.68 万箱次，同比增长 7.1%，其中莲花山港口岸进出口货运量 228.3 万吨（进口 97.5 万吨、出口 130.8 万吨），货值 301.86 亿元。番禺海关持续加大对涉毒涉爆、濒危制品、跨境赌博、电信网络诈骗等物品查缉力度，查缉违禁、政治性有害出版物，在快件渠道查获含“四氢大麻酚”成分的大麻子 3632 克。监管进出口

2022 年 3 月 17 日，广州海关所属番禺海关关员检查过境竹叶

（董建华　摄）

危险化学品 273 票，签发进出口危险货物及其包装证书 1079 份，检出不合格 9 批次。

【动植物检疫】2022 年，番禺海关在货运渠道截获检疫性有害生物 9 种 13 种次、一般有害生物 81 种 154 批次，非贸渠道截获外来物种 26 种 62 批次，首次在进境种苗中检出山茶根结线虫。执行海关总署“跨境电商寄递‘异宠’综合治理”专项行动部署，连续查获 2 起邮寄方式走私甲虫进境案，查扣成虫、幼虫、标本虫近 600 只和养殖工具。

【食品药品检验监管】2022 年，番禺海关对进口食品严格落实检验要求，检出不合格食品化妆品 558 批，其中未获准入境需退运销毁食品 32 批。制定餐厨用具、日化产品、儿童玩具等热门进口消费品专项通关预案。强化重点敏感商品质量安全检验监管，监管入境机电产品及医疗器械产品 359 批次，检出不合格 59 批次。

【本地企业通关】2022 年，粤港澳大湾区首个钻石公用型保税仓投入使用，实现报关、检验、核销、保税仓储等全要素手续“最多跑一次”，促进钻石贸易便利化。番禺海关对锐丰音响、珠江灯光、浩洋电子等番禺“专精特新”企业提供“高精尖”科技创新窗口服务。搭建广州酒家、陶陶居、莲香楼等老字号企业出口“查检绿色通道”。推动跨境电商业务发展，全年监管进境 B 类快件清单 101.1 万票，货值 2.99 亿元，同比增长 254.5%；跨境电子商务进境电子清单 34.1 万票，货值 3.2 亿元；跨境电子商务出口电子清单 324 万票，货值 1.9 亿元。

【海关服务提升】2022 年，番禺海关发挥“关长联系企业”“关长接待日”优势，联系辖区企业 68 家，综合运用“一企一策”“问题清零”等机制，协调解决企业加工贸易、国际船舶供油等难点堵点问题 78 个。推进“多证合一”改革、“开办进出口贸易企业一件事”联办、原产地签证备案“两证合一”、自助打印、智能审核等特色服务。推动各项减税降费措施和税收政策落地，免除企业口岸查验费用 517.6 万元，惠及企业 4962 家次。建立关区单项冠军、“独角兽”等“重点企业培育库”，培育高级认证企业。

【查缉走私】2022 年，番禺海关、番禺海关缉私分局刑事立案 35 起，案值 2.96 亿元，涉税 1.12 亿元；行政立案 1412 件，案值 1.14 亿元，涉税 427 万元；快简案件 908 件，案值 3150 万元，涉税 18 万元；罚没收入入库 847.14 万元。持续打击伪瞒报、夹藏夹带“洋垃圾”、涉枪涉毒等走私行为。筹建“邮快跨”情报中心番禺工作室，“邮包会战”办理快简案件 1156 起。

（王一文）

## 海关缉私

【概况】2022 年，番禺海关缉私分局立各类案件 1447 起，案值 4.10 亿元，涉税 1.16 亿元。其中刑事案件 35 起，案值 2.96 亿元，偷逃税款 1.11 亿元；行政立案 1412 起，案值 1.14 亿元，涉税 427 万元。办结各类案件 1397 起，案值 31 亿元，涉税 3.06 亿元。全年移送起诉案件 21 起，海关罚没收入 582.65 万元，缉私罚没收入 264.49 万元。

【缉私案件】2022 年，番禺海关缉私分局开展关区“国门利剑”“蓝天行动”“百日行动”等专项行动，打击粤港澳海上跨境走私，打击“水客”、离岛免税“套代购”走私。“百日行动”对“奋发 32”801 邮递渠道走私药品案开展收网打击，11 名主要犯罪嫌疑人全部到案。“奋发 12”水客走私手表案，被评选为 2022 年全国缉私十大典型案例。

【联合打私】2022 年，番禺海关缉私分局贯彻海关总署打击治理粤港澳海上跨境走私联合行动总体要求，参加地方政府牵头的反走私、反偷渡专项行动，出警 380 人次，查获水上渠道走私案件 81 起。参加地方公安牵头的联合打击骗取留抵退税和出口骗税违法案件专项行动。与番禺区公安分局、打私办、海事处、烟草专卖局等部门加强执法合作、情报信息交流、跨警种联合行动。

（李颖琦）

## 海事管理

【概况】2022年，番禺海事处辖区巡航1407航次，巡航里程14577海里，登轮检查1367艘次；检查渡口、码头1892座次，登船检查渡船84艘次。船舶安全检查海船49艘次，滞留船舶1艘次；检查内河船468艘次，滞留船舶7艘次。辖区国内航行船舶进出港（包括口岸查验和报告）100752艘次，船舶进出口岸检查手续3558艘次。海事危货审批散装危险货物运输船舶进出港3468艘次，包装危险货物运输船舶进出港444艘次。燃油抽检168艘次。

【水上交通安全监管】2022年，番禺海事处按照水上交通安全专项整治三年行动“隐患排查—大力整改—风险防控—再评估”机制，开展碰撞事故多发时段、重点船舶（客渡船、载砂船、危险品船、转内贸船）巡查监管和重点水域远程管控。与地方水上职能部门开展56次联合巡航执法，对辖区载砂船、渡船、临时装卸点进行综合整治，每季度参与番禺、南沙、顺德三地水源保护区联合检查。

【水上安全生产】2022年，番禺海事处联合番禺区农业农村局、番禺区海洋综合执法大队前往草河村、群星村、明星村、涌口村等渔船保有量大、渔业生产从业者多的村开展安全生产宣传，走访渔村9个，举办4期渔业船员培训班，1300余名船员参训。发挥海事专业优势，服务金光东隧道工程、沙溪大桥扩建、南站连线跨大石水道桥梁、华润热电公司等涉水重点工程建设。

【水体污染防治】2022年，番禺海事处压实船舶水污染防治监管主体责任，强化沙湾水道水资源保护区和大龙涌口国考断面水域的防污管控。分类分级开展生活污水专项检查153艘次，行政调查33艘次，铅封旁通阀12艘次，清理国考断面水域长期停泊船舶21艘，辖区第三方企业向海事部门报告船舶污染物接收作业537次。

【渡船安全监管】2022年，番禺海事处对辖区内三道渡口建设“护航‘五好民生渡’”品牌，落实“智慧监管一天一巡”“现场监管一月一查”“渡船管理一船一档”措施。三道渡口安全摆渡乘客114万人、机动车1.2万辆。

（孟曦）

## 港航管理

【概况】2022年，广州市港务局番禺分局（简称番禺港务分局）辖区港口码头完成货物吞吐量2117.97万吨，同比增长8.90%（其中集装箱吞吐量15.12万标准箱，同比增长16.37%）。旅客运输量1.66万人次，同比下降56.52%。辖区水运企业完成货运量3435.69万吨，与上年持平；货物周转量40.49亿吨千米，同比下降16.70%。番禺港务局审批港政业务38单、运政业务180单、航道业务2单、危货运输901单。

【港务安全执法】2022年，番禺港务分局围绕提升安全生产专项整治，组织辖区内28家港口企业、27家水路运输企业、13家港口服务企业和10家水路运输辅助企业，开展危险货物集中治理、“四合一”综合检查、“百日安全”隐患清零行动、落实全员安全生产责任制专项检查、“奋战三十天全年保平安”攻坚行动，发现存在不足及隐患476项，全部完成整改。

【绿色港航】2022年，番禺港务分局会同水务、海事、航道等部门开展打击非法采砂洗砂洗泥行为。全年辖区港口码头使用岸电3635艘次，接电时间65965小时，接收船舶生活垃圾1948艘次。实现船舶生活垃圾、生活污水及含油污水上岸处理。

【水运行政执法】2022年，番禺港务分局发挥广州水上交通检查站平台优势，联合中山市交通运输局、广州南沙海事处开展水上运输和交通安全联合执法检查行动25次。通过“四不两直”明察暗访、机动行政执法、水上巡查、联合执法和专项行动等多种形式，行政执法立案查处20起。

（秦海）

# 农业农村

## 综述

【概况】2022年，番禺区组织编制《广州市番禺区乡村振兴和农业农村现代化“十四五”规划》，明确番禺区“十四五”期间加快推进乡村振兴和农业农村现代化的总体思路、发展目标及重点任务。农业总产值为70.11亿元，比上年增长0.1%；全区农村居民人均可支配收入达48696元，增长4.9%。全区耕地面积6164公顷（92460亩），其中以种植花卉4466.67公顷（6.7万亩）及常年蔬菜826.67公顷（1.24万亩）为主，其次是水果500公顷（0.75万亩）、粮食作物213.33公顷（0.32万亩）。

【农村集体产权制度改革】2022年，番禺区颁发全区首张农村宅基地批准书，完成宅基地审批试点。加强和规范农村集体留用地开发建设。突破农民建房审批管理瓶颈。出台《番禺区农村集体工程建设及服务采购项目资金管理工作指引》。健全农村干部管理体制机制，夯实农村基层治理基础。推动农村管理领域新技术应用，全省首宗应用VR全景成像技术的农村集体资产交易项目挂网。截至12月底，全区通过农村集体资产交易平台完成农村集体资产资源交易3.3万宗，交易底价为324.81亿元，成交金额为398.00亿元，成交金额高出底价总额为73.19亿元，增收率22.53%。

【现代农业重点项目】2022年，番禺区推进都市现代农业产业链建设，完成番禺区名优现代渔业产业园（省级）创建，31个项目完成建设并通过验收。推进实施番禺国家级沿海渔港经济区项目，智慧渔港系统建设工程开工，编制完成番禺区全域旅游东部片区规划、渔港经济区概念规划、战略与产业规划等渔港经济区配套规划中期成果。推进番禺区智慧乡村一期工程项目，研发建设智慧乡村精细化用地管理信息平台软件系统，完成一期工程项目招标。推进番禺区渔业绿色循环发展试点建设项目，投入财政资金1800万元，开展266.67公顷（4000亩）及以上集中连片养殖池塘标准化改造和尾水治理项目。完成2022年度广州市番禺区石碁镇海傍村、低涌村高标准农田改造提升项目，总面积116.8公顷（1752亩），总投资598万元，建设高效节水灌溉型高标准农田。

2022年4月19日，番禺区农业农村局到喜越农业发展有限公司开展农机具核查
（区农业农村局 供图）

【农产品稳产保供】2022年，番禺区加大粮食安全和农产品稳产保供力度，印发实施《广州市番禺区水稻种植补贴实施办法》，将种植水稻补贴由原来每亩每造150元提高到1500元，提升农民种粮积极性，超额完成2022年广州市下达番禺区的粮食种植任务。巡查农业大棚500多个400公顷（6000亩），拆除田间窝棚违规看护房11间。印发《广州市番禺区“菜篮子”产品应急保供工作方案》，指导辖区内16家符合要求的农业经营主体申报广州市本地农产品稳产保供重点生产企业。强化生猪调研和肉品安全稳定供给，大石AAAA级屠宰场屠宰供应生猪287万头，日均屠宰量7800头。

【农业安全生产】2022年，番禺区农业农村局统筹推进反走私反偷渡、农村和渔民、安全生产、“三防”等工作。健全完善渔船安全网格化管理机制。强化生猪进场到肉品出场全链条监管，保障肉品安全稳定供给。承办广州市集中销毁“三无”船舶现场会、2022年广州市莲花山中心渔港消防安全应急演练等活动，开展渔船渔港安全检查240次，出动1037人次检查渔船1362艘次，发出整改通知书135份，发放安全提醒短信8万条，发放农机安全生产告知书344份。开展红火蚁等有害生物防控，投入防控资金345万元，出动灭蚁人员3265人次，使用灭蚁药物14.5吨，其中触杀剂8.2吨、诱饵剂4.8吨，番禺区红火蚁防控绩效综合评价成绩列广州市各区第一名，受到市通报表扬并代表全市参加省级考评。

【农业行政服务】2022年，番禺区农业农村局政务服务窗口受理办结审批事项申请2801件，办结率100%，行政许可事项时限压缩率为94.88%，即办率为95.89%。推进电子证照对接应用，134份申请材料通过调用电子证照可免提交，办事指南精简申请材料68份材料，全部依申请事项可实行跨域通办。开展农业农村工作宣传，组织20余家番禺区知名农产品企业参加第30届广州博览会、2022年广州品牌农产品博览会以及第十九届中国国际农产品交易会等宣传推广活动。举办2022年番禺区春耕春播工作现场推进会暨主题党日活动、番禺国家级渔港经济区揭牌、庆祝“中国农民丰收节”等主题活动。实施《2022年广州市番禺区高素质农民培育实施方案》，培训经营管理类、专业生产型农民102人。

【农业行政执法】2022年，番禺区农业农村局完善“双随机、一公开”监管机制，严厉打击各类农业违法犯罪行为，出动执法人员5391人次，检查生产经营场所1594家次，立案查处85起，罚没入库85.7万元。开展国家农产品质量安全县亮牌、“回头看”行动，实施农产品质量安全网格化监管，制作14个涉农镇（街道）135个涉农村网格责任图，树立重点企业网格化责任图及禁药警示牌30块。推行农产品合格证制度，全区用证主体347家，同比增长9倍，总用证4.63万张，用证产品5254吨。抓产地农产品安全监测。突出源头治理和小散种养殖户监管，强化本地农产品质量安全监测，全年完成产地种植业产品农药残留、水产品兽药残留快速检测29570批次，平均合格率99.9%，屠宰环节生猪瘦肉精年检测221873份，合格率为100%，辖区内未发生重大食用农产品质量安全事故。

【乡村建设行动】2022年，番禺区组织编制《广州市番禺区乡村振兴和农业农村现代化“十四五”规划》，明确“十四五”期间加快推进乡村振兴和农业农村现代化的总体思路、发展目标及重点任务。打造沙湾街道古韵叠境新乡村示范带建设，多元赋能旧村落焕发新活力。大龙街道新桥村等18个行政村被评为广东省乡村治理“百镇千村”示范村。实施“厕所革命”三年提升计划(2021—2023年)，全年完成10个乡村公厕改造项目任务。推进村庄清洁行动和“五个美丽”行动，161个行政村达到省定美丽宜居村标准，24个行政村达到省定特色精品村标准。推进2021年度乡村振兴实绩考核，助推农村基础设施和人居环境提升。开展村庄清洁行动和人居环境整治提升督导检查290多次，出动

900 余人次，交办相关镇（街道）整改问题 1300 多处。清理“散乱污”违规养殖场户 48 家，畜禽粪污综合利用率为 93.5%。

（柴畅）

## 农业技术推广

【概况】2022 年，番禺区名优水产基地引进丝尾鳠、银鲈、三线舌鳎进行驯化养殖技术试验。试验推广陆基智能化循环水养殖系统，与示范户合作试验将铵盐转化为微生物蛋白，供滤食性动物食用。实施轻型四驱多功能蔬菜移栽农用作业车的技术改造及应用试验项目。推广水肥一体化自动喷灌技术和大棚设施技术，推动番禺绿萝、番禺龙血树、番禺胭脂红番石榴等花卉、水果的规模化种植。开展番禺区地理标志证明商标培育，国家知识产权局已受理“沙湾墨兰”地理标志证明商标申报。

【水产检疫防病】2022 年，番禺区农业农村局发放《广州市番禺区水产苗种产地检疫申报指南》《水产养殖用药明白纸》到养殖户。对 11 家水产鱼苗种生产单位登记审核，向养殖户发放《违禁药物清单》《安全使用渔药准则》等宣传资料。开展检疫巡查，开出动物检疫合格证 89 份，检疫苗种 0.4333 亿尾，发放检疫标志 3800 张。全年全区鱼虾类发病 95.67 公顷（1435 亩），发病面积比例 12.31%，发生 17 种水产养殖病害，其中细菌性病 12 种、真菌性病 1 种、寄生虫病 3 种和其他病 1 种。全区设市级测报点 5 个，测报面积 776.67 公顷（11650 亩）。

【病虫害预防】2022 年，番禺区农业农村局根据不同的生产季节和各类农作物生长特点，及时提出各个时期蔬菜、水稻、番薯和花卉等农作物的生产指导意见。分别建立蔬菜、水稻和番薯的病虫害监测点，根据天气状况和病虫害发生规律，发出病虫害预测预报 12 期，其中水稻 4 期、蔬菜 4 期，指导农民精准施药，减少用药次数、保证防治效果。建立番薯、奶油青枣、火龙果、四季香杧、胭脂红番石榴、无花果、无籽水蜜巴乐、脆皮柑橘、苹果枣等农作物的病虫害绿色防控技术示范点 4 个，示范面积 7.33 公顷（110 亩）。该技术主要使用病虫害生物防治、物理防治和农药防治相结合的技术措施。示范区通过以上措施，预计能达到农作物病虫害为害损失率控制在 10% 以下；化学农药使用量减少 30% 的目标。

【农用机械化】2022 年，番禺区落实省、市农机化工作要求，推进“两融、两适”（农机农艺融合、机械化信息化融合，农机服务模式与农业适度规模经营相适应、机械化生产与农田建设相适应）。水稻耕、种、收综合机械化率 77.2%；无人机作业播种 86.67 公顷（1300 亩），无人机植保施肥 113.33 公顷（1700 亩）；推广智能灌溉首部设备；全年完成广州市级农业机械购置补贴资金 110.67 万元，补贴农机具 2133 台（套），新增农机总动力 3564.79 千瓦；完成农业设施补贴资金 261.231 万元；水产养殖越冬棚涉补贴面积 33.87 公顷（507.95 亩），带动农户投入 523 万元。

（黎婉媚）

# 工业

## 综述

【概况】2022 年，番禺区按照广州市委、市政府赋予“智造创新城”定位，贯彻落实广州“产业第一，制造业立市”“链长制”工作要求，推动创新链、产业链、资金链和人才链深度融合，建设制造业强区。全区规模以上工业总产值 2629 亿元，同比增长 8.2%，规模以上工业增加值 559.5 亿元，同比增长 8%，增速均为全市第一。汽车制造业，通用设备制造业，电气机械和器材制造业，计算机、通信和其他电子设备制造业，金属制品业五大行业实现产值 1998.2 亿元，同比增长 14.5%。广汽传祺、广汽埃安、日立电梯、中海达、松下空调、番禺电缆、鹏辉能源、保伦电子、立白等企业成为行业领域领先企业。番禺汽车城入选国家新型工业化产业示范基地（第十批）名单。

广汽埃安全年销量27.1万辆。

【重点制造产业园区】2022年，番禺汽车城被评为国家新型工业化产业示范基地和省级特色产业园，12家重点园区入选市提质增效园区试点建设试点，总数列全市各区第二。番禺工业经济总部园区、番禺智能制造产业园、广州大学城科技创新产业园和广州国际科技创新城产业孵化基地等“三园区一基地”加快建设。番禺区出台《广州市支持番禺区建设智能网联与新能源汽车产业创新基地实施方案》及工作指引，从固定资产投资奖励、场租补贴、高端人才激励、用地、基础设施配套等多方面分级分类支持汽车领域重点项目落户番禺，加快推进番禺区智能网联与新能源汽车产业创新基地建设。

【村镇工业集聚区改造】2022年，番禺区推动村镇工业集聚区更新改造，集中力量推动试点项目，以点带面推进村镇工业集聚区更新改造、提质增效，转型升级。完善用地手续，盘活存量用地，实现产业集聚和园区集中连片发展，石碁镇桥山村、大龙街道旧水坑村2个项目纳入广州市首批（9个）村镇工业集聚区更新改造试点项目。

【“链长制”推进产业发展】2022年，番禺区印发贯彻落实《广州市构建“链长制”推进产业高质量发展的意见》的实施方案，在智能网联与新能源汽车、高端装备与轨道交通等重点领域打造13条现代产业链，打造先进制造业、时尚产业、新兴产业、数字经济4个千亿级产业集群。出台高端装备与轨道交通产业“链长制”实施方案，按照链长（政府）、链主（市场）两条线，建立番禺区级“区链长+镇街链长+链主+链长办”高端装备与轨道交通产业“链长制”工作推进体系。

（蔡伟雄）

## 重点工业项目

【概况】2022年，番禺区工业投资完成97.4亿元，同比增长22%，增速全市第二。其中，技改投资完成52.55亿元，同比增长35.7%。广汽埃安二工厂、时代广汽动力电池、中航光电华南产业基地等一批重点工业投资项目加快建设，广汽自主电池、广汽自主电驱项目等重点项目落户番禺。

【电梯产业】2022年，番禺区电梯产业形成以日立电梯、广日电梯等整梯生产企业为龙头，以精创机械、高比电梯等电梯配件企业为主体的电梯产业集群。日立电梯广州生产基地、广日配件工业园等重点电梯产业园区产业规模约300亿元，形成集科研开发、制造生产、集成应用、运维服务等各环节为一体的完整产业链体系。

【纺织服装产业】2022年，番禺区有各类服装制造市场主体数千家，规模以上服装制造业企业超过100家，广泛分布于南村镇、大龙街道、石碁镇等镇街并形成产业集聚。其中，南村镇塘步东村周边3千米聚集中小服装工厂上千家，是广州十三行等众多专业批发市场的源头工厂，培育出比音勒芬、希音等知名品牌。区内纺织服装产业形成从纤维加工到研发设计、成衣制造、营销渠道、品牌管理的产业体系。

【舞台灯光音响产业】2022年，番禺区舞台灯光音响产业规模超100亿元产值。依托国家级文化出口基地和省级外贸转型升级基地建设，浩洋电子、珠江灯光、锐丰音响等一批灯光音响明星企业成为世界级灯光音响重要制造基地，产品涵盖灯光、音响、舞台机械、智能控制技术等上下游配套产业，多个企业成为国际奥委会、亚委会、世界大学生运动委员会指定供应合作商。

【珠宝首饰产业】2022年，番禺区“四上”珠宝首饰企业46家，比上年增加7家，实现规模以上工业总产值29.72亿元，集聚谢瑞麟、柏丽德（APM）等众多企业，番禺钻石珠宝出口约占香港珠宝首饰转口贸易量70%。据海关统计数据显示，全区百强外贸企业中有16家为珠宝企业，约占区百强外贸企业进出口总值46.6%。番禺区集聚珠宝市场主体总量超1万户，以制造企业和批零企业为主，从业人员近10万人，有3万～4万名创意设计及工艺专业人才。

（蔡伟雄）

【汽车产业】2022年，番禺区实现汽车产量53万辆，工业产值1019亿元，分别增长51.3%和37.3%，形成汽车制造和汽车销售双双超千亿的支柱产业，智能网联与新能源汽车年产能规模40万辆。番禺汽车城建成汽车整车80万辆/年的产能规模，有广汽乘用车、广汽埃安等整车制造龙头企业，创新中心广汽研究院，以及配套多家产业链零部件企业，形成传统能源汽车、新能源汽车两大产业带，建成“三电”齐全的智能网联与新能源汽车产业链。广汽传祺以“电气化+智能化”转型布局，实现全年销量的逆势上扬，销量突破36.2万辆，同比增长11.8%，钜浪混动车型销量居中国品牌HEV销量第一。广汽传祺以“电气化+智能化”为战略方向，获“中国心”十佳发动机及混动系统、年度十佳车身、十佳底盘等技术荣誉。10月12日，埃安第二智造中心竣工投产，埃安完成第二次产能扩张，年产能超40万辆。埃安第二智造中心由一座燃油车工厂改造而成，历时7个月完成包括冲压、焊装、涂装等车间在内超300项工程改造，在原有智造技术基础上实现数字化、品质、定制、节能等全面升级。12月11日，广汽集团下属因湃电池科技有限公司在番禺汽车城动工，项目总投资109亿元，涵盖电池研发、设计、智造、销售和服务全链条。新电池工厂规划的产能为60吉瓦时，生产动力电池和储能电池，能满足60万辆新能源汽车产能需求。

（冯惠萍）

## 番禺区厂商会

【概况】2022年，番禺区厂商会是以工业企业为组成主体的非营利性社会组织，有会员企业1000多家，有灯光音响、汽车制造、电线电缆、电子信息产品、智能装备等多个先进制造业龙头企业。协会下设照明电器、机械、食品、表面处理、化工、包装印刷、工程师协会等7个行业分会，建有《番禺厂商》杂志、网站、微信公众号、视频号为中心的全媒体矩阵。是年，新增副主席单位1个、理事单位1个、会员单位6个。组织中山大学、华南师范大学、华南农业大学、广东工业大学、番禺职业技术学院、南华工贸等院校走访调研企业。区厂商会、区科工商信局辅导984家企业申报“专精特新”企业，初审430多家申报“专精特新”、669家申报创小的企业材料。番禺区新增国家级“专精特新小巨人”企业12家（增长171%）、省级“专精特新”企业356家（增长753%，增速全市第一），新增量排名全市各区第二、第三。

【产业人才服务】2022年，番禺区厂商会设立青年人才服务站，为来番禺就业、创业的青年群体提供职称评审辅导、人才引进落户、各项补贴政策申报等服务。62名涉及机械、电气、化工和环境工程等专业的企业技术人员申请认定、评审专业资格证。组织应届毕业生、全国及省技能竞赛获奖选手走进企业，推动政校企在人才链、产业链、创新链上深度融合。

【助企开拓市场】2022年，番禺区厂商会组织“番禺手信”评委专家、参选入选企业、景区开展走访活动，探讨文旅产品开发和合作模式，挖掘产品独有的本土文化内涵。联合多个单位举办“2022年广州市消费协作全城欢乐购”线上、线下活动，组织企业现场设摊展销、入驻网上商场直播带货。

【企业宣传服务】2022年，番禺区厂商会编印《番禺区高新技术产品（服务名录）》《科普台历》等宣传资料，收录600多家番禺区内优质科技型企业，集中展示番禺重点发展经济平台、产学研结合的特色产业园区。在党群基地电子屏等线下媒介，推出“番禺手信”“专精特新”“优质建材名录”等专栏，宣传推广番禺企业，协助区融媒体中心制作30集“好产品番禺造”专栏节目。在微信公众号等线上媒介设置“番禺‘专精特新’”“番禺名优企业”“走进番禺‘小巨人’”等专题。

（周翔）

# 商贸业

## 综述

【概况】2022年，番禺区限上商业2654.75亿元，增长22.5%。社会消费品零售总额1266.21亿元，下降0.4%。租赁和商务服务业营收116.03亿元，增长4.9%。在广州国际美食节举办番禺新“十大名菜、名点”“金牌粤菜师傅”评选。各镇（街道）和1000多家商贸企业参加“羊城欢乐购”广州消费券促销活动。举办直播电商公益培训，提升企业拓展市场能力。

【商务资金申报】2022年，番禺区有226家批发企业申报2020年度批发业新增限额以上企业奖励申请，获得财政奖励1085万元；3家企业申报2022年市促进商务高质量发展专项资金会展业专题项目，获得补助15万元；3家企业申报2022年住宿餐饮扩大规模奖励申请；3家企业申报推动经济高质量发展成效显著电商企业；10家企业申报《省级2022年促进经济高质量发展专项资金(促消费奖励)》，2家企业申报2022年度广州市重点供应链服务企业认定。

【引领型国际消费区建设】2022年，番禺区印发《番禺区推进广州市培育建设国际消费中心城市实施方案》。制定长隆—万博商圈和广州南站发展规划，广州购书中心等优质项目落户，长隆万博片区商事登记企业超2万家。楼宇企业（商务写字楼）参加2022年广州市商务写字楼等级评定，时代芳华里获得甲级写字楼称号，成为区内第一个甲级写字楼。万博商圈作为2022年广州唯一商圈被批准为广东省级示范特色步行街（商圈）。万惠二路被批准打造全市首个限时步行街。

（蔡伟雄）

2022年12月30日，2022年广州国际美食节在万博四海城启动

（区科工商信局 供图）

## 供销商业

【概况】2022年，番禺区供销联社（简称区供销联社）获广东省供销联社综合业绩考评县级优胜单位一等奖。成立广州番禺供销贸易发展有限公司，并向番禺区市场监管局申请注册“供销”企业字号。与广东供销农产品股份有限公司、广州利仁农业有限公司组建广州番禺供销农产品配送有限公司，搭建广东供销放心农产品直供配送网络番禺子平台。平台全年合同金额超过6000万元，业绩在全省41家直供配送子平台中位列第一。

【助农服务综合体系】2022年，番禺区供销社系统新增农民专业合作社5家，打造具备3项以上服务功能的镇级供销合作社9个。

新组建钟村街道钟四村、石楼镇沙南村2个村级基层社，新增社员1458名。新增“企业+供销社+农户”“供销社+合作社+农户”农业产业化联合体3个。全年助农服务体系销售额9000万元。禺锋蔬菜种植农民专业合作社被授予由中华全国供销合作总社颁发的“农民专业合作社示范社”牌匾。石碁供销社、石楼供销社被评为省级标杆社，悦佳合作社、禺锋合作社、渔珍合作社被评为省级示范社。

【对口帮扶助农】2022年，番禺区供销联社拨付贵州省毕节市赫章县铁匠乡合山村结对帮扶资金 5 万元。帮助梅州市五华县和贵州省毕节市威宁彝族回族苗族自治县、赫章县、金沙县及新疆维吾尔自治区喀什市等帮扶地区销售特色产品 1100 万元。

【“三防”应急物资储运】2022 年，番禺区供销联社 3 个区级储备仓库储存各类抢险救灾物资价值 440 万元。加强“三防”应急物资日常养护和管理，每月对仓库照明、发电机水泵、手推车等进行开机试车和保养，对水利围、篾缆等竹制品定期进行喷药杀虫保养，确保“三防”物资质量。落实 24 小时值班制度和汛期安全检查，及时处理存在问题。检查汛前物资储备 7 次，检查食盐食糖储备 8 次。

【再生资源管理】2022 年，番禺区供销联社完成 58 个“两网融合”网点建设任务，全区建成近 400 个再生资源回收网点、646 个便民回收点、16 个新型中转站、1 个分拣中心，便民回收点服务覆盖全部城镇社区及乡村区域，全区再生资源回收近 68 万吨。区供销联社依托再生资源回收网点，与城管、公安、市场监管、消防、镇和街道合作开展人居环境整治、“散乱污”整治等联合执法行动，整治无证或违规经营网点 56 个。

【社企资产管理营运】2022 年，番禺区供销联社全系统发布社有资产公开招租公告 45 则，开展招租 30 起，物业经营收入 1571.15 万元，同比增长 9.62%；通过调整招租方案、扩大招租信息发布渠道、降低租金等方式，盘活闲置资产。沙湾供销社将低效资产改造为停车场。是年，全系统清偿历史债务 776.59 万元，理顺 2 个商铺产权关系；资产负债率从年初 78.36%，降至年末 76.48%，负债总额从 5.2 亿元降至 4.94 亿元。完成基层单位资产评估、清产核资工作，规范财务管理和账务处理。

（廖志姣）

## 邮政

【概况】2022 年，番禺区邮政局 21 个邮政支局（含邮政储蓄银行）、12 个寄递营业部实现业务收入 2.8 亿元。举办珍稀邮品品鉴会，搭建集邮爱好者交流平台。集邮专业新增收入 287.1 万元，“财富典藏”“奋进岁月”两个项目创收 86 万元，函件专业实现收入 553.4 万元。

【邮政设施建设】2022 年，番禺区邮政局增强揽投基础设备保障，增设配置电动三轮车 63 辆，更新替换老旧电池 50 组，增设 70 部 PDA 手机，实现人均配备三轮车、PDA、电话卡，实时反馈投递信息时限，减少投递服务质量问题。加强作业场地基础建设，加强石壁揽投站、沙湾营业部新场地整治，提升投递作业效率。新增祈福新邨支局自助机器办理业务。

【邮政为民服务】2022 年，番禺区邮政局全面执行新的邮政普遍服务标准，全年无违反“两条红线”规定，机要通信各项质量指标全红。协助政府“放管服”改革，在番禺新政务服务中心设置邮政便民服务点，承办广州交警电动自行车上牌 40 万辆次。

（符小丽）

## 信息与通信产业

【概况】2022 年，番禺区依托国家超级计算广州中心、国家重点实验室以及大学城人才等科创资源，培育发展云计算、大数据、物联网、工业互联网、区块链、人工智能、虚拟现实和增强现实七大数字经济重点产业。规模以上互联网、软件和信息服务业保持稳定态势，完成营收 428.55 亿元，总量在广州市各区中排名第三。

【数字经济产业】2022 年，番禺区数字经济优质应用场景涉及 5G、人工智能、大数据、互联网 +、云计算等产业，涵盖智慧教育、智慧物业、智慧城管、智慧文旅、智慧政务、数字家庭等多个领域。探迹、小鹏汇天入选广州市“独角兽”企业；欢网科技、易方信息、论客科技等一批企业筹备上市。

（蔡伟雄）

【中国电信番禺分公司】2022年，中国电信广州番禺分公司（简称番禺电信）在辖区内拓展主营营业厅，开设68家社区店、100家合作店、158家快电合作点。全年完成建设5G宏站共享663个、5G室分共享小区6913个，电信联通共享4G小区8413个，全区无线网络深度覆盖，千兆深度覆盖率85%；在307个小区完成干扰压降，提升网络质量；迁改南大干线、丹山河、地铁延长线、东沙涌等21项市政项目光缆。截至2022年年末，有7家医院接入番禺电信的区域医疗云服务。加快5G定制网在番禺规模以上工业企业新场景新模式下深度拓展。

（马欣欣）

【中国移动通信番禺分公司】2022年，中国移动通信番禺分公司（简称番禺移动）在番禺区有1个自营厅、6个委托厅，社会渠道网点超600家。服务客户近300万户，其中4G客户超230万户。番禺移动加快5G建设，累计开通5G基站超2500个。开通32辆次通信车，完成包括重大节假日以及广州南站、广州大学城、长隆、莲花山等重要场所的86次大型应急通信保障。

（周志伟）

【中国联通番禺分公司】2022年，中国联通番禺分公司（简称番禺联通）有自有营业厅20家、加盟厅3家，社会渠道合作网点近30家、合作收单网点（包含异业收单点）超过200家。建设5G基站（含共享）235个，累计3357个；建4G基站（含共享）1520个，累计3579个。番禺联通加大城中村业务，全区有152个城中村接入联通光纤网络，城中村5G覆盖率为85%。

（王芳）

## 旅游业

【概况】2022年，番禺区接待游客2829.11万人次，旅游总收入235.25亿元，分别比上年同期下降20.1%和30.9%。区内有国家A级旅游景区10个、国家级文物保护单位4处、中国历史文化名镇1个、中国历史文化名村和全国乡村旅游重点村1个、星级酒店11家。番禺区在全国市辖区旅游综合实力排名第11。是年，长隆旅游度假区入选第二批国家级夜间文化和旅游消费集聚区名单。沙湾北村入选第三批广东省文化和旅游特色村名单，被评为广东省乡村研学旅行特色村。紫泥堂文化创意园景区被评定为国家AAA级旅游景区。

【国家全域旅游示范区建设】2022年5月19日是“中国旅游日”，南番顺旅游联盟发布新版宣传片，推出南番顺四大精品打卡线路。7月，番禺区向公众推出“‘禺’你相约，全域畅游”12条主题旅游线路，通过广州地铁灯箱及车厢、广佛公交车身投放区内各大景区宣传，赴赣州、长沙参加“英雄城两地情”2022年广州夏季文化旅游推介活动，展示番禺作为首批国家全域旅游示范区的独特魅力。8月9—10日，南番顺旅游联盟参加2022年广东国际旅游产业博览会，展示南番顺三地旅游资源。10月25日，《广州市番禺区落实〈广州市民宿开办指引（试行）〉的实施方案》印发。

【旅游节庆活动】2022年元旦期间，长隆欢乐世界推出冬季嘉年华，广东科学中心举办“了不得的疫苗”主题展览，沙湾古镇举行元旦汇玩音乐会，宝墨园举办岭南醒狮民俗文化活动。春节假期，岭南印象园上演“欢喜过大年之岭南庙会”，沙湾古镇举办“捧银”、正月圩、拍财神等传统年俗活动，莲花山旅游区举办桃花文化旅游节活动。3月，宝墨园景区举办“汉风古韵樱花节”暨“樱花摄影大赛”。6月，沙湾古镇在留耕堂举行壬寅年第11届传统开笔礼，余荫山房举办2022年番禺区紫薇文化旅游节，莲花山旅游区举办第34届广州番禺莲花文化旅游节。中秋节假期，长隆旅游度假区举办电音演出，宝墨园举办“嫦娥奔月”演出活动。国庆节期间，莲花山旅游区举办登高文化旅游节。

（何晓晴）

# 城乡建设管理

番禺年鉴 2023

## 城乡规划和自然资源

【概况】2022年，广州市规划和自然资源局番禺区分局（简称番禺区规划资源局）完成土地登记332件、不动产登记16.5万件；核发不动产权证书7.9万本、不动产登记证明7.7万份；提供不动产登记档案利用服务3万人次、13万卷次，办理土地出让金案件380件、补缴出让金4.6亿元，开展规划编制65项。办理规划用地类案件202件、建筑工程规划报建和规划条件核实类案件2078件；核发建筑工程规划许可证623.5万平方米。处置完成批而未供用地254公顷，超额完成102公顷。完成全区1∶50000地质灾害风险普查调查工作。区、镇（街道）落实《广州市地质灾害防治三年行动2022年综合治理实施计划》，完成综合治理9个在册地质灾害隐患点。

【规划审批服务】2022年，番禺区规划资源局推进政务服务集约化、一体化、标准化、规范化建设及行政审批"一门、一窗、一网"集成服务改革，推出规划用地"多审合一、多证合一"、政务服务事项"全流程"网办等7项便民利企举措。对一批重点项目、先进制造业企业、高校及镇（街道）提供上门服务。

【建设用地审批】2022年，番禺区年度土地利用计划通过审批，用地涉及汽车产业链、武广高铁、穗莞深城际轨道交通琶洲支线、东晓南路—广州南站段、广州医科大学二期等国家、省、市、区重点项目和基础设施、教育、交通、水务等民生项目。完成国有土地出让19宗，收缴土地出让金85.64亿元。新增获批复建设用地24宗193.14公顷；增加预留建设用地区级规模5宗25.51公顷，预留市级建设用地规模4宗41.81公顷。

【耕地保护】2022年，番禺区完成耕地恢复105.91公顷（1588.47亩），实现耕地"进出平衡""总量平衡"，专家评审通过8宗临时用地复垦方案、5宗复垦验收、23宗耕作层土壤剥离。番禺区与河源市东源县达成合作意向，至国土空间规划期末，由东源县异地代保番禺区永久基本农田保护任务133.33公顷（2000亩）。

【农村留用地兑现】2022年，番禺区规划资源局兑现农村留用地及安置地26.27公顷（394亩），成立专项工作小组推进重点工程项目历史遗留拆迁安置房办证工作。顺利解决沙湾东村2003年第十三批次用地手续不完善历史遗留问题，获批复预支留用地指标7.33公顷（110亩）。

【城乡建设规划编制】2022年，

2022年1月14日，海鸥岛红树林海岸升级改造与生态修复项目工程竣工
（区规划资源局 供图）

番禺区规划资源局围绕加快建设粤港澳大湾区、广州实现“老城市新活力”“四个出新出彩”、打造环珠江口100千米“黄金内湾”等发展大局和要求，科学开展番禺区重大投资项目、重点项目、民生项目、社会经济发展项目建设规划。完成番禺区“三区三线”划定成果，《番禺区国土空间总体规划（2019—2035年）》获批启用。开展番禺区总体城市设计、全域土地综合整治和综合交通提升等规划；推进番禺智造创新园概念规划，推进广州南站、广州大学城、莲花湾片区、南大干线经济带、番禺珠江沿岸地区、番禺国家级沿海渔港经济区等重点区域的规划建设。开展江鸥、沙南、紫坭等20个行政村新一轮村庄规划编制，推进沙湾街道、大岭村、谭山村3个历史文化名镇、名村规划修编以及11个传统村落保护规划编制。历史建筑保护利用核定52座传统风貌建筑，广东省粮油储运公司第二仓库和市头糖厂被认定为历史建筑。

【民生实事规划审批】2022年，番禺区规划资源局加快审批民生实事建设项目，制定农村住宅建设管理实施工作方案，配合镇（街道）加强乡村建设规划许可证审批及批后监管，核发乡村建设规划许可证385份。许可全区152项既有住宅增设电梯工程，完成“每年至少安装100台电梯”目标。番禺区规划资源局审批办理市政类案件473件，完成24万件“房地一体”权籍调查、数据库建设及省级汇交，核发1700余份不动产权证书。

【国土执法监察】2022年，番禺区规划资源局立案查处违法违规用地案件35件，行政处罚43件，向法院申请强制执行案件19件。区以下违法用地总量由87.21公顷（1308.22亩）降至21.7公顷（325.5亩），区以下新增违法占用耕地由12.62公顷（189.34亩）降至1.77公顷（26.61亩）。土地动态巡查系统发现违法用地867件，全部发出责令改正通知书。

【海洋保护】2022年，番禺区规划资源局完成用海审批2件，海域使用金减免2件；完成新、旧海岸线“两线之间”图斑的核查分类及划定成果上报工作。海鸥岛红树林海岸升级改造与生态修复项目工程建设竣工验收，修复海鸥岛海岸线3910米，种植区域红树林成活率91.6%。

【测绘和地理信息服务】2022年，番禺区规划资源局审核通过不动产权籍调查成果2426件；审核完成不动产单元编码案件36796件，开放60家测绘服务单位在番禺区开展不动产权籍调查工作。提供地形图测绘成果约154.54平方千米。

【空间数据库建设】2022年，番禺区完成空间数据库建设，覆盖区域内“山、水、林、田、湖、海、草”的自然地理、建筑、基础设施等“全要素”城市信息，实现规划资源空间数据4大类35中类152小类的有机汇聚，“坐标一致、边界吻合、上下贯通”的统一底图及空间数据精准匹配，达到多坐标转换、数据展示、空间分析等效果。番禺区规划资源局向全区推广使用数据管理系统、空间决策支持系统、移动一张图系统，开通16个职能局和16个镇（街道）207个账号，支持通过在线数据共享、区内各相关部门业务协同。

（范江波）

## 住房和城乡建设

【概况】2022年，番禺区制定发布《番禺区建筑、规划设计和建筑业新材料产业链高质量发展三年行动计划》，搭建区建筑产业互联网公共服务平台，促进建筑产业高质量发展。

全区建筑业总产值561.12亿元，同比上升2.3%；房地产销售面积143.43万平方米，同比下降36.3%；房地产从业人员工资总额23.25亿元，同比上升13.7%；房地产开发投资414.58亿元，同比上升6.5%。广汽中路延长线项目完成4413万元，占年度投资计划的99%，12月30日通车。

【建筑土石方周转场】2022年3月，番禺区实施增设建筑土石方周转场试点工作方案，选取2处场地4个地块作为建筑土石方周转场所，由番禺交通建设投资有限公司负责建设运营，以解决区内建筑土石方消纳难题，试点方案经区政府常务会审议通过并于 11 月 15 日印发实施。

【治理建筑工地欠薪】2022 年，番禺区出台强化建筑工地欠薪源头治理工作方案，以根治建筑工地欠薪问题，全区纳入实名制和工人工资监管平台管理工程 144 项，全部开通工资专用账户。平台协调处理建设领域劳资纠纷 65 起，涉及工人 9842 人，金额 24558 万元。

【工程质量安全管理】2022 年，番禺区有 28 项工程获 44 个奖项，另有 54 项工程创省、市级各项优质工程奖。全年新建成建筑 439.3 万平方米，其中新建成绿色建筑 415.3 万平方米，占比 94.5%。区内工地多形式开展“质量月”“安全月”系列活动，抓建设工地扬尘污染防治、文明施工管理，制定住建领域安全生产专项整治行动等 16 份专项工作方案。番禺区住房和城乡建设局（简称番禺区住建局）巡查工地 5798 项次，解决安全隐患、质量问题 24989 项，对 412 家企业和 808 名人员实施省级动态扣分，记录市级不规范行为 323 份，立案调查 20 件。

【工程招标管理】2022 年，番禺区建设工程进场招标项目 158 项，中标价 534640.72 万元；完成招标投标情况备案 157 件，招标控制价备案 44 件。利用“双随机、一公开”抽查强化招标文件事中事后监管，抽查项目 164 项，发出整改通知书 11 份。改进投标担保方式，推进保函、保证保险等工程担保方式，鼓励招标人在招标环节免收信用良好企业或中小企业的投标保证金，降低投标人交易成本。优化交易服务方式，推行招标投标全流程电子化。增加招标计划发布环节，增强招标投标信息透明度。

2022 年 3 月 29 日，广州市住建局调研组到番禺区督导检查安全生产工作
（区住建局 供图）

【建筑行业审批制度改革】2022 年，番禺区住建局深化工程建设审批制度改革，实施审批事项告知承诺制和无纸化审批，提升审批效率。52 个行政许可事项时限压缩率 93.08%、网上办理深度（Ⅳ）100%，102 个行政服务事项可网办率、电子证照绑定率、“最多跑一次”率等服务质量指标均为 100%，实现办理相关事项“零跑动”“零见面”。全年核发施工许可证 266 份，建筑面积 577.21 万平方米，总造价 199.81 亿元，办理行政许可、公共服务及其他事项 12110 项。

【城市体检】2022 年，番禺区开展城市体检工作，收集调查问卷逾 12.4 万份，扩大社会满意度调查的公众参与渠道。区级城市体检完成专家评审，并按专家和部门意见修改完善。根据体检结果建立城市问题治理台账，定期跟踪和通报治理情况，在 2022 年城市体检报告中设置对 2021 年城市问题治理情况的评价专章，通过指标数据反映治理成果。检查在建项目地下管线 39 项，发现问题 56 个并督促责任单位落实整改。围墙专项排查整治行动发现安全隐患问题 138 个，完成整改 126 个，督促落实整改 12 个。

【美丽乡村建设】2022 年，番禺区创建市级美丽乡村，印发《番禺区“十四五”市级美丽乡村全覆盖工作方案》《番禺区

“十四五”市级美丽乡村建设资金管理办法》《番禺区2022年市级美丽乡村建设工作方案》，推进7个市级美丽乡村27项工程建设，总投资4116万元。超额完成存量农房微改造任务，完成存量农房微改造4247户，完成率141.57%。

【房地产市场】2022年，番禺区批准商品房预售114宗，面积165.38万平方米，住宅去库存周期为19.5个月。全年一手商品住宅网签均价38726元/平方米，同比上涨9.27%。石碁金龙财富广场二期项目因资金链断裂，发生多次工人讨薪、业主上访的维稳事件，经过近2年的化解工作，于6月13日完成已售1162套房屋的装修交付。

【保障住房建设】2022年，番禺区筹集公租房257套，提前超额完成市下达筹建110套公租房年度任务。有170户家庭分别获得市级、区级公租房预配租资格。全年新增配租新就业无房职工公租房832套，累计配租3980套，为51家企业8000多名新就业无房职工解决居住问题。筹集15332套房源补充2021年市保障性租赁住房任务缺口，另筹集保障性租赁住房项目81个、房源18447套。直管公房3609套（间）全年应收租金3016.64万元，同比增长2.1%；减免直管公房租金1093.44万元，惠及租户594户次。

【危房治理】2022年，番禺区推动在册危房解危治理，全年已解危房281间，新增危房112间，存量未解危房354间。完成全区328623栋房屋安全隐患排查。开展隐患房屋分类整治，6583栋隐患房屋落实整治4128栋，整治率63%。完成房屋建筑承灾体调查工作，录入房屋建筑371900栋，于8月通过住建部专家组成果质检验收。完成503栋既有建筑玻璃幕墙安全巡检核查，发出整改通知书147份。

【住宅物业管理】2022年，番禺区规范业主组织建设，367个住宅小区成立以中共党员为主体的物业管理委员会和业主委员会，全年新成立物业管理委员会66个、业主委员会12个，业主代表中中共党员占比达61%，业主组织正常运行的小区166个，占比45%。推进448个住宅小区排水单元达标建设，全年新增完成改造67个，通过验收138个，累计完成412个。全年新增建设504个小区电动自行车集中充电点6702个充电端口，累计建成集中充电点1196个充电端口17228个。全年审批加装电梯150部，进场动工139部，向105部加装电梯发放补助1040.75万元。

（陈泳欣）

【土地储备开发】2022年，番禺区整备工业用地63.87公顷（958亩），完成出让16宗29.07公顷（436亩），出让宗数同比增长23%，涉及出让金6.79亿元。整备居住用地9宗65.93公顷（989亩）。水泥厂地块、兴业大道南侧地块2宗居住用地出让，出让金约47.3亿元。商业用地整备20宗41.67公顷（625亩）。农用地报批结案130公顷（1965亩），国有土地报批结案45.6公顷（684亩）；集体和国有用地收储122.73公顷（1841亩），同比增长8.2%。推进5条地铁轨道交通项目、东晓南路—广州南站连接线工程、海珠湾隧道工程等省、市重点项目用地征收；完成移交大龙净水厂用地。

（容毅恒）

## 城市更新

【概况】2022年，番禺区城市更新项目固定资产投资132.99亿元，占全区固定资产投资的16.67%；新增“三旧”改造项目实施120.53公顷（1808亩），完成32.73公顷（491亩）；完成“三旧”改造标图入库动态调整45件，涉及182.65公顷。石碁镇桥山村、大龙街道旧水坑村2个项目纳入2022年广州市首批村镇工业集聚区更新改造试点项目。

【旧村改造】2022年，里仁洞村更新改造项目实施方案获得广州市批复，并经村集体表决通过生效。南浦村更新改造项目复建安置区及幼儿园地块、小学地块、村委服务设施地块全部完成供地手续，其中复建安

2022年12月，锦绣投资旧厂改造项目地块　（区城市更新局　供图）

置区取得第二阶段施工许可证。罗边村更新改造项目复建幼儿园建成开园，村民复建安置区、复建小学、规划道路、河涌整治等民生项目开工建设。东郊村项目复建安置区主体结构封顶。

【老旧小区微改造】2022年，市桥街道先锋社区微改造项目完工，市桥街道西城社区、康乐园社区、禺山社区、桥东社区以及钟村街道顺景苑小区等5个微改造项目启动，概算总投资5599万元，涉及9个住宅小区237栋楼5590户居民。

【村级工业园及旧厂改造】2022年，沙湾街道龙岐村西环路地块村级工业园改造项目一期建成，二期扩建部分开工建设；沙坑村村级工业园改造项目动工，是2016年广州市城市更新“1+3”政策实施以来番禺区首个动工的村级工业园全面改造项目。高熙物业有限公司、新造建筑有限公司2个旧厂改造项目完工。富华家具厂、番禺氮肥厂、国艺旧厂、创联旧厂、富菱达旧厂、安美防火、易兴旧厂、锦绣投资、中声科技9个改造方案获得批复。

（邓博文）

## 基本建设投资管理

【概况】2022年6月7日，广州市番禺区基本建设投资管理办公室更名为广州市番禺区基本建设投资管理中心（简称番禺区基建中心），为区政府直属的副处级公益一类事业单位。是年，番禺区基建中心代表政府管理建设项目266项。年度计划建设资金9.73亿元，完成86.84%。在建工程45项，其中市政工程32项，房屋建工程13项。

【重要项目进度】2022年，番禺区基建中心负责区政府授予的财政投资的城市基础设施、公共设施以及其他城市建设项目的组织建设，代表区政府在基本建设项目方案设计、投资控制、征地拆迁、施工管理等环节参与管理工作。完工的项目有广东仲元中学第二校区工程、番禺区洛浦街道沙溪大道扩建工程、番禺职业技术学校南校区扩建工程、番禺区政务服务中心万博分中心、番禺区市桥街九联水闸桥加建人行桥工程、番禺区石楼镇白沙湖中海通地块旁桥梁及沿河路工程等17项，番禺区中医院扩建医疗综合大楼工程、番禺区图书馆新馆工程基本完工。在建项目有番禺区市桥街东郊村（北基大街）安置区工程、番禺区市桥大桥改造工程、亚运大道改造工程、大镇岗气象塔工程、番禺区洛浦街道沙溪大道与番禺大桥节点改造工程、番禺区亚运大道跨砺江河大桥工程、兴业大道（新光快速路至新火车站）工程新光快速路节点跨线桥工程等。

【基建优质工程】2022年，大龙街道富怡路（番禺大道至金龙路）改造工程——城区大道至金龙路段工程获广州市市政公路协会颁发的“2022年广州市建设工程优质奖”。广东仲元中学第二校区工程获广东省建筑安全协会颁发的“广东省房屋建筑工程安全生产文明施工示范工地”和“广东省建设工程项目施工安全生产标准化工地”称号。番禺区中医院扩建医疗综合大楼工程——门急诊、医技及住院楼工程获广州市建筑业联合会颁发的“2022年度广州市建设工程安全文明绿色施工样板工地”称号。

【重大项目决策】2022年3月，番禺区基建办成立重大项目行政决策议事小组，建立《区基建办重大项目行政决策管理制度(试行)》。通过加强组织领导，与属地镇、街道和相关部门沟通协调，组织相关领域专家或专业机构开展咨询论证，广泛征询公众意见，及时在区政府门户网站公示，按时序完成重大行政决策草案、公众意见调查报告、风险评估报告、专家论证报告等编制工作，并通过合法性审查、重大行政决策小组审议及党组审议。亚运大道改造工程、大镇岗气象塔建设工程等5项工程完成重大行政决策程序。

【优化建设方案保护树木】2022年，番禺区在工程建设中严格落实树木保护规定，市桥大桥工程、仲元中学第二校区周边道路（傍雁路改造）工程、区图书馆新馆周边道路工程、亚运大道跨砺江河大桥工程、迎星中路（新光快速至番禺大道）改造工程等32个项目均委托编制树木保护专章。一棵133年树龄的古木棉树在中医院改扩建工程时，通过优化项目方案设计得到保护。石壁街道禺山西路碧桂园东苑路段改造工程，通过优化设计方案，利用原有树木作为绿化带进行道路分隔，避免迁移450棵垂叶榕树。番禺区仲元中学第二校区周边道路（傍雁路改造）工程通过调整道路断面及地下管线位置，需迁移树木由600多棵减少至108棵，调整后的方案设计充分利用树下空间实施人行设施建设。“小谷围街广州大学城内环路与广工一路交叉口改造方案”需迁移34棵树木，调整为避让侧绿化带内树木，不需要对树木进行迁移处理，达到保护树木、缩短工期、节省投资约70万元的“三重”效果。

【重点工程建设】2022年，番禺区基建办推进重点工程建设。广东仲元中学第二校区项目位于大龙街道傍雁路西侧，总建筑面积约19.56万平方米，9月1日投入使用，校园采用坡顶的传统建筑风格，由教学楼、图书馆及行政中心、综合科技楼、实验楼、教师公寓、地下停车场等建筑组成，并融入仲元中学老校区广场、仲元像、明德湖等重要元素。番禺区图书馆新馆是广州市“图书馆之城”建设规划项目之一，定位为国家大型一级图书馆。项目位于市桥街道东兴路南侧，总建筑面积4.5万多平方米，总投资4.99亿元，设计图书总藏量160万册、阅览座位1500个，有图书“藏储阅”必备的各种借阅区、报告厅、展厅、多功能厅、图书自动分拣间、24小时自助图书馆等基本功能，以及区民间工艺展馆、区档案史志馆等。番禺区中医院扩建医疗综合大楼工程项目位于市桥街道桥东路93号，占地面积9074平方米，建筑总面积86296平方米，包含门急诊、医技及住院楼，工程包括对原有旧建构筑物的拆除（含基础）、新建门急诊、医技、住院楼一栋，其中地上20层，地下2层，其中发热门诊9月24日投入使用。何贤纪念医院旧建筑改造工程位于清河东路2号院本部，在原址拆除旧门诊，新建一座7层的医技楼，项目计划拆除面积4606平方米，新建建筑面积10400平方米，改造建筑面积约15223.08平方米，对医院旧建筑外立面全面翻新改造，室内功能装修，消防系统改造等，6月15日新医技楼完成结构封顶。市桥街道九联水闸人行桥工程位于市桥街道西城路，为解决该位置人车并行交通混乱的现象，在九联水闸桥两侧新建人行桥各1座，3月24日完工并投入使用。

（孔斯敏）

# 交通运输

## 综述

【概况】2022年，番禺区编制《番禺区交通综合运输体系建设领导小组工作方案》，设立轨道、道路建设、港口码头、交通设施、停车场、道路管养、协调督导等7个工作专班，融合发展各种交通运输方式。《番禺区轨道及道路建设项目库》梳理路网整体规划项目，编制轨道交通建设、道路交通建设和完工道路交通项目表。联合南沙区打造纵贯八方的道路网络体系，建设黄埔区至南沙区东部快速项目，启动沙湾大桥拓宽改造、市桥二桥改扩建工程，改善广州中心城区—番禺—南沙交通。金光大道、石化大道、西部快速通道建设进入前期研究阶段。整治地铁站口，优化地铁站口交通环境，按配额投放共享单车。强化科技、信息应用，确保路桥、隧道运行安全。开展道路塌陷隐患排查探测，制定隐患处置方案。

【道路停车场建设】2022 年，番禺区加速交通设施项目建设，南大干线在建标段除 5.4 标段新化快速节点立交工程外，全部完成用地交付；钟三路至市新路长约 16.07 千米段总体完成进度的 95%。沙溪大桥扩建工程完工试运营。S296（海鸥公路）扩建工程（一期）完成施工招标开展征地拆迁和用地报批。广明高速公路辅道扩建工程开通。新建停车场新增停车位 607 个，其中化龙镇西坑停车场 47 个，南庭路停车场新增 350 个停车位，沙圩停车场提供 210 个停车位。

【交通建设项目管理】2022 年，番禺区交通局监督管理的道路建设工程项目 85 个，投资额约 135 亿元，负责协调联系的轨道交通建设项目 24 个。严格落实在建项目安全生产责任，根据“安全生产专项整治三年行动”工作部署开展安全生产大检查和大督查专项行动。严格执行质量监管，开展用砂和混凝土质量专项整治行动。开展督导检查执法行动，确保项目绿色环保施工。落实各项目总包代发、实名制管理和分账管理制度，抽查工人工资支付，全年检查 905 项次，发出整改通知单 419 份，实施动态扣分 46 次，行政处罚立案 16 件。

【交通运输行业管理】2022 年，番禺区交通运输局开展多项交通运输行业整治工作。在公交行业，规范和细化公交行业安全工作；细化客流信息，保障旅客节假日出行；完善交通线网建设，优化调整 46 条次公交线路，调整站点 2805 个次，改善 33 座公交候车亭设施。对货运行业分类分级监管，消除潜在安全隐患；提升运营车辆整体安全性能，淘汰老旧三轴“泥头车”589 辆；加大行政处罚力度，约谈风险较高企业；完善货运行业退出机制，按规定注销道路货运企业 18 家、营运货车 92 辆。加大汽修企业维修质量监管力度，推进维修企业经营备案，完成备案 192 家，落实机动车竣工出厂合格制度；推进汽车维修电子健康档案系统在辖区三类机动车维修企业的应用；二级维护及排气污染上传维管平台的数据 100% 覆盖检查；对全区摩托车、电动车维修店铺开展专项整治。规范经营性停车场管理，持续推进经营性停车场数据上传市信息平台业务，全区已完成备案经营性停车场 801 家，已接入市停车信息平台 572 家（占备案停车场数的 76%），接入市停车信息平台泊位 318346 个（占备案数的 79.3%）。整治共享单车停放乱象，加强共享单车企业定额投放管理，严控区内车辆总数，清理共享单车 23.79 万辆。

【春运安全】2022 年，番禺区春

2022 年 7 月 22 日，番禺区交通运输局组织开展共享自行车及电动自行车联合整治行动

（区交通运输局 供图）

运40天客流1451.33万人次（不含公交），比上年上升0.87%，实现“运行高效、运输安全、道路顺畅、防控到位、气氛和谐”。广州南站铁路到发旅客1424.66万人次，公路运输发送旅客26.67万人次。

【道路交通安全】2022年，番禺区交通运输局建立安全生产“四级检查”制度，日常检查与专项督查相结合，加强隐患排查整治。以“安全生产月”为抓手，加强安全生产教育培训，推进生产经营单位全面学习安全生产工作的有关政策、法律、法规；紧盯重点领域，着重针对2020—2022年发生伤亡人事故企业，采用联合检查、挂牌督办、约谈等多种监管手段，对通报的“黑榜”企业、“高危”企业、风险预警企业等重点企业加强监督管理。全年发生一般以上道路交通事故2起，死亡2人；发生交通设施在建工程安全生产事故1起，死亡1人。全区乡镇渡口渡船未发生造成人员伤亡的安全生产事故。

【道路运输行业执法】2022年，番禺区交通运输局加强与公安交警等部门的相互协作，综合运用路面执法巡查、安全生产执法等措施打击非法营运、无证网约车、班车站外揽客等违章行为。全年出动执法人员11383人次、执法车辆3362车次，查处各类道路交通营运违法违规案474件。按照省、市关于严格落实“一超四罚”工作事项通知精神，严格落实交通、公安路面联合治超和强化货物源头管控等属地管理措施，处理超限超载车2894辆，卸载1.9万吨。在各类行动中查处未取得从业资格证件驾驶运输车辆案10件；使用无道路运输证车辆进行货物运输案33件；查处非法改装货车案28件。全区13家混凝土搅拌站企业接入省货运源头监管系统，组织治超落实情况巡查143家次，对超载搅拌车源头企业立案75件。突出超载“泥头车”源头管控，对超载“泥头车”装载源头单位调查立案757件。检查汽车、摩托车等各类机动车维修店铺245间，检查驾校招生点3间、训练场67间，检查教练车144辆。加强对危险品运输企业、普通货物运输企业、客运站场、货运场站巡查，立案查处安全生产案36件，处罚金额22.1万元。

2022年7月13日，番禺区交通运输局路政人员查处未经审批擅自在朝阳路围蔽施工行为
（区交通运输局 供图）

【地方公路管养】2022年，番禺区交通运输局养护管理县（区）道80.487千米，桥梁124座，公路各项指标均达到公路养护路况指标。完成X306钟谢线（K3+400）钟韦路路段沥青路面坑洞修复等60项农村公路应急抢修工程；实施X943线观龙岛临水路段，X306线临水路段、K2+987～K5+819段等18项安全隐患治理工程；设置金山大道沿线村口等16个平安村口安全设施；开展X939线路面修复项目、X270线东海花园段人行道修复项目等预防性养护，养护维修工程12项；完成桥梁维修29座。全年完成多个城市交通堵点治理，包括展贸南路交通优化工程、番禺大道北与富华东路路口交通设施完善工程、新浦路右转吉祥北路交通优化工程、新光快速新光隧道掉头位优化工程、番禺大道与汉溪大道交叉口改造工程、沙溪大桥桥面铺装层维修项目、机电山庄立交及大北路水浸点整治等项目。

**【农村公路管养】**2022 年 1 月，番禺区被交通运输部、财政部、农业农村部、国家乡村振兴局命名为“四好农村路”全国示范县。

全区农村公路路面铺装率、农村公路列养率和 177 个行政村通公交率均达 100%。建成衔接城区、畅通镇（街道）、覆盖乡村的城乡一体化公交线网，实现区、镇、村三级农村物流网络节点全覆盖。

**【城市道路养护】**2022 年，番禺区交通运输局管养 219 条城市道路（261.196 千米）、28 座人行隧道及车行隧道、119 座桥梁，重点有番禺大道、汉溪大道、亚运大道、禺山西路、区政府周边、广州南站区域、万博区域等。维修车行道沥青路面 12.17 万平方米、混凝土路面 0.23 万平方米、人行道 5.4 万平方米，设置车止石 657 条，修复绿道 0.77 万平方米，处理旧裂缝 10.8 万米。

**【路政管理】**2022 年，番禺区交通运输局开展路政巡查 32340 千米，制止涉路违法偷挖、乱占用公路案 45 件，发出责令停止违法行为通知书 46 份，移交交通执法部门执行行政处罚 7 件。对涉路施工工地定期开展路政许可监督检查，发现存在围蔽缺失、超出许可范围、围蔽不规范等情况 43 处，向责任单位发出责令改正通知书 22 份，移送交通执法部门立案处罚 2 件。全年依法审批涉路施工行政许可案 271 件（公路 60 件，城市道路 211 件）。通过广东省交通运输厅大件运输许可综合服务系统，依法审查超限运输车辆行驶公路申请 2713 件。

（戴子颖）

## 路桥养护

**【概况】**2022 年，广州市道路养护中心南城养护所（简称南城养护所）管养番禺区国道 3 条（G105、G324、G325），里程 26.59 千米；省道 5 条（S111、S123、S257、S296、S362），里程 132.91 千米。管养公路 MQI 优良路率 99.78%，MQI 优等路里程占总里程的 95.11%。管养番禺区的桥梁 67 座，其中特大桥有迎宾高架桥 A、沙湾大桥 A、沙湾大桥 B、海鸥大桥 4 座。截至 2022 年年末，南城养护所管养番禺区桥梁二类桥梁 66 座、三类桥梁 1 座，管养的桥梁总体技术状况基本稳定、正常。

**【公路养护】**2022 年，南城养护所强化养管协同，推进养护管理和路政事务，完成交安设施维护 439 项、绿化维护施工 237 项、桥梁维护 176 项、路基路肩维护 112 项、路面维修 106 项、排水设施维护 214 项。推进公路重点建设项目，健全养护路政联合巡查机制，出动 1535 人次，巡查里程 3.1 万千米。发现处置涉路违法案 63 件，处置路面设施障碍或损坏 113 处。

**【桥梁养护】**2022 年，南城养护所优化桥梁管养，通航桥梁实现安全运营。推进船舶碰撞桥梁隐患治理，推广应用防船舶碰撞主动预警系统。加强辖内 102 座桥梁的日常巡查和经常性检查工作，推广使用 CBMS 桥梁管养系统，采用手持终端开展信息化巡查，完成 31 座桥梁定期检查。

**【公路应急保障】**2022 年，南城养护所细化“三防”应急、桥梁突发事件等应急保障预案，加强与属地公安、水务等部门联动，开展公路应急抢险培训和演练 4 次，启动防暴雨四级应急响应 12 次、三级应急响应 89 次、二级应急响应 13 次、一级应急响应 3 次，防风四级应急响应 9 次、三级应急响应 4 次。检查、值守人员 3385 人次，接处“12345”政务服务便民热线 399 件，办结率 100%，为群众提供交通出行信息 12 条。

**【“平安公路”创建】**2022 年，南城养护所推进 G325 线创建“平安公路”，组织安全生产各项检查 92 次，出动 197 人次，开展安全培训教育 69 人次，修订安全生产管理制度 8 项。在 G325 线穿村过镇路段设置中央分隔护栏 430 米、非机动车道分隔护栏 6880 米、人行道护栏 1870 米，建设“一灯一带”2 处、“平安村口”17 处及大货车右转弯警示区 3 处。在 G325 线金业平交、北斗平交设置时空智慧标志，在 G325 线西村路口设置太阳能会车预警系统，在 G325 线龙湾平交连续弯道路段设置太阳能自发光线形诱导标。

（张宇婷）

## 城市管理

【概况】2022年，番禺区城市管理围绕广州市加快实现老城市新活力的目标，从“中心城区、重点区域、主次干道”向“城乡接合部、城中村、内街里巷”延伸各项工作，提升城市管理规范化、精细化水平。理顺局、镇（街）、村（企）层级业务构架。设置20项“1+16+N”业务层级架构（1个局，16个镇、街道，N个村居、企业），明确各级业务责任人。梳理制定城管《业务底数标准汇编》《城管业务一张图》《综合执法工作指引》等指引手册，汇编重点业务流程。是年，火烧岗填埋场场区无发生安全生产事故，无环境污染事故，无臭气扰民投诉事件，场区渗滤液水质达标排放，沼气发电厂总发电量658万千瓦时。开展73次夜间“泥头车”整治行动，接收监控抓拍“泥头车”违法运输证据线索801条，按“抓拍—移送—查处”流程查处53车次。富怡路延长段、星光大道东等26条“有路无灯”道路得到整治，番禺大桥收费站周边道路、汉溪隧道、里仁洞及罗家跨线桥的夜间灯光景观效果得到提升。12月26日，番禺区城市管理局负责的林业职能划转到市规划和自然资源局番禺分局。

【城乡环境保洁】2022年，番禺区打造高标准环境卫生示范区域，按“人工化+机械化+快速化”作业模式提升精细化保洁水平。城中村公共区域保洁全覆盖，每日保洁不少于10小时；投入2270万元购买垃圾桶运输车和小型保洁机械化车辆，提高城中村环卫保洁机械化作业水平。每个镇（街道）有巡查队伍、应急保洁队伍，有信息报送机制和快速处置机制，绘制权责分明的架构图明确责任区域和责任人，对重点区域清扫保洁提级提档，难点片区安排人员驻点保洁。全区每周五定期组织开展卫生清洁大扫除活动，出动14.4万人次，清理卫生死角6.1万处，清理各类垃圾杂物8300吨。根据全市“厕所革命”工作部署，完成44座厕所建设任务，其中按提升计划新建11座，改建33座。

【生活垃圾分类】2022年，番禺区升级改造生活垃圾投放点，新建设59个“两网融合”点、60个厢房式投放点、50个投存一体式投放点，打造120个星级投放点，优化设置1379个农村垃圾分类投放点，其中定时点571个、误时点808个。印发《番禺区规范餐厨垃圾收运处置实施方案》，推动规范化、智能化收运处理生活垃圾，建成23个小型餐厨站，配置厨余垃圾运输车辆64辆，处理厨余垃圾24.05万吨。建成区垃圾分类智慧平台，定期对收运线路、厨余处理站进行量化评估，提升厨余站日处理量。印发《番禺区生活垃圾分类减量控制工作方案》，明确行业源头减量职责以及各镇（街道）生活垃圾增长控制量要求；督促镇（街道）建立绿化垃圾和大件家具收运网，实现绿化垃圾减量4.19万吨、废旧大件家具减量355.68吨，全区生活垃圾资源化利用率超过88.13%，新增29

2022年9月29日，洒水车在番禺大道进行扬尘洒水保洁

（区城管局 供图）

个广州市垃圾分类样板村。

【绿化城市景观】2022年，番禺区新建绿道4千米，提升维护已有绿道25千米，更换翻新陈旧破损绿道标识牌。全民义务植树、“人大林”义务植树活动共植树2.3万余株。富丽社区、凌边村、前锋村、赤山东村、沙南村利用闲置边角地、街旁绿地建设口袋公园，石碁村、海傍村等6个村庄建设绿化景观路和乡村小游园。

【林业资源保护】2022年，番禺区开展古树和绿化资源底数摸查，对古树图文档案和电子信息数据库查漏补缺，城市主干道、南站核心区、中心城区城市树木完成外业调查和数据录入。签订古树名木的区、镇（街道）、村（社）三级管护责任书。落实养护单位、监理单位、区主管部门三级绿化管理制度，安装主干道绿化养护责任区域及责任信息公示牌，强化公众监督。

【市容整治】2022年，番禺区开展社区容貌全域提升行动。全区98个社区中4个定为培育提升社区，16个为巩固提升社区，78个为常态提升社区。“门前三包”全民行动以社区为单位，相关镇（街道）上门告知具体责任，签订“门前三包”责任书。根据市、区两级督导检查情况综合确定各镇（街道）成绩。分6期评选出1080户临街商铺为“文明商铺”，引导群众参与“门前三包”责任制活动。巡查核查户外广告和招牌，划定隐患风险等级，规划户外商业广告点位。

【违法建设查处】2022年，番禺区城市管理局、区治违办、区查违办制定违法建设治理工作方案，开展新增违法建设专项整治行动。对存量违法建设坚持“六必拆”原则，开展“人居环境”“主干道沿线违建”“高铁沿线安全隐患”“自建房安全专项整治工作”“历史文化遗存保护工作”等专项整治，解决历史遗留违法建设问题。

【林长制推进】2022年，番禺区印发全面推行林长制工作领导小组工作规则、区级林长会议制度、督查制度、考核办法等七项配套制度（试行）。完成区、镇（街道）、村（社区）三级林长公示牌设置。委托开展番禺区森林园林资源普查，汇编《番禺区林长制生态资源手册》。强化林业园林绿化执法，强化智慧林长信息化建设，筹建番禺区智慧林长数字化管理平台，完善数字绿化建设体系，实现公园、行道树、古树大树等绿化资源“一张图管理”。

（蓝剑文）

## 生态环境保护

【概况】2022年，番禺区生态环境质量持续改善。118件中央生态环境保护督察交办案件办结113件，阶段性办结5件。空气质量综合指数3.41，同比改善6.8%。地表水环境水质指数3.91，沙湾水道饮用水水源地水质100%达标。土壤污染、固体废物和危险废物污染得到治理。印发《番禺区生态环境保护“十四五”规划》《关于加快推进生态环境治理体系和治理能力现代化的实施方案》《广州市番禺区生态文明建设规划（2021—2035）》《广州市番禺区创建国家生态文明建设示范区工作方案》，统筹推进全区生态环境治理。印发《番禺区镇街生态环境保护责任考核办法（试行）》，夯实基层责任。印发《番禺区各镇（街）环保员队伍管理工作方案》及考核办法，强化队伍建设和管理。完善环境监测网络，新建11个镇（街道）空气自动监测站点，实现16个镇（街道）空气质量监测网络全覆盖。沙湾水道饮用水水源保护区21套河涌水质自动监测站投入使用。

【环保暖企服务】2022年，番禺区生态环境保护分局优化面向企业的各项服务。简化办事程序，对符合条件企业实施告知承诺制报审，推进环评和排污许可“两证合一”。优化提升执法方式，实施监督执法正面清单，将42家企业纳入正面清单开展非现场检查，对清单内企业减少现场执法检查272家次。施行包容审慎监管执法，在1239家企业及时改正轻微违法行为后对其免予立案处理，对74家免予处罚，对38个案件从轻处罚。辅导企业申请环境保护专项资金，2家企业获得中央大气污染防治资金补助。印发《广州市番禺区节能环保水务和生态产业链高质量发展三年行动计划（2022—2024）》，推进环保产业链高质量发展。

【大气环境治理】2022年，番禺区印发大气污染防治工作计划、臭氧管控工作方案、秋冬季大气污染防治百日攻坚强化方案，推进重点区域、重点行业、重点企业整治。强化VOCs（挥发性有机物）源头管控，推进35家重点企业分级管控和深度治理，巩固386家企业整治成效。清理整治复合布、热转移印花、首饰倒模、注塑等重点行业“散乱污”场所302家。管控建筑工地扬尘污染，联合巡查工地86个次，交办整改34件，抽查在建工地68个次，发现问题工地383个。控制汽车污染，路检柴油车3717辆次，抽检用车大户机动车3010辆次，遥感监测机动车103.9万辆次；强化96家加油站和储油库油气回收治理，严格落实重点区域内25家加油站夜间卸油；对区内非道路移动机械油品抽检样品483个，合格率84.6%；对用车大户油品抽检样品117个，合格率92.3%；打击非法成品油70.6吨。

【水环境治理】2022年，番禺区印发水污染防治工作计划、国考断面水质攻坚实施方案、水环境污染源排查整治行动工作方案，统筹推进落实国考断面水质达标。强化监管涉水工业污染源，排查污染源12769家次，立案调查19件。加密监测重点考核断面及市桥水道41条一级支流，镇（街道）每月对属地农村污水处理设施开展全覆盖检查。加强沙湾水道饮用水水源保护，派出巡逻监督船（艇）出航巡查226艘次，检查各水厂吸水口916个次。聘请专家教授帮扶64家企业提升水污染治理能力。与佛山市顺德区、南海区及东莞市麻涌镇、沙田镇生态环境部门签订跨界流域突发污染事件联防联控协议，联合广州市南沙区、佛山市顺德区开展跨界交叉执法专项行动。

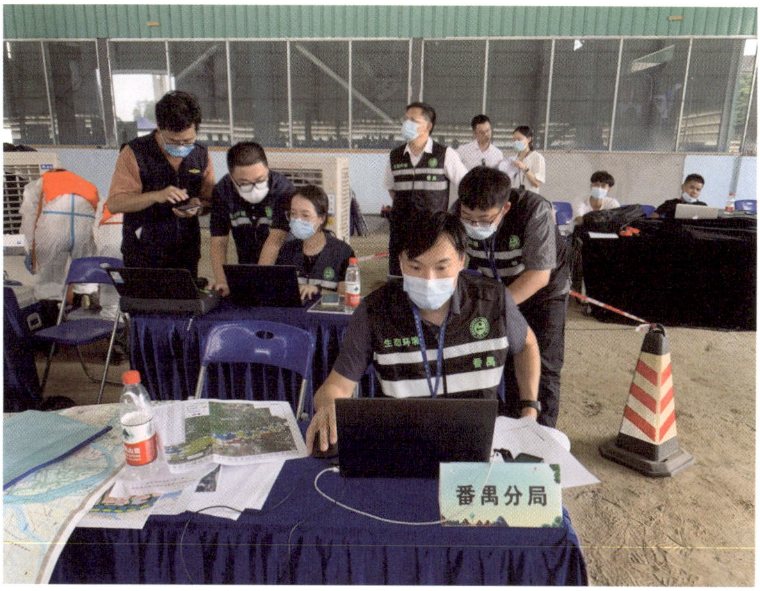


2022年9月8日，广州市2022年度突发环境事件应急演练在沙湾水道饮用水水源保护区举行
（毛昕雯　摄）

【土壤污染治理】2022年，番禺区生态环境分局开展建设用地土壤污染状况调查，加强土壤污染重点监管单位和污染地块监督管理。完成21宗地块治理评审；全覆盖排查涉镉等重金属企业27家次，关停企业16家；备案3647家企业制定危险废物管理计划。试点创建“无废城市”，推进建设居民装修废弃物分拣中心、会江产业园、“两网融合”示范项目等3项重点工程项目。

（李晓旋）

# 水　务

## 综述

【概况】2022年，番禺区发布《番禺区水环境治理三年攻坚行动计划（2022—2024年）》，采取“工程+管理+监测”等综合措施推进整改中央生态环保督察反馈问题，落实广州市委、市政府关于水环境治理攻坚“决战决胜番禺”决策部署，石岗西涌、雁洲涌合流渠箱实现常态化开闸，完成流域沿线排水单元达标改造。全年统筹安排治水项目79项，其中工程项目57项，包括净水厂7项、污水转输管网25项、村居雨污分流19项、无开发商住宅小区（散区）6项。

【水环境治理攻坚】2022年，番禺区推进水环境治理三年攻坚行动计划，按照“系统治理、流域治理、源头治理”技术路线，以流域为体系，以河涌为单位，持续围绕“污染控源减量”“污水收集处理补齐短板”和“强化排水管理”三大核心内容，持续推进“四洗”“散乱污治理”“村级工业园整治”等源头治理措施；坚持“污涝同治”，构建“厂—网—河—湖”一体化管理体制，全面加强水生态、水环境、水资源等流域要素协同治理。总结洛溪岛污水系统治理经验，印发《番禺区水环境系统化治理片区分工方案》《番禺区水环境系统化治理工作指引》，将全区划分为6大污水系统，统筹推进水环境系统化治理，全面梳理各系统排水单元达标创建、排水户管理、管网“清查修”、河涌调水补水、管网建设工程、村居及散区雨污分流，提升水环境治理体系和能力水平。

【洛溪岛水环境治理】2022年，番禺区水务局全面梳理洛溪水环境状况，将洛溪污水系统划分为3个二级分区、14个网格，对网格实施定点水质及水位监测，对河涌沿线排口、公共管网、排水单元开展溯源，解决河水倒灌、截污闸渗漏、管网错混接、外水入侵等问题。落实常态化河涌岸线及河面保洁，用科技手段监测，洛溪净水厂处理实现“联调联控、应收尽收、日排日清”，逐栋逐户摸查，登记造册归类，靶向灭源整改，系统整治污染源。

【排水设施管理】2022年，番禺区水务局将全区排水系统划分为174个网格，精细化管理排水设施。完成排查清疏2806千米，发现管网问题2425处，完成修复1086处；复检2169个达标排水单元，发现存在问题的达标单元445个，落实整改366个。以污水系统为整体，以提升泵站为单元，结合上下游水位和水量开展联调联控，排水管网运行水位下降，控制雨天溢流污染；每天两个时段对全区7座净水厂监测进水口、主要泵站及关键管网节点的水质浓度和液位；通过纵向对比，发现水质偏低的节点和液位变化大的点，开展排查追溯。

【碧道建设】2022年，番禺区串联原有绿道、轨道交通节点和公园绿地等公共资源，建设番禺特色“水清岸绿、鱼翔浅底”碧道体系。采用“碧道+”建设模式，结合城市发展定位、文化资源、自然资源规划碧道建设方案。截至2022年年末，打造“碧道+品读水文”珠江黄埔航道碧道、“碧道+生态绿岛”莲花山水道、“碧道+多元文化”龙湾涌碧道等70条碧道，总计222千米。通过建设碧道恢复河道自然生态，盘活闲置滨水产业资源，为市民提供休闲活动空间。

【水闸泵站管理】2022年，番禺区水务局按照“水利工程补短板、水利行业强监管”的水利改革发展要求，开展泵站标准化管理建设，印发《广州市番禺区水务设施运行中心规章制度汇编》，确保设备安全、规范运行。沙陇尾泵站以934.6分获得“2022年度省级标准化规范化管理示范泵站”称号。

（刘嘉文）

## 供　水

【概况】截至2022年年底，番禺区水务集团公司（简称水务集团公司）资产总额超80亿元，在职员工约1500人，下辖4家二级子公司和11家三级子公司，属下供水厂5间，最大产能规模达133万吨/日；净水厂7间，污水处理能力为101.2万吨/日。水务集团公司大力优化营商环境，获得用水项目服务再提速，实现用水业务“零次跑”“无纸化”“零证件”办理，污水处理费电子票据“零跑”取票。

【供水优质稳定】2022年，水

2022年9月28日，钟村净水厂完成一期污水处理量提升技改项目
（区水务集团公司 供图）

务集团公司年得1.8亿立方米水权增量，下属五大供水厂出厂水水质合格率达99.99%以上。集团下属专业工程公司和各供水子公司组成专业化抢险管养队伍，全天候应对管网爆漏抢修等突发情况。完成7679户2000年前建成的无物业无加压老旧小区用户供水设施改造，完成横江村、甘棠村等7个村约7000户自来水提质增效工程，实施傍雁路、南站商务区、莲花路等供水主干管建设。

【净水厂运行】2022年，水务集团公司7间净水厂总处理水量突破3亿吨，比上年上升12%。各净水厂水质均稳定达标，净水厂污泥无害化处置率为100%，一体化水质净化设备稳定运行。水务集团公司完成钟村净水厂一期污水处理量提升2万吨/日改造任务，启动前锋净水厂提升5万吨/日处理能力的扩容技改。围绕番禺区水环境治理三年攻坚行动，推进桥南净水厂、中部净水厂二期工程（大龙）、创新城净水厂、广州南站地区净水厂4家净水厂新建前期工作。

【排水管理公司成立】2022年6月1日，水务集团公司出资5000万元注册成立广州市番禺城市排水管理有限公司。番禺城市排水管理有限公司负责全区（广州大学城除外）市政排水管网及其配套设施的日常运行、巡查养护、维修、抢修；“三防”、内涝值守及应急抢险；现状管网排查整改，管网缺陷修复；排水业务相关的“12345”热线案件处置、咨询投诉处理等业务。6月13日，水务集团公司与区水务局签订委托监管责任书，排水公司委托区水务局垂直管理。

（邱尧童）

## 电力供应

【概况】2022年，番禺供电局服务全区除小谷围街道外的15个镇（街道），供电面积500.68平方千米，用电客户81万户，全年完成售电量129.51亿千瓦时。

【电网建设】2022年，番禺电网市场化需求侧响应和虚拟电厂注册2167户，最大响应负荷58万千瓦。中压线路可转供电率99.5%，不停电作业覆盖率100%，全年未发生拉闸限电和错峰用电。电网建设完成主配网投资5.66亿元，电力设施迁改投资1.39亿元。220千伏松涛站和110千伏洛浦西、滨海、天安站投产。124项配网白名单项目按期投产，度夏项目投产及时率100%。完成景观大道迁改工程等主配网迁改工程23项。全网投产配电自动化改造项目50个，新建营配2.0台区331个，“自愈”复电有效率54.02%、同比增加25%；解决城中村重过载、低电压等问题323个，频繁停电同比下降34.36%，整治安全隐患482项。

【供电服务】2022年，番禺供电局成立番禺区优化用电营商环境联席办公室。在“主动办”方面，为华南理工大学国际校区、广东仲元中学、番禺区新图书馆、中航光电等18家重点企业提供服务，按客户要求如期送电力。在“线上办”方面，全面推广“零证办电”“电子签章”服务，全业务线上办理率 99.96%。在“一次办”方面，电水气热网向联合踏勘、联合变更等服务延伸，区政务中心“电水气”联合报装窗口实现“一次申请，综合受理”。首创临电租赁“容缺机制”，卓远 VR 产业园“临永结合”项目为客户节省投资 50 万元。为企业纾困解难，实行“欠费不停供”，惠及 6892 户，低保、特困户免费电办理率 100%。

2022 年 7 月，碧桂东苑小区加装管道燃气　（区城管局 供图）

【绿色电力】2022 年，番禺区供电局支持用电绿色低碳项目建设，投产可量化电能替代项目 66 个，替代电量 8492 万千瓦时，组织分布式光伏并网 462 项。南方电网公司首座双层装配式“零碳数字电房”创优工程投产。广汽埃安建设零碳工厂“光储充”项目。建设“绿色政府”“绿色学校”“绿色园区”光伏合作项目 4 项。番禺区供电局与广汽商贸公司合作开设全市首个 4S 店充电桩办电点，实现“订车即报装，提车即充电”。

（黄宇婵）

## 燃气管理

【概况】2022 年，番禺区制定老旧小区用气安全、餐饮场所风险排查、瓶装液化气经营使用、企业和站点安全管理、燃气工程建设管理等安全应急方案。检查各类用气场所、燃气销售点 1.5 万家次，整治燃气安全隐患 549 处，拆除违规燃气热水器 487 个。

通过降低报装费用、补贴资金等方式，鼓励用户使用管道燃气，新增安装居民用户 24223 户，其中旧楼居民用户 4830 户，新增“瓶改管”非居民用户 203 户。

【燃气供应安全】2022 年，番禺区城管局强化燃气行业管理责任，指导燃气企业加强行业管理。运用“大瓶改小瓶”“随瓶送指引”“视频教安装”“回访保安全”保障瓶装燃气配送安全，采取固定地点交接、无接触配送等方式，保障封控区居民家中燃气配送、安装、使用各个环节安全。联合区融媒体中心开展燃气安全宣传，进行燃气安全演练，增强用气安全意识。

【燃气执法管理】2022 年，番禺区城管局深化燃气安全监管，开展排查整治，各镇、街道联合公安、市场监管等职能部门和第三方安全评价公司，检查出租屋、燃气经营企业、燃气站、燃气供设施及燃气使用场所，召开燃气管理工作会议，压实燃气经营企业责任。全年查扣违规气瓶 569 个，打击 19 个燃气经营黑点，立案查处燃气违法类案件 62 件，罚款 68 万余元。

（蓝剑文）

# 应急管理

番禺年鉴 2023

## 应急工作

【概况】2022年，番禺区召开区委常委会、区政府常务会议26次，研究部署安全生产、消防、“三防”和森林防火工作。健全应急指挥体系信息化建设，推动防汛抗旱态势分析、应急指挥一张图、应急数据体系、应急管理一张图、应急装备综合网等方面建设应用，实现“粤视会”App全村居覆盖，区、镇和街道、村居互联互通，提高应急处置响应速率。加强预案管理，全区开展应急救援预案备案登记136家。全区安全生产形势总体稳定好转，无发生较大及以上生产安全事故，发生各类生产安全事故19起，死亡17人，事故起数同比下降14%，死亡人数下降23%。其中，房屋建设工程类、轨道交通工程类、工贸制造业各发生事故1起，死亡1人；生产经营性道路交通事故11起，死亡10人；水上交通发生事故3起，死亡2人；其他类型发生事故2起，死亡2人。

【乡镇街道应急管理改革】2022年，番禺区出台《番禺区深化乡镇街道体制改革完善基层治理体系实施方案》《石碁镇关于深化体制改革推进整合各类协管员队伍试点的工作方案》，明确排名第一的副职领导统一分管应急管理工作，镇、街道应急指挥中心统筹承担指挥调度、会商研判、信息综合等工作职责，实行24小时值班制度，常态化开展综合指挥调度。番禺区应急管理局推进乡镇街道应急管理改革“四个整合”，整合镇街应急管理工作相关队伍力量16支8679人，包括专职安全员队伍16支378人、森林防灭火队伍14支423人、地震地质灾害救援队伍16支120人、“三防”抢险救援队伍16支7296人、灾害信息员16支462人。

【应急安全宣传教育】2022年，番禺区安全生产委员会办公室组织到16个镇、街道的社区、工业园区、企业、公园、地铁口、公交车站等公共场所集中展示安全生产教育宣传图板，派发安全生产“十五条硬措施”宣传海报1万份、建筑类事故案例小册子5000本、安全生产月主题宣传海报4800份等。以南村镇华南碧桂园社区、钟村街道锦绣花园社区为试点，开展安全生产和应急管理“进社区”示范点工作，定期制作发放消防灭火、燃气、用电、“三防”等宣传海报1000多份、安全折页8000张、新安全生产法2万本、自然灾害普查、省防灾减灾手册2000本。依托地震科普

2022年9月21日，南城养护所开展2022年公路养护安全及应急能力培训暨安全生产演练活动　（南城养护所　供图）

馆，组织接待驻地企事业单位及各区中小学开展地震科普宣传活动8场，接待科普宣传参观4800多人次。抓企业人员安全生产培训，培训企业安全管理人员7979人次、企业主要负责人5530人次、特种作业人员11599人次，开展安全技能培训4035人次。

（杨康、方浩萍）

## 安全生产监督管理

【概况】2022年，番禺区安全生产委员会每季度召开视频会议，研究部署防范重特大安全事故工作。在元旦、春节、中秋、国庆等重大节日和重要时间节点，区党政班子领导带队到基层和企业一线督导安全生产工作。开展城中村交通和消防安全专项调研，形成《关于城中村交通调研情况的报告》《番禺区城中村消防安全问题调研报告》。番禺区安全生产委员会办公室印发《关于进一步完善区安全监管职责部门应急管理和安全生产工作机制的有关规定》《番禺区抓好落实安全生产十五条硬措施工作方案》《番禺区贯彻落实国务院安委会安全生产15条硬措施和广东省65条具体措施重点任务分工表》等制度措施。开展生产安全事故调查6起，移送公安机关追究刑事责任3人，依法行政处罚4家责任单位和15名责任人，罚款272.6万元。发布安全生产信息652条，其中镇和街道294条、部门217条、区属公有企业141条。发布安全发展指数通报44期，以镇和街道检查企业数、隐患排查数、执法查处数、事故发生数、危化品打非治违数作为检验工作成效指标。区安委办、“三防”办发出安全生产、防灾减灾、“三防”等各类督办或提醒函44份。

2022年3月17日，番禺区交通运输局对亚运大道2标段和跨砺江河大桥工程开展安全生产检查
（区交通运输局 供图）

【安全生产重点整治】2022年，番禺区安全生产委员会办公室打好安全生产专项整治三年行动收官战，落实专题专项行动工作进展、重大隐患和制度措施月报制度，聘请第三方专家评估进展、查缺补漏，建立健全番禺区道路建设工程安全风险辨识评估和分级管控工作机制、道路建设工程气象预警应急响应机制、道路建设领域危大工程监督管理制度、区应急管理局重大行政执法决定法制审核办法等制度。区、镇（街道）二级应急管理部门检查企业7.76万家次，发现并督促整改隐患17.24万项，办理一般程序案631件，办理简易程序案2571件，罚款1468.1万元。

【安全监管打非治违】2022年，番禺区加强危险化学品、烟花爆竹、油气管道、加油站等领域安全监管，推进危险化学品综合治理工作，建立打击“野鸡车”长效机制，拓宽举报投诉渠道。开展危险化学品、烟花爆竹、汛期安全、重点运输车辆、易燃易爆易制毒、油气长输管线、打私禁毒、燃气管道、枪爆整治、危险货物及固体废物运输、打击非法成品油、“双随机、一公开”、安全生产跨区域等跨部门联合执法检查21次，出动执法人员224次，整治隐患390处。检查危险化学品等行业企业1432家次，治理安全隐患3289处，涉危化品立案130件，处罚66.5万元；打掉非法经营储存窝点41个，没收非法烟花爆竹29吨，其中协助江门市公安局查获20.01吨，立案22件，刑事拘留5人，行政拘留22人。

【重大安全风险防控】2022年，番禺区安全生产委员会办公室出台《番禺区近五年安全生产情况分析及2022年风险防范对策报告》。区安委办、区“三防”办、区森防办等制作安全生产、“三防”、森林防火等重要风险和应急处置一张图，包括《2022年度水利设施防御指挥、内涝防御、地质灾害隐患点分布图》收录标注50多个“三防”风险点和在建水利工程基本信息，48个有林山头“一山一图”收录标注消防车通道、水塘水池、消防栓、重点防护对象等基本信息。《番禺区全年度风险点隐患点》收录标注660多个重点监管对象和风险隐患点基本信息。

（杨康、方浩萍）

2022年11月9日，在番禺区2022年消防安全宣传月启动仪式上，南村镇专职消防队被授予“2022年度消防工作优秀镇街专职队”称号

（南村镇 供图）

## 减灾救灾管理

【概况】2022年，番禺区减灾委员会印发关于进一步加强应急避护场所管理工作的通知，修订完善区及相关行业突发事件现场应急处置第一响应要领。番禺区“三防”办组织建立“三防”专家智库192人、“三防”应急抢险队伍7228人。防汛物资4大类23种，总价值约1500万元。

【防汛抢险应急保障】2022年，番禺区重要水浸风险点安装液位感应终端，58座过人过车涵隧安装防内涝智能管控系统。形成《番禺区暴雨内涝风险处置强化要领十条》并得到全市推广。开展“龙舟水”及台风恶劣天气防御工作，出动应急抢险人员26443人次、车辆2886辆次、抽水设备1893台次。在台风、暴雨、洪水等影响期间转移人员3894人次，按照防台风“六个百分百”要求落实船归港、人上岸等工作。

【森林防灭火“安全墙”】2022年，番禺区森林防灭火指挥部办公室开展森林火灾隐患排查整改，拆除林边违法建(构)筑物95处，拆除37312.35平方米，开设10米宽森林防火隔离带60.89千米。落实48个有林山头的“一山一策”“一山一图”标注林地边界、消防通道、取水点、相关责任人、周边防护对象等信息。归纳总结森林防火工作，开展森林火灾演练71次。补充消防栓、蓄水池（罐）等取水点41个，全区有取水点966个。

【防灾减灾应急演练】2022年，番禺区减灾委办公室夯实村委会、居委会防灾减灾救灾能力“十个有”建设，印发《区级“十个有”建设工作台账示范样板》，265个村居完成防灾减灾建设，占总数的96.36%。番禺区应急委办开展燃气管道泄漏综合应急演练，加强燃气安全风险隐患排查和监测预警，提升应急作战能力。番禺区安委办推行安全生产责任保险制度，重点领域参保企业2060家，完成市下达任务的125.69%。

（杨康、方浩萍）

# 教科文卫体

番禺年鉴 2023

## 教育

【概况】2022年，番禺区推进广东省中小学“三全育人”体制机制建设实验区、广东省随班就读示范区、广东省“名师课堂”建设实验区、广东省校园网络安全示范区建设。全区有幼儿园362所，其中公办性质园189所、普惠性民办园133所、规范化以上幼儿园339所，在园幼儿100442人，适龄儿童毛入园率为118.82%。有中小学221所，其中公办181所、民办40所，小学142所、初中65所、普通高中14所（含完全中学9所）；在校中小学生254789人，其中小学生171940人、初中生58224人、普通高中学生24625人。有中职学校3所、学生10621人。有特殊教育学校1所、学生586人。有社区教育学校8所，电大、党校、教师进修学校、青少年宫各1所。番禺区教师发展中心成为首批通过广州市教育局认定的6个区级教师发展中心之一。中小学有在职教职员工（含民办学校）20039人，其中在编教师9094人。幼儿园有在职教职员工17072人，其中在编教师254人。招聘录用优秀高校毕业生290人，现职教师237人，认定区骨干教师913名。推进“区管校聘”发展，义务教育阶段教师交流637人，高中城乡教师交流22人。

【教育资源供给】2022年，番禺区完成44所学校新建、改建、扩建工作，新增建筑面积12.6万平方米，完成投资9.2亿元，其中番禺区重点建设学校项目8个，完成投资5.26亿元。推进2022年番禺区十件民生实事“统筹增加基础教育学位”项目。9月，广东仲元中学第二校区、广东番禺中学实验学校等6所公办中小学开办并完成招生，增加公办中小学学位11790个。推进23所公办幼儿园项目建设，新开办石楼镇中心幼儿园赤山东园区等公办幼儿园10所，新增公办幼儿园学位5460个。

【幼儿教育】2022年，番禺区公办幼儿园学位59520个，占比51.50%；普惠性幼儿园学位100260个，占比86.75%。推进“岭南文化育人”项目发展，认定22所项目实验园，遴选100名项目教师。东城幼儿园研发的“幼儿成长测评系统”获国家专利认证。

【义务教育】2022年，番禺区引进华南师范大学附属广州大学城小学、广东第二师范学院番禺附属中学、广铁一中天成中学、广州大学附属小学、广东外语外贸大学番禺实验学校、广大附中番禺实验学校等10所公办中小学，促进全区义务教

2022年6月29日，番禺区教育局在东城幼儿园举行《防溺水童谣》发布仪式
（区教育局 供图）

育优质均衡发展。义务教育阶段进城务工人员随迁子女入读公办学位（含政府购买民办学位）占比超95%。

【普通高中】2022年，番禺区有普通高中14所，其中国家级示范性高中5所、广州市示范性高中3所。普通高中确立“错位发展”“学校自主”“区域统筹”区域建设特色，形成以科技、人文、数理、艺术、体育等为主要办学特色的多样化发展格局。加强岭南校园文化内涵建设，如仲元中学的君子文化、象贤中学的贤文化、大龙中学的立本文化。

【职业教育】2022年，番禺区以省高水平中职学校建设为抓手，推动3所职校精品专业5个项目入库市中职教育教学成果项目库。参加市级以上技能竞赛获奖307人次，国赛获奖5人次，省赛获奖113人次。番禺职校《对接先进制造业中职数控专业精准育人的改革与实践》《适应新型城镇化“分类定制”精准育人的改革与实践》分别获得2022年职业教育国家级教学成果奖推荐成果、省教育教学成果奖职业教育类一等奖。是年，番禺区中职毕业生3032人，其中2478人通过“3+证书”考试、三二对接等方式升学，21人通过春季高考、夏季高考升入本科院校，就业540人，升学就业率99.54%，毕业生对口就业率93.64%。

【思政教育】2022年，番禺区推进广东省中小学“三全育人”体制机制建设实验区工作，开展师资培训40余场次，举办德育课程研讨60多场。番禺区职业技术学校成为广东省首批中职学校“三全育人”试点学校建设单位。评选出文化德育优秀成果600多项。番禺区青少年法治教育项目获第六届“法治政府奖提名奖”。13项德育成果获广州市第七届德育创新成果奖。编写创文工作手册，推进文明校园建设。在广州市优秀班主任工作坊评选、广州市优秀家长委员会评选中，获奖数量名列全市各区第一。

【教育信息化建设】2022年，番禺区推进“番禺教育数字化中枢平台”数据中心建设。49所学校2355支模拟摄像机升级为数字高清网络摄像机，5所中小学的老旧校园网进行全光网升级改造，将教育系统互联网出口升级到12.6GB。15所学校被评为广东省校园网络安全示范校，占全市的44%。3所学校成为健康声环境建设全国先行试点学校。获市中学化学和生物学实验操作与创新技能竞赛奖11个、基础教育实验精品课遴选活动奖16个，占全市的1/6。

【“双减”工作】2022年，番禺区开展校外培训机构治理，召开区“双减”工作调度会16次，学科类培训机构全部压减。全区应纳入资金监管机构136所，已全部纳入监管，预收费监管金额633.68万元。推动实施622名从业人员背景审查，覆盖78间机构305份培训教材学科与非学科鉴定，从业人员、培训材料录入全国统一监管平台，接受社会监督。检查667次，检查机构3899所次，查出并完成问题整改258项。查处隐形变异问题13个、违法违规培训行为工作典型案例8起，责令退还学员学费153万余元。通报或曝光机构违法违规问题35次，关停无证机构344个。推进区十件民生实事“第三期舒适午休”项目，完成午休场室改造60个，增配空调1081台、学生午休床（坐躺椅、折叠床、床柜等）4095张、睡垫1232张、储物柜4273个、储物架49个。8.45万名学生实现平躺睡，占在校午托学生的87.66%。

【番禺区教师发展中心】2022年，番禺区教师发展中心成为广州市首批通过认定的6个区级教师发展中心之一。番禺区教师发展中心开展广东省“名师课堂”实验区工作，组织6个市级名师工作室实验点，开展“名师课堂”常态定向网络帮扶和配套课题研究。开展各级各类培训活动1.6万多人次，其中“番禺名师大讲堂”培训学科教师近1.3万人。中小学各学科教研员集体到学校调研56次，听课1125节。成立27人的区科研中心组，搭建“易思坊”学术论坛平台，服务本地教师专业发展需求。422项区级课题立项，成功申报各类省级规划课题11

项、市级规划课题105项，3项教学成果被省推荐参加国家教学成果评审。

【“研学后教”课堂教学品牌】2022年，番禺区建设高效课堂、素养课堂和技术课堂。启动基于大数据学业分析智能诊断与精准课堂教学质量提质增效工程，探索“融乐智慧”赋能作业减负提质方法。开展高考中考备考教研100多场次。确定9所优质学校和10所乡村扶持学校开展教研结对帮扶，成立小学语文等10个学科带头人培训工作室抱团帮扶。启动线上教育，保障23.68万名学生线上学习。成立线上教学质量督导组，做好课件审查、线上教学巡课等工作，实现对线上教学质量把控全覆盖。

（陈隆辉）

【广州番禺职业技术学院】2022年，广州番禺职业技术学院有全日制在校生14284人。教职工有954人，其中正高职称74人，副高职称187人，博士120人。有国家级教学名师（含“万人计划”教学名师）7人、享受国务院政府特殊津贴专家6人、国家级教学团队（含教学创新团队）4个、全国高校黄大年式教师团队1个、国家级课程思政教学团队1个、全国技术能手3人、世界技能竞赛教练1人、全国五一劳动奖章获得者1人、全国优秀教育工作者1人、全国高校思想政治理论课教师影响力提名人物1人、黄炎培职业教育杰出教师1人、青年珠江学者2人。全国教育系统先进集体1个、全国职业教育先进单位1个。有国家骨干专业10个、国家示范性高职院校重点专业6个、全国职业院校国家级示范专业点1个、中央财政支持提升专业服务产业发展能力专业2个、省级示范性专业9个、省级重点建设专业8个、省级品牌建设专业16个、省一流高职院校建设计划高水平专业6个。11门课程被遴选确定为2022年职业教育国家在线精品课程，国家级精品课程累计44门；获国家级教学成果奖9项；获国家教材建设奖6项；有国家级校内实训基地3个、国家职教示范性虚拟仿真实训基地培育项目1个、国家级创新创业教育实践基地1个、省级校内实训基地17个、省级大学生校外实践教学基地20个、国家级课程思政教学研究示范中心1个。推进广东省“三全育人”体制机制建设试点单位建设。成立领航学院，与广东革命历史博物馆共建“大思政课”实践基地。“职业生涯策略规划”入选2022年广东省高校就业创业特色示范课程，“自在生涯工作室”入选2022年广东省高校职业生涯咨询特色工作室。成立智慧汽车学院。省创新强校工程考核成绩排名全省第二。全国职业院校技能大赛获奖项排名全省第二。在第八届中国国际“互联网+”大学生创新创业大赛全国总决赛中获1金2铜的好成绩。多元合作共建产业学院11个，建立第三批“小、精、灵”校企合作载体36个。入选首批国家级职业教育“双师型”教师培训基地。获得市局级以上纵向科研项目立项114项、资助经费599.1万元。签订横向科研项目合同162项1047.759万元。学校珠宝玉石及首饰检测中心、建筑工程检测中心和软件评测中心通过资质认定并投入使用。实施“留学番职”拓展计划，被泰国、巴基斯坦等国（境）外合作院校采用专业教学标准7个、课程标准16门。与20多个国家及地区签署48份教育交流与合作协议。建立教师国（境）外研修访学基地5个。学校教师获2022WFCP卓越教育工作者银奖。

（蒋云龙）

【番禺区广播电视大学】2022年，广州市番禺区广播电视大学开设会计、工商企业管理、行政管理、法学、学前教育、社会工作、商务英语等21个本科、专科专业，在校生2010人。开展“羊城村官上大学”和“乡村教师振兴计划”定向招生项目工作。专科、本科合格率在广州开放大学系统中名列前茅。柯凤娟被评为国家开放大学优秀学生干部，梁桢辉、马媛、梁坤妹被推荐参选国家开放大学优秀毕业生。32人获国家开放大学奖学金。构建以番禺学院为中心、覆盖“区—镇街—村居”的老年教育学习体系，智慧助老项目入选广东省老年大学示范校建设项目和广州市教育局智慧专项项目。基本完成番禺区和广州老年开放大学社区教育、老年教育师资库、志愿者库前期建设工作。组织社区老年教育学习活动，培育粤曲社、文体团、合唱团自主型学习团队。番禺区广播电视大学开设社区老年教育课程45门，面授、直播课学员1761人。线上参与常规课程52129人次。线上参与大讲堂1192人次。番禺区广播电视大学挂牌成立“番禺区家庭教育指导服务中心”。筹备番禺区家校共育培训，对区教育局选拔的首批幼儿园、中小学骨干教师开展家庭教育指导讲师培训。开展线下线上家庭教育系列讲座、沙龙、送课到校、线上志愿等活动。番禺区广播电视大学以课题研究、论文发表、网络课程及小课件制作为重点，发动教师参与课题研究与教学改革项目研究工作。其中朱建芳在国家开放大学教育类专业思政优秀教学设计方案征集活动中获三等奖，微课“0～6月龄婴幼儿最新喂养指南”获番禺区一等奖；两个广州开放大学青年课题结题。自主开发出版的教材《中老年人形象管理与提升攻略》入选国家新闻出版广电总局和全国老年委办公室联合向全国老年人推荐的优秀读物。完成“手机摄影”“智慧生活”等5门精品微课制作。

（刘铱）

# 科技

## 综述

【概况】2022年，番禺区研发投入190亿元，增长8.18%，其中企业研发投入160亿元，同比增长9.33%。全区12家企事业单位获得广东省科学技术奖，其中长隆集团获科技进步奖特等奖，广州中科新知科技有限公司获得技术发明奖二等奖，广汽埃安新能源汽车股份有限公司、佳都科技集团有限公司、高勋绿色智能装备（广州）有限公司、鹏辉能源科技有限公司、广州益维电动汽车有限公司有限公司获科技进步奖二等奖。广汽埃安、广州希音国际进出口有限公司、广州汇天航空航天科技有限公司（小鹏汇天）、广州探迹科技有限公司4家企业入选“2022年中全球独角兽榜”，广州九尾信息科技有限公司、乐摇摇科技有限公司官网等15家企业入选广州市“独角兽”“未来独角兽”“高精尖”企业。截至2022年，全区上市企业达到25家，居全市第三，市值超3000亿元。完成技术合同登记近1000项，成交额逾62.67亿元。番禺区入选首批国家知识产权强县建设试点县（区），城市创新指数综合得分排名全市前列，科技创新综合实力稳步提升。

【创新园区建设】2022年，番禺区加快建设大湾区科技创新核心平台，广州国际科技创新城、广州大学城纳入广深港澳科技创新走廊核心节点。省、市、区三级共建广州（国际）科技成果转化大学城基地，推进广州人工智能与数字经济试验区（大学城园区）、广州大学城粤港澳大湾区创新创业集聚区建设；国家未来产业科技园和粤港澳大湾区国家技术创新中心智能系统创新基地大学城基地落户广州大学城；广州大学城科技成果转化中心、粤港澳大

2022年6月10日，“XbotPark科创训练营·夏令营启动仪式”暨2022番禺区第二季度人才科研成果交流座谈会在广州大学城举行

（小谷围街道 供图）

湾区（番禺）海创人才科创中心显现效益。

【高新企业孵化】2022 年，番禺区有科技企业孵化器 40 家、众创空间 15 家，其中有国家级科技企业孵化器 5 家、国家级众创空间 6 家。全区有高新技术企业中上规企业 794 家，增长 19%，占当年“四上”企业总数的近 17%。全区入库国家科技型中小企业 1997 家，居全市各区前列，同比增长 27%。

（蔡伟雄）

## 气象建设

【概况】2022 年，番禺区气象局实施“131631”预报预警服务模式，预报质量在全市 9 个区局中排第四。全年发布灾害性天气预警信号 178 次，制作气象信息快（专）报 39 期，发送气象预报预警信息 3156 条，覆盖约 1090 万人次。完成春运、五一、中秋、国庆、重阳等重要节日以及省考、高考、中考、省运会以及番禺国家级沿海渔港经济区揭牌仪式等 21 次节假日及重要活动的气象保障服务。深化“放管服”改革，开发气象证明出具事项系统，将 9 项事项进驻“政务晓屋”，推行告知承诺制和“容缺”受理。办理行政许可项目 13 项，出具气象证明 74 份，办理建设工程联合验收项目 112 项、土地出让项目 18 项。开展防雷安全检查，出动执人员 159 人次，检查易燃易爆危化品企业、建筑工地等单位 108 家次，发现并整改隐患 54 处。

【气象精密监测】2022 年，番禺区气象局新建 3 套气象观测站，改造 2 套气象观测站，新增 1 套 K 波段毫米波测云雷达、3 套大气电场仪和 1 套微波辐射计。建成 44 个气象观测站，平均间距 3.5 千米 ×3.5 千米，综合探测能力得到提升。

【重点行业气象服务】2022 年，番禺区气象局引进内涝预报预警信息化平台，健全番禺内涝气象风险预警工作机制；开展农情调查，提供农业气象服务月报和专报；推进《番禺区旅游气象服务三年行动方案》，开启“全域旅游 + 气象”专业服务模式；为海事、渔业、航运行业开展“直通式”信息服务，打造番禺水上交通气象安全体系；助推乡村振兴，协同开展大气污染防治和水环境治理，助力实现“双碳”目标。

【气象科普宣传】2022 年，番禺区气象局开展“3·23”世界气象日主题宣传活动，在 5 个直播平台播放专题科普视频，单日播放量 16.5 万次；在微信公众号、微博发布科普信息 4180 条，阅读量 2733 万次；制作《古建筑中的气象科技》《小姐姐说天气》等系列科普视频，其中 4 部视频被“学习强国”学习平台采纳，播放量 14.8 万次。

（李芷琪）

# 文化

## 综述

【概况】2022 年，番禺区有国家级代表性非遗项目名录 3 项、省级名录 10 项、市级名录 9 项、区级名录 25 项，有国家级代表性传承人 1 名、省级代表性传承人 7 名、市级代表性传承人 14 名、区级代表性传承人 29 名，有 3 个省级非遗传承基地和 14 个区级非遗传承基地。全年举办各类文化惠民活动 173 场次、线上线下约 626.89 万人次参与受惠，组织“文化服务进基层”活动 72 场次。番禺区在 2022 年广州市群文创作工作中获综合排名第一，原创广场舞《湾区时代》入选全国第十九届群星奖，81 个由区文化馆组织创作或推荐的文艺作品获得奖项。

【文化场馆建设】2022 年，番禺区图书馆新馆完成工程量 2.69 亿元，完成进度的 99%。推进全区图书馆总分馆服务体系和文化馆总分馆制建设，建成图书馆总分馆 46 间、文化馆总分馆 24 间和服务点 19 个。全区每万人拥有公共文化设施建筑面积 1506.54 平方米。番禺区入选中国图书协会授予的 2022 年“书香城市（区县级）”发现活动。

【文化市场管理】2022 年，番禺区文广旅体局共出动执法人员 8068 人次，检查各类经营企业

2022 年 1 月 13 日，2021 年度广州市番禺区“乡村大舞台 有才你就来”举行线下决赛
（区文化馆 供图）

2372 余家次，清理不良有害信息 153 万余条，处理违规账号 13 万余个。全年接投诉 2093 起，立案 12 件。受理办结文化广电旅游体育行政审批事项 411 件。出动 4838 人次检查各类文旅体企业、事业单位 1700 家，发现各类安全隐患 1389 处并全部整改完毕。

【非遗传承保护】2022 年，番禺区文广旅体局印发《番禺区非物质文化遗产保护工作联席会议制度》《番禺区非物质文化遗产补助经费发放方案》，完成区级第六批非遗代表性项目名录公布、市级第八批和省级第八批非遗代表性项目推荐工作。组织开展“非遗进校园”“我们的节日”“文化、自然遗产日”青少年粤剧传习社、成年粤曲班等传承以及非遗讲堂等活动。全区以“读懂广州、读懂番禺——寻找家乡的故事”为主题，组织开展番禺区历史文化保护传承系列活动，举办专家研讨会、“番禺乡音图书馆”建设、乡情乡贤乡俗展演大赛、“记住·乡愁”——广州市番禺区记住乡愁实践教育基地西坊大院成果展等活动。举办“粤韵飞扬 逐梦湾区”广东音乐会、广东音乐文化传播推广活动。

【文化产业发展】2022 年，番禺区文广旅体局印发《广州市番禺区推动文旅体产业链（含文化遗产保护和活化利用）高质量发展三年行动计划（2022—2024 年）》，以促进智慧旅游、直播、VR/AR、健康体育、文化遗产保护和活化利用 5 条产业链发展。全区有“四上”文化体育娱乐业企业 40 家，营业收入 19.45 亿元，下降 39.2%。6 月，西坊大院文化创意产业园获得市级文化产业示范园区称号，入选 2022 年“广州文化产业园高质量发展优秀范例”；12 月，广州巨大创意产业园获 2022 年广东省省级文化产业示范园区创建资格，省市级文化产业示范园区上升至 11 家。7 家文化企业 9 个项目获得 2022 年广州市文化和旅游产业发展专项资金“数字文化产业项目”资助 165 万元。

【应急广播】2022 年，番禺区建成 1 个区级应急广播管理平台及播控平台、16 个镇（街）级播控平台和 175 个行政村级播控平台及 2100 个应急广播终端，应急广播系统日均开机使用率 90% 以上。16 个镇（街道）级平台和 175 个行政村级平台播出超过 5000 条宣传音频，播发总数超 10 万条，播出时长超过 30 万小时。

【文物保护】截至 2022 年年末，番禺区有不可移动文物 756 处，其中有全国重点文物保护单位 4 处、广东省文物保护单位 5 处、广州市文物保护单位 51 处、番禺区文物保护单位 30 处、番禺区登记保护文物单位 666 处。是年，番禺区设立文物管理和历史文化名城保护委员会，是广州市首个区级文物与名城保护联合机构，7 月 8 日召开首次全体会议，统筹开展全区历史文化遗产保护利用工作，提升城乡建设中的文保意识。番禺区文物保护专项资金完成自 2014 年设立以来的首次扩充，部分解决文物保护工程、文物安全信息化、文物安全巡查资金不足问题。制定番禺区文保监督员管理工作方案。重点办理省市区政协呼吁的熊十力故居保护提案，保护化龙镇塘头村名人相关历史文化资源。推进55个项目文物修缮、抢险、保养维护、保护规划等项目，7项文物修缮工程顺利验收，6项文物修缮设计方案、2项文物保护规划通过专家评审。何小静、何虹烈士故居等15处革命文物经修缮后，成为群众身边的红色文化学堂。傍江西罗氏大宗祠修缮工程获广州市建筑工程装修装饰奖。制作石壁街区氏孖祠堂、石碁镇小龙曾氏大宗祠的番禺祠堂口述历史祠堂文化专题片。召开“南越封疆华表 湾区人文地标——莲花山”历史文化研讨会，出版《番禺莲花山历史文化论文集》，扩大番禺莲花山历史、地理、旅游资源影响力。专题纪录片《番禺汉墓》在中央电视台科教频道（CCTV-10）黄金时段播出。

（何晓晴）

## 档案工作

【概况】2022年，番禺区贯彻落实新修订《中华人民共和国档案法》，做好档案监督执法和保管利用。番禺区档案局加强对区属单位档案工作的监督和指导，选取党委机构、政府部门、事业单位、国有企业等不同类型的10家单位作为年度检查对象，对发现违反档案法律法规、存在安全隐患的单位发出整改通知书，督促整改落实。番禺区国家档案馆严格按照《番禺区国家档案馆档案接收标准》，做好档案移交进馆工作。2022年9月29日，番禺区国家档案馆通过区级国家综合档案馆业务建设评价，被广州市档案局专家组评为“良好”等级。

【档案监督检查】2022年，番禺区档案局贯彻执行《档案检查工作办法》，组织开展档案执法检查。落实“双随机、一公开”要求，在区档案专家库基础上组建检查人员名录库，建立检查对象名录库，随机选取检查人员、检查对象，检查结果在省执法信息公示平台进行公示。对村“两委”换届档案、党史学习主题教育档案等重点档案进行监督指导，督促加强档案的收集、整理，并及时移交番禺区国家档案馆。

【档案宣教培训】2022年，番禺区档案局加强新修订的《中华人民共和国档案法》和档案规章制度的宣传，组织开展“6·9”国际档案日主题系列宣传活动；学习宣传贯彻习近平总书记对档案工作重要指示批示和中共二十大精神，开展全区档案业务培训，邀请省、市档案部门专家专题授课；加强各单位沟通交流，组织相关单位档案人员互相走访、观摩学习，提升档案管理水平和专业素养。

（周祥贵）

【档案接收】2022年，番禺区国家档案馆依法开展档案接收工作，丰富档案馆藏资源，完成32个全宗单位的档案接收进馆，其中包括机关文书档案330卷82255件，组织部换届办档案650件，党史教育办档案2954件，实物18件，照片150张，各类书籍178册。

【档案保管】2022年，番禺区国家档案馆加强档案保护管理，确保档案完整与安全。裱糊修复馆藏民国重点档案470卷46656页。组织鉴定工作小组对馆藏建国初期番禺县下辖12个区公所文书档案进行鉴定，鉴定档案278卷，开放档案112件。组织人员对馆藏实物档案开展新一轮全面清查和登记。严格按照《档案库房管理规定》落实库房安全巡查制度，在法定节假日前后、恶劣天气和雨季汛期组织开展专项检查，确保档案安全。

【档案利用】2022年，番禺区国家档案馆打造群众满意查档服务窗口，为各机关事业单位和市民群众提供各类档案查阅服务，接待513人次查阅。查阅内容包括婚姻登记、会议记录、工商注销、个人任职、调动介绍信、单位机构设置、民办教师和村干部名册及工龄核对等各类别档案。全年为群众提供各类别档案利用3184卷（册），复制档案证明资料40437页。

【数字档案馆通过国家验收】2022年，番禺区国家档案馆推进数字档案馆项目建设，构建覆盖局域网、政务网、互联网平台“三网一体”的数字档案馆。8月11日，番禺区国家档案馆建设的数字档案馆正式获批为

"国家级数字档案馆"，为广东省、广州市唯一获批单位。

（黄思雅）

## 地方志工作

【概况】2022年，番禺区国家档案馆（区地方志办公室）坚持守正创新编纂《番禺年鉴》，年度聚焦突出庆祝中国共产党成立100周年、党史学习教育、大湾区建设、南大干线经济带建设等重大题材和区委重点工作。《番禺年鉴（2022）》被评为广州市优秀年鉴。《沙湾街道志》书稿通过中国地方志指导小组初审，进入出版环节。有序推进《大岭名村志》编修工作。

【方志成果数字化】2022年5月23日，番禺区国家档案馆根据广东省地方志办公室关于推进方志成果数字化要求，完成对《番禺县志》《番禺市志》《全粤村情·番禺南沙卷》《番禺古祠堂》《番禺古村落》以及《番禺年鉴》等合计19308页地方志纸质书籍数字化工作。

【地情研究】2022年，番禺区国家档案馆全面梳理番禺区177个行政村有关始建村时间、民俗、历史名人、文物古迹、名树古木等情况，整理制作《番禺各村历史人文概况一览表》《番禺区各行政村建村历史一览表》，加强地情资料研究。

（黄思雅）

## 融媒体中心

【概况】2022年，番禺区融媒体中心推进媒体融合改革，有番禺电视综合频道、番禺电台、《番禺日报》、"掌上番禺"客户端、融媒体矩阵等多个媒体平台。覆盖有线电视终端40万个，电台频率覆盖珠三角地区，报纸发行6万份（其中付费阅读电子报3万份），融媒体矩阵粉丝量超300万人。获得国家广播电视总局"TV地标（2022）"中国电视和网络视听综合实力大型调研成果"年度优秀融媒体活动"、新华社颁发的2021年度全国县融中心"优秀商务服务奖"、中国广播电视媒体融合发展年会组委会颁发的年度融合创新全国区县（市）融媒建设标杆单位等8项全国性奖项。4月15日，番禺直播基地获新华社2021年全国县融中心优秀商务服务奖。7月30日，由区文广旅体局、区融媒体中心联合制作的广府文化人物访谈类节目《番禺记忆》在番禺电视综合频道播出。10月12日，番禺区广播电视台制作的公益广告《关爱父母多一分，上当受骗少一分》入选"2021年度广东省广播电视公益广告扶持项目"之广播类优秀作品扶持项目。12月29日，番禺区融媒体中心《科技赋能，重塑番禺乡村治理数字化》入选第九届"粤治——治理现代化"之"融媒体传播"类优秀案例。

【安全刊播】2022年，番禺区融媒体中心实现重大安全播出和重大网络安全零事故。完成中共二十大开幕式和二十届中央政治局常委中外记者见面会直播的转播任务，获广东省广播电视局、广州市文化广电旅游局通报表扬。冬奥、国庆、中共二十大等重点保障期间班子领导、中层干部、技术人员24小时在岗值守。完成"粤盾——2022"网络安全攻防演练等工作，开展各类安全应急演练20

2022年4月15日，番禺直播基地获新华社2021年全国县融中心优秀商务服务奖

（区融媒体中心 供图）

次，380 人次参与。

【中共二十大报道】2022 年，番禺区融媒体中心各平台在中共二十大期间开设《二十大特别报道》《二十大进行时》《二十大时光》《数说二十大》等专栏。报纸平台推出二十大特别报道稿 120 多篇，《番禺日报》推出特刊《建功新时代——出新出彩美番禺》。新媒体平台通过"掌上番禺"、广州番禺发布、《番禺日报》、番禺台微信公众号发布大会相关动态。电视平台播出《我区组织收看党的二十大开幕会》，上送广东省电视台播出港澳青年创业者和广汽埃安一线工人谈收看二十大感受。电台平台转播相关新闻。

【番禺春晚】2022 年 1 月 15 日，"亲海智城 大地迎春"——家在番禺 2022 春节联欢晚会在区融媒体中心演播厅举行。晚会通过番禺台视频号、番禺日报视频号、"掌上番禺" App、虎牙、番禺台广电云直播间向全球直播，在线收看观众最高峰 270 多万人次。

【"番禺线上花市"小程序】2022 年 1 月 11 日，番禺区融媒体中心上线"番禺线上花市"小程序，新华社、中新社、《南方日报》、《广州日报》、广州电视台等多家主流媒体对此进行报道。1 月 29 日，中央广播电视总台新闻频道《新闻周刊》对"番禺线上花市"进行专题报道，介绍番禺区经验做法和成效。截至 1 月 29 日，番禺线上花市小程序登录浏览 38 万人次，平均每天浏览使用 2 万人次，周末高峰有 5 万人次。

【番禺融媒 N 视频号】2022 年 6 月 8 日，番禺融媒以 N 指数 517.5 分登 N 视频政务号月度榜首。N 视频是由广东省委宣传部指导，南方报业传媒集团重点打造的广东权威视频发布渠道，定位为"视频版广东发布"。2021 年 3 月至 2022 年 6 月 9 日，番禺融媒 N 视频号发布有关番禺区重大新闻、民生热点、乡村振兴、传统民俗、美食美景、人物短片等短视频 218 条，视频篇均播放量 1.2 万次，总播放量 260 万次，点赞量 6.4 万次，粉丝量 3.1 万次。

【诗词大会获全国优秀】2022 年 9 月 17 日，由番禺区教育局、番禺区融媒中心联合举办的"我爱诗词"第六届番禺区中小学诗词大会总决赛在区融媒体中心演播厅举行，线上直播观看 33.25 万人次。12 月，国家广播电视总局发布"TV 地标（2022）"中国电视和网络视听综合实力大型调研榜单和调研报告，番禺区融媒体中心的"我爱诗词"第六届番禺区中小学生诗词大会获年度优秀融媒体活动。

【广州国际美食节报道】2022 年 12 月 30 日，广州国际美食节以"缤纷湾区食在广州"主题在番禺万博四海城主会场开幕。N 视频、番禺台、新快网、番禺融媒等直播平台全程直播，总平台观看人数 101.42 万人。番禺区融媒体中心通过报纸、电视、电台多平台宣传和深度报道，利用番禺融媒"掌上番禺" App、微信公众号矩阵、各镇和街道融媒号、番禺台今日头条号、人民号、视频号、抖音号、快手号等新媒体推送美食节相关报道和短视频。

（龚文君）

## 卫生健康

【概况】2022 年，番禺区有医疗机构 787 所，比上年增加 66 所。全系统有医务人员 1.86 万人，各类型医疗机构门急诊总诊疗量 1213.65 万人次；各医疗卫生机构有床位 6550 张，每千常住人口床位 2.32 张、执业（助理）医师 2.05 人、注册护士 2.35 人；每万人口全科医师 1.81 人、公共卫生人员 7.94 人。全系统 18601 人，其中注册全科医生 549 人、正高级职称 197 人、副高级职称 1068 人、博士研究生 46 人。户籍孕产妇死亡率为 0，全人口孕产妇死亡率为 3.85/10 万，新生儿、婴儿和 5 岁以下儿童死亡率分别为 0.93‰、1.62‰、1.93‰，均优于国家、省、市标准。辖区居民健康素养水平值为 38.2%，提前 8 年实现健康广州行动 2030 年的目标值（37%）。

【医疗改革】2022 年，番禺区卫

生健康局在广州市2021年度综合医改考核中获评A等次。区中心医院医疗集团、何贤纪念医院医疗集团、区中医院医疗集团探索深化紧密型城市医疗集团内法人治理机制、人员一体化管理、财务一体化管理、薪酬制度改革。番禺区医疗卫生集团开展“银医合作”，提高居民医疗覆盖面。成立区委保健委员会。组建区干部医疗保健专家库、基地医院，规范公职人员日常健康管理。全区16个镇（街道）、177个村及98个居委成立公共卫生委员会，石碁镇和大龙街道被推荐为广州市“五好”镇（街道）公共卫生委员会试点单位，其中石碁镇被评为广州市优秀档次。

【卫健社会荣誉】2022年，番禺区入选广州市第三批“国家慢性病综合防控示范区”区县单位；获第七届“万步有约”健走激励大赛“全国优秀健走示范区”称号；成立番禺区首家罗颂平全国名中医工作室分工作站；被推荐为迎省级2022年消除艾滋病、梅毒、乙肝母婴传播现场认证工作指定单位。获广州市居民健康素养知识竞赛团队一等奖、优秀组织奖。在省内率先建立区融媒体健康科普基地。番禺区卫生健康局在广州市第七次全国人口普查工作中被评为优秀集体，2021年度职业健康工作综合得分排名全市第一。何贤纪念医院（番禺区妇幼保健院）被批准为“广东省妇幼保健机构中医药工作示范基地”，区中医院治未病科通过广东省治未病服务AAAA级现场评审，区中心医院在2022年中国心血管健康大会上获“中国心衰中心”授牌，区第八人民医院《关于建设血透中心的建议》被评为2022年度人大代表建议办理工作优秀案例。

【院前急救】2022年，番禺区建有中国心衰中心、急性上消化道出血快速救治通道建设单位和创伤救治中心、心脏康复中心建设单位5家。添置12辆负压救护车，首创便携B超和可视插管用于院前急救管理，建设急救手术绿色通道，危急手术患者平均停留时间缩短15%。“三基”“三严”考核连续8年合格率在95%以上。全年成功心肺复苏462人。区第二、第七人民医院通过国家级胸痛中心总部验收，区中医院和区第六人民医院通过省卒中中心验收。全区有胸痛中心12家，全年急诊PCI569例，平均门球时间59分钟，优于国家标准。建成卒中中心9个，全年溶栓+血管内治疗707例。

【医疗质量】2022年，番禺区巩固“中国医院品管圈示范区”创建成效，创建品管圈632个，解决问题632个，写入标准规范程序1230个，获得专利81项，发表论文105篇，比赛获奖116项，为患者节约费用6341.46万元，医疗纠纷数平稳下降，临床路径管理效率提升。区中心医院、区妇幼保健院、区中医院连续4年在国家三级医院绩效考核中，名列广州市综合类、妇幼类、中医类前列。建成高水平临床重点专科4个、临床重点专科11个、特色专科9个。

【中医药服务】2022年，番禺区中医院扩建工程竣工验收，床位增至800张。完成国家、省级名中医工作室建设项目2项，市级基层名中医院工作室验收2项。举行义诊宣传活动13场次。区中医院通过广东省治未病服务AAAA级现场评审，被批准为广州市针灸医院“1+N”建设项目联盟建设单位。区妇幼保健院成为罗颂平全国名中医工作室分工作站，被批准为省级妇幼保健机构中医药工作示范基地创建单位，完成市级基层名中医院工作室验收1项。全区各社区卫生服务中心均设立中医特色服务区，将中医药纳入家庭医生签约服务范围。

【医疗基础设施】2022年，番禺区公共卫生服务中心项目完成前期工作。区中心医院完成儿科发热门诊及精神科门诊改造并投入使用。何贤纪念医院医技楼、区中医院医疗大楼部分搬迁，区慢性病防治站门诊楼、康复楼装修改造工程和停车塔项目完工并投入使用，区健康管理中心旧改项目完成报批。省妇幼保健院传染病和消毒供应大楼建设用地问题得到协调解决。结合旧村改造项目，推进医疗设施规划布点方案落地，推动里仁洞改造项目的医院建设。

2022 年 8 月 31 日，番禺区第八人民医院血液净化中心、新手术室启用
（石碁镇 供图）

【爱国卫生】2022 年，番禺区巩固番禺区国家卫生城市成果，压实“属地、部门、单位和个人四方责任”，开展爱国卫生运动，开展农贸市场、医院、车站等人流密集场所的清洁消毒及环境卫生整治行动。全区 16 个镇（街道）、177 个村及 98 个居委成立公共卫生委员会，石碁镇和大龙街道被推荐为广州市“五好”镇（街道）公共卫生委员会试点单位，其中石碁镇被评为广州市优秀档次，大龙街道被评为合格档次。

【精神疾病防控】2022 年，番禺区严格管理严重精神障碍患者、六病患者。设立广州市番禺区心理危机干预队，成员包括 12 位精神科专科医院医生及 16 位社区医生，定期进行心理危机干预演练，接受心理咨询 824 人次，实施危机干预 68 人次、疾病转介 42 人次，开展宣传教育 256 次。18 个医疗机构设立精神科门诊。全区 16 个镇（街道）272 个村（居）全部建成“粤心安”工作室。推广长效针剂注射，减轻精神障碍患者的就诊压力。区政府投资 2000 万元改造区疾控中心实验室。各社区卫生服务中心增挂镇（街道）疾控中心牌子，承担本辖区疾病预防控制牵头工作。

【公共卫生服务】2022 年，番禺区完成 18 间托育机构备案，累计备案机构 36 间。规范月子中心卫生管理，建立多部门联防联控机制，每月开展月子服务机构全覆盖督导检查。开展孕产妇、儿童健康管理，完成年度适龄妇女“两癌”筛查目标。适龄女性 HPV 疫苗免费接种 7383 剂，完成市级下达的任务。全区 16 间社区卫生服务中心有 6 间达到国家推荐标准，10 间达到国家基本标准。家庭医生普通人群签约率 33.68%，重点人群签约率 70.81%，均超国家标准。社区卫生服务中心开展居民大肠癌筛查，实现慢病防控关口前移。

【医疗综合监管】2022 年，番禺区职业健康工作综合得分连续 2 年排名全市各区第一。2 件行政处罚案被省、市卫生健康委评为优秀案例。初步建成番禺区社会办医疗机构医疗服务监管信息平台。推动 32 个卫生健康执法事项下沉到镇（街道），获市卫健委肯定并在全市各区推广。与区检察院搭建互动平台，出动执法人员 14780 人次，检查各类场所 6988 间次，发出卫生监督意见书 4239 份；实施卫生行政处罚立案 737 件，处罚案 733 件，罚款 511.2 万元，没收非法所得 13.63 万元，受理投诉 189 起，妥善处理并按时回复率 100%。

【医养结合】2022 年，番禺区有医养结合机构 12 间，其中有 1 间养老机构设立康复医院，1 间医疗机构开设养老服务，9 间养老机构内设医务室，1 间养老机构设立护理站。按规定为养老机构、社区托养机构、居家老人提供上门护理服务。16 间社区卫生服务中心提供养老配餐点医疗服务，每月开展一次医疗巡诊服务，提供健康教育、现场咨询、巡诊、预约就诊和免费测血压、血糖监测等医疗服务，以助餐配餐服务网络为支撑，融入医疗护理、精神慰藉等医养结合服务。

【无偿献血】2022年，番禺区加强采供血服务体系建设，新增南村万博流动献血点，建成异地血液数据容灾与应急系统。全区招募无偿献血32138人次。其中全血29922人次，血量7731256毫升。全区有927名献血者获2020—2021年度全国无偿献血奉献奖，其中获终身荣誉奖81名、金奖159名、银奖197名、铜奖490名。

（詹海燕）

2022年8月8日，番禺区“全民健身日”启动仪式暨2022年粤港澳大湾区大众田径健身达标系列赛（番禺站）在英东体育场举行

（区文广旅体局 供图）

## 体 育

【概况】2022年，番禺区建设公共体育“10分钟健身圈”，优化英东和亚运两大区属场馆、16个镇（街道）文体中心、110个村（居）晨晚练点等公共体育场馆功能。截至12月31日，全区有体育场地5733个648.3788万平方米。其中，大型体育场1个，体育馆4个，健身步道133条，全民健身路径634条，足球场地318个，篮球场（馆）1661个，乒乓球场（馆）1056个，羽毛球场（馆）711个。番禺区完善公共健身服务，构建公共体育服务体系。举办青少年系列锦标赛、三人篮球争霸赛等赛事。体育彩票实现销售安全零事故。

【竞技体育】2022年，番禺区新注册运动员2646人，确认运动员5375人，向省专业队输送1人，向市输送37人。番禺区运动员冯泳欣获得2022年世界杯自由式女子摔跤比赛第二名，严海敏获得2022年亚洲锦标赛女子轻量级双人双桨2000米第一名，陈仲贤获得2022年亚洲水球锦标赛第二名。193名运动员代表广州市参加广东省第十六届运动会，获得金牌76枚（单项30枚、团体46枚）、银牌58枚(单项29枚、团体29枚)、铜牌41枚（单项26枚、团体15枚）。

【群众性体育赛事】2022年，番禺区组织举办青少年系列锦标赛、三人篮球争霸赛、全民健身日活动等赛事9项次，超过6000人参与。8月8日，在英东体育场举行“全民健身日”暨大众田径健身达标番禺站比赛，来自广州市各区200名健身爱好者参加。组织文广系统、各镇（街道）、社会体育组织代表150人参加健步行活动。

【公共体育服务】2022年，番禺区公共体育场馆落实惠民开放措施，惠民开放4.6万小时，进场锻炼75万人次，其中优惠23万人次，免费52万人次。各镇、街道开展免费国民体质监测，开出运动处方2589份。完善群众身边体育社会组织，有28个体育协会、62个体育俱乐部，为群众提供培训、比赛、交流、推广等体育服务。

【体育彩票销售】2022年，番禺区体育彩票销售管理工作抓安全生产督导，全区销售体育彩票7.03亿元，同比增长17.19%，销量排全市第三。全区有实体店296间，同比净增26间，登记在册体彩从业人员364人，同比增加72人。

（何晓晴）

# 社会民生



## 人口与家庭发展

【概况】2022年，番禺区户籍孕产妇死亡率为0，全人口孕产妇死亡率为3.85/10万，新生儿、婴儿和5岁以下儿童死亡率分别为0.93‰、1.62‰、1.93‰，均优于国家、省、市标准。

【优生优育服务】2022年，番禺区完成18所托育机构备案，累计备案机构36所。规范月子中心卫生管理，建立多部门联防联控机制，每月开展月子服务机构全覆盖督导检查。规范开展孕产妇、儿童健康管理，完成年度适龄妇女“两癌”筛查目标。推进适龄女性HPV疫苗免费接种，全年接种疫苗7383剂，完成市级下达任务。

（詹海燕）

【婚姻家庭服务】2022年，番禺区民政局有序开展婚姻登记服务，落实婚姻登记“跨省通办”试点，实施“爱·家·圆”婚姻家庭辅导项目，建立番禺区全国婚俗改革实验区工作联席会议，有序推进婚俗改革。全年受理婚姻登记业务17358件，其中结婚登记10288对、离婚登记2817对、补领结婚证等其他业务4253件。受理跨省市通办业务4066件。劝和（含暂缓离婚）552对。

（黎瑞媚）

## 劳动就业

【概况】2022年，番禺区综合实施稳就业、保民生系列措施，就业工作目标责任考核取得成效，全区促进创业、南粤家政和农村电商培训的人数均排名全市各区第一，城镇新增就业人数、城镇登记失业人员再就业人数、就业困难人员再就业人数任务完成率、高校毕业生就业率、企业新型学徒制培训备案人数均排名全市各区第二。发挥就业创业扶持政策精准作用，全区开展补贴性职业技能培训2万人次。全年按时保质审核各类就业补助资金22718.71万元，惠及群众16.15万人次、企业2.18万家次。推进高水平产学研平台建设，获批1个博士后科研工作站、3个博士后科研工作分站、4个省博士工作站。打造人力资源蓄水池，举办各类公益性招聘会133场，挖掘和发布灵活就业等空岗信息13.32万个，录入求职者信息4万个，帮助企业解决“招工难”问题。

【毕业生就业服务】2022年，番禺区人力资源社会保障局为番禺籍高校毕业生提供“1311”就业服务（1次职业指导、3次岗位推介、1次职业培训机会、1次就业见习机会），向区公安、户政、教育等部门获取2022年番禺籍高校毕业生数据，联动16个镇、街道以电话、短信、上门等方式为未就业毕业生提供服务，向困难毕业生提供“一生一档一策”帮助，确保有就业意愿的困难毕业生实现100%就业。全年根据广州市考核要求，市高校毕业生未就业登记系统上隶属番禺区毕业生2378人，跟踪6次以上，实现就业2230人，就业率93.78%，排名全市各区第二。

【产业人才服务】2022年，番禺区坚持聚焦营造人才竞争比较优势，加快建设大湾区高水平人才高地。充分发挥番禺区产业技工联盟产教融合优势，促进人才链、创新链、产业链深度融合发展，与南沙区合作创建粤港澳大湾区职业教育培训基地，探索推行粤港澳职业资格互认，探索番禺区与港澳现代服务业人才的交流与合作，开展区设计人才与产业培育工作。激发番禺青年人才创新创业服务园活力，产业技工联盟工作站和大学城高校科技特派员工作站在园区挂牌，举办“国聘行动”走进中国广州人力资源服务产业园活动，协同赋能各类青年人才在番就业创业。线上线下组织“云讲堂”“云直播”活动，受众超75万人次。开展3场师生名企行活动，让金牌技能选手和青年学子走进广汽埃安、至信药业、福宝琳、保伦电子、万博商圈等企业和产业园区，体验番禺产业发展和企业文化。

【“番禺人才生态30条”】2022年，番禺区全面升级“1+4”产业人才政策为“番禺人才生态30条”，“杰出产业人才”总补贴金额提高62.5%，新政策宣讲全覆盖各重点产业园区及镇、街道，推出政府特殊津贴“名家计划”、博士人才倍增计划、伯乐人才奖，广纳高层次人才。为人才卡持卡人提供解决子女入学、免费体检等服务，组建点对点人才服务先锋队，精准对接广州大学城12所高校及20个园区人才服务工作站，开展人才服务系列活动，引进企业在职人才13100多人。

【就业帮扶】2022年，番禺区帮扶贵州省毕节市、黔南布依族苗族自治州、安顺市转移到番禺就业人数在广州市各区排名第一。延伸番禺区技工院校产业联盟优质技师学院的聚集效应和“大国工匠”示范引领作用，帮扶五华县技工学校提升师资水平。开展技工院校“开学第一课”，举办“喜迎二十大职业技能竞赛获奖选手番禺行”活动，促进技能人才资源与番禺本地优质企业精准对接，促进产教多层次融合。

（黄方）

## 社会保障

【概况】2022年，番禺区聚焦构建多层次社会保障体系，促进扩大社保覆盖面，实行“专用账户托管参保办法”，完成征地社保留存资金清理及落实分配。截至12月，参加养老、失业、工伤保险分别为87.25万人、79.87万人、87.64万人，机关事业单位养老保险参保2.17万人，城乡居民养老保险参保16.16万人。领取城镇城乡各类养老、失业、工伤待遇22.03万人。向8.22万人次发放失业补助12256.25万元。向区在册领取失业保险金及失业补助金人员8.9万人次核发价格临时补贴432.52万元。

【劳动保障监察】2022年，番禺区人力资源社会保障局加大劳动保障监察力度，日常巡查用人单位9719户次，涉及劳动者近42.7万人次。全区接转处理劳动监察信访案30273件，成功调解30215件，调解率为99.8%。国家根治欠薪线索反映平台接收番禺区举报线索9697件，已办理8855件，依程序办理其余842件。推进2021年度保障农民工工资支付工作考核。

【劳动仲裁调解】2022年，番禺区人力资源社会保障局推进在线调解仲裁，提供“一站式”争议处理服务，仲裁案件互联网审理占比排名全市各区第一。全区处理劳动人事争议33208件，其中仲裁立案8922件，涉及劳动者11098人，仲裁结案率为96.7%，调解成功率为88.5%，仲裁终结率为85.39%。劳务派遣经营许可审批从法定20个工作日压缩到1个工作日，企业实行不定时和综合计算工时工作制审批从法定20个工作日压缩到3个工作日，推行信访、“12345”政务服务热线疑难事项协调办理机制。

【惠民社保政策落实】2022年，番禺区人力资源社会保障局采取“免申即享”方式，向76787家单位发放失业保险稳岗补贴1.56亿元。向98972家符合条件企业发放一次性留工培训补助3.73亿元。依法开展工伤认定，受理工伤申请3120件，作出认定2726件。7月份，开展新就业形态人员职业伤害保障试点，实行“零到场”申报、办理，案件按期办结率100%，行政复议和行政诉讼案件维持率100%。向全区社会化管理退休人员11.87万人次发放慰问金

791.5 万元。走访慰问 4044 名退休人员。

（黄方）

## 民政

【概况】2022 年，番禺区民政局以党建引领帮扶困难群众，推动城乡社区治理、基本民生保障服务，提升城乡最低生活保障标准，探索帮扶困难群众模式，优化普惠养老体系，打造未成年人保护宣教阵地，深化慈善之区建设，强化基层政权建设，推进地名界线管理、流浪乞讨人员救助管理、婚姻登记服务、殡葬服务等社会事务发展。培育发展社会组织，擦亮番禺“五社联动 + 红联共建”社会组织党建工作品牌，南村总商会党委选入第一批全省社会组织党建工作示范点。落实结对梅州市五华县岐岭镇及东西部协作结对任务，投入 43.77 万元修建岐岭镇塔星村进村道路。养老服务工作获广州市政府督查激励，慈善工作规范发展探索有关工作指南等团体标准亮相全国标准体系论坛，以建设“慈善之区、幸福番禺”实践探索经验为内容的课题研究获民政部政策理论研究二等奖。

【社会救助】2022 年，番禺区城乡最低生活保障标准提至每人每月 1196 元，发放城乡低保、特困人员供养、散居孤儿及事实无人抚养儿童基本生活保障、长者长寿保健金、残疾人“两项补贴”等救助资金 1.09 亿元。推行“社会救助 + 商业保险”机制，149 位困难群众获理赔 25.52 万元。启动民政精神障碍社区康复服务试点，建立特殊困难群众气象灾害救助保障机制。实施临时救助机制，惠及 114 人次，发放临时救助金 28.79 万元。应用社会救助一体化平台、“穗好办”临救业务新模块，应用广州市困难群众兜底保障安全网系统。建立经济状况核对信息与救助信息双向反馈机制，强化救助人口数据信息动态管理，全年受理核对业务 4669 件。探索“五结对”帮扶困难群众模式，发动党员干部、村（居）干部、社工、志愿者及慈善组织组建 275 个帮扶小组，多元链接职能部门政策资源和社会慈善力量，推动社会救助扩面提质，实现微心愿 1453 个，解决和转介 49 户困难群众住房问题。

【养老服务】2022 年，番禺区民政局推进镇、街道颐康中心和村（居）颐康服务站建设，1921 张家庭养老床位完成适老化建设，143 个长者饭堂提供助餐配餐服务 27.57 万人次。深化医养结合，镇、街道颐康中心与基层卫生服务机构签约合作，12 家护理站为老年人提供上门护理、康复等基本医疗服务。推动“家政 + 养老”融合发展，家政机构提供生活照料上门服务 2 万人次。新增 1 家广东省五星级养老机构。向 85.21 万人次发放长者长寿金保健金 4672 万元。

【儿童福利保障】2022 年，番禺区强化未成年人保护政府职能，制定有关工作督导办法、会商制度等规范工作文件。发放困境儿童基本生活保障金 274 万元。打造未成年人保护关爱宣传教育阵地，建成番禺区未成年人法治教育基地并挂牌运营，建成 16 个镇、街道未成年人保护工作站及 1 个示范站，打造全市首个儿童青少年安心驿站。推进“护苗行动”、助学助医、“同心护未来”节日慰问等主题关爱活动，开展未成年人保护政策宣讲 13 场。

【慈善工作】2022 年，番禺区出台社区基金发展实施方案，构建政府主导、民政牵头、各职能部门和镇街联动的慈善工作机制，16 个镇（街道）、275 个村（居）实现社区慈善基金全覆盖，资助 369 个项目、投入 1600 多万元。设立广东首个以生物多样性保护为主题的慈善冠名基金。开展第二届“同一蓝天共同幸福”百名老区孩子看番禺主题活动，参加活动孩子来自陕西延安、福建宁德寿宁、贵州毕节、广东梅州等革命老区。开展“慈善社区我先行”党员带头参与社区基金募捐行动，推动慈善空间申报建设 213 个。辖区 1 户家庭上榜广州市 2022 年“最美慈善家庭”。

【“五社联动”社区治理】2022

年，番禺区擦亮全国市域社会治理番禺“五社联动”（指社区居委会、社会组织、社工、社区企业、社区基金协同推进基层治理）品牌，完成市桥街道万丰社区、怡乐社区“五社联动”区级示范点升级打造，以示范点为样本申报地方标准成功立项。“五社联动”项目连续4年获广州市社会组织公益创投“十大品牌项目”。市桥街道怡乐社区、万丰社区及石碁镇大龙社区，入选民政部与腾讯公益慈善基金会“五社联动·家园助力站”社区基金助推基层社会治理创新合作项目试点。推动“社工＋志愿”服务扩面提质，出台“双百工程”社工站建设和督导工作指引。实现16个镇、街道社区慈善（志愿服务）工作站全覆盖，设立志愿服务慈善基金，支持社会工作和志愿服务可持续发展。开展“禺愿行动”主题志愿服务，“点亮”微心愿587个。

2022年6月3日，番禺区举行广州公益“时间银行”志愿服务平台宣传暨“禺愿行动”微心愿认领活动（区民政局 供图）

**【基层政权建设】**2022年，番禺区强化基层队伍力量建设，组织开展村（社区）“三支队伍”专题培训3场，按照不少于20%比例随机开展村务公开民主管理抽查。建立完善民情民意实访记录机制。强化城乡社区活动经费监督管理，落实使用计划和使用进度“两表一报告”机制。深化城乡议事协商，利用议事厅落实“四议两公开”制度，解决了一批如集体资产处置、小广场管理、宠物管理等民生实事。开展城乡社区生活服务圈建设和“社区随约服务驿站”建设，全区88个社区、89个村建成便民生活服务圈。全区275个村（社区）均搭建起以“村（社区）—村民小组（居民苑区）—居住片（楼栋）—居住户—全体群众”为架构的群众动员体系。打造32个群众动员体系示范点，撬动志愿服务慈善专项资金30万元，鼓励利用城乡居民活动经费、社区基金等开展社区志愿服务和先进典型激励，推动在政策宣传、防汛预警等方面发挥作用。

**【社会组织培育发展】**2022年，番禺区有登记在册的社会组织法人796个、备案管理的社区社会组织2804个。对50个合资格社会组织按规定给予年度扶持资助（奖励）。开展社会组织等级评估和品牌社会组织评定，评为AAAAA等级社会组织20个、市级品牌社会组织7个。建有各类社会组织培育基地22个，区级1个、镇（街道）级16个、村（居）级5个。

**【社会事务发展】**2022年，番禺区民政局推动地名界线管理、流浪乞讨人员救助管理、殡葬服务等社会事务发展。在加强地名界线管理服务方面，落实新修订的《地名管理条例》，开展地名行政许可和地名文化宣传，牵头完成“番禺南沙线”“荔湾番禺线”以及配合开展“海珠番禺线”2022年区级行政界线联检，13个界桩界线清晰、稳定。在开展流浪乞讨人员救助管理方面，健全寻亲“四步工作法”，为75名受助人员核实身份并顺利返乡，完成落户安置人员64名。在全国救助管理机构“6·19”开放日开展“救助，让弱有所扶更温馨”主题活动。在殡葬服务方面，推进节地生态葬，2022年清明期间全面暂停现场祭扫，实现清明、重阳祭扫平安有序。区殡仪馆被认定为广东省一级殡仪馆。遗体火化和惠民政策落实率为100%，发放2021年度节地生态安葬补助153.98万元。

（黎瑞媚）

# 镇（街道）



## 石碁镇

【概况】石碁镇位于番禺区东南部，辖区总面积 46.20 平方千米，下辖 17 个村（前锋村、大刀沙村、海傍村、低涌村、长坦村、雁洲村、官涌村、南浦村、永善村、石基村、莲塘村、塱边村、小龙村、凌边村、金山村、桥山村、文边村）和 2 个社区（岐山社区、大龙社区）。2022 年，石碁镇户籍人口 56764 人，来穗人员 99928 人。

【经济发展】2022 年，石碁镇实现地区生产总值 141.3 亿元，同比增长 4.2%。完成规模以上工业产值 138.2 亿元；限额以上商业销售额 45.3 亿元，同比增长 19.1%；固定资产投资额 34.1 亿元，同比增长 82.3%；重点营利性服务业营收 9.3 亿元，同比增长 3.8%；税收收入 13.4 亿元；财政收入 5.7 亿元，财政支出 6.1 亿元。全年新增市场主体 2080 户，“四上”企业 259 家、“小升规”新增入库企业 26 家、高新技术企业 192 家、“专精特新”企业 37 家，其中获国家级“专精特新小巨人”认证企业 5 家。14 个区级以上重点项目完成投资 15.05 亿元，保伦电子一期、国兆粤顺一期、华鑫科技总部、南方文化传媒、浩洋股份演艺灯光设备生产基地、比音勒芬智能化仓储中心封顶。石碁镇招商大会签约企业 8 家，引进投资 23.32 亿元。“专精特新”企业集聚区揭牌，进驻思林杰科技多功能研发及生产基地、保伦电子科技生产基地、广电计量生产基地等 7 个先进制造业项目。桥山村草岗村镇工业集聚区纳入广州市第一批村镇工业集聚区更新改造试点项目。南浦村旧村改造项目整体拆除 32.23 万平方米。全年完成“三资”交易 12.43 亿元，增收率 8.75%，区“三资”交易金额最高的石碁（同心）产业园

表 5　2022 年石碁镇各村人口及收入情况表

| 村 | 户籍人口（人） | 常住人口（人） | 经济收入（万元） |
|---|---|---|---|
| 前锋村 | 4563 | 8608 | 1898.58 |
| 大刀沙村 | 1347 | 1509 | 283.91 |
| 海傍村 | 4411 | 8369 | 1799.35 |
| 低涌村 | 2860 | 3636 | 694.73 |
| 长坦村 | 1682 | 3697 | 493.96 |
| 雁洲村 | 1618 | 3525 | 1148.91 |
| 官涌村 | 2111 | 7755 | 1610.63 |
| 南浦村 | 1714 | 10832 | 7067.71 |
| 永善村 | 1465 | 8994 | 2183.16 |
| 石碁村 | 5963 | 23866 | 6494.15 |
| 莲塘村 | 1549 | 8576 | 1705.20 |
| 塱边村 | 1024 | 5219 | 1543.31 |
| 小龙村 | 3757 | 11237 | 1195.98 |
| 凌边村 | 2713 | 7385 | 1361.45 |
| 金山村 | 4498 | 12730 | 2197.18 |
| 桥山村 | 1537 | 7081 | 2370.46 |
| 文边村 | 1518 | 4957 | 1188.58 |

项目为番禺区首宗农村集体建设留用地自建工业园项目。石碁镇商会被评为2021—2022年度全国“四好”商会，镇商会助力思林杰科技有限公司上市，永华家具建立的广州市广式硬木家具工作站入选广州市非遗工作站，佛朗斯获中国工业车辆和移动机器人智能化发展大会“金力奖”，浩洋股份获广州市市长质量奖，广电计量登上广州市“百强质量品牌榜”。

2022年8月31日，“品读石碁历史 赓续城市文脉”历史文化活动邀请凌边乞巧传承人凌广聪、曾秀妃夫妇介绍凌边乞巧文化

（石碁镇 供图）

【社会治理】2022年，石碁镇承担广州市综治中心提档升级、协管员队伍整合、村级工业园整治提升、五好镇街公共卫生委员会、高标准农田建设、法治镇街培育6个市级试点任务，成立全区首个社会保险费征缴争议联合处置中心。建立辖区1611家生产企业安全生产“一张图”。开展巡河4110次，整顿处理“散乱污”企业25家，拆除涉水违建3903平方米，处理环保类投诉案件540件。完成雨污分流改造169个，验收392万平方米。开展“两违”整治，拆除违法建（构）筑物113处21.03万平方米；完成违法用地整改51.87公顷（778亩）。组建村级党群服务队20支、4+N专业服务党群服务队99支、网格党群服务队92支、家园护卫队19支，通过“穗好办”发布活动826场，发动党员群众6.7万人次参与服务。

【文化建设】2022年，石碁镇制定进一步加强文物保护工作方案，提档保护不可移动文物47处，申报红色旅游交通指引标识6个，开展凌边村乞巧民间工艺展，举办“品读石碁历史 赓续城市文脉”历史文化活动，打造同安社学“粤剧名家工作室”，编印《石碁镇历史人文读本》，制作《记忆番禺之乞巧人生》纪录片。石碁镇中心小学创编的粤剧课本剧《小英雄雨来》在第十三届广东省少儿戏剧小梅花荟萃上被评为优秀集体节目。

【公共卫生服务】2022年，石碁镇建立镇、村（社区）两级公共卫生委员会，落实公共卫生“三会”制度，协调解决公共卫生方面问题14个。挂牌成立石碁镇疾控中心，配备15名专业疾控人员。依托“智慧石碁”管理系统，建立全镇基础数据库。成立急性传染病、艾滋病等8个防治专项工作小组。构建“医防”“医联体”“医养”“医校”四位一体服务格局。推广家庭医生签约模式，辖内家庭医生签约超3.8万人，为辖区65岁以上老年人建立健康档案，提供24小时巡诊及连续性医养服务。选派医疗机构骨干力量担任43所中小学、幼儿园卫生健康副校长。改造番禺区第八人民医院新门诊楼、住院楼，血液透析中心建成并投入运营。参加番禺区中心医院、番禺区中医院、广州医科大学附属第二医院番禺院区、广东省妇幼保健院医联体建设，建立双向转机制，优化双向转诊、绿色通道、预留专家号源等措施。石碁镇社区卫生服务中心按照适老化建设规范，建立老年学和老年医学知识、技能等教育和培训长效机制。开设老年人慢病健康管理门诊，开展慢性病患者自我管理小组活动。桥山村公园、石碁文化广场建成公共卫生宣传阵地。石碁镇被评为广州市“五好”镇（街道）公共卫生委员会创建工作优秀试点镇（街道）。石碁镇人大《关于建设血透中心的建议》被评为广东省人大代表建议办理工作 10 大优秀案例。石碁镇社区卫生服务中心被广东省卫健委评为 2021 年度“广东省老年友善医疗机构”。

【智慧化基层治理】2022 年，升级打造文边村综治中心和微型消防站，推进文边村自来水提质增效工程。完成文边村基层治理文化提升、村级视联网、应急广播系统和平安“大喇叭”、一村一法治公园、村级档案室、村“三务”查询系统、LED 直播系统等建设项目，两处口袋公园建成网格党建阵地，区党建引领城中村治理阶级性评估名列第三，文边村通过基层社会治理示范村创建工作验收。

【宜居环境建设】2022 年，石碁镇以大刀沙为试点，开展辖内村居秩序治理及环境提升工程。整治“六乱”问题 9560 件。完成桥山村、文边村、塱边村及石碁文化广场“两网融合”网点建设。签订古树名木管理责任书 13 份，制定古树名木管养方案 55 份，升级打造凌边村古樟树传承保护公园。石碁镇被全国爱卫会重新确认为 2021 年度国家卫生乡镇（县城），为广州市唯一入选镇街。通过“宜居圩镇”验收，被评为广州市美丽圩镇称号。前锋村被评为番禺区文明示范村。雁洲村被评为“番禺区文明村”。海傍小学、永善小学被评为番禺区文明校园。

（曾凤迁）

## 新造镇

【概况】新造镇位于番禺区东北部，辖区总面积 14 平方千米，辖内有 10 个村（曾边村、崇德村、思贤村、南约村、东西庄村、北约村、秀发村、郭塱村、练溪村、农场村）和 1 个社区（新造社区）。2022 年，新造镇常住人口 3.95 万人，其中户籍人口 1.93 万人，来穗人员 2.01 万人。

【经济发展】2022 年，新造镇完成地区生产总值 34.24 亿元，同比增长 2.6%。规模以上工业总产值 32.37 亿元。房地产销售面积 295979 平方米，同比增长 67.5%。固定投资 109.8 亿元，同比增长 41.9%。限额以上商业额 4.48 亿元，同比增长 63.01%。第一、二、三产业增加值分别为 0.39 亿元、6.88 亿元、26.96 亿元。税收收入 8.44 亿元，财政收入 1.46 亿元。引入汽车媒体营销推广平台“大家车”言论新造总部，引入限额以上商业零售企业广州拉芙俪服饰有限公司。广州国际科技创新城一期项目注册企业约 80 家，其中有华润电力等 5 家世界 500 强企业。开展曾边村暨大留用地、南约村创新城一期 B 地块留用地开发，推进广医东地块各村留用地高压线迁改，新造新城思贤村、秀发村项目基本完工，盛龙二期练溪村和郭塱村项目进入园建施工阶段。广医二期一标宿舍投入使用，二标主体结构完工。市住保项目新造城隽雅苑（北区）完成竣工验收等工作。广州大学城智慧谷住宅进入收尾施工阶段，万物互联中心竣工验收，TOD 商业中心、超甲级写字楼进入地下室施工阶段。

【社会发展】2022 年，新造镇新增 3 间 5G+VR“政务晓屋”，推

表 6　2022 年新造镇各村人口及收入情况表

| 村 | 户籍人口（人） | 常住人口（人） | 经济收入（万元） |
|---|---|---|---|
| 曾边村 | 1722 | 5392 | 254 |
| 崇德村 | 1928 | 4089 | 111 |
| 思贤村 | 2021 | 5745 | 1527 |
| 南约村 | 1826 | 3404 | 211 |
| 东西庄村 | 979 | 1153 | 5 |
| 北约村 | 1334 | 3725 | 821 |
| 秀发村 | 1622 | 4359 | 133 |
| 郭塱村 | 865 | 1359 | 1865 |
| 练溪村 | 1190 | 1817 | 2693 |
| 农场村 | 327 | 327 | 48 |

2022年3月14日，番禺区人大代表植树活动在南大干线谷围新邨段举行。图为“人大代表林”揭牌 （新造镇 供图）

行“套餐式”服务，办理业务跑动次数压缩近60%，时限节约45%，增设“办不成事”反映窗口，验收曾边村公共服务站。创建全国示范型退役军人服务站和广东省五星级退役军人服务站，兵役登记工作完成率100%。对危险化学品、道路交通、建筑施工等行业领域开展安全巡查监管，检查生产经营单位236家次，排查隐患430项。开展交通安全专项整治，建成辖区主干道兴业大道3千米双向非机动车道。开展城中村治理专项工作，发现并整改问题10处，摸查风险隐患点33项。创建广州市反走私示范点，全年总警情同比下降2.35%，其中刑事警情下降9.63%，诈骗警情下降26.43%。受理信访案件40件，办结38件；排查化解重点案（事）件5件，化解率100%；介入劳资纠纷680件，涉及劳动者4727人，涉及金额4630.4万元。完成新造镇专职消防队组建工作；严查严控违法建设，治理违建80543.86平方米，完成全年拆违任务100.6%；受理群众来电来信来访520件，办结率100%。落实“一村（居）一法律顾问”政策，加强社区矫正管理，加强刑满释放人员帮教；实现“公证下乡”，接受群众咨询310人次，受理业务91件，出具公证书257份。全年秋冬季大气污染防治18次。开展农村生活污水治理，临河村居雨污分流工程完成90%，排水单元达标改造完成总量的92%。

新造路、新广路、金光西大道、南大干线创新城段通车，广医南路（二标）完工；滨河路完成总工程量的90%；金光东隧道完成主体工程建设，金光东大道开展方案联审；大沙路工程稳步推进。

【文化发展】2022年，新造镇制作古树地图、开发古树巡检平台、落成古树公园。发掘工业遗产，摸清遗产底牌，明确保护对象和可开发对象。举办广绣非遗文化培训班，推行广绣进校园合作；每周巡查省级文物保护单位屈大均墓，梳理屈大均历史文化现状和遗址遗迹资源，完成《屈大均故事》初稿。

【民生保障】2022年，新造镇执行“双减”政策，镇中心幼儿园与广东第二师范学院番禺附属小学入选番禺区首批幼小“双向”衔接项目试点单位。修缮谷围新邨配套幼儿园，新建村居健身路径6条、儿童设施1批。新造医院参加区“三基”“三严”技能考核排名第一，开展首例前路人工全髋关节置换术。成立公共卫生委员会，开展三次大规模下乡体检活动，上门服务“老慢高”村（居）民。举办专场招聘会2场，提供就业岗位1934个。开展职业技能培训5场、羊城家政公益性培训15场。关爱保护农村留守儿童和困境儿童14名。落实低保、特困等对象救助政策，按时按标准发放残疾人两项补贴。

【乡村振兴】2022年，新造镇制定“最美四小园村庄”及“最美庭院”创建计划，整治提升“四小园”，推动曾边村创建“省定特色精品村”，建设都市水稻田，依托沿线格林东庄、广州8号晒谷场、金航欢乐农场等项目，结合粮食生产与旅游观光，强化现代农业教育体验。建设“美丽城田”新乡村示范带，打造“锦溪新貌，魅力曾边”“岭南名村，馨香谷围”“生态田园秀，醉美东西庄”3张名片，完成建设进度65%。曾边村打造广州市垃圾分类样板村，接待省内外参观学习8批次。

（梁绮明）

## 南村镇

【概况】南村镇位于番禺区北部，辖区总面积47平方千米，下辖16个村（南村村、罗边村、市头村、板桥村、南草堂村、陈边村、新基村、员岗村、官堂村、塘步东村、塘埗西村、里仁洞村、江南村、樟边村、坑头村、梅山村）和12个社区（南村社区、华南碧桂园社区、华南新城社区、雅居乐花园社区、锦绣香江社区、广地花园社区、永大社区、星河湾东区社区、广州雅居乐北苑社区、兴南社区、海怡半岛花园社区、兴业社区）。2022年，南村镇有常住人口34万人，其中户籍人口11万人。

【经济发展】2022年，南村镇实现地区生产总值405.5亿元，税收收入51.82亿元，“四上”企业640家，实有各类市场主体5.1万户，均全区排名第一。第一、二、三产业占比为0.1 ∶ 35.7 ∶ 64.2。招商引资签约项目26个，落户项目14个，协议投资总额248亿元，有高新技术企业207家，省级“专精特新”企业19家，有服装、建筑、直播、软件信息服务业四大百亿级别产业。长隆万博商务区完成扩区，有2座百亿营收写字楼、5座十亿营收写字楼，番禺天河城、万达广场、广晟万博城、四海城等大型商业综合体稳步发展。推进长隆万博商务区、番禺工业经济总部园区、国际双创城三大重点平台建设。年度重点项目39个，完成投资额98.32亿元。培育新增高新技术企业83家、省级“专精特新”企业18家。快时尚跨境电商希音公司被认定为“胡润2022年中全球独角兽榜”企业。海大集团列2022年中国农业企业500强第10位。万博商圈被评为广东省级示范特色步行街（商圈），万博四海城“表心道”获批为全市首条限时主题步行街。

【社会发展】2022年，南村镇推进罗边村旧改复建安置区建设，里仁洞村更新改造实施方案通过批后表决。南大干线南村段完成交地，南大干线省妇幼至市新路段全面开通。推进城中村治理，细化分解326个综合服务网格，设置服务管理单元888个，组建2098人的“1+3+N”网格党群服务中队。开展实有房屋排查采集专项行动，登记实有房屋3.5万栋31.44万套，其中出租屋23.22万套，安装智能门锁设备1036套。完成镇综治中心和村（社区）二级综治中心提档升级。打造278个最小应急单元。推进重点行业领域安全隐患整治，检查企业8402间次，整改隐患1.14万项。开展道路交通秩序大整治，执法查处交通违法行为4.81万起。压实食品安全监管责任，对784个单位7053批次样品进行检测，合格率99.7%。建立28支党群自治力量“家园护卫队”，建立326个网格党支部，划分546个

表7　2022年南村镇各村人口及收入情况表

| 村 | 户籍人口（人） | 常住人口（人） | 经济收入（万元） |
|---|---|---|---|
| 南村村 | 5317 | 26000 | 1547 |
| 罗边村 | 2115 | 140 | 2850 |
| 市头村 | 6607 | 14976 | 1128 |
| 板桥村 | 525 | 16913 | 1124 |
| 南草堂村 | 1775 | 10145 | 2716 |
| 陈边村 | 1642 | 8100 | 542 |
| 新基村 | 2290 | 6193 | 2078 |
| 员岗村 | 3361 | 18990 | 1259 |
| 官堂村 | 2058 | 12100 | 2146 |
| 塘步东村 | 1270 | 12500 | 2159 |
| 塘埗西村 | 1116 | 10500 | 1645 |
| 里仁洞村 | 6782 | 46004 | 5909 |
| 江南村 | 1892 | 16632 | 2930 |
| 樟边村 | 3084 | 11699 | 2744 |
| 坑头村 | 4810 | 17120 | 6511 |
| 梅山村 | 2496 | 6100 | 2465 |

2022 年 8 月 8 日，南村镇举行新业态党组织成立揭牌仪式

（南村镇 供图）

网格党小组、4080 个党员责任区。完成镇级平台和 15 个村级应急广播系统。完成南村镇非遗展示角建设。新建 5G 基站 308 座。南村镇人民政府获“2022 年度广州国家调查先进镇街”称号。

【民生服务】2022 年，南村镇开展居家养老服务 3208 人次，长者配餐服务 9934 餐次。开展灵活就业招聘会，提供岗位 7557 个。开展“五社联动”活动 95 场，募集社区基金 70 余万元。开展社区活动 209 场，志愿服务 1.97 万小时。开展党员联系服务群众活动 644 场次，走访联系服务群众 36.77 万户。南村镇中心幼儿园建设工程完工。番禺区第六人民医院建成儿童健康中心，为广州首个儿科呼吸系统疾病规范管理基层示范点。开展节日文化活动 320 多场次、公益培训 19 场次。坑头村获广州市社区治理工作领导小组授予“幸福村”牌匾。

【城乡环境提升】2022 年，南村镇完成农村自建房安全隐患排查整治。20 个既有住宅小区完成电动自行车充电设施建设。推进坑头村雨污分流改造及涉水污染源排查整治。推进排水单元达标攻坚，累计清理河涌 768.6 万米，完成碧道建设 2.7 千米，完成 5 个村居雨污分流改造和 1 条重点河涌合流管渠清污分流治理。209 个垃圾分类投放点接入区监控平台，191 个单位纳入镇厨余垃圾收运体系，收运垃圾 1.2 万吨。投入 640 万元推进板桥村特色精品村创建，美丽田园等 4 个项目完工验收。推进乡村绿化美化提升，整治闲置地盘 184 块 7.5 万平方米。建成口袋公园 36 个 3.6 万平方米。16 个村达到“省定美丽宜居村”标准。

【民主法治建设】2022 年，南村镇办理人大代表建议、接访群众反映事项 97 件。设立首席法律顾问制度，聘请律师团队担任常年法律顾问，为行政决策提供法律咨询 259 次，提供法律意见 204 次。镇政府官网主动公开各类政府信息 437 条。办理“12345”热线工单 32578 件，满意率 95.8%。镇政务服务中心受理业务 12.54 万件，办结率 99.5%。加强农村集体资产交易监督，公开向社会招标 56 宗，交易金额 1.9 亿元，总增值率 44.48%。33 个调解组织、28 个村（居）、116 名“法律明白人”调解调处纠纷 321 起，调解成功率 100%。

（张淑英）

## 化龙镇

【概况】化龙镇位于番禺区东北部，辖区总面积 60.28 平方千米，土地面积 55.7 平方千米，下辖 13 个村（沙亭村、柏堂村、莘汀村、东南村、塘头村、水门村、草堂村、复甦村、明经村、潭山村、山门村、眉山村、西山村）和 2 个社区（化龙社区、盛龙社区）。2022 年，化龙镇有户籍人口 3.7 万人，来穗人员 5.9 万人。

【经济发展】2022 年，化龙镇实现地区生产总值 210.8 亿元，同比增长 13.5%，增速全区第一；规模以上工业总产值 766.41 亿元，总量全区第一；规模以上工业总产值增长 27.7%，增速全区第一；限额以上商业销售

表 8　　2022 年化龙镇各村人口及收入情况表

| 村 | 户籍人口（人） | 常住人口（人） | 经济收入（万元） |
|---|---|---|---|
| 沙亭村 | 3103 | 4476 | 1167.7 |
| 柏堂村 | 3329 | 7046 | 393.5 |
| 莘汀村 | 787 | 1685 | 541 |
| 东南村 | 1908 | 5749 | 1208 |
| 塘头村 | 1872 | 4991 | 289.5 |
| 水门村 | 2450 | 4840 | 1251 |
| 草堂村 | 1204 | 5453 | 1350 |
| 复甦村 | 5175 | 14512 | 1382.2 |
| 明经村 | 3960 | 12513 | 2287 |
| 潭山村 | 4611 | 13745 | 3055 |
| 山门村 | 1577 | 5009 | 939 |
| 眉山村 | 1687 | 6442 | 1060 |
| 西山村 | 1558 | 2737 | 1464 |

额 505.83 亿元，总量全区第一。辖内有重点项目 22 个，完成投资 31.74 亿元，完成率 110.8%；其中牵头 10 个重点项目，完成投资 12.7 亿元，完成率 101.6%。招商引资完成新洽谈项目 25 个，签约项目 15 个，注册项目 11 个。小鹏汇天试验试制基地、中航精密车用 FFC 线缆组件、众源实业、广东富强科技等一批项目落地。汽车产业实现总产值 629.01 亿元，同比增长 53.8%，占规模以上工业总产值的 82.10%。17 家规模以上汽车零部件企业实现工业产值 125.71 亿元，同比增长 25.4%。建立“三电”齐全的智能网联与新能源汽车产业链，汽车整车产能规模 75 万辆 / 年，其中智能网联与新能源汽车产能规模 40 万辆 / 年。小鹏汇天旅航者 X2 获“中国优秀工业设计奖金奖”。广汽传祺生产的“影酷”获 2022 年度中国十佳车身最佳工艺奖。广东好太太科技集团股份有限公司获 2022 年度广州市市长质量奖，成为杭州第 19 届亚运会官方智能晾衣机供应商、入选《人民日报》数字传播“人民国货工程”品牌。

【社会发展】2022 年，化龙镇推进番禺智慧政务大厅经济技术开发区服务厅建设。制定《化龙镇推行数据管理工作机制》，“5G+VR 政务晓屋”办理业务 517 件，引进“粤智助”政府服务自助机，200 项群众常用政务服务实现自助办理，开设“办不成事”窗口。123 家企业通过“一网通”平台完成开办，为 155 个企业提供代办服务。完成基础建设、环境卫生整治、便民服务、教育养老、平安建设、文化旅游等镇 10 项民生实事。开展“我为群众办实事”，完成“微心愿”325 个、“微项目”49 个，帮助及服务群众 67205 人次。推进穗莞深城际琶洲支线、地铁 8 号线东延段、沙鱼洲隧道、化龙至开发区西区过江通道、黄南东部快速干线、政府储备地（金山大道北侧地块项目）等重点交通项目建设。完成石化大道草堂平交至潭山小桥段拓宽工程，实现双向四车道通车。对辖区 12 个交通重点位置增设临水临崖护栏、减速带、警示标志等交通设施，维护保养 21 个交通重点位置的设施。选址 10 处建设 5G 基站。办结各村“四议两公开”议事决策 575 个，办结率 83%。定期开展党代表联系服务群众活动，走访慰问群众 1211 户，接待党员、群众 119 人次，收集意见建议 97 条，为群众解决问题 75 个。开展人居环境卫生整治行动，出动 3763 人次，清理卫生死角 1064 处，清理积存垃圾杂物 159.74 吨，清理乱张贴、乱涂写、乱拉挂 3382 处。推进固废危废专项治理，危废登记申报率 98.98%，排名全区第一。推进水环境治理，完成排水单元创建 137 个，超额完成年度任务。打击非法采砂洗砂洗泥。开展河涌水面及堤岸周边保洁。建立复甦湿地公园、龙丰公园、口袋公园等多处自然生态园林景观。

【安全生产】2022 年，化龙镇制定烟花爆竹和成品油“打非治违”专项行动等方案 13 个，排查事故隐患 8529 处，开展行政执法处罚案 187 件，行政处罚金额 54.7 万元。专职消防队检查并发出责令整改文书 171 份，整改火灾隐患 274 处，核查处理消防举报投诉 52 起。排查整治道路隐患问题 9469 个，未发生重大安全生产事故。落实反走私反偷渡专项工作，发动25962人次参与巡防值守。开展“五合一”专项清查行动53次，排查出租屋7106栋30424套，整改各类安全隐患1277个。开展反诈宣讲活动359次。预警并制止诈骗案579件，挽回经济损失48.3万元。建成最小应急单元77个，有634人；建成“十户联防”单元18个，商户156家。开展最小应急单元调度1096次。落实领导干部信访包案责任制，包案156件，办结率96%。发起“广州街坊”线上活动10517次。排查矛盾纠纷136起，化解率82%。

2022年2月16日，广州市番禺区化龙中学被认定为广东省绿色学校
（李胜玉 摄）

【社会保障】2022年，化龙镇社会保障和就业支出2704.67万元，城镇新增就业3011人，完成率212.64%；城镇登记失业人员再就业376人，完成率108.36%。完成城乡居民养老保险扩面任务，3323人参加城乡居民养老保险，18663人参加城乡居民医保，7741人享受城乡居民养老退休待遇。动态调整低保人员名册，发放低保金101万元、特困金59万元，临时救助33人次15万元。对270户特殊困难人员入户探访结对帮扶，完成27户结对对象“微心愿”。发放长者长寿金、居家老人服务费256.6万元。村（居）设立“双百工程”服务点，实现社工站点、困难群体全覆盖。举办“春风行动”招聘会，提供工作岗位4265个，招聘1807人，解决69家重点企业用工需求。建设羊城家政基层服务站，眉山村、潭山村、盛龙社区和化龙社区成立分站，提供一般家政服务42人次、公益性家政服务187人次。680人次参加“粤菜师傅”“南粤家政”“广东技工”等技能培训。参加区第13届职业技能竞赛，连续6年获“优秀组织奖”。

【文教卫生】2022年，化龙镇人口监测统计动态调查、卫生健康考核分别排名全区第二、第三。推进颐康服务站、成人文体技术学校教学楼项目。打造潭山村党建带侨建示范点。建设新时代文明实践所（站）16个，开展新时代文明实践主题月、“我们的节日”等活动。化龙镇中心幼儿园和化龙中学教学楼、综合楼立面改造工程竣工。化龙中学、化龙中心小学、化龙第二小学、东沙小学在广州市中小学生毽球锦标赛上获11金、3银、2铜的成绩，5所中小学校被评为各类特色学校。

【乡村振兴】2022年，化龙镇组织编制《广东省历史文化名村广州市番禺区化龙镇潭山村保护规划（2021—2035年）》。64株古树名木每月定期开展巡查养护及周边环境整治，建立“树长制”及古树名木电子信息数据库，制作古树名木和公园电子地图。完成农田农业用电建设工程项目。建设都市水稻实验田，种植抗倒伏五香丝苗水稻，落实各项惠农措施，办理农机补贴63户8万元。通过交易平台完成农村集体资产资源管理交易249宗，标的总金额1.2亿元，增值2268万元。

（李仲娟）

## 石楼镇

【概况】石楼镇位于番禺区东部，辖区总面积126.5平方千米，下辖22个村（沙北村、江鸥村、沙南村、海心村、清流村、南派村、裕丰村、茭塘东

表 9　2022 年石楼镇各村人口及收入情况表

| 村 | 户籍人口（人） | 常住人口（人） | 经济收入（万元） |
|---|---|---|---|
| 沙北村 | 8636 | 9123 | 3624 |
| 江鸥村 | 4058 | 4199 | 1566 |
| 沙南村 | 3860 | 3969 | 1881 |
| 海心村 | 6355 | 6834 | 197 |
| 清流村 | 5927 | 6496 | 2002 |
| 南派村 | 3414 | 7162 | 2127 |
| 裕丰村 | 1435 | 1731 | 234 |
| 茭塘东村 | 2325 | 3367 | 252 |
| 茭塘西村 | 2072 | 2277 | 56 |
| 胜洲村 | 1424 | 1905 | 1570 |
| 大岭村 | 2648 | 4670 | 1559 |
| 岳溪村 | 1657 | 6330 | 1232 |
| 官桥村 | 2907 | 4373 | 1060 |
| 赤岗村 | 2030 | 10578 | 3774 |
| 赤山东村 | 1856 | 5802 | 1081 |
| 石楼一村 | 1973 | 4987 | 1041 |
| 石楼二村 | 1214 | 3667 | 1127 |
| 联围村 | 3886 | 7824 | 634 |
| 群星村 | 3394 | 3611 | 113 |
| 卫星村 | 1439 | 1650 | 73 |
| 东星村 | 1204 | 1241 | 57 |
| 明星村 | 1271 | 1320 | 80 |

村、茭塘西村、胜洲村、大岭村、岳溪村、官桥村、赤岗村、赤山东村、石楼一村、石楼二村、联围村、群星村、卫星村、东星村、明星村）和 3 个社区（石楼社区、莲花山社区、亚运城社区）。2022 年，石楼镇常住人口 19.38 万人，其中户籍人口 13.17 万人。

【经济发展】2022 年，石楼镇实现地区生产总值 200.67 亿元，同比增长 8.8%，增速全区第二。完成固定资产投资 106.6 亿元，房地产销售面积 31.67 万平方米。财政收入 8.29 亿元，税收收入 3.95 亿元，财政支出 8.52 亿元。4 个牵头重点项目完成投资 10.11 亿元，完成率 110%。60 家企业申报高新技术认定，7 家企业被认定为“专精特新”企业。打造声博士声学领域领军企业，支持中车骏发推广使用带填料环氧树脂浇注绝缘技术，以龙倡花边为中心打造国内刺绣基地，推广盛瑞科技新材料。农业产值全区第一，占比超 50%。第二产业规模以上工业产值 655.97 亿元。依托莲花山旅游区、海鸥岛、大岭村、观龙岛等旅游资源发展第三产业。

【社会发展】2022 年，位于石楼镇的番禺国家级沿海渔港经济区列入中央财政补助资金支持建设试点名单。推进农村宅基地审批和农村“房地一体”确权登记，完成“房地一体”权籍调查 3 万件，完成房屋建筑承灾体调查。推进龙潋北路、沿江路三期、海鸥桥北侧道路、海景路、深沙涌消除劣Ⅳ类沿河截污工程等 50 多个工程建设，开展大岭村农村生活污水治理设施等 19 个工程项目。推进海鸥公路扩路、龙潋北路、创新西路、莲花大道、佛莞城轨和琶洲支线等征地拆迁项目 20 多个，签定征收补偿协议 148 份。加强古树名木巡查保护，落实古树名木林长管理责任制。

【基层治理】2022 年，石楼镇成立反走私专班，组织打击走私专项行动，巩固海鸥岛省级基层反走私综合治理示范点，走私警情同比下降 82.63%。查处环保领域违法行为，整治“散乱污”，落实水环境治理三年攻坚行动，重点打击违法偷排行为，闭环处置涉水污染线索，落实噪声污染防治行动。拆除违法建设 24 万平方米。制定石楼镇根治拖欠农民工工资工作方案、重大劳资纠纷突发情况应急工作处置预案，成立欠薪隐患联合处置工作小组，建立欠薪隐患联防联控联调联处工作机制。完善“综治中心 + 网格化 + 信息化”体系，拓展镇、村两级 26 个综治中心功能。诉前联调案件化解率 100%。严格落实镇领导班子成员开展基层治理工作。开展人民调解和社会矛盾纠纷排查调处，司法所参与调解 223 件，成功 214 件，出具书面协议20件，协议涉及金额372.75万元。

【教育事业】2022年，石楼镇新开办2所学校（广大附中番禺实验学校、天峰小学）和3所幼儿园（石楼镇中心幼儿园赤山东园区、石楼镇华兰幼儿园、广钢亚运城第三幼儿园），赤岗小学、石楼中学、石楼二中、海鸥学校、莲花山中学、何澄溪小学等学校设备设施更新提升；投入1344万元配套6所学校三年提升计划建设项目；投入625万元对29所幼儿园进行设备更新改造。开展学校安全督查，开展形式安全教育，各校每月开展一次应急演练。

【民生保障】2022年，石楼镇企业职工社保、城乡居民社会养老保险、城乡居民医疗保险应保尽保，45周岁以上人员参保率96.31%，学生城乡居民医疗保险参保率100%。推进社保业务下移，"一窗通办"。举办线上招聘会、招聘集市、"零距离"暨灵活就业招聘会，1752人实现再就业。开展"粤菜师傅""南粤家政"培训。推动五社联动工作，筹建新社工站，整合社区、社工、社会组织和慈善机构资源。工会、共青团、妇联等单位慰问困境人员和工作人员。开展送春联、新春醒狮、送戏下乡、社区广场舞等公益性群众文体活动。石楼镇社区卫生服务中心获2021年"优质服务基层行"活动中表现突出、服务优质机构。

【党建引领城中村治理】2022年，石楼镇印发《石楼镇委党建引领城中村治理专项工作实施方案》"1+3"文件，推动25大类重点工作；制定《石楼镇推进网格党支部建设标准工作方案》，8个城中村设置网格党支部26个，下设党小组47个，划分党员责任区501个，搭建"1+3+N"城中村网格党群服务队32支。拍摄宣传作品《石楼卫士》获番禺区"广州街坊"形象大赛一等奖。

（韩思棋）

## 市桥街道

【概况】市桥街道位于番禺中部，是番禺区人民政府驻地。辖区总面积11.35平方千米，下辖8个村（黄编村、云星村、丹山村、沙圩一村、沙圩二村、东郊村、西郊村、北郊村）和28个社区（东兴社区、德兴社区、桥福社区、沙园社区、社学社区、德安社区、东丽社区、西涌社区、三堂社区、晒布社区、西城社区、禺山社区、华侨城社区、侨联社区、怡乐社区、康裕社区、禺秀社区、富都社区、丹桂社区、康乐社区、侨基社区、先锋社区、田心社区、桥东社区、石街社区、万丰社区、大市社区、瑞和园社区）。2022年，市桥街道常住人口257968人，其中户籍人口167314人。

【经济发展】2022年，市桥街道完成地区生产总值190.89亿元，位列全区第七。全年实际税费总额10.37亿元。三产结构比例为0:11:89。有市场主体38870户，其中企业19577户、个体工商户19293户，总量位居全区第三。有"四上"企业355家，同比增加29家。深化"政银税企"互动，举办分析研判会、政策宣讲会、银企对接会31场。街道领导走访企业284家次，解决涉企问题87个。为中小企业减免租金3810.55万元。制定《市桥街贯彻落实番禺区对接〈南沙方案〉领导小组工作方案》。推进西坊大院文商旅融合发展，云星村、黄编村打造汽车销售服务片区，沙圩一村、沙圩二

表10　市桥街道各村2022年人口及收入情况表

| 村 | 户籍人口（人） | 常住人口（人） | 经济收入（万元） |
|---|---|---|---|
| 黄编村 | 1970 | 13002 | 6842 |
| 云星村 | 2632 | 19071 | 10976 |
| 丹山村 | 1542 | 10000 | 2989 |
| 沙圩一村 | 3837 | 12093 | 7288 |
| 沙圩二村 | 3028 | 12000 | 4234 |
| 东郊村 | 271 | 40 | 783 |
| 西郊村 | 831 | 2430 | 5156 |
| 北郊村 | 448 | 1325 | 998 |

说明：东郊村因整村拆迁，现有常住人口为40人

村依托番禺广场地铁商圈培育引进“专精特新”企业，黄编村发展夜间经济消费业态，推进丹山村、云星村工业园升级改造。推进友联广场、远天商业、云星大厦、石桥公园地下空间等经济项目建设，实施农贸市场升级改造。厘清可招商的34个商贸楼宇24.9万平方米、3宗地块8万平方米，建成招商信息库。推动豪华汽车城地块收储和招拍挂。引入蓝迪汽车等7家企业。

【社会发展】2022年，市桥街道组建“街党工委—村党组织—网格党支部—网格党小组—党员责任区”五级基层组织架构，建成网格党支部3个，40名居住地党员划入综合网格常态化管理。推广“1+3+N”党群服务中队末梢治理。成立3支党群服务队，开展反诈宣传、垃圾分类等志愿活动20余场。推进东郊村及周边成片更新改造项目，签约房屋457间，签约率96.8%，交付安置房344套。完成老旧小区微改造项目22个。2019—2022年，审批通过既有住宅加装电梯232台。整治10类污染源完成率97.4%。完成排水单元达标攻坚281个495.228公顷，完成率89.44%。处理黄编涌、沙圩涌、丹山河、罗家涌污水渗漏问题。整治市容环境问题7872个。落实区、街道、村(居)三级林长体系，绘制市桥街道绿化管理一张图，加强古树名木和园林绿化资源保护，修订完善历史文物保护、公园树木管理、建设工程管理等方面制度11份。

【生态文明建设】2022年，市桥街道完成中央生态环保督察反馈问题整改，交办案件办结率及问题整改率均为100%。落实生态环境保护网格化管理，巡查场所9264次，开具环保检查情况告知书381份，整治隐患378个，改善市桥国控点周边大气污染防治和扬尘管控。推进水环境治理三年攻坚行动，完成年度10类污染源摸查整治，推进排水单元达标攻坚285个，完成率90.85%，7条河涌水质均达标。优化生活垃圾分类投放点，开设投放点位359个，厨余垃圾收运线路6条，厨余垃圾日处理峰值为10吨。

【社会治理】2022年，市桥街道完善覆盖10个重点行业领域的安全生产监管制度。开展消防安全宣传教育和隐患排查、综合整治，被评为2022年度消防工作先进单位。组建“三防”抢险救灾队伍19支。化解信访突出问题及省、市、区交办重点个案，街道领导落实领导包案、主动接访、带案下访制度，受理矛盾纠纷291起，包案办结261件，办结率89.7%。组建社会面治安防控最小应急单元363个，参与人员2247人。钻汇广场最小应急单元被评为区级示范点，厚基物业基盛万科、中州公馆最小应急单元被评为镇、街道级优秀示范点。有“市桥卫士”成员5075人，发起巡防、反诈、文明出行等活动2866场次，68551人次参与。

【民生事业】2022年，市桥街道在“广东扶贫济困日”暨深化“羊城慈善为民”行动活动中募集善款103.38万元，用于乡村振兴、扶贫济困、扶老助弱。培育社区（村）社会组织65个，链接社区（村）企业58个、社会组织91个。慰问困难群众1041户次，发放慰问品及慰问金总值20.4万元，为困难群众申请慈善医疗救助32次、临时生活救助19次，共资助29.06万元。11个长者饭堂为802名老人提供2万份配餐。发放区、街道特困供养金101.6万元、低保金142万元。

【城中村治理】2022年，市桥街道摸查西郊村“人、屋、车、场、网”数据，形成基础数据“三张表”“十张图”和“城中村一本账”。摸查村内房屋221栋，登记在册出租屋171栋、出租房1864套，辖内重点场所18个，西丽园、西丽大街实行智能化车辆进出管理。组建安保维稳巡查小分队。排查出租屋安全隐患180处，引导屋主、承租人自行整改150处。打击出租屋电动车违规停放、堵塞消防通道等违法行为，推进微型消防站建设。建成电动自行车集中充电桩34个，完成率170%。整治占道经营、杂物和垃圾乱堆放、车辆乱停放等问题，推进城中村雨污分流工程。

（巫苑琳）

# 沙头街道

【概况】沙头街道位于番禺中心城区西部，辖区总面积18.1平方千米，下辖9个村（榄山村、大罗村、沙头村、小罗村、小平村、南双玉村、大平村、汀根村、横江村）和2个社区（沙头社区、骏兴社区）。2022年，沙头街道户籍人口27867人，登记在册来穗人员104437人。

【经济发展】2022年，沙头街道实现地区生产总值95.76亿元，规模以上工业总产值55.03亿元，限额以上商业销售额141.07亿元，规模以上建筑业产值3.19亿元，固定资产投资总额8.6亿元，房地产销售面积34337平方米，全年税收10.57亿元。辖区内9个区级重点建设项目：国科众安科创城、海鸥住工创新与技术中心、区珠宝加工配套中心、新昌产业楼、龙光天瀛花园公建配套、海伦堡创意园北区、禺林中心、在云端境界和德莱乐业农业产业科技园（前期项目），完成投资额4.39亿元。辖区有上市公司3家（海鸥住工、奥迪威传感器、卓尔珠宝），有市场主体27153家，其中内资企业12198家、外资企业351家、个体工商户14604家。有“四上”企业235家，高新技术企业71家，“专精特新”企业7家。产业类别主要有珠宝首饰、汽车零配件、整装卫浴、创意产业、冷链储运贸易、五金电子等，辖区有广州海鸥住宅工业股份有限公司、百度（中国）有限公司广州分公司、广东法拉达汽车散热器有限公司、广东奥迪威传感科技股份有限公司、广州港华燃气有限公司、广州市元艺珠宝有限公司、广州鸿粤星辉汽车销售服务有限公司等企业。依托区重点建设项目海鸥住工创新与技术中心，带动整装卫浴产业链形成产业集群。依托大罗展贸中心和新昌科技产业楼，打造“直播+电商”基地，“番禺珠宝直播带货中心”落户大罗塘珠宝名镇。

【社会发展】2022年，沙头街道推进“中心+网格化+信息化”建设，11个村（居）设立综治视联网系统。12个综治中心和综治工作站、87个基础网格、105个最小应急处置单元、120个“十户联防”治安防控单元实现安保、纠纷调处、网格治理、应急处置联动。开展基层矛盾纠纷排查化解专项行动，排查处理矛盾纠纷62起，处理群众信访事项123件。组织开展护林护绿等服务793次，居住地党员7932人次参与。开展毒品预防教育宣传76场。落实寄递物流“一企一档”，建立企业档案49个，开展专项整治检查62次。街道领导开展安全检查135次，安监中队、专职消防队、来穗中心等职能部门检查企业7356家次，发现隐患11029处；巡查出租屋逾25万套次，排查安全隐患21099处，劝导出租屋主或承租人整改安全隐患20046处。查获非法储存汽油263升、柴油1600升。安全生产执法行政处罚一般程序案43件，处罚金额53万元，简易程序176件、处罚金额17.6万元。开展交通秩序专项整治行动32次，发现隐患353项，现场整改174项，限期整改179项。

【城乡建设】2022年，沙头街道完善路网建设，莲花大道、环村路建成通车，禺山西路3千米非机动车道建成投入使用。规范农村建房审批，治理违建168处20万平方米，完成年度拆违任务。组织清除乱张贴、乱涂写、乱拉挂6821处，清理

表11　2022年沙头街道各村人口及收入情况表

| 村 | 户籍人口（人） | 常住人口（人） | 经济收入（万元） |
|---|---|---|---|
| 榄山村 | 1696 | 7344 | 3238 |
| 大罗村 | 1465 | 14744 | 3265 |
| 沙头村 | 3672 | 17445 | 4918 |
| 小罗村 | 1185 | 9784 | 1765 |
| 小平村 | 1240 | 8501 | 2254 |
| 南双玉村 | 2333 | 5369 | 1960 |
| 大平村 | 1759 | 8983 | 1511 |
| 汀根村 | 3522 | 9452 | 3914 |
| 横江村 | 4618 | 17285 | 3421 |

2022年6月29日，“翰墨写初心 丹青颂党恩”——沙头街道庆“七一”暨建街20周年书画作品展开幕 （沙头街道 供图）

卫生死角3601处，建设11个厢房式投放点、4个星级生活垃圾分类投放点和5个“两网融合”网点。打造“四小园”小生态板块，开展乡村公园升级改造，完成“四小园”闲置地硬底化41块，“小菜园”11块，“小公园”25块。实施网格化环保监管，检查企业3427家次，建立企业档案7565个。清理整治“散乱污”场所54处，开展涉水污染源全覆盖排查1502家次。河长巡河发现并处理问题90个，清理河道垃圾31.8吨。推进排水单元达标攻坚，验收排水单元237个，通过验收297公顷。

【文化活动】2022年6月29日至7月10日，沙头街道举办“翰墨写初心丹青颂党恩”庆“七一”书画展，展出67幅油画、国画、书法作品。创作完成汀根村醒狮文化粤曲《壮志雄狮》初稿。纪录片《英雄儿女——老党员王丽珍的回忆录》《沙头记忆》分别获得“讲好禺山故事喜迎党的二十大”第二届番禺区党员教育电视片观摩交流活动一等奖、三等奖。整理《沙头街文物名录》，沙头街道横江黄氏宗祠通过修籍验收。

【社会保障】2022年，沙头街道举办“春风行动”促就业网络公益招聘会，提供岗位2625个，119人次应聘。开展城乡居民最低生活保障救济、低保专项治理、退役军人服务、养老管理服务、特困人员供养救助，发放低保金16.5万元，向70周岁以上老年人发放老人金52.2万元。对口帮扶梅州市转水镇青塘村，走访14家防返贫户，联合商会为贫困户捐资捐物。青塘村成立黄青维农业专业合作社，开发撂荒地复耕复种23.55公顷（353.25亩）。

（杨淑怡）

## 东环街道

【概况】东环街道位于番禺中心城区北部，辖区总面积11平方千米，下辖8个村（甘棠村、蔡边一村、蔡边二村、蔡边三村、龙美村、东沙村、榄塘村、左边村）和4个社区（东环社区、江南社区、富豪社区、金山谷社区）。2022年，东环街道辖内总人口10.87万人，其中户籍人口3.77万人，来穗人员7.10万人。

【经济发展】2022年，东环街道实现地区生产总值168.2亿元，同比增长0.6%，工业总产值53亿元，建筑业总产值208.3亿元，限额以上商业销售总额261.3亿元，服务业营业收入79亿元，固定资产投资额12.2亿元。完成税收收入25.3亿元。走访重点企业及重点项目单位272家，为企业协调解决问题215个。新增注册企业1723家，注册资本累计77.3亿元，注册资本超3000万元的企业23家。上市企业、挂牌新三板企业12家，高新企业240家，“专精特新”企业70家，规模以上企业541家，新增纳统“四上”企业67家。完成投资额2.26亿元，投资完成率102%，推进东环街道易兴DHJ15-01地块、中铁建花语岭南公建配套项目、龙美展贸城、番禺节能科技园项目等7个重点项目。

【社会发展】2022年，东环街

表 12　2022 年东环街道各村人口及收入情况表

| 村 | 户籍人口（人） | 常住人口（人） | 经济收入（万元） |
|---|---|---|---|
| 甘棠村 | 1198 | 6426 | 4438 |
| 蔡边一村 | 2896 | 9466 | 4649 |
| 蔡边二村 | 1729 | 8892 | 7023 |
| 蔡边三村 | 969 | 3976 | 2360 |
| 龙美村 | 2022 | 13696 | 4871 |
| 东沙村 | 2386 | 12058 | 3563 |
| 榄塘村 | 1413 | 5324 | 1614 |
| 左边村 | 1587 | 7930 | 4078 |

道完善新型智慧政务服务体系，推广街道24小时智慧政务大厅，成立街道综合行政执法委员会，聘请法律服务团队提供法律服务，培养遴选55名“法律明白人”到社区开展法律服务。处理“12345”政务服务热线转办案7986件，按时办结率99.6%。推进“广州街坊”群防共治和“十户联防”工作，整合应急力量972人，建成最小应急单元105个。番禺节能科技园最小应急单元获得“区级最小应急单元示范点单位”称号。升级改造辖区道路，完成蔡边三村公交车站周边环境整治、番禺大道辅道与莲花路交叉路口改造、金山谷学校路口人行岛改造、莲花大道至万博翠湖花园南门沥青罩面改造等项目建设。

【安全生产】2022 年，东环街道落实安全生产责任制，检查工贸企业、建筑施工项目、人员密集场所、“三小”场所等生产经营单位7050家次，排查整改隐患8670处，完成辖区8604家自建房摸查及35间危旧房解危，立案查处安全生产违法案134件，罚没金额39.4万元。设立便民电动自行车集中充电点12个。推进微型消防站标准化建设和消防队伍建设，开展应急演练12场次。全年无发生重特大或亡人火灾事故和森林火灾事故。

【城中村治理】2022 年，东环街道制定党建引领城中村治理运行方案，组建44支党群服务队，选派10名干部到城中村担任第一书记或书记助理。推进蔡边一村城市更新，召开12场实施方案批后宣讲会，修订《实施方案批后表决办法》。翻新改造村综治中心，开展检查整治行动423场次，整治出租屋安全隐患8571处。完成2021年度农村集体经济审计，提出审计意见和建议26条。用好农村集体“三资”交易平台，组织公开交易竞投400宗，总成交金额1.91亿元。调处化解各村（社区）矛盾纠纷299起。龙美村被评为“广东省乡村治理示范村”。

【环境整治】2022 年，东环街道治理违法建设169处16.15万平方米，完成总进度的100.97%。加强巡查耕地116.53公顷（1748亩），复绿复种耕地1.67公顷（25亩）。巡查“散乱污”场所、固体废物产生企业、工地722次，完成榄塘村、左边村等5个临河村雨污分流改造，排水单元改造通过验收500.16公顷，完成率90%。开展爱国卫生运动、市容环境卫生、病媒生物防制集中整治，开展人居环境整治行动540场。推进4个村的农村垃圾分类示范样板建设，建成3个“两网融合”网点。

【民生服务】2022 年，东环街道推进中心幼儿园建设和蔡边一村、甘棠村2个村级幼儿园民转公，完成东沙村、榄塘村、金山谷社区等6个新时代文明实践站升级改造，12个村（社区）实现综合性文化服务中心全覆盖。“金雁之星”服务队为来穗人员提供生活及心理帮助，利用社区基金开展服务活动40项，利用率为80.4%，开展“我为群众办实事”活动，完成“微心愿”529个、“微项目”302个。举办免费培训班25期，检查企业629家次，办结劳资纠纷2059起，督促企业补办员工社保864份。

（陈美坚）

## 桥南街道

【概况】桥南街道位于番禺中心城区南面，辖区总面积17.85平方千米，下辖4个村（南郊村、陈涌村、蚬涌村、草河村）和10个社区（番奥社区、华景社区、华荟社区、福景社区、御院社区、陇枕社区、绣品社区、昊龙社区、新世纪社区、可逸阳光社区）。2022年，桥南街道辖区总人口10.5万人，其中户籍人口6.5万人，登记来穗人员4万人。

【经济发展】2022年，桥南街道实现地区生产总值90.38亿元，同比增长3.6%，增速全区第五。其中第一产业0.85亿元，同比增长17.3%；第二产业12.83亿元，同比增长9.1%；第三产业76.7亿元，同比增长2.7%；三次产业比例0.9:14.2:84.9。规模以上工业总产值21.12亿元，同比下降14.4%，限额以上商品销售总额147.85亿元，同比下降2.6%，房地产销售面积21990平方米，同比下降12.86%，税费入库6.26亿元，同比下降16.02%。固定资产投资总额14.34亿元，同比增长377.7%。4个重点建设项目完成总投资额37.47亿元，完成年度总投资计划的102.2%。

【社会发展】2022年，桥南街道各村成立突出问题整治专班，领导干部、驻村工作组巡查网格发现问题242个，处置237个。组建39支“1+3+N”网格党群服务中队，制定安全隐患排查、社会综合治理等9方面35项事项服务手册。组建203人的“番禺家园护卫队”。7012栋实有房屋编列门牌地址，3个城中村升级安装视频门禁系统520套，升级安装率61.11%，规模以上出租屋安装率100%。陈涌村建成广州市首个城中村防灾减灾救灾应急指挥中心。受理“12345”热线转办工单8733件，按时办结率100%。清拆“两违”案件170件，清拆违法建设10万平方米。查处“六乱”违章行为10980件，其中行政处罚53件，罚款1.6万元。发生火灾15起，无人员伤亡，火灾案件数同比下降28.6%，直接经济损失下降28.7%。办理消防违法案件17件，罚款5.42万元。开展反走私反偷渡巡防，落实24小时巡防机制。

【乡村振兴】2022年，桥南街道实施示范创建“十个专项行动”，打造10千米的桥南街道都市绿洲新乡村示范带，启动7.33公顷（110亩）水稻实验田建设。开展农村集体资产资源交易384宗，成功交易274宗，成交额32103.74万元。推进农村更新改造，陈涌村、草河村旧村改造项目纳入广州市城市更新改造项目储备库。推进生活垃圾投放点位优化和厢房建设，各小区设置投放点位118个，创建星级投放点11个、达标小区26个。完成桥景滨水公园项目、蚬涌村临河村居雨污分流改造工程，桥南净水厂项目同意率超90%。开展水环境污染、大气污染、噪声污染及散乱污场所整治，5—9月，桥南街道空气监测站点空气质量综合指数排名均位列全区前三。

【社会治理】2022年，桥南街道发生案件类警情826起，同比下降6.1%；抓获各类违法犯罪人员435人，同比下降16.5%。开展夏季治安打击整治“百日行动”，检查各类场所（点位）540多间次。发起“线上+线下”“广州街坊”群防共治活动1200多次。开展综治一票否决权制警示事项整改。办理劳资纠纷等投诉案1206件，涉及3249人。其中成功调解807件，调解成功人数1664人，涉及金额276.6万元，追回266.1万元。

【民生保障】2022年，桥南街道受理各项政务服务事项1.7万多件，现场和网上办结率100%，提前办结率99%。向低保救助对象22户43人发放低保补助28.15万元。为70周岁以上老年人2908人发放长寿保健金169.626万元，为396名长者提供4.9万份长者饭餐。联合社会企业探索打造智能化、数据化综合养老服务体。

表13　2022年桥南街道各村人口及收入情况表

| 村 | 户籍人口（人） | 常住人口（人） | 经济收入（万元） |
|---|---|---|---|
| 南郊村 | 3230 | 11140 | 6155 |
| 陈涌村 | 4364 | 17000 | 4785 |
| 蚬涌村 | 3200 | 7000 | 2902 |
| 草河村 | 3884 | 8700 | 2921 |

【基层党建】2022年，桥南街道制作党员教育微视频《信仰的力量》和党员教育电视片《邮票里的党史故事》。通过“穗好办”发布各类党员志愿服务活动1708场，党员参与服务1.6万多人次。完成380家“双同步”非公有制企业摸查工作。

（岑雅曼）

## 小谷围街道

【概况】小谷围街道位于番禺区北部，是广州大学城所在地，辖区总面积20.15平方千米。下辖4个行政村（穗石村、南亭村、北亭村、贝岗村）和1个社区（星汇社区）。广州大学城进驻中山大学、华南理工大学、广州中医药大学、华南师范大学、广东工业大学、广东外语外贸大学、广东药科大学、星海音乐学院、广州美术学院、广州大学等10所高校，大学城南岸进驻暨南大学、广州医科大学等2所高校。2022年，小谷围街道辖内总人口22.8万人，其中10所高校总人数16.8万人，4个保留村1个社区户籍人口1.1万人，在册登记来穗人员4.9万人。

表14　2022年小谷围街道各村人口及收入情况表

| 村 | 户籍人口（人） | 常住人口（人） | 经济收入（万元） |
|---|---|---|---|
| 穗石村 | 4133 | 9380 | 4064 |
| 南亭村 | 3673 | 8455 | 4235 |
| 北亭村 | 5177 | 14603 | 5251 |
| 贝岗村 | 3152 | 6215 | 5825 |

【经济发展】2022年，小谷围街道实现地区生产总值91.25亿元，比上年增长2.7%；税收3.37亿元。农村“三资”交易平台成交额1.34亿元，增收率39%。强化智能化政务服务水平，建立首席数据官制度。成立番禺政务服务中心大学城分中心。辖内6家科技产业园区入驻企业超500家，科创类企业实现年产值逆势增长，总体增幅超20%。小鹏汇天、探迹科技连续2年入选全球“独角兽”创新企业榜单。高新企业呈集群发展，新增高新技术企业33家、省级“专精特新”企业17家。九尾科技、易方科技入选2022年广州“未来独角兽”创新企业，乐摇摇科技、探迹科技入选广州高精尖企业。“2022胡润U30中国创业先锋”榜单在广州大学城发布，番禺区6名入围代表均来自大学城。

【社会发展】2022年，小谷围街道推进市容环境治理工作，整治“六乱”800多处，治理违法建设4.2万平方米，完成率106%。开展交通秩序大整治，全年考核排名全区第一。办复“12345”热线案件6758件，满意率100%。中心湖人才广场通过广州市保洁高标准示范区域市级验收。推进大学城海绵城市示范片区建设，完成12个海绵化改造项目立项。完成55个排水单元达标创建，排名全区第一。各级河长巡河2885次。制定林长巡林制度。启动北亭村乡村治理“积分制”试点。确定各村“四小园”建设点7个，整改农村环境卫生问题4754个。召开校地联防联控会议23次，保障高校开展春秋两季开学返校工作，应急处置11起。建设粤港澳大湾区青年人才双创小镇党群服务中心，选派驻企党建指导员6名。

【创新驱动发展】2022年，小谷围街道推动国家未来产业科技园在广州大学城落地，推动国创中心智能系统创新基地大学城基地建设，广州启迪信投科创基金首期规模1亿元正式落地，打造“科创人才培养+科创训练营+科创基地孵化+基金投资+供应链接入项目产业化”硬科技科创生态体系。有米科技双创示范基地被认定为国家级科技企业孵化器。广州大学城·中关村青创汇、广州大学城（广工）科技成果转化基地、海创人才科创中心入驻项目73个，新增产值近1亿元。粤澳青创国际产业加速器、粤港澳青年创业孵化器新增面积超5000平方米，新增企业200多家。依托广州大学三创营众创空间，实施“00后启航计划”，遴选双创团队162个。XBOTPARK科创训练营·夏令营和广州美术学院达芬奇创新实验班开班。建立

2022 年 6 月 10 日，在番禺区渔港经济区揭牌系列活动上，番禺区生物多样性保护志愿服务队成立　　（小谷围街道 供图）

广州大学城校地共建共治共享圆桌会议机制。组建涵盖人工智能与数字经济、信息技术等 11 个领域的重点行业专家库。

【平安建设】2022 年，小谷围街道辖区案件类警情连续 8 年保持下降态势。小谷围派出所获集体三等功，警务评议满意度排名全区第一。成立党建引领城中村治理专项工作领导小组和工作专班，在全区率先细分网格并创新设立“最小服务应急单元”和“三人小组”社区管家，探索实施出租屋按消防安全等级挂“红黄绿”牌管理制度，试点实施城中村治理“积分制”，开发应用城中村治理便民小程序。检查各类生产经营单位 2968 家次，立案处罚 137 件。开展“打通生命通道”消防安全专项行动，完成 4455 栋自建房屋安全隐患排查。食品快检室规范化建设通过区评估验收。应对防御台风“马鞍”等多轮强降水，转移群众 106 人。未发生重特大安全生产事故、食品安全事故。

【民生事业】2022 年，小谷围街道发放各类补助、补贴 205 万元。建立四村一居妇女儿童维权站（点）、“舒心驿站”心理咨询室。未成年人保护工作站投入使用。筹集保障性租赁住房 2430 套，任务完成率 220%。新增中学、小学、幼儿园公办学位 310 个。举办 11 场就业创业政策宣讲会，调处化解劳资纠纷 1109 起。打造广州市首个“人才高地”人大代表联络站，帮助 1.5 万名大学毕业生成功就业。穗石村退役军人服务站通过省级星级服务站示范评审验收。举办首届“文创咖”文化创意联赛。建立“逐梦·青春”团建基地。组建 23 支青年志愿服务队。推动 22 家企业成立新业态工会。

【生态环境】2022 年，小谷围街道完成四村一居、十所高校林长制公示牌挂牌，完成公共区域 103915 株树木详查，“一树一册”挂牌古树名木 15 株；大学城星光下道重点区域景观提升 3500 平方米；全民义务植树共建人才“生态林”；制作小谷围街道历史建筑分布图，44 处文保单位落实管理制度。制定《小谷围街关于广州“12345”政府服务热线转办案件的工作指引》等制度 18 个。成立广东省首个生物多样性保护基金，组建生态环境资源专家库、生物多样性保护专家库以及志愿服务队；规划大学城科教文旅研学路线；共建番禺区老城市新活力、“四个出新出彩”理论研究与实践教育“双基地”，打造守护“绿树、名木、古祠、碧水、非遗”等应用场景。

（黎宗慈）

## 大石街道

【概况】大石街道位于番禺区西北部，辖区总面积 19.34 平方千米，下辖 14 个行政村（大山村、植村村、会江村、礼村村、东联村、河村村、诜村村、涌口村、山西村、北联村、大兴村、大维村、官坑村、猛涌村）和 6 个社区（大石社区、富丽社区、富庭社区、星河湾社区、银湾社区、丽景社区）。2022 年，大石街道户籍人口 7.78 万人，登记在册来穗人员 26.3 万人，实际服务总人口超 36 万人。

【经济发展】2022 年，大石街

表 15　2022 年大石街道各村人口及收入情况表

| 村 | 户籍人口（人） | 常住人口（人） | 经济收入（万元） |
|---|---|---|---|
| 大山村 | 3384 | 58581 | 6562 |
| 植村村 | 2828 | 31880 | 1903 |
| 会江村 | 2564 | 22757 | 3293 |
| 礼村村 | 2820 | 23215 | 2385 |
| 东联村 | 3245 | 15050 | 3955 |
| 河村村 | 2413 | 16000 | 4268 |
| 诜村村 | 1492 | 9980 | 2645 |
| 涌口村 | 1317 | 9361 | 3196 |
| 山西村 | 2096 | 7100 | 545 |
| 北联村 | 954 | 8000 | 1661 |
| 大兴村 | 2149 | 6395 | 424 |
| 大维村 | 1096 | 4144 | 935 |
| 官坑村 | 872 | 4826 | 1619 |
| 猛涌村 | 727 | 4750 | 1161 |

道实现地区生产总值 325.27 亿元，同比增长 0.2%，总量排名全区第二。其中，规模以上工业总产值 266.48 亿元，限额以上商业总值 187.9 亿元，固定资产投资总额 61.72 亿元，房屋销售面积 21.44 万平方米；税收总额 34.10 亿元，同比减少 6%。举办惠企政策宣传、产融对接、银企千亿授信签约等活动。开展暖企行动，走访企业 320 多家次，解决企业发展问题 118 个。整治提升村级工业园区 37.92 万平方米。新增引进落户注册资本 3000 万元以上企业 25 家。长隆国际旅游度假区被评为国家级夜间文化和旅游消费集聚区。广州巨大创意产业园获得 2022 年度广东省文化产业示范园区创建资格。

**【社会发展】**2022 年，大石街道发动“广州街坊”3.6 万人次参与重点防护期治安防控活动，《文明劝导有良叔》节目被评为“叫响平安番禺·守护番禺平安”2022 年“广州街坊”形象大赛三等奖。推进街道及村（居）“粤心安”心理服务室建设，建成心理服务室 21 个。提档升级街道和 14 个村综治中心，在广州巨大创意产业园增设公共法律服务工作站，街道各级人民调解委员会调解纠纷 847 起，调解协议涉及金额近 600 万元。处理信访案件 304 件，办复率 100%。受理劳动争议案 4901 件，涉及劳动者超 2.2 万人，涉及金额超 2.5 亿元，期限内结案率 99%。处理“12345”热线工单 24712 件，办结率 100%。整治违法犯罪行为，案件类警情同比下降 1%，其中诈骗警情同比下降 13.4%，涉黄警情同比下降 24.6%，涉黑恶“9+2”类警情同比下降 10.1%。检查复查生产经营场所 10662 家次，警示约谈 252 家次，整改隐患问题 12224 个。综合行政执法立案 1038 件，立案数居全区第二，新下放执法职权水务、环保、卫健、规自领域执法均实现零的突破。建成电动自行车充电桩 7000 个，全年新增 3641 个。星河湾社区通过广州市 2021 年安全宣传“五进”示范社区验收。

**【环境建设】**2022 年，大石街道拆除违法建设 167 处、约 18.03 万平方米。老旧小区新加装电梯 28 台，累计建成 63 台。建成垃圾分类投放点 168 个，创建星级投放点小区 17 个、达标小区 40 个，打造“两网融合”网点 5 个。因地制宜打造农村“四小园”27 个，14 个村完成村道路面硬化，通达总里程 36.83 千米。开展环境卫生整治行动 225 场次，整治市容“六乱”行为 7236 次。推进水环境治理三年攻坚行动，开展 10 类污染源摸查，完成“散乱污”场所排查 2470 件，日均清理河面垃圾 4 吨。排水单元达标整治验收 146 个，完成改造 789 公顷。集中整治西片工业区涉及有机废气排放不达标企业 256 家，处理环保类投诉案 688 件。推行林长制，开展护林巡林、森林防火工作。加强古树名木保护修复，举办义务植树活动，升级改造富丽社区宾至路尾大型绿化带，建设富丽家园街心口袋公园。

**【民生事业】**2022 年，大石街道政务服务中心新址启用，全年办理便民事项 40986 件，群众满意率 100%。大石街道中心幼儿园岗西路园区建成开园，新

2022 年 3 月 28 日，大石街政务服务中心新址揭牌启用

（大石街道 供图）

增公办幼儿园学位 450 个，辖内 8 所学校完成广东省无烟单位创建。大石街道社区卫生服务中心“六个一”经验模式在全市推广。新增就业 3774 批次，职业介绍 1230 人次。发放低保、孤寡、残疾等各类困难对象救助资金超 435 万元，发放失业补助金超 300 万元。9 名退役军人立功受奖。

【基层党建】2022 年，大石街道党员教育电视片《微光》获番禺区电教片评选一等奖。深入开展“我为群众办实事”实践活动和“双微行动”，完成“微心愿”340 个、“微项目”4 个。制定《大石街道党工委党建引领城中村治理专项工作实施方案》“1+5”文件，有序推进 12 条城中村“大党委”和 2 条城中村村民小组“大支部”工作，成立大石街道城中村治理专项工作委员会。

（屈明燕）

## 洛浦街道

【概况】洛浦街道位于番禺区西北部，由沙滘、南浦两个岛组成，辖区总面积 25.38 平方千米。下辖 9 个村（东乡村、西一村、西二村、西三村、洛溪村、上漖村、厦滘村、沙溪村、桔树村）和 9 个社区（洛城社区、丽江社区、珠江社区、广碧社区、广奥社区、洛涛南社区、锦绣社区、洛湖社区、和悦社区）。2022 年，洛浦街道户籍人口 11.3 万人，来穗人员 17.26 万人。

【经济发展】2022 年，洛浦街道实现地区生产总值 148 亿元，同比增长 1.2%。规模以上工业总产值 31.95 亿元，同比下降 26.2%；限额以上商业营业收入 62.99 亿元，同比下降 1.93%；房地产销售面积 2.68 万平方米，同比下降 12.95%；建筑业总产值 2.28 亿，同比增长 25%；固定资产投资 29.86 亿元，同比增长 1.9%；重点营利性服务业营业收入 14.05 亿元，同比下降 0.4%。重点发展数字、医疗、建筑、文创产业，打造瑞方医疗产业园等一批新园区。新增经济项目 5 大类 46 个，新洽谈入库项目 10 个、落地项目 6 个，协议投资额 9.1 亿元，协议产值 14 亿元。核查准“四上”企业 156 家，完成入库 52 家。海珠湾隧道工程项目固定资产投资在洛浦街道全额纳统，该项目子公司华南工程公司在洛浦属地注册。辖区 26 家企业完成高新技术企业申报。

【社会发展】2022 年，洛浦街道案件类警情 2069 起，同比下降 6.6%，案件类警情连续 7 年下降。推进党建引领城中村治理，构建“1＋N”综合治理体系，建成街道治安联防“飞虎队”和 184 个最小应急单元，厦滘村最小应急单元被评为区优秀示范点。21834 件“12345”政府服务热线工单办结率 100%，考核排名全区第四。推进广州市法治镇（街道）项目培育，上漖村成功创建广东省民主法治示范村。基层调委会和丽江花园物业纠纷调解室开展 94 次定期排查和 10 次专项排查，调处矛盾纠纷 135 起。组织法律宣传活动 90 场、法治宣传讲座 75 场，成功处理劳资纠纷案 2839 件，涉及 3704 人 2393.03 万元。推进裕景花园历史违法建设深化整改，立案调查违建 266 件，

表16　2022年洛浦街道各村人口及收入情况表

| 村 | 户籍人口（人） | 常住人口（人） | 经济收入（万元） |
|---|---|---|---|
| 东乡村 | 7721 | 37708 | 5635 |
| 西一村 | 4137 | 11321 | 1666 |
| 西二村 | 3609 | 8597 | 1742 |
| 西三村 | 2418 | 7371 | 1006 |
| 洛溪村 | 2481 | 12216 | 2190 |
| 上漖村 | 4262 | 20776 | 6235 |
| 厦滘村 | 2525 | 19324 | 3151 |
| 沙溪村 | 5935 | 23739 | 10779 |
| 桔树村 | 1065 | 8117 | 1122 |

组织拆违行动108次，治理违法建设26.5万平方米。专项打击七大重点产品侵权假冒行为，在番禺区2022年度镇(街道)"双打"考核中被评为"优秀"等次。洛浦街道政务服务中心被评为"番禺区文明单位"。洛浦街道对口帮扶贵州省毕节市威宁彝族回族苗族自治县海拉镇，投入帮扶资金20万元。"千企帮千村"帮扶项目投入帮扶资金26.7万元。在广东扶贫济困日，"630"项目筹款48.72万元，"慈善为民"项目筹款22.34万元。洛浦街道东乡村被评为"番禺区2022年度抓党建促乡村振兴先行示范村"。

【环境治理】2022年，洛浦街道村（居）排水管网摸查153.7千米，清淤108.9千米，修复42.7千米；整改"河湖清四乱"清单问题34个，督促157家排水户办理排水证；筹备洛溪岛、南浦岛排水单元达标配套管网项目，完成128个单元635公顷排水达标整治；定期检测河涌水质，实施调水补水、源头减污、排水户摸查和污染源巡查整治。强化扬尘和废气排放监管，检查工地231家次。督促企业配套废气处理设备和餐饮场所使用油烟净化器，环境空气质量综合指数排名全区第一。清理整治"散乱污"场所，出动执法人员2585人次，排查生产经营场所及出租屋2778间次，关停取缔"散乱污"场所32间，整治数量全区排名第二。

【民生保障】2022年，洛浦街道向46户低保户75人发放最低生活保障金87.74万元，向3名特困对象发放供养金6.53万元，向救济资助对象25人次发放7.61万元，向在册困境儿童发放补助金32.7万元。选举产生新一届残联理事长和主席团，落实残疾人康复资助资金68.9万元，每月发放残疾人"两项补贴"资金18.3万元，完成76名残疾学生"扶残助学工程"申请。发放长者长寿保健金84.23万元，办理常住长者优待卡2260张。完成村（居）颐康服务站建设，为1407位长者提供上门生活照料、医疗、康复护理、精神慰藉、探访、养老床位等服务1.67万人次；提供长者配餐服务6014人次，为1762位长者提供文娱服务。推动羊城家政基层服务站建设，举办"春风行动""零距离"等现场招聘会，提供就业岗位1027个；组织730人次参加"粤菜师傅""南粤家政"技能培训；认定就业困难人员599人，补贴614万元，受理工伤认定申请91件。引进瑞方等医疗经营实体，建设医疗龙头企业及上下游企业聚集区，规模以上企业产值及营收42亿元，同比增长26.76%。

【文化事业】2022年，洛浦街道完成第八批市级非物质文化遗产代表性项目申报，推进第五批区级非遗代表性传承人推荐申报。举办"我们的节日·端午""传承非遗文化学习手工技艺"活动。厦滘陈氏宗祠、郭氏宗祠成功申报第二批番禺区文物保护单位；上漖滨达卢公祠、陈氏宗祠、邓氏宗祠、阮氏宗祠、悦宽黄公祠、砚田家塾和厦滘韦氏宗祠确定为番禺区第三批传统风貌建筑。洛浦街道岭南电商园"国潮街"开幕。同心佳艺舞蹈艺术团参加区级比赛，上漖龙舟制作技艺"网红达人"陈念精参加"乡村网红"大赛并获得金奖。广州图书馆洛浦分馆接待读者3.28万人次，借还图书13.3万册。

（邓美欣）

# 石壁街道

【概况】石壁街道位于番禺区西北部，辖区总面积27.01平方千米，下辖9个村（石壁一村、石壁二村、石壁三村、石壁四村、韦涌村、大洲村、屏山一村、屏山二村、都那村）和1个社区（南站社区）。2022年，石壁街道总人口8.24万人，户籍人口3.01万人，来穗人员5.23万人。

【经济发展】2022年，石壁街道规模以上工业总产值71.57亿元，同比下降18.03%；商品房销售8.03万平方米，同比下降61.29%；限额以上商业销售额48.95亿元，同比增长1.9%；营利性服务业营业收入3.73亿元，同比下降3.06%；建筑业总产值37亿元，同比增长467%；固定资产投资69.81亿元，同比下降4.3%。"四上"企业168家，同比增长12.7%；新增亿元企业8家；高新技术企业新增23家，累计60家。科盛隆公司被评为国家"专精特新"重点企业，"高校科技成果转化示范基地"落户万融创裕科技园。石壁街道纳入市、区重点建设项目10个，全年完成投资额41.46亿元。广州环球贸易广场5号商业地块动工建设、住宅项目达预售节点。广州南站新P9停车场完成整体搬迁，新P10停车场完成建设，南站詹天佑广场、高铁新城服务中心基本建成，推进南站新城万科中心、荣耀广场等项目建设。湾区文化影视城、中升雷克萨斯旗舰店、嘉美欧包生产基地等提质升级改造项目投入运营。中建四局、中电国储、皓翔医疗等大型企业落户核心区；国际会展中心及配套酒店、地下空间启动招商；南站喜街27家餐饮、娱乐、酒店等多业态进驻。《番禺区进一步促进广州南站地区现代服务业发展扶持办法》施行。组建石壁街道建筑产业联盟。开展整规、打假、打私等系列整治行动，检查企业2371家次。打造都市水稻实验田，首造种植0.66公顷（9.86亩），亩产300斤。加强农村集体经济审计监督，开展农村集体资产、资源交易联合预审84宗次。

【社会发展】2022年，石壁街道开展人大代表进社区接待选民和群众活动44场次、政协委员履职活动27场次，接待群众86人次，办理群众意见建议51条。梳理"最多跑一次"政务服务事项174项，占总事项的82%；推动"数字政府""一件事套餐"建设，推广"网上办""掌上办""预约办""晓屋办""自助办"，"政务晓屋"可办业务204项，服务687人次；网上办事2.5万件，村（居）公共服务站受理事项2.1万件，收到非常满意评价3.47万条，满意率100%。开展一村（社区）一法律顾问工作，坐班服务120次，为3000人次提供法律服务。通过政府门户网站、石壁街道官方微信公众号"番禺石壁融媒"发布新闻推文1100多篇，新闻媒体专题报道840多篇，播放宣传音频及公益宣传短片13万次。

辖内接报"110"警情1.2万件，同比下降3.21%，6成村居的案件类警情下降，新客运站派出所获"全国公安机关成绩突出集体"。打击电信诈骗、涉黄赌毒及其他新型犯罪，抓禁毒戒毒康复及寄递物流工作。

表17　2022年石壁街道各村人口及收入情况表

| 村 | 户籍人口（人） | 常住人口（人） | 经济收入（万元） |
|---|---|---|---|
| 石壁一村 | 2490 | 3966 | 6234 |
| 石壁二村 | 2428 | 922 | 4073 |
| 石壁三村 | 3014 | 4294 | 2683 |
| 石壁四村 | 2291 | 3984 | 3973 |
| 韦涌村 | 5753 | 4485 | 4421 |
| 大洲村 | 1898 | 5216 | 968 |
| 屏山一村 | 2206 | 12360 | 1752 |
| 屏山二村 | 3214 | 7536 | 3542 |
| 都那村 | 1104 | 4401 | 683 |

探索来穗人员“双报到”社会治理模式，常态化开展平安巡防、护航南站等金雁志愿服务。推广出租屋智能门禁系统建设使用，加强“人屋”登记纳管，排查出租屋12.97万套次，发出安全隐患整改建议书578份，协调安装外墙便捷充电设施291栋。加强普法宣传，开展“法律六进”50多场次，派发宣传资料2万份。两级人民调解委员会成功调解案件75件，涉及金额668万元。办理群众来访、来电、来信及上级交办信访案件264件，办结率95%。处理劳资纠纷案1755件，总涉案人数6695人，总涉案金额1.07亿元。发动“石壁花姐”“平安番禺”“红棉老兵”“家园护卫队”等党群力量参与各类志愿服务。

【城乡建设】2022年，石壁街道87宗留用地115.6公顷（1734亩）完成办证72宗112.53公顷（1688亩）。推进安置区办证、石壁（一、二、三、四村）及大洲村全面改造项目。南大干线项目、东晓南路—广州南站连接线南段工程等重点项目征地及建设工作有序开展。完成屏山一村街接韦涌干路新建道、幸福涌韦涌段混凝土桥、屏山一村新沙尾桥至旧屠宰场新建道、都那村示范区雨污分流、幸福涌碧道改造等工程项目。总投资902万元的7条“村村通”农村公路中的6条竣工验收并投入使用，总长3.72千米，新建水泥混凝土路面3万平方米。打造广博学校至钟屏环山河涌口段高标准碧道建设，总长1580米。实施村民建房和建设安全管理，完成水电报装审批145件，排查经营性自建房5141栋。9个村达到“省定干净整洁村”标准，8个村达到“省定美丽宜居村”标准，都那村达到“省定特色精品村”标准。开展农村环境卫生整治，出动4627人次清理卫生黑点1346处，清理积存垃圾332吨，清理塘沟、河涌53.2千米。盘活农村闲置地盘，建成“四小园”70个、停车场13个。

2022年3月5日，广州南站地区（石壁街）2022年学雷锋志愿服务行动月系列活动启动仪式

（石壁街道 供图）

【基层治理】2022年，石壁街道完成9个村、1个社区的防灾减灾救灾能力标准化建设，成立防汛应急救援专班，组建应急救援队4支，“三防”应急分队19支，落实24小时应急值守，应对台风“马鞍”“9·8”强降雨抢险等救援工作；建立三级林长制，开展巡林455次，组织森林防灭火应急演练8次。推进网格化管理，61个基础网格巡查上报社会管理问题9.2万条，问题处置满意率99%。回复处理“12345”热线案件，有效处置热线投诉8227件。加强安全和消防监管，检查生产经营单位、人员密集场所、有限空间、粉尘涉爆、危化品使用等单位6100家次、“三小”场所9017间次，排查整改各类安全隐患2.07万处；整治安全隐患户外广告和招牌68处，拆除1616平方米；组织拆违行动83次，拆除12万平方米；整治“六乱”问题4088个；清理整治“散乱污”场所22处，排查涉水污染源243家；承接行政执法权下沉事项506项，作出行政处罚755件、行政强制4件，罚款161.2万元，无行政复议和行政诉讼案件。

【社会保障服务】2022年，石壁街道建成社会工作服务站5个，组织活动128场次、辅导个案64例，上门探访和电话访问4151人次。落实最低生活保障、特困供养、困境儿童、居家养老对象、现役军人家属、退役军人家庭走访，办理退役军人优待证 609 个，发放慰问金 5.78 万元、社会救助金 113.8 万元、长者长寿保健金 146 万元，提供长者助餐配餐服务 2.86 万人次。发放慈善金 2.1 万元，接收和处置各类慈善物资价值 5.1 万元。落实“双减”政策，治理校外培训机构，发展校园特色教育。办理养老保险待遇业务 430 件，城镇职工养老关系转移业务 2200 件；办理工伤保险业务 244 件，涉及金额 384 万元；办理失业保险业务 3142 件，金额超 2000 万元。完成分配 7 个村征地社保留存资金 5295.13 万元。为企业发布招聘信息 6615 条，推荐就业服务 3500 多人次，发放就业创业补助 127 万元。

（何翠婷）

## 钟村街道

【概况】钟村街道位于番禺区西北部，紧邻广州南站，辖区总面积 25 平方千米。下辖 8 个村（钟村一村、钟村二村、钟村三村、钟村四村、胜石村、谢村村、诜敦村、汉溪村）和 6 个社区（钟村社区、骏新社区、祈福新邨社区、锦绣花园社区、南奥花园社区、缤纷汇社区）。2022 年，钟村街道有户籍人口 9.9 万人，常住人口 20 万人。

表 18　2022 年钟村街道各村人口及收入情况表

| 村 | 户籍人口（人） | 常住人口（人） | 经济收入（万元） |
|---|---|---|---|
| 钟村一村 | 5631 | 17847 | 4345.76 |
| 钟村二村 | 2794 | 9899 | 1841.62 |
| 钟村三村 | 2397 | 6166 | 1858.77 |
| 钟村四村 | 1919 | 7054 | 1824.49 |
| 胜石村 | 1721 | 7484 | 1077.81 |
| 谢村村 | 6799 | 23093 | 5155.16 |
| 诜敦村 | 2800 | 11029 | 4223.51 |
| 汉溪村 | 1655 | 8470 | 4042.74 |

【经济发展】2022 年，钟村街道实现地区生产总值 201.1 亿元，同比下降 5.7%；规模以上工业总产值 165.23 亿元，同比下降 12.3%；限额以上商业销售总额 136.79 亿元，同比下降 6.2%；固定资产投资 54.78 亿元，同比下降 34.3%；房地产销售面积 10.76 万平方米，同比下降 62.1%；重点营利性服务业营业额 133.2 亿元，同比下降 21.3%；税收收入 41.55 亿元，同比下降 21.9%。完成“三资”交易项目 114 项，成交总额 2.53 亿元，总增长率 5.26%。市广路钟三路段 38 号、胜石村汉溪大道谢村段南侧的 2 处集体建设用地出租项目总成交额 1.4801 亿元。召开招商对接会 30 多场，落户企业 12 家。开展暖企行动 208 多家次，对 60 多家拟申报高新技术企业法人单位及中小微企业上门提供申报指导、宣传讲解服务。

【社会治理】2022 年，钟村街道制定驻村（社区）工作组工作制度、驻点普遍直接联系群众工作制度，落实每周至少联系走访一次制度；处置“12345”热线工单 18201 件。在重点区域和社区布设 5G+VR“政务小屋”，上线 166 项高频服务事项，配备 7 名“云坐席”提供咨询和远程办理服务。设立“办不成事”反映窗口，接件办理业务 147015 件，政务晓屋接待群众 2058 人，24 小时智慧政务大厅接待 5114 人次。推进街道政务服务祈福新邨分中心建设，引入政务晓屋、居住证等多业务一体机，打造全程电子化 24 小时智慧政务大厅。完善辖内城中村底数、底册、底图、底网，建立城中村“大党委”，实施网格党支部标准化建设。开展平安建设综合治理，加强城中村综治中心建设。采集摸排“人、屋、车、场、网”底数基数，推广安装出租屋智能门禁系统，推动户外充电设施建设，户外集中充电区建成投入使用 233 处，简易充电设施覆盖 729 栋 8928 套出租屋。推进锦绣花园北区最小自治单元建设。对钟一市场、钟村市场、解放路等地开展专项整治，出动 1123 人次，开展清洁行动 12 场次，清理垃圾 40 吨，限期改正“六乱”

现象8953处。开展夜间市容联合执法，解决露天烧烤、夜宵档占道经营、乱摆卖扰民问题。

【重点项目推进】2022年，钟村街道推进地铁22号线及地铁祈广区间段大鹏天然气管道迁改工程、广州大道快捷化改造一期工程、佛莞城际轨道项目、新客站储备用地二期储备项目等省、市、区重点项目落地；推进谢村村租赁住房项目、祈福缤纷世界项目、新世界—广州地铁汉溪发展项目、长隆飘峰项目、新世界国际学校项目等11个区重点项目，完成投资额26.98亿元，完成年度计划投资的80.46%。推进金山湖文化公园项目留用地、谢村村香江三期、汉溪大道及地铁七号线项目留用地、汉溪村物流中心、佛莞城际及汉溪大道项目等留用地报批，送审留用地13宗15.12公顷（226.85亩）。推进胜石村、钟村二村旧村改造、顺景苑小区微改造项目。推进佛莞城际汉溪长隆站各出入口与村道衔接工程“进出平衡”，钟村二村、汉溪村耕地耕作层剥离招标工作。打造汉溪村为省级特色精品村。改造提升诜敦村、谢村村乡村风貌。开展钟村四村数字乡村综合服务平台试点。

【应急管理工作】2022年，钟村街道加强对危化品运输车的安全监管和道路通行管控，开展校车与校园周边道路的交通安全专项整治，在广州市道路交通秩序大整治每周通报中15次取得全市第一的成绩。抓“住改仓”、“三小”场所、布匹仓库、电动车违规入户充电等重点消防安全隐患治理。开展专项执法58次，日常巡查5668人次，检查生产经营单位5422家次，发现隐患12595处，发出检查、复查记录表9987份。147个最小应急处置单元通过“立码报”小程序实现联勤联动。4个应急单元9名成员获广州市见义勇为基金会奖励，祈福缤纷世界最小应急单元获“区级最小应急单元优秀示范点单元”称号。调整设立社区矫正委员会，接受社区矫正对象78人，解除社区矫正69人。发起“广州街坊”日常巡防547次，每月组织7000人次参与社会面治安防控。

【生态环境治理】2022年，钟村街道开展10类污染源整治，加强排水单元监管，制定“散乱污”企业“负面清单”，排查企业1754家次，查处涉水“散乱污”场所7家，整治入河排污口57个，上传污染源195个，整治率100%。推进钟村四村西城大街片区易涝点整治工程及屏山河、诜敦河流域排水单元第一批配套公共管网完善及改造工程（钟村片区），排水单元达标改造完成率89.74%。抓大气污染防治，排查建设工程扬尘污染，加强餐饮业油烟治理及日常监管，深化VOCs污染治理，检查建筑工地、企业1226次。开展危险固体废弃物管理监督，落实固废管理信息平台开展申报登记、管理计划备案和危险废物联单转移工作，检查产废企业，督促240家产废企业完成申报固废及制订管理计划。开展垃圾分类，创建第三批星级投放点、投存一体式厢房、“两网融合”网点。开展强制分类单位检查，通过实地考核、情况通报、监督整改、考评奖惩等举措，规范垃圾分类管理监督。

2022年9月，钟村街道胜石村旧村改造项目增加便民充电设施

（简己政　摄）

【民生保障】2022年，钟村街道推进教育事业，落实“双减”政策。西片教育指导中心、祈福英语实验学校、钟村第二小学等案例入选广州市或番禺区“双减”典型案例。钟村中心小学入选番禺区“三全育人”实验学校。钟村第二小学成为市第八批依法治校示范校。推进平安医院建设，制定《钟村街平安医院建设工作方案》，加强医疗质量管理，建全医疗纠纷调解工作机制。补助385万元用于区第五人民医院采购医用核磁共振成像设备。投入56万余元与南方医科大学中西医结合医院建立区域医联体帮扶项目。完善就业平台，通过举办网络招聘会、收集辖区内企业空岗信息、在广州市人社局网上办事系统和“番禺就业”网上招聘系统发布招聘信息等方式，吸引99家企业提供就业岗位3150个，发布招聘信息7882条、求职信息1682条。开展特困供养人员、低保低收入、医疗救助、残疾人“两项补贴”、公共租赁住房补贴家庭收入核对工作，完成208户居民家庭经济核查，发放各类低保、特困及救助金222.32万元。通过社区基金筹款482万元，开展公益慈善项目14个。为辖区内困难老人提供生活照料服务733人次，长者饭堂提供配餐服务41292人次，“家政+养老”项目为老人提供上门助洁、助浴等服务16167人次。

【基层党建】2022年，钟村街道成立4个党建督导小组，选派9名在编干部到9家企业担任驻企党建指导员。实施“红链赋能”工程，推动广州虎牙信息科技有限公司党委创建广州市非公有制经济组织“双强六好”党组织。全年发展党员35名。街道党校及14个分教点开展培训166场次33726人次，制作党员教育电视片2部。发布“穗好办”活动274场次，发动4484人次参与“家园护卫队”活动。

（叶丽琴）

## 大龙街道

【概况】大龙街道地处番禺区中部，辖区总面积24.8平方千米，下辖12个村（旧水坑村、新水坑村、茶东村、大龙村、沙涌村、竹山村、罗家村、石岗西村、石岗东村、傍江西村、傍江东村、新桥村）和6个社区（美心社区、金海岸社区、城市花园社区、东怡社区、金龙社区、富怡社区）。2022年，大龙街道有户籍人口7.75万人、来穗人员24.52万人。

【经济发展】2022年，大龙街道实现地区生产总值214亿元，同比增长0.4%。12个村集体经济收入71406.44万元，同比增长1139.25万元，其中旧水坑村集体收入于11月在全区率先突破亿元。截至2022年年底，大龙街道市场主体总数达33638户，同比增长20.2%，其中外资企业252户、内资企业16677户、个体工商户16709户。规模以上工业总产值96亿元，亿元规模以上工业企业23家。营利性服务业营业收入22.11亿元，同比增长16.18%。有“四上”企业424家，提交入库69家。有94家企业申报年度高新技术企业，高新技术企业总数190家。大龙街道领导走访企业402家次，解决企业经营及融资问题133个。在区政务服务中心设立大龙街道“绿色办证专窗”，受理业务按时办结率100%，满意率100%。建设“政务晓屋”7间，进驻287个事项、14名“云座席”，网办件受理办结21679件。推进永隆广场、卓远VR产业园、清河国际、番禺客运站综合体、中创汇·时光PARK5个重点建设项目，项目总投资147.4亿元，年度完成投资额35.1亿元。

【社会发展】2022年，调处劳资纠纷案4087件，涉及金额4846.8万元。推进“十个有”建设（有组织体系、有大喇叭、有警报器、有避难场所、有风险地图、有明白卡、有应急值守、有应急照明、有小册子、有宣传栏）。整合大龙街道治安联勤大队、198个最小应急单元及“广州街坊”群防共治力量，优化重点区域和路段巡逻。推进党建引领城中村治理，有91个网格党支部、122个网格党小组、863个党员责任区。开展安全生产检查402人次，整治事故隐患754处。排查村民自建房3691家、“三小”场所1405家，

表19　2022年大龙街道各村人口及收入情况表

| 村 | 户籍人口（人） | 常住人口（人） | 经济收入（万元） |
|---|---|---|---|
| 旧水坑村 | 3310 | 25076 | 13007.37 |
| 新水坑村 | 2414 | 11527 | 6194.25 |
| 茶东村 | 4619 | 16358 | 4162.18 |
| 大龙村 | 2271 | 13367 | 2287.23 |
| 沙涌村 | 3516 | 11498 | 3921.02 |
| 竹山村 | 598 | 3289 | 1667.08 |
| 罗家村 | 2963 | 12765 | 7178.68 |
| 石岗西村 | 1191 | 3586 | 1449.51 |
| 石岗东村 | 3037 | 15266 | 7998.14 |
| 傍江西村 | 2779 | 10295 | 7254.79 |
| 傍江东村 | 3288 | 12817 | 5137.22 |
| 新桥村 | 5027 | 17618 | 11149.51 |

整改消防安全隐患3900处。参加城乡居民基本养老保险14233人，社会化管理退休人员1975名。深入开展“扫黄打非”，检查相关文化场所1880间次。建立农村宅基地用地建房“一窗受理、集中办公”联审联办机制，完成全区首宗农村宅基地使用审批管理业务。仲元中学第二校区建成投入使用。摸查登记辖内56棵古树名木和其他树木，为公共树木购买绿化意外责任险。新水坑村、旧水坑村、新桥村等将科学绿化、人居环境保护、历史文化传承保护写入村规民约。大龙街道有区级以上非遗项目4个、非遗传承人9人。沙涌小学、新桥小学被评为2021—2023年广州市非物质文化遗产传承基地。

【民生服务】2022年，大龙街道111名党员干部结对帮扶辖内困难群众230名，为2名独居特困人员改善房屋，帮扶6户特困残疾人家庭。发放困难群众补贴及慰问金41.76万元，惠及962人次。发放老年人优待卡1233张，完成升级和续期423人；为68位孤寡老人建立街道、社工站、村（社区）结对帮扶机制；为辖内119名困境儿童建档立册。摸排辖内重点企业空缺岗位信息1万余个，为失业人员提供就业服务13370人次，开展失业人员职业介绍1.1万人次。举办3场招聘会，提供岗位4759个。发布招聘信息20702次，推荐就业岗位5647人次。

【人居环境治理】2022年，大龙街道投入经费1000万元，采购路面保洁服务项目和应急垃圾处理项目，完成辖内主干道撤桶。完成物业小区112个生活垃圾投放点创建；建设市级傍江东村、区级傍江西村和罗家村农村垃圾分类样板村，建设两网融合垃圾分类投放网点、厢房式投存一体投放点。拆除违法建设107处15.04万平方米，完成全年拆违任务的100.27%。完成违法用地整改43宗12.624公顷（189.36亩）。制订《大龙街水环境治理三年攻坚行动计划（2022—2024年）》，街道、村（社区）两级河长开展巡河1896人次，河长巡河达标率100%，按时办结河涌问题266个；完成排水单元改造899个813.64公顷，完成率93.92%，超额完成全年排水单元达标任务。大龙街道12条河涌水质均达到2022年水质目标。清理整

2022年7月13日，“心系大龙　一起向未来”2022年番禺大龙街道“十大名菜、名点”及“金牌粤菜师傅、粤点师傅”评选活动举办

（大龙街道 供图）

治“散乱污”场所，检查河涌沿线企业683家，督促整改涉嫌违法排污及有安全隐患等问题企业121家，关停取缔“散乱污”场所6个。

【乡村振兴】2022年，大龙街道打造“水濂晓岸”新乡村示范带。旧水坑村创建“省定特色精品村”。12个村全部达到“省定干净整洁村”标准，11个村达到“省定美丽宜居村”标准，2个村达到“省定特色精品村”标准。完成接受联合国重要外宾访问新水坑村任务，展示中国农村发展成就和基层民主自治情况。开展对口帮扶岐岭镇域乡村振兴规划编制工作；对接供销社及优质贸易企业，化解岐岭镇农产品滞销、产业发展等问题，为岐岭镇村集体、种植户增收62万元。

【基层党建】2022年，大龙街道新增单建非公有制企业党支部5个，开展党建共建活动26次。粤语短片《公心》获得区党员教育电视片三等奖。12个村采用“四议两公开”表决的事项共514次，通过农村集体资产交易平台交易232宗，总成交金额7.85亿元，增收率7.19%。旧水坑村丰达五厂项目成为全区首宗应用VR全景成像技术的农村集体资产交易项目。明确57名街、村（社区）网络安全责任人。常态化开展创文督导检查80多次，问题整改288个。

（李美仪）

## 沙湾街道

【概况】沙湾街道位于番禺区西南部，辖区总面积37.45平方千米，下辖14个村（龙岐村、福涌村、沙湾东村、沙湾南村、沙湾西村、沙湾北村、沙坑村、大涌口村、紫坭村、三善村、龙湾村、古坝东村、古坝西村、新洲村）和5个社区（沙湾社区、东区社区、渡头社区、紫坭社区、金沙湾社区）。2022年，沙湾街道总人口14.03万人，其中户籍人口6.9万人，来穗人员7.13万人。

【经济发展】2022年，沙湾街道实现地区生产总值139.1亿元，同比增长4.1%。三次产业结构优化为1.0∶42.1∶56.9，增速分别为-7.5%、8.5%和1.2%。规模以上工业总产值111.46亿元，可比增长0.1%。限额以上商业总额59.85亿元，下降6.7%。税收总额7.41亿元。是年，沙湾街道推进10个区级重点项目，其中沙湾国际珠宝时尚创展汇一期、谢瑞麟珠宝生产制造研发中心、鹏辉新型高性能锂离子电池生产扩建项目、荔德新都汇二期项目动工建设，投资总额4.02亿元，投资完成率212%。京东云计算公司、钻汇集团、番禺职业技术学院签订三方共建珠宝时尚数字化产业学院协议，钻汇集团、因赛品牌营销集团签定共建珠宝时尚数字供应链、数字化营销及交易大数据平台协议，湾区（广东）时尚文化周项目落户沙湾，服装产业链和珠宝首饰产业链“双链”联动。珠宝产业园工业产值18.62亿元。

表20 2022年沙湾街道各村人口及收入情况表

| 村 | 户籍人口（人） | 常住人口（人） | 经济收入（万元） |
|---|---|---|---|
| 龙岐村 | 3878 | 14470 | 5262 |
| 福涌村 | 3454 | 16359 | 5682 |
| 沙湾东村 | 3220 | 5340 | 1497 |
| 沙湾南村 | 2025 | 5060 | 1019 |
| 沙湾西村 | 2513 | 6839 | 2078 |
| 沙湾北村 | 2100 | 3604 | 2284 |
| 沙坑村 | 1604 | 3508 | 1392 |
| 大涌口村 | 2065 | 3669 | 760 |
| 紫坭村 | 3086 | 4731 | 1247 |
| 三善村 | 3309 | 4959 | 1949 |
| 龙湾村 | 1131 | 2637 | 1987 |
| 古坝东村 | 2721 | 6177 | 1246 |
| 古坝西村 | 2093 | 5048 | 606 |
| 新洲村 | 2524 | 3778 | 964 |

2022年8月，沙湾街道助企纾困解难，为区珠宝龙头企业APM公司解决厂房续租难题，获赠锦旗　（沙湾街道 供图）

【社会发展】2022年，沙湾街道完善19个村级公共服务站建设，建设智慧服务大厅，推广“禺好办”应用小程序和5G+VR政务晓屋，受理业务5.9万件，办结率100%。建成最小应急处置单元112个、“十户联防”单元116个，处置化解矛盾纠纷25起、接处信访122件，整改安全生产、消防隐患1万多处。未发生亡人火灾、自然灾害和森林火灾伤亡事故。沙湾街道退役军人服务站获“广东省五星级示范退役军人服务站”称号。9月，番禺区沙湾古镇入选第十批“中国华侨国际文化交流基地”，古镇内的沙湾社区仁宝宅院是广州市唯一入选全国侨联系统优秀“侨胞之家”单位。

【文商旅融合发展】2022年，沙湾街道发布《鳌鱼跃龙门》动画先导片、《遇见沙湾》全域旅游宣传片，汇编印制《沙湾文化遗产》小册子，举办鱼灯文化节、捧银传统习俗等系列文化活动，开发多条研学游、定制游旅游线路，线上+线下开展宣传报道。沙湾街道被文化和旅游部命名为2021—2023年度“中国民间文化艺术之乡”(广东音乐)，沙湾古镇被评为“中国华侨国际文化交流基地”，沙湾北村被评为广东省文化和旅游特色村、第一批广东省乡村研学旅行特色村，紫泥堂文化创意园被评为国家AAA级旅游景区，“广式土鲮鱼烹饪技艺”“沙湾鲁班信俗”入选广州市级非遗代表性项目名录，新增“广式土鲮鱼烹饪技艺”和“蜜醋黑豆制作技艺”2个区级非遗项目。

【城中村治理】2022年，沙湾街道制定《沙湾街党建引领城中村治理专项工作实施方案》“1+4”文件，完成第三轮城中村“人、屋、车、场、网”底数摸排和登记更新，推进综治中心提档升级，7条城中村完成加挂综治中心牌子。优选配强7条城中村39个网格党支部，建成39支“1+3+N”城中村党群服务中队，推动1020名居住地党员100%报到服务。全覆盖建立城中村“大党委”，开展网格党支部建设标准化，深化党群服务阵地体系建设，打造沙北村党建引领城中村治理样板村。

【沙湾北村获荣誉】2022年3月，沙湾北村被评为2022年“广东粤菜师傅名村”，该村设有广州粤菜师傅培训基地分教点，村史展览馆、沙湾民俗文化博览馆设有饮食文化展览专区，宣传曲有《爬金山》《姜埋奶》，开展姜埋奶体验研学游和非遗技艺进学校等活动。7月，沙湾北村被广东省研学旅行协会评为第一批广东省乡村研学旅行特色村。沙湾北村开发“非遗文化”“民俗文化”“红色文化”“定向趣味”“文化拓展”5大类13项定制活动课程，打造涵盖小学、初中、高中学段的沉浸式研学课程。沙湾北村被评为2021年度广州市道路交通安全“文明示范村”。

【基层党建】2022年，沙湾街道自主拍摄的2部党员教育电视片被评为区组织奖。成立全区首个新业态新就业群体——沙湾街道外卖配送流动党员党支部。组建19支实名制“家园护卫队”，组织开展环境整治等党员志愿服务1593场次，实现“微项目”“微心愿”365个。

（王淑华）

# 人物·荣誉

## 先进个人（国家级）事迹简介

**成太辉** 于2022年9月20日获农业农村部授予的2019—2021年度全国农牧渔业丰收奖（农业技术推广贡献奖）荣誉。成太辉是广州市番禺区农业科学研究所正高级农艺师，广州市第十五届、第十六届人大代表、广东省遗传学会理事、广东省植物生理学会理事。自1998年以来长期扎根基层科研一线，致力于常规优质水稻新品种选育，水稻白叶枯病广东强毒系V型菌抗病育种。先后培育出白香占、白粳占、白丝占、中番4号、五香丝苗、中泰丝苗等10多个新品种，3个通过省品种审定、11个获国家新品种保护品种权公告。培育的常规优质丝苗型水稻品种在省内外优质稻主产区生产应用面积400多万亩，新增产值6亿多元。创新性育成全国首个携带xa5基因抗白叶枯病V型菌的优质籼稻品种白香占，是广东首个能抗白叶枯病强毒菌系V型菌的品种，也是广东省对稻瘟病和白叶枯病双抗水平最高的一个水稻品种，抗白叶枯病强毒菌系V型菌品种在粤西主要病区江门、阳江、雷州等地区推广应用，减少了化学农药使用频次，取得良好的经济效益、社会效益和生态效益。2016年获番禺区首届优秀人才奖“禺山金稻奖”、2021年被评为番禺区首届十大“精勤新农人”称号。获广东省农业科学院科技进步一等奖2项、广东省科学技术奖励二等奖、三等奖各1项。主持或参加省（部）级科研项目、国家自然科学基金项目6项，在省级、国家级期刊发表15篇学术论文。

**傅铭法** 于2022年1月获最高人民检察院、生态环境部、公安部授予的“2021年打击危险废物环境违法犯罪和重点排污单位自动监测数据弄虚作假违法犯罪专项行动表现突出个人”荣誉称号。傅铭法是广州市生态环境局番禺分局四级主办，拥有超过20年基层生态环境工作经历。自2017年到广州市番禺区环境保护局第四环境保护所（现广州市生态环境局番禺第四环保所）执法岗位以来，傅铭法紧紧扎根于生态环境执法一线，多次被评为优秀执法工作者和先进共产党员。在日常工作中，傅铭法全力调查案件真相，曾参与多起自

动监测数据弄虚作假、非法处置危险废物、涉嫌暗管偷排等环境污染犯罪案件调查，并将线索移送至公安机关，有力打击环境违法犯罪行为；不拘泥于传统的现场执法模式，掌握新技术、启用新装备，自担任监察组组长以来，建立以重点排污单位污染源自动监控系统为基础，结合管道机器人溯源、无人机航拍等多种手段的非现场监管体系，及时发现和查处环境违法案件，力求将环境污染问题消灭在萌芽状态，提高了生态环境执法工作水平。

**陈群弟、叶洁霞** 于2022年4月获中国计划生育协会授予的“2021年中国老年健康和家庭幸福影响因素跟踪调查表现突出个人”荣誉称号。陈群弟是番禺区卫生健康局人口监测统计动态调查员，长期从事基层一线工作，深入各村（居）委实地采集人口信息，切实提高区人口监测业务信息完整性、准确性和鲜活性。陈群弟2021年7月参加中国计划生育协会“2021年中国老年健康和家庭幸福影响因素跟踪调查”工作，担任番禺区调查员，参加中国计生协在西安举办的培训班，通过考试取得调查员资格，熟悉调查内容，熟练掌握调查技巧；严格遵守调查规范，保质保量完成老年健康入户调查任务，在调查中发挥带头示范作用。叶洁霞是广州市番禺区卫生健康局督导员，长期负责番禺区人口监测统计动态调查工作。叶洁霞2021年7月参加“中国老年健康和家庭幸福影响因素跟踪调查”，兼任番禺区督导员、调查员，参加中国计生协在西安举办的培训班，熟悉调查内容，熟练掌握调查技巧，严格按照现场工作准则入户开展调查，调查期间积极配合问卷审核等质量控制，涉及的问卷修改确认、及时与审核员、项目组专家等沟通，并被中国计划生育协会办公室评为优秀督导员，能严格遵守调查规范，高质量完成调查任务，在调查中发挥带头示范作用。

**陈　琨** 于2022年8月获中国广播电视媒体融合发展年会组委会授予的“2021—2022年度融合创新贡献人物”荣誉称号。陈琨是广州市番禺区融媒体中心党委书记、主任，首创转机制、强技术、创平台、拓功能“四位一体”发展模式推动番禺融媒深度融合改革，中心获国家广电总局授予全国广播电视媒体融合先导单位称号，是全省唯一获奖的区级融媒体。突破体制机制，实施打破人员身份限制、突破绩效上限等改革措施。强化先进技术引领，全国首创“一云多厨房”模式建设番禺区融媒体云平台系统，入选国家广电总局第三批国家广播电视和网络视听产业发展项目。建成广东省首个4K超高清沉浸式演播室，实施AIGC数字人、文稿智能审校等数字化项目，推动番禺融媒向智媒体转型升级。推动内容提质增效，完成新闻流程再造，打造以“掌上番禺”App为核心的全媒体矩阵，传播力持续提升。深耕“新闻+政务服务商务”模式，打造智慧城市综合服务商，不断增强自我造血能力和综合竞争力，整体营收实现稳步增长。番禺融媒改革取得成效，接待全国同行287批3374人次调研学习，获中宣部授予第四批全国“扫黄打非”进基层示范点、示范标兵等22项全国性表彰，广东省基层文化工作先进单位等8项省级表彰，番禺融媒改革经验被中宣部向全国推广。

（番鉴）

市桥河两岸（郭锦华　摄）

表 21　　2022 年番禺区获全国性荣誉单位一览表

| 获荣誉单位 | 荣誉称号 | 授予单位 |
| --- | --- | --- |
| 番禺区 | “四好农村路”全国示范县 | 交通运输部、财政部、农业农村部、国家乡村振兴局 |
| 番禺区汽车城 | 国家新型工业化产业示范基地 | 中华人民共和国工业和信息化部 |
| 番禺区工商业联合会 | 全国“五好”标杆县级工商联、2022 年度民营企业调查点工作先进示范单位 | 中华全国工商业联合会 |
| 广东省演艺设备行业商会番禺区石碁镇商会 | 2021—2022 年度全国“四好”商会 | |
| 广州市公安局番禺区分局新客运站派出所 | 全国公安机关成绩突出集体 | 公安部 |
| 广州市公安局番禺区分局执法办案管理中心 | 全国公安机关建设应用成效突出执法办案管理中心 | |
| 番禺区政务服务数据管理局 | 社会管理和公共服务综合标准化国家试点 | 国家标准化管理委员会 |
| 番禺区沙湾古镇 | 中国华侨国际文化交流基地（第十批） | 中国侨联 |
| 长隆旅游度假区 | 国家级夜间文化和旅游消费集聚区（第二批） | 文化和旅游部 |
| 番禺区融媒体中心 | 2021 年度全国县融中心优秀奖项“优秀商务服务奖”，全国县融中心核心报道、主题报道优秀案例 | 新华通讯社新闻信息中心 |
| 番禺区石楼镇社区卫生服务中心 | 2021 年“优质服务基层行”活动中表现突出、服务优质机构 | 国家卫健委、国家中医药管理局 |
| 番禺区慢性病防治站 | 2021—2022 年度“中国居民心脑血管事件监测”项目区县级先进单位 | 国家心血管病中心 |

表 22

## 2022 年番禺区获省级荣誉单位一览表

| 获荣誉单位 | 荣誉称号 | 授予单位 |
| --- | --- | --- |
| 番禺区公安分局刑警大队 | 集体二等功 | 广东省公安厅 |
| 番禺区统计局 | 广东省统计系统先进集体 | 广东省统计局 |
| 番禺区政务服务中心 | 2022 年广东省县（区）级标杆政务服务中心 | 广东省政务服务数据管理局 |
| 番禺区委基层理论宣讲团 | 基层理论宣讲先进集体 | 广东省委宣传部 |
| 番禺经济技术开发区 | 广东省 2022 年度特色产业园 | 广东省制造强省建设领导小组办公室 |
| 番禺区长隆万博商圈 | 广东省级示范特色步行街（商圈） | 广东省商务厅 |
| 番禺区钟村街专职消防队 | 广东 119 消防奖先进集体 | 广东省人力资源和社会保障厅、广东省消防救援总队 |
| 化龙中学、石楼镇赤岗小学 | 广东省绿色学校 | 广东省教育厅 |
| 沙湾街道沙湾北村 | 广东省文化和旅游特色村（第三批） | 广东省文化和旅游厅 |
| 石碁供销社、石楼供销社 | 2021 年度全省供销合作社系统一类（省级）标杆基层社 | 广东省供销合作联社 |
| 番禺区渔珍水产品专业合作社、番禺区悦佳水果专业合作社、番禺区禺锋蔬菜种植农民专业合作社 | 2021 年度广东省供销合作社领办农民专业合作社省级示范社 | |

表 23

## 2022 年番禺区获全国性荣誉个人一览表

| 姓名 | 工作单位 | 荣誉称号 | 授予单位 |
|---|---|---|---|
| 成太辉 | 广州市番禺区农业科学研究所 | 全国农牧渔业丰收奖之“农业技术推广贡献奖” | 农业农村部 |
| 傅铭法 | 广州市生态环境局番禺分局 | 2021 年打击危险废物环境违法犯罪和重点排污单位自动监测数据弄虚作假违法犯罪专项行动表现突出个人 | 生态环境部、最高人民检察院、公安部 |
| 陈群弟、叶洁霞 | 番禺区卫生健康局 | 2021 年中国老年健康和家庭幸福影响因素跟踪调查表现突出个人 | 中国计划生育协会 |
| 陈琨 | 番禺区融媒体中心 | “TV 中国”（2022）第七届全国广播电视媒体融合影响力指数发布中荣获“2021—2022 年度融合创新贡献人物” | 中国广播电视媒体融合发展年会组委会、中国广播电视产业联盟、中国广播电视艺术交流协会、中广联一（北京）信息科技研究院 |

表 24

## 2022 年番禺区获省级荣誉个人一览表

| 姓名 | 工作单位 | 荣誉称号 | 授予单位 |
|---|---|---|---|
| 朱明斌、何春鹏、宋李睿 | 番禺区公安分局 | 二等功 | 广东省公安厅 |
| 阮晓文 | 番禺区政务服务数据管理局 | 广东省“最美政务人” | 广东省人力资源和社会保障厅、广东省政务服务数据管理局 |
| 钟优道 | 广州市番禺区石楼中学 | 第九批援藏表现优秀个人 | 中国共产党西藏自治区委员会、西藏自治区人民政府 |
| 陈祖国 | 番禺区大石街道办事处 | 全省先进老干部工作者 | 广东省委组织部、广东省委老干部局、广东省人力资源和社会保障厅 |
| 曾峰 | 广州市番禺区防汛防旱防风应急救援指挥中心 | 2022 年三防工作表现突出个人 | 广东省防汛防旱防风总指挥部办公室、广东省应急管理厅 |
| 黄春萍家庭 | 番禺区中心医院 | 2022 年广东百户“最美家庭” | 广东省妇联、广东省委宣传部、广东省文明办 |

# 二〇二二年广州市番禺区国民经济和社会发展统计公报

广州市番禺区统计局

2023 年 4 月

2022 年，番禺坚持以习近平新时代中国特色社会主义思想为指导，全面学习、全面把握、全面落实党的二十大精神，严格落实“疫情要防住、经济要稳住、发展要安全”的重要要求，高效统筹经济社会发展，沉着应对复杂严峻的国内外形势和多重超预期因素冲击，经济发展顶住压力，彰显番禺韧性。

## 一、综合

根据广州市地区生产总值统一核算结果，2022 年，番禺区实现地区生产总值 2705.47 亿元，比上年（下同）增长 1.4%。其中，第一产业增加值 39.75 亿元，下降 2.4%；第二产业增加值 1016.19 亿元，增长 5.6%；第三产业增加值 1649.53 亿元，下降 0.8%。三次产业结构由上年的 1.4:36.6:62.0 调整为 1.4:37.6:61.0。

年末全区常住人口 280.74 万人，城镇化率为 90.57%。户籍人口 116.71 万人，户籍人口出生率 12.3‰，户籍人口死亡率 4.9‰，自然增长率为 7.5‰。登记在册来穗人员 178.84 万人，其中居住满半年以上来穗人员 138.26 万人。

全年一般公共预算收入 104.26 亿元，增长 0.7%；一般公共预算支出 167.56 亿元，下降 14.2%。税收总额（不含海关代征）338.28 亿元，下降 14.8%。

年末全区工商注册登记个体、私营企业共 33.98 万户，增长 7.9%；注册资金 6002.37 亿元，增长 15.1%。全社会用电量 140.04 亿千瓦时，增长 0.7%。第一产业用电 1.10 亿千瓦时，增长 8.5%；第二产业用电 43.02 亿千瓦时，下降 3.3%；第三产业用电 57.87 亿千瓦时，增长 2.7%。工业用电 45.15 亿千瓦时，下降 2.8%；城乡居民生活用电 38.05 亿千瓦时，增长 2.4%。

## 二、农业

全年农业总产值 70.11 亿元，增长 0.1%。其中，种植业产值 21.82 亿元，下降 0.7%；渔业产值 40.32 亿元，下降 2.3%；畜牧业产值 1.22 亿元，下降 11.6%；农林牧渔服务业产值 6.70 亿元，增长 41.1%。

## 三、工业和建筑业

全年工业总产值 3005.86 亿元，增长 8.2%；工业增加值 887.26 亿元，增长 7.5%。规模以上工业总产值 2629.22 亿元，增长 8.2%；其中股份企业工业总产值 1807.10 亿元，增长 17.2%；“三资”企业工业总产值 799.29 亿元，下降 11.8%。

规模以上工业中，汽车制造业、通用设

表 25

## 2022年规模以上工业总产值情况表

| 指标名称 | 产值（亿元） | 增长（%） |
|---|---|---|
| 规模以上工业总产值 | 2629.22 | 8.2 |
| 按经济类型分 | | |
| 集体企业 | 10.76 | -15.5 |
| 股份合作企业 | 2.30 | -6.0 |
| 股份企业 | 1807.10 | 17.2 |
| “三资”企业 | 799.29 | -11.8 |
| 其他企业 | 9.77 | -3.0 |
| 五大行业产值 | 1998.20 | 14.5 |
| 汽车制造 | 1019.15 | 37.3 |
| 通用设备 | 358.09 | -14.3 |
| 电气机械 | 354.92 | 13.6 |
| 通信设备 | 164.47 | -0.1 |
| 金属制品 | 101.57 | -29.1 |

备制造业、电气机械制造业、通信设备制造业、金属制品制造业五大行业完成工业总产值1998.20亿元，增长14.5%，占规模以上工业总产值的76.0%。其中，汽车制造业产值1019.15亿元，增长37.3%。

规模以上民营工业企业实现产值926.67亿元，增长2.9%，占全区规模以上工业总产值的35.2%。

规模以上工业企业实现利税总额152.26亿元，下降4.7%，其中利润总额90.79亿元，下降5.4%。

资质以上建筑业企业（不含劳务分包，下同）完成建筑业总产值561.12亿元，增长2.3%；其中建筑工程产值509.03亿元，增长1.7%；安装工程产值43.60亿元，增长7.7%。

## 四、固定资产投资

全年固定资产投资下降15.2%。其中，工业投资增长22%，民间投资下降10.7%。按产业分，第一产业下降71.8%，第二产业增长24.1%，第三产业下降19.2%。按投资性质分，新建和扩建投资下降37.3%，改建和技术改造投资增长18%，房地产开发投资增长6.5%，其他投资下降37.5%。

## 五、国内贸易

全年社会消费品零售总额1263.98亿元，下降0.6%。其中，批发和零售业1035.05亿元，下降0.3%；住宿和餐饮业228.93亿元，下降1.9%。限额以上批发和零售业通过公共网络实现零售额58.20亿元，增长81.0%。

在限额以上批发和零售企业中，汽车类零售额下降0.1%，粮油、食品类零售额增长10.1%，服装、鞋帽、针纺织品类零售额增长16.5%，日用品类零售额增长14.5%，家用电器和音像器材类零售额下降5.0%。

## 六、其他服务业

全年规模以上服务业营业收入992.22亿元，下降4.6%；利润总额144.76亿元，增长95.5%。分行业看，居民服务、修理和其他服务业营业收入增长26.7%，租赁和商务服务业营业收入增长1.0%，科学研究和技术服务业营业收入下降4.9%，互联网和相关服务、软件和信息技术服务业营业收入下降7.3%，文化体育娱乐业营业收入下降37.9%。

## 七、对外经济

全区外贸进出口总值1242.3亿元，下降0.5%。其中，出口总值771.6亿元，下降2.3%；进口总值470.7亿元，增长2.7%。新批“三资”企业项目为336个，下降18.0%；合同利用外资11.97亿美元，下降44.6%，实际利用外资6.38亿美元，下降11.2%。

## 八、交通和邮政

年末机动车拥有量28.48万辆。年末公路通车里程477.53千米，其中高速公路102.30千米，一、二、三、四级公路分别为145.43千米、93.41千米、98.45千米、37.94千米。年末公路桥梁145座，其中大型及以上桥梁32座。

全年货物运输总量1380万吨，增长16.2%，货物运输周转量16.32亿吨千米，增长17.8%；客运量1.25亿人次，下降27.6%，旅客运输周转量10.99亿人千米，下降28.9%。港口货物吞吐量1486万吨，增长16.1%。

全年邮政业务收入1.84亿元，增长0.5%。完成邮政函件业务量399.2万件，订销报纸业务量1035.6万份，订销杂志业务量54.5万份，包件业务量3903.8万件，特快专递业务量787.1万件。

全区接待旅游总人数2829.11万人次，下降20.1%；旅游总收入235.25亿元，下降30.9%。

## 九、金融

年末金融机构人民币存款余额4683.53亿元，比年初增长18.0%；金融机构人民币贷款余额3348.94亿元，比年初增长11.3%。

## 十、人民生活与社会保障

全年城市居民年人均可支配收入72541元，增长3.2%；农村居民年人均可支配收入48696元，增长4.9%。年末城乡居民储蓄余额2727.29亿元，比年初增长17.4%。

年末全区参加城镇职工养老保险人数为87.25万人，下降1.33%；参加失业保险79.87万人，下降4.5%；参加工伤保险87.63万人，下降4.7%；参加城镇职工医疗保险人数100.02万人，增长2.3%。城镇登记失业人员总数为2.04万人，再就业人数1.20万人，城镇登记失业人员就业率为58.8%。参加城乡居民社会养老保险人数为16.16万人，下降2.0%；参加城乡居民医疗保险人数为51.51万人，下降2.3%。2022年度城乡居民医保筹资标准：学生个人缴费标准为每人363元，财政补助标准为每人842元；其他参保人员个人缴费标准为每人483元，财政补助标准为每人722元。全区每万名城镇企业职工离退休人员月人均养老金3386元，比上年提高54元；8.07万人享受城乡居民社会养老保险待遇。

## 十一、教育和科学技术

年末全区幼儿园362所，在园幼儿10.14万人。普通小学142所，在校学生17.19万人，毕业生2.31万人。普通中学79所，在校学生8.28万人，毕业生2.49万人。各类中等职业教育学校3所，在校学生1.14万人。全区有广州市义务教育标准化学校209所，其中公办学校169所，民办学校40所。全区报名普通高考人数1.26万人，普通高考录取人数1.17万人，录取率为93.34%。

全区高新技术企业1818家，企业技术研发机构达511家，其中省级117家，市级304家，区级90家。专利授权量21403个，下降24.6%；其中发明专利授权量2914个，增长12.5%。

## 十二、文化、卫生和体育

年末已建成行政村（居）文化室（综合性文化服务中心）275 个，文化馆总分馆 24 间（其中总馆 1 间、直属分馆 1 间、镇街分馆 16 间、其他合作分馆 6 间），博物馆 6 间（其中公办 3 间、民办 3 间）；公共图书馆总分馆 47 间（其中总馆 1 间、直属分馆 1 间、镇街分馆 18 间、其他合作分馆 27 间），藏书 210 万册。全区共有 21 个镇街级以上文化广场，总面积 33.27 万平方米；镇街文化站有 16 个，其中省特级文化站 15 个，省一级文化站 1 个。全区有 5 个国家级重点文物保护单位，7 个省级文物保护单位，67 个市级文物保护单位，30 个区级文物保护单位。

年末全区各类卫生医疗机构 837 个，医疗病床 6550 张，卫生人员 17389 人，其中执业医师（含助理）5770 人，注册护士 6636 人。

全年举办番禺区羽毛球、乒乓球、击剑、足球、健康行等区级群众体育赛事 20 项次，参加人数接近 1 万人次。番禺籍运动员参加国际比赛获银牌 2 块；省比赛获金牌 61 块；市比赛获金牌 22 块、银牌 27 块、铜牌 21 块。

## 十三、环境保护

年末全区有环境监测站 1 个，环境监测人员 47 人。完成省级碧道建设任务 70 千米，完成新建污水主管网 59 千米，全区城镇生活污水处理率达到 97.1%，提高 0.41 个百分点。

全年汽车尾气达标率 96.8%，区域环境噪声平均值为 54.6dB(A)，下降 0.4%；空气质量优良天数有 298 天，空气质量优良率达 81.6%，$PM_{2.5}$ 年均值为 21 微克每立方米，下降 12.5%。

全年共限改、制止各类违章违法案件 9.98 万宗；实施行政处罚 9053 宗，其中处罚市容环卫类案件 8146 宗，建设工地管理类案件 318 宗，建筑废弃物排放运输管理类案件 269 宗，其他案件 320 宗；清拆违法建设面积 209.25 万平方米。

**注：**

1. 本公报数据为年度初步统计数，正式数据以《番禺统计年鉴》为准。

2. 本公报地区生产总值（GDP）、增加值和总产值绝对数按现价计算，增长速度按可比价格计算。

3. 规模以上工业统计口径为年主营业务收入 2000 万元及以上的工业法人企业（单位）。

4. 限额以上批发和零售业统计标准为：批发业年主营业务收入 2000 万元及以上；零售业年主营业务收入 500 万元及以上。

5. 限额以上住宿和餐饮业统计标准为：住宿业年主营业务收入 200 万元及以上；餐饮业年主营业务收入 200 万元及以上。

6. 规模以上服务业范围是：（1）年营业收入 2000 万元及以上服务业法人单位。包括交通运输仓储和邮政业，信息传输、软件和信息技术服务业，水利、环境和公共设施管理业三个门类和卫生行业大类；（2）年营业收入 1000 万元及以上服务业法人单位。包括租赁和商务服务业，科学研究和技术服务业，教育三个门类，以及物业管理、房地产中介服务、房地产租赁经营和其他房地产业四个行业小类；（3）年营业收入 500 万元及以上服务业法人单位。包括居民服务、修理和其他服务业，文化、体育和娱乐业两个门类，以及社会工作行业大类。

7. 本公报中对外经济、交通、邮电、旅游、财税、金融、科学技术、教育、文化、卫生、体育、环境保护、人口、人民生活、就业和社会保障等数据取自相关部门统计数据。

8. 部分数据因四舍五入的原因，存在着与分项合计不等的情况。

## 地区生产总值情况表

表 26

（现行价）

| 指标名称 | 单位 | 2022 年 | 比上年增长 |
|---|---|---|---|
| 合 计 | 万元 | 27054690 | 1.4% |
| 第一产业 | 万元 | 397522 | -2.4% |
| 第二产业 | 万元 | 10161910 | 5.6% |
| 第三产业 | 万元 | 16495258 | -0.8% |
| GDP 中，工业增加值 | 万元 | 8872553 | 7.5% |
| 平均每人 | 元 | 96182 | -1.0% |
| 按构成分 | | | |
| 第一产业 | % | 1.4 | 平 |
| 第二产业 | % | 37.6 | 上升 1.0 个百分点 |
| 第三产业 | % | 61.0 | 下降 1.0 个百分点 |

注：1. 绝对数按现行价、增长速度按不变价；
2. 平均每人按常住人口计算

## 总户数、人口及变动情况表

表 27

| 指标名称 | 单位 | 2022 年 | 比上年增长 |
|---|---|---|---|
| 一、户籍总户数 | 户 | 417811 | 2.6% |
| 二、户籍总人口 | 人 | 1167089 | 3.4% |
| 其中，1. 男 | 人 | 571981 | 3.3% |
| 2. 女 | 人 | 595108 | 3.6% |
| 在总人口中 | | | |
| 1. 乡村人口 | 人 | 92281 | 0.2% |
| 2. 城镇人口 | 人 | 1074808 | 3.7% |
| 三、常住人口 | 万人 | 280.74 | -0.4% |
| 四、全年出生人数 | 人 | 14319 | -2.7% |
| 出生率 | ‰ | 12.31 | 下降 0.79 个千分点 |
| 五、全年死亡人数 | 人 | 5640 | 29.6% |
| 死亡率 | ‰ | 4.85 | 上升 0.98 个千分点 |
| 六、全年净增人数 | 人 | 8679 | -16.3% |
| 净增率 | ‰ | 7.46 | 下降 1.77 个千分点 |

注：1. 户籍总户数、户籍总人数等数据由区公安分局提供；
2. 常住人口数由广州市统计局反馈；
3. 出生、死亡、净增人数等由区卫生健康局提供，为户籍人口统计口径

## 镇（街道）行政区域面积和人口密度情况表

表 28

单位：平方千米、人 / 平方千米

| 镇（街道） | 行政区域面积 | 人口密度 |
|---|---|---|
| 市桥街道 | 11.35 | 14552 |
| 沙头街道 | 18.10 | 1537 |
| 东环街道 | 11.00 | 3360 |
| 桥南街道 | 17.85 | 3645 |
| 小谷围街道 | 20.15 | 1958 |
| 大石街道 | 19.34 | 4025 |
| 洛浦街道 | 25.38 | 4464 |
| 石壁街道 | 27.01 | 1110 |
| 钟村街道 | 23.41 | 4229 |
| 大龙街道 | 24.80 | 3126 |
| 沙湾街道 | 37.45 | 1844 |
| 南村镇 | 47.00 | 2593 |
| 新造镇 | 14.12 | 1370 |
| 化龙镇 | 60.28 | 611 |
| 石楼镇 | 126.50 | 1038 |
| 石碁镇 | 46.20 | 1225 |

注：本表面积由区民政局提供，人口密度按户籍人口计算

表 29

## 农林牧渔业总产值情况表

| 指标名称 | 单位 | 总产值 | 物质消耗 | 净产值 | 物耗占（%） |
|---|---|---|---|---|---|
| 合计 | 万元 | 650739 | 260742 | 389997 | 40.1 |
| 1. 农业 | 万元 | 215216 | 65211 | 150005 | 30.3 |
| 2. 林业 | 万元 | 846 | 234 | 612 | 27.7 |
| 3. 畜牧业 | 万元 | 32415 | 19190 | 13225 | 59.2 |
| 4. 渔业 | 万元 | 335309 | 136806 | 198503 | 40.8 |
| 5. 农林牧渔服务业 | 万元 | 66953 | 39301 | 27652 | 58.7 |

## 主要农作物面积、产量情况表

表 30

单位：亩、千克、吨

| 指标名称 | 2022 年 | | | 比上年增长 | | |
|---|---|---|---|---|---|---|
| | 面积 | 亩产 | 总产 | 面积 | 亩产 | 总产（%） |
| 农作物播种面积 | 219003.73 | | | 10247 | | |
| 一、粮食作物 | 4613 | 581 | 2682 | 1839 | 330 | 284.3 |
| 其中，稻谷 | 2032 | 272 | 553 | 839 | 8 | 75.5 |
| 1. 早造 | 1271 | 266 | 338 | 398 | -40 | 26.6 |
| 2. 晚造 | 761 | 282 | 215 | 441 | 132 | 347.3 |
| 二、经济作物 | 91160 | | | 5770 | | |
| 其中，花生 | 54 | 370 | 20 | -41 | -9 | -44.4 |
| 果蔗 | 124 | 5968 | 740 | -21 | -943 | -26.1 |
| 三、其他作物 | 123230.73 | | | 2638 | | |
| 其中，蔬菜 | 122750.53 | 1479 | 181504 | 2681 | -74 | -2.6 |
| 另，水果 | 4819 | 1657 | 7987 | -492 | 104 | -3.2 |
| 其中，香大蕉 | 695 | 2365 | 1644 | -384 | 204 | -29.5 |

## 工业总产值情况表

表 31

（现行价）

| 指标名称 | 单位 | 2022 年 | 比上年增长（%） |
|---|---|---|---|
| 总计 | 万元 | 30478973 | 9.2 |
| 其中，私营个体 | 万元 | 10341812 | 1.1 |
| 一、规模以上 | 万元 | 26712636 | 9.4 |
| 1. 按生产性分组 | | | |
| 轻工业 | 万元 | 7196263 | 5.7 |
| 重工业 | 万元 | 19516373 | 10.9 |
| 2. 按登记注册类型分组 | | | |
| 内资 | 万元 | 18606231 | 17.3 |
| 国有独资公司 | 万元 | 4044035 | -21.2 |
| 其他有限责任公司 | 万元 | 2659499 | 11.3 |
| 私营有限责任公司 | 万元 | 5749212 | -8.1 |
| 港澳台商投资 | 万元 | 2718961 | -6.9 |
| 外商投资 | 万元 | 5387444 | -9.1 |
| 二、规模以下 | 万元 | 3766337 | 8.0 |

注：工业总产值增速按可比价计算，缩减指数为 100.78（下同）

表 32

## 外经、外贸进出口情况表

| 指标名称 | 单位 | 2022 年 | 比上年增长（%） |
| --- | --- | --- | --- |
| 一、外贸进出口总值 | 亿元 | 1242.3 | −0.5 |
| 1. 进口总值 | 亿元 | 470.7 | 2.7 |
| 2. 出口总值 | 亿元 | 771.6 | −2.3 |
| 二、外贸进出口总值 | 亿美元 | 186.2 | −3.5 |
| 1. 进口总值 | 亿美元 | 70.4 | −0.7 |
| 2. 出口总值 | 亿美元 | 115.8 | −5.2 |
| 三、“三资”企业新批项目 | 个 | 336 | −18.0 |
| 四、实际利用外资 | 万美元 | 63789 | −11.2 |
| 五、合同利用外资 | 万美元 | 119716 | −44.6 |

表 33

## 财政收入与支出情况表

| 指标名称 | 单位 | 2022 年 | 比上年增长（%） |
| --- | --- | --- | --- |
| 一、财政收入 | 万元 | 1772423 | −34.9 |
| （一）一般公共预算收入 | 万元 | 1042625 | 0.7 |
| 1. 税收收入 | 万元 | 720802 | −6.1 |
| 2. 非税收入 | 万元 | 321823 | 22.0 |
| （二）政府性基金收入 | 万元 | 707319 | −58.3 |
| （三）国有资本经营收入 | 万元 | 22479 | −12.2 |
| 二、财政支出 | 万元 | 2523761 | −24.6 |
| （一）一般公共预算支出 | 万元 | 1675581 | −14.2 |
| （二）政府性基金支出 | 万元 | 841870 | −39.0 |
| （三）国有资本经营支出 | 万元 | 6310 | −42.5 |

表 34

## 邮电业情况表

| 指标名称 | 单位 | 2022 年 | 比上年增长（%） |
|---|---|---|---|
| 一、邮政局所总数 | 处 | 26 | 平 |
| 1. 邮政局 | 处 | 1 | 平 |
| 2. 邮政支局 | 处 | 22 | 平 |
| 3. 邮政代办所 | 处 | 4 | 平 |
| 二、邮政业务营业收入 | 万元 | 18447 | 0.5 |
| 三、邮政工作量 | | | |
| 1. 函件 | 万件 | 399 | −50.3 |
| 其中，出口 | 万件 | 34 | −60.1 |
| 进口 | 万件 | 365 | −49.1 |
| 2. 包件 | 万件 | 3904 | 2.1 |
| 3. 特快专递 | 万件 | 787 | 55.2 |
| 4. 汇票 | 万件 | 0.37 | 19.4 |
| 5. 订销报纸 | 万份 | 1036 | 2.1 |
| 6. 订销杂志 | 万份 | 55 | 平 |
| 7. 集邮业务 | 万枚 | 44 | −34.5 |
| 8. 邮政储蓄期末余额 | 万元 | 682738 | 13.2 |
| 四、邮路长度 | 千米 | 6655 | −2.4 |

表 35

## 金融机构存贷款与城乡储蓄表

| 指标名称 | 单位 | 2022 年 | 比上年增长（%） |
|---|---|---|---|
| 一、全区存款合计 | 万元 | 46835336 | 18.0 |
| 其中，国有银行存款 | 万元 | 25489613 | 19.3 |
| 其他金融机构存款 | 万元 | 21345723 | 16.4 |
| 二、储蓄存款余额 | 万元 | 27272930 | 17.4 |
| 年末平均每人 | 元 | 96958 | 17.6 |
| 三、全区贷款合计 | 万元 | 33489357 | 11.3 |
| 1. 国有银行 | 万元 | 20103527 | 9.3 |
| 2. 其他金融机构 | 万元 | 13385830 | 14.6 |

注：城乡储蓄余额年末平均每人按常住人口计算

表 36

## 批发零售贸易业商品销售总额表

| 项目 | 2022 年 | 比上年增长（%） |
|---|---|---|
| 一、商业销售总额 | 32300333 | 15.9 |
| 批发业 | 25943743 | 20.6 |
| 零售业 | 6356590 | 0.2 |
| 二、限额以上企业商品销售总额 | 26111125 | 20.3 |
| 批发业 | 22363708 | 24.7 |
| 零售业 | 3747417 | −0.5 |

表 37

## 社会消费品零售总额情况表

| 指标名称 | 单位 | 2022 年 | 比上年增长（%） |
|---|---|---|---|
| 社会零售总额 | 万元 | 12639796 | −0.6 |
| 一、批发业 | 万元 | 498920 | 2.8 |
| 二、零售业 | 万元 | 9851596 | −0.4 |
| 三、住宿业 | 万元 | 130618 | −10.2 |
| 四、餐饮业 | 万元 | 2158662 | −1.3 |

表 38

## 农村和城镇住户调查收支情况表

单位：元／人

| 指标名称 | 平均每人 | |
|---|---|---|
| | 2022 年 | 比上年增长（%） |
| 一、农村住户可支配收入 | 48696 | 4.9 |
| 二、农村住户生活消费支出 | 38344 | 3.8 |
| 三、城镇住户可支配收入 | 72541 | 3.2 |
| 四、城镇住户生活消费支出 | 44248 | 1.2 |

表 39

## 交通运输量情况表

| 指标名称 | 单位 | 2022 年 | 比上年增长（%） |
|---|---|---|---|
| 一、货运量 | 万吨 | 1380 | 16.2 |
| 货物周转量 | 万吨千米 | 163181 | 17.8 |
| 二、客运量 | 万人次 | 12476 | −27.6 |
| 旅客周转量 | 万人千米 | 109871 | −28.9 |
| 三、港口吞吐量 | 万吨 | 1486 | 16.1 |

## 交通设施情况表

表 40

| 指标名称 | 单位 | 2022 年 |
|---|---|---|
| 一、公路通车里程 | 千米 | 477.53 |
| 其中，高速公路 | 千米 | 102.30 |
| 一级公路 | 千米 | 142.17 |
| 二级公路 | 千米 | 96.68 |
| 三级公路 | 千米 | 98.45 |
| 四级公路 | 千米 | 37.94 |
| 二、养护路里程 | 千米 | 477.53 |
| 三、公路桥梁 | 座 | 254 |
| 其中，大型以上桥梁 | 座 | 112 |
| 四、过桥费 | 万元 | 14656 |

注：区交通运输局 2022 年对农村公路路线重新修编，与 2021 年统计口径不同，故不能对比

## 电力设备与消耗情况表

表 41

| 指标名称 | 单位 | 2022 年 | 比上年增长（%） |
|---|---|---|---|
| 一、供电量 | 万千瓦时 | 1319470 | 0.8 |
| 二、地方供电最高负荷 | 万千瓦 | 281 | 8.7 |
| 三、全社会用电量 | 万千瓦时 | 1400358 | 0.7 |
| 其中，工业用电 | 万千瓦时 | 451460 | −2.8 |
| 农业用电 | 万千瓦时 | 13662 | 8.1 |
| 城乡居民生活用电 | 万千瓦时 | 380503 | 2.4 |
| 四、人平均用电 | 千瓦时 | 4978 | −1.8 |

注：1. 人平均用电按常住人口计算；
2. 相关数据已按新统计口径调整，增速对比按同口径调整

表 42

## 电信业情况表

| 指标名称 | 单位 | 2022 年 | 比上年增长（%） |
|---|---|---|---|
| 一、电信业务收入（含电信、移动公司） | 万元 | 328963 | 2.5 |
| 二、程控电话交换机容量 | 门 | 174265 | −15.3 |
| 其中，实占 | 门 | 74052 | −9.9 |
| 三、程控电话用户线对 | 对 | 171525 | −9.8 |
| 其中，实占 | 对 | 55258 | −11.6 |
| 四、普通程控电话中继电路 | 路 | 482 | -13.9 |
| 终端复用设备 | 个 2Mbps | 81 | −18.2 |
| 五、程控电话用户 | 户 | 74052 | −9.9 |
| 其中，住宅 | 户 | 17085 | −9.8 |
| 六、移动电话用户（含电信、移动公司） | 万户 | 329 | 3.8 |
| 七、宽带业务网端口 | 个 | 1082215 | 4.8 |
| 八、互联网宽带用户 | 户 | 930203 | 8.0 |

注：相关数据已按新统计口径调整，增速对比按同口径调整

表 43

## 环境质量情况表

| 指标名称 | 单位 | 2022 年 | 比上年增长（%） |
|---|---|---|---|
| 一、可吸入颗粒物年日平均值 | 微克 / 米$^3$ | 38 | −15.6 |
| 二、二氧化硫年日平均值 | 微克 / 米$^3$ | 7 | 平 |
| 三、二氧化氮年日平均值 | 微克 / 米$^3$ | 31 | −11.4 |
| 四、区域环境噪声平均值 | dB (A) | 54.6 | −0.4 |
| 五、交通干线噪声平均值 | dB (A) | 69.4 | 平 |
| 六、空气质量优良天数 | 天 | 298 | −2.3 |
| 空气质量达标率 | % | 81.6 | 下降 2.0 个百分点 |
| 七、$PM_{2.5}$ 年均值 | 微克 / 米$^3$ | 21 | −12.5 |

表 44

## 社会治安情况表

| 指标名称 | 单位 | 2022 年 | 比上年增长（%） |
|---|---|---|---|
| 一、交通事故 | 起 | 447 | 0.7 |
| 死亡人数 | 人 | 34 | −19.0 |
| 受伤人数 | 人 | 378 | −3.8 |
| 经济损失 | 万元 | 124 | 31.4 |
| 二、消防事故 | 起 | 1155 | −0.5 |
| 死亡人数 | 人 | 2 | 平 |
| 受伤人数 | 人 | 12 | 净增 |
| 经济损失 | 万元 | 688 | −74.8 |
| 三、公安刑事案件立案数 | 件 | 12496 | −7.0 |
| 破案数 | 件 | 4409 | −8.0 |
| 犯罪人数 | 人 | 2013 | −33.1 |

注：1. 犯罪人数是由区人民法院提供，消防数据由市消防支队番禺区大队提供，公安数据由区公安分局提供；
2. 消防统计数据口径从实际成灾调整为实际成灾 + 未成灾数据；
3. 消防事故统计口径改为火灾事故统计口径

表 45

## 旅游业情况表

| 指标名称 | 单位 | 2022 年 | 比上年增长（%） |
|---|---|---|---|
| 一、接待过夜游客人数 | 万人次 | 270.82 | −16.0 |
| （一）入境过夜游客 | 万人次 | 1.51 | −20.1 |
| 1. 外国人 | 万人次 | 0.42 | −35.4 |
| 2. 港澳台同胞 | 万人次 | 1.09 | −12.1 |
| （二）中国大陆过夜游客 | 万人次 | 269.73 | −15.9 |
| 二、旅客人均消费 | 元 | 832 | −13.5 |
| 三、旅业客房数 | 间 | 31710 | −4.6 |
| 四、主要宾馆酒店开房率 | % | 37.62 | −1.84 |
| 五、旅游总收入 | 亿元 | 235.25 | −30.9 |
| 六、旅游接待总人数 | 万人次 | 2829.11 | −20.1 |

表 46

## 教育事业情况表

| 指标名称 | 单位 | 2022 年 | 比上年增长（%） |
|---|---|---|---|
| 一、普通中、小学校 | 间 | 221 | 2.3 |
| 其中，高中 | 间 | 14 | 平 |
| 初中 | 间 | 65 | 6.6 |
| 小学 | 间 | 142 | 0.7 |
| 二、普通中、小学校在校学生人数 | 人 | 254789 | 4.0 |
| 其中，高中 | 人 | 24625 | 1.3 |
| 初中 | 人 | 58224 | 5.6 |
| 小学 | 人 | 171940 | 3.9 |
| 三、普通中、小学校当年招生人数 | 人 | 59638 | 3.0 |
| 其中，高中 | 人 | 8614 | 7.3 |
| 初中 | 人 | 20488 | 5.3 |
| 小学 | 人 | 30536 | 0.3 |
| 四、职业中学 | 间 | 3 | 平 |
| 在校学生数 | 人 | 11416 | 13.0 |
| 当年入学数 | 人 | 4676 | 33.3 |
| 五、特殊教育学校 | 间 | 1 | 平 |
| 在校学生数 | 人 | 586 | 4.5 |
| 当年入学数 | 人 | 149 | −3.2 |
| 六、幼儿园 | 间 | 362 | 2.3 |
| 在校学生数 | 人 | 101383 | 3.6 |
| 当年招生数 | 人 | 27722 | −11.6 |
| 七、小学儿童入学率 | % | 100 | 平 |
| 八、教职工人数 | 人 | 37877 | 4.7 |
| 其中，普通中学 | 人 | 8953 | 5.4 |
| 职业中学 | 人 | 611 | 2.9 |
| 小学 | 人 | 11086 | 5.4 |
| 幼儿园 | 人 | 16990 | 4.0 |
| 特殊教育 | 人 | 237 | 3.5 |
| 九、专任老师 | 人 | 24803 | 3.7 |
| 其中，普通中学 | 人 | 6691 | 3.1 |
| 职业中学 | 人 | 529 | 5.6 |
| 小学 | 人 | 9692 | 3.7 |
| 幼儿园 | 人 | 7717 | 4.2 |
| 特殊教育 | 人 | 174 | −4.4 |

表 47

## 卫生事业情况表

| 指标名称 | 单位 | 2022 年 | 比上年增长（%） |
|---|---|---|---|
| 一、卫生机构数 | 间 | 837 | 8.7 |
| （一）卫生部门 | 间 | 87 | 平 |
| 1. 医院 | 间 | 19 | 平 |
| （1）区及区以上医院 | 间 | 7 | 平 |
| （2）镇（街道）综合医院 | 间 | 10 | 平 |
| （3）公共卫生专业机构 | 间 | 2 | 平 |
| 2. 卫生系统所属医院、所、站及门诊部 | 间 | 15 | 平 |
| 3. 社区中心（站） | 间 | 49 | −5.8 |
| 4. 妇幼计生服务机构 | 间 | 1 | 平 |
| （二）其他部门 | 间 | 67 | 平 |
| 1. 医院 | 间 | 4 | 平 |
| 2. 其他机构 | 间 | 14 | 平 |
| 3. 厂、企、学校医务室 | 间 | 49 | 平 |
| （三）民营 | 间 | 683 | 10.9 |
| 1. 医院 | 间 | 12 | 9.1 |
| 2. 门诊（诊所） | 间 | 582 | 7.4 |
| 3. 社区中心（站） | 间 | 61 | −3.2 |
| 二、床位数 | 张 | 6550 | −1.0 |
| （一）公立医疗机构 | 张 | 5253 | −2.4 |
| （二）民营医院 | 张 | 1297 | 4.8 |
| 三、全区卫生人员数 | 人 | 17389 | 7.8 |
| 执业（助理）医师 | 人 | 5770 | 5.7 |
| 注册护士 | 人 | 6636 | 7.9 |
| 药师（士） | 人 | 811 | 14.1 |
| 技师（士） | 人 | 884 | 10.6 |
| 其他卫生技术人员 | 人 | 567 | 16.2 |
| 管理人员 | 人 | 700 | 1.7 |
| 其他人员 | 人 | 2021 | 10.2 |
| （一）医院 | 人 | 11970 | 8.3 |
| 执业（助理）医师 | 人 | 3621 | 6.9 |
| 注册护士 | 人 | 4759 | 8.8 |
| 药师（士） | 人 | 549 | 20.7 |
| 技师（士） | 人 | 744 | 13.6 |
| 其他卫生技术人员 | 人 | 405 | 11.6 |
| 管理人员 | 人 | 510 | 2.8 |
| 其他人员 | 人 | 1382 | 4.4 |

续表 47

| 指标名称 | 单位 | 2022 年 | 比上年增长（%） |
| --- | --- | --- | --- |
| （二）社区 | 人 | 1770 | 3.0 |
| 执业（助理）医师 | 人 | 703 | 1.0 |
| 注册护士 | 人 | 615 | 4.1 |
| 药师（士） | 人 | 184 | 4.5 |
| 技师（士） | 人 | 63 | -6.0 |
| 其他卫生技术人员 | 人 | 44 | 12.8 |
| 管理人员 | 人 | 38 | 2.7 |
| 其他人员 | 人 | 123 | 9.8 |
| （三）门诊部 | 人 | 2322 | 9.8 |
| 执业（助理）医师 | 人 | 927 | 9.2 |
| 注册护士 | 人 | 907 | 10.2 |
| 药师（士） | 人 | 45 | -6.3 |
| 技师（士） | 人 | 20 | -16.7 |
| 其他卫生技术人员 | 人 | 45 | 36.4 |
| 其他人员 | 人 | 378 | 11.8 |
| （四）诊所、卫生所、医务室 | 人 | 922 | -4.6 |
| 执业（助理）医师 | 人 | 495 | -3.5 |
| 注册护士 | 人 | 328 | -6.0 |
| 药师（士） | 人 | 30 | -3.2 |
| 技师（士） | 人 | 2 | -33.3 |
| 其他卫生技术人员 | 人 | 14 | 0 |
| 其他人员 | 人 | 53 | -5.4 |
| （五）其他卫生机构 | 人 | 405 | 47.3 |
| 执业（助理）医师 | 人 | 24 | 50.0 |
| 注册护士 | 人 | 27 | 170.0 |
| 药师（士） | 人 | 3 | 200.0 |
| 技师（士） | 人 | 55 | 10.0 |
| 其他卫生技术人员 | 人 | 59 | 51.3 |
| 管理人员 | 人 | 51 | 4.1 |
| 其他人员 | 人 | 186 | 69.1 |

# 文献选录



## 2023年政府工作报告
### ——在广州市番禺区第十八届人民代表大会第三次会议上

（2023年2月9日）

广州市番禺区人民政府区长 叶珊瑚

各位代表：

我代表番禺区人民政府，向大会报告工作，请予审议，并请各位政协委员和其他列席人员提出意见。

#### 一、2022年工作回顾

2022年是党和国家事业发展中极不平凡的一年。以习近平同志为核心的党中央团结带领全党全国各族人民，胜利召开了中国共产党第二十次全国代表大会，擘画了全面建设社会主义现代化国家、全面推进中华民族伟大复兴的宏伟蓝图，吹响了奋进新征程的时代号角。一年来，我们坚持以习近平新时代中国特色社会主义思想为指导，坚决贯彻习近平总书记、党中央的决策部署，在市委、市政府和区委的坚强领导下，全力统筹疫情防控和经济社会发展，较好完成了区十八届人大二次会议确定的目标任务，各项工作取得较好成果。

（一）整改工作持续深入。坚持把抓好大规模迁移砍伐城市树木问题整改作为重要政治任务，扛起政治责任，聚焦具体问题，巩固长期成果，推动整改走深走实。185项整改任务中，立行立改项目全部完成，涉及树木迁移的4条道路全部通过评估验收，设立广州首个榕树公园，推动大夫山森林公园入选华南国家植物园体系，长期整改项目扎实推进。全区党员干部在整改中受到深刻教育，进一步激发了牢记嘱托、感恩奋进的精气神。

（二）经济发展稳中有进。全年地区生产总值2705.47亿元，增长1.4%，总量全市第四，增速全市第五。功能片区建设迈出新步伐。番禺经济技术开发区获批国家新型工业化产业示范基地和省特色产业园区。长隆万博商务区完成扩区，万博商圈获评省级示范特色商圈，分时段步行街申报成功。广州南站地下空间基本完工，广州环球贸易广场等多个重点项目顺利推进。国家未来产业科技园落户广州大学城。亚运大道经济带规划前期研究成果初步形成，番禺智造创新园启动建设，番禺“专精特新”[①]企业集聚区揭牌。产业发展成效初步显现。工业实现较快增长，规上工业总产值2629.22亿元、增长8.2%，增速全市第一；规上工业增加值559.53亿元、增长8%，增速全市第一；规下工业抽样增长8%，增速全市第二；工业投资97.4亿元、增长22%，增速全市第二。汽车产业“三年翻番”计划顺利实施，全年实现汽车产量53万台、工业产值1019亿元，分别增长51.5%和37.3%，超进度完成第一年目标；在市委市政府的谋划部署和大力支持下，出台了专门的实施方案，安排4000亩专项指标和专项资金支持番禺汽车产业发展；广汽埃安第二工厂、时代广汽动力电池、祺盛动力总成二期竣工投产；投资总额超过130亿元的广汽自主电池和电驱项目动工建设（因湃电池109亿元，锐湃动力21.55亿元）。现代服务业提质增效，限上商业额2655.05亿元、增长19.9%，规上服务业企业超1000家，营收超亿元的互联网软信业企业42家。科技创新驱动能力提升。R&D②占比首次突破3%，达到3.17%。新增上市企业2家、国家级专精特新"小巨人"企业③12家、全球"独角兽"创新企业④4家。质量强区建设延续辉煌，连续五年获全市质量工作考核第一名，新增2家企业获评"市长质量奖"。入选首批国家知识产权强县建设试点县（区），全区有效发明专利11781件、增长20.4%。新时代人才强区建设步伐加快，"番禺人才生态30条"落地实施，杰出产业人才补贴金额提高62.5%。"番禺海外社团侨智联盟"获评全省统战工作实践创新奖。市场主体蓬勃增长。全年新登记各类市场主体5.11万户、增长10.32%，是全市唯一同比正增长的区。全区实有市场主体35.3万户，同比净增长9.66%。企业迁移实现户数和注册资本双顺差，其中跨区迁移户数顺差2052户，注册资本顺差185.67亿元，迁移户数顺差全市第一。招商工作取得较大突破，全年注册落地项目155个，协议投资总额756亿元，储备了一批优质项目等待落地。改革开放纵深推进。对接落实《南沙方案》，80项重点任务、13个重大项目顺利推进。实施营商环境5.0改革，创新推出"办不成事"反映窗口，区政务服务中心获评省"县（区）级标杆政务服务中心"。成立区企业建设服务中心，在建产业投资工程项目平均建设时间压减24天，服务能力和服务水平不断提升。多措并举助企纾困，办理留抵退税9377户次，涉税金额超45.1亿元。出台"资本入番"行动38条，全年为区内4100家企业解决约238亿元融资需求。区工商联获评首批全国"五好"标杆县级工商联。开放型经济水平持续提升，全年实现外贸进出口总额1242亿元，实际使用外资41.98亿元。

（三）城乡功能品质提升。土地利用效率不断提高。划定启用"三区三线"⑤。全年新增出让工业用地16宗462亩，闲置处理并盘活利用工业用地2宗921亩，合计18宗1383亩。大力治理耕地"非农化""非粮化"，全年恢复耕地987.06亩。完成违法用地整改881.67亩，治理违法建设240.77万平方米。城市更新稳步推进。有序开展南村镇里仁洞村等6个旧村改造、市桥街西城社区等6个老旧小区改造、番禺氮肥厂等13个旧厂改造。村镇工业集聚区改造取得突破，大龙街旧水坑村、石碁镇桥山村共1387亩纳入市首批试点范围。交通基础设施日益完善。佛莞城际基本完工，地铁22号线首通段通车，8号线东延段、3号线东延段等8条线路有序推进。南大干线主线大部分贯通，金光东隧道主体工程基本完工，沙溪大桥扩建工程建成通车，65个道路建设项目有序实施，完成6个交通堵点治理，荣获"四好农村路"全国示范县称号。城乡融合发展取得新进展。农业优势产业加快发展，番禺国家级沿海渔港经济区动工建设，名优现代渔业产业园建成投产，新增省级农业龙头企业3家。推进村庄清洁行动和"五个美丽"行动⑥，9成以上行政村达到省定美丽宜居村标准，98个社区容貌品质全面提升。完成农村宅基地审批改革试点任务。东西部协作和对口帮扶体系不断完善，投入财政资金1.03亿元，开展帮扶项目121个，协助推广建设"稻虾共作"⑦面积2200亩。

（四）绿色发展步伐加快。坚持绿水青山就是金山银山的理念，加强生态环境保护，实现天更蓝、山更绿、水更清。治水攻坚行动强力推进。不折不扣推进中央生态环保督察反馈问题和生态环境部通报问题整改，制订水环境治理三年攻坚行动计划，全年投入资金约3.8亿元。通过技术改造提升污水日处理能力2万吨，新建污水管道58.66千米，5个新建净水厂项目按计划推进。236个排水单元达标创建完成率达87%，121个村居雨污分流改造正在加快前期工作，排查清疏管网2806千米，修复结构性缺陷1022处。沙湾水道饮用水水源地和3个国考断面水质稳定达标。新建碧道13.9千米，海绵城市达标建设 11.57 平方千米。“双碳”工作稳步实施。加强能耗总量和强度“双控”，全年规上工业企业电力、天然气等清洁能源消费占比提升至 57%，六大高耗能行业能源消费量下降 19.3%。大气和土壤治理持续发力。狠抓 VOCs 和扬尘污染管控，环境空气质量综合指数 3.41，同比改善 6.8%。加快推进污染地块修复，完成 21 宗建设用地土壤污染状况调查评审。

（五）人民生活不断改善。投入 5.7 亿元完成十件民生实事。教育事业稳步发展。新（扩）建学校 44 所，启用广东仲元中学第二校区，新增公办义务教育学位 1.18 万个、公办幼儿园学位超 5000 个。升级改造 121 所学校午休设施，惠及 8.45 万名学生。医疗水平持续提升。区中医院医疗综合大楼建成使用。在疫情防控新阶段迅速实现医疗资源倍增，发热门诊容量和重症监护床位分别增长 5 倍和 3 倍。开设 13 家互联网医院，发放防疫健康包、爱心包超 10 万份。落实社区分级分类诊疗，77.58 万人签约家庭医生服务，重点人群签约率达 69.81%。民生保障不断强化。向困难群体发放补助 1.09 亿元，养老金、医保、低保、最低工资等民生保障覆盖面持续扩大。发放就业补助资金 1.74 亿元，开展“粤菜师傅”“广东技工”“南粤家政”培训超 2 万人次，城镇新增就业 3.1 万人。建成颐康服务站 220 个，筹措 3.36 万套保障性租赁住房，完成旧楼加装电梯 139 台。文化活力竞相迸发。区图书馆新馆建成试运营，工人文化宫地下部分加快建成。长隆旅游度假区获评国家级夜间文化和旅游消费集聚区，沙湾北村获评省文化和旅游特色村，西坊大院获评市级文化产业示范园区。成功举办广州国际美食节。全年开展各类文化惠民活动 173 场次，线上线下惠及 626.89 万人次。

（六）发展安全更有保障。坚持以“时时放心不下”的责任感，有效防范化解重大风险，保持社会大局稳定。有力维护社会安全稳定。常态化开展扫黑除恶斗争，严厉打击电信网络诈骗，刑事、治安警情实现“双下降”，特别防护期实现三个“零发生”。加强高风险类企业监测预警处置，风险企业数量平稳下降。有序保障城市运行安全。开展安全专项整治三年行动、交通秩序大整治行动和消防安全“扫雷”行动，安全生产事故起数、死亡人数分别下降 14%、23%。完成 32.86 万栋自建房安全隐患排查、4128 栋隐患房屋整治和 7 处地质灾害隐患点治理。粮食应急供应网络实现全覆盖，港口粮库二期工程竣工扩容 13.5 万吨。成功抵御强台风、洪潮水和暴雨侵袭，全年无发生重大洪涝灾害。有效强化社会治理水平。加强平安番禺建设，建成最小应急单元⑧2346 个、“广州街坊”二级品牌 29 个。强化党建引领“城中村”治理，归集全区 100 条“城中村”基础信息数据 280 万条，排查整治出租屋隐患 6.27 万宗。全力做好基层社会矛盾排查化解，全年办理“12345”热线工单 34.53 万宗，年度考核评分居全市前列。

（七）政府建设持续加强。纵深推进全面从严治党，全面推动法治政府建设，健全民主科学依法决策机制，重新修订《番禺区重大行政决策程序规定》。镇街综合行政执法体制改革提速，区镇财政分配体制优化完善。自觉接受人大依法监督和政协民主监督，办理各级人大代表建议 216 件、政协提案 140 件，其中石碁镇主办的《关于建设血透中心的建议》入选 2022 年全省人大代表建议办理工作十大优秀案例。持续纠“四风”树新风，严格落实中央八项规定及其实施细则精神。坚持常态化过紧日子，推动审计监督全覆盖，扎实做好督查督办，政府作风持续转变。

此外，国防动员、军民融合、退役军人、双拥、工会、青少年、妇女、儿童、残疾人、慈善、红十字会、海防、打私、民族宗教、对台、侨务、贸促、供销、统计、保密、档案、气象等工作取得新进展。

各位代表！奋斗充满艰辛，成绩来之不易。这是以习近平同志为核心的党中央坚强领导的结果，是省委省政府、市委市政府科学统筹部署的结果，是人大、政协和社会各界监督支持的结果，是全区上下团结奋斗的结果。在此，我谨代表番禺区人民政府，向给予政府工作大力支持的人大代表、政协委员，向各民主党派、各人民团体和各界人士，向驻地官兵、离退休老同志，向关心和支持番禺现代化建设的港澳台同胞、海外侨胞、国际友人，表示衷心的感谢！向在抗疫大战中给予我们大力支持的上级部门单位、各兄弟城市和兄弟区，向为抗疫大战作出重要贡献的广大医务人员、疾控人员、基层工作者、公安民警、志愿者、下沉干部、新闻工作者、工程建设者、城市保供服务人员，向识大体顾大局、高度自律、坚韧不拔的全区人民群众，致以最诚挚的敬意！

在看到成绩的同时，我们也清醒认识到，对标高质量发展的目标要求和人民群众对美好生活的期待，我区经济社会发展还存在不少短板和弱项：一是经济结构和投资结构不够合理，创新引领产业转型升级和新旧动能转换尚未完成。二是产业发展受土地供给矛盾制约，工业用地效率亟待优化提升。三是城市治理能力与城市发展方式转变要求还不相适应，污染防治和治水攻坚成果不够稳固。四是教育、医疗、托育、养老、住房等社会民生方面与人民群众的期待和诉求还有差距，一些历史遗留的留用地闲置等问题制约了农业农村的发展。五是个别干部缺乏担当精神，斗争本领不强，形式主义、官僚主义现象在某些领域仍比较突出。六是国际环境错综复杂，疫情全球蔓延、地缘政治冲突持续对产业链供应链造成较大冲击，国际资本市场更加波动，周边不稳定性因素和偶发性事件增加，外部环境存在较大不确定性。这些问题和挑战既有宏观也有微观，既有外部也有内部，既有长期也有短期，我们必须高度重视和认真思考，科学研判、深入分析、妥善应对，在今后的工作中切实加以改善提高。

## 二、2023 年工作安排

2023 年是贯彻落实党的二十大精神的开局之年，是实施“十四五”规划承上启下的关键一年，做好政府工作责任重大、使命光荣。我们要进一步把思想和行动统一到党的二十大精神上来，准确认清所处历史方位，肩负起新时代新征程的使命任务，切实把高质量发展作为现代化建设的首要任务和总抓手，切实把高质量发展作为全区上下的共同意志和共同目标，坚定信心、直面挑战，凝聚共识、砥砺前行，奋力在新征程中展现番禺担当、作出番禺贡献。

今年政府工作的总体要求是：坚持以习近平新时代中国特色社会主义思想为指导，全面贯彻落实党的二十大精神以及中央经济工作会议精神，贯彻落实省市高质量发展大会要求，认真落实市委市政府和区委部署要求，坚持稳中求进工作总基调，贯彻新发展理念，推动高质量发展，更好统筹疫情防控和经济社会发展，更好统筹发展和安全，全面深化改革开放，大力提振市场信心，推动经济运行整体好转，持续改善民生，保持社会大局稳定，按照市委市政府赋予番禺“智造创新城”的战略定位，在中国式现代化新征程中有所作为，在高质量实现老城市新活力、“四个出新出彩”中作出番禺贡献！

今年经济社会发展的主要预期目标是：地区生产总值增长 6.5% 以上，规上工业总产值和规上工业增加值分别增长 10% 以上；地方一般公共预算收入增长 3.6%；城乡居民收入增长与经济增长基本同步；固定资产投资增长 10% 以上，其中工业投资增长 20% 以上；节能减排约束性指标完成市下达的目标任务；有效防范经济金融风险。

今年，我们要重点做好以下工作：

### （一）加快重点功能片区建设，拓展高质量融合发展空间

按照广州市“一廊一带、双核五极”⑨的国土空间规划和对番禺“智造创新城”的战略定位，加快南大干线经济带、亚运大道经济带和广深港澳国际科技创新走廊番禺段等重点功能片区建设，进一步拓展高质量融合发展空间。

推动番禺经济技术开发区扩容提质。按照“一区多园”的方式完成扩区，启动省级高新技术产业开发区申报工作，积极建设国家新型工业化产业示范基地。加大片区土地收储和整备力度，开展重点产业项目招商，做好区内企业服务，提升交通、管廊、水电、商业等基础设施配套水平，提升产业集聚发展的承载能力。

促进长隆万博和广州南站双圈融合发展。市区合力启动汉溪大道超大型文商旅项目建设。全力推动万博地下空间年内完工投入使用。谋划推动长隆万博商务区和南站核心区周边城中村的城市更新和留用地盘活利用。服务保障好广州环球贸易广场、广州足球场、南站地下空间、中铁建华南总部等重点项目建设。围绕新经济新业态，推动产业集聚形成一批主题楼宇、特色产业大楼，着力做好商圈培育和招商工作。促进长隆万博、广州南站双圈融合发展，成为广州国际消费中心城市重要节点商圈的空间载体。

加快广州人工智能与数字经济试验区（大学城片区）发展。聚焦互联互通加快基础设施建设，金光东隧道及连接段年内建成通车，推动金新大道—大学城隧道、洛溪岛—大学城隧道规划建设。加快国家未来产业科技园、广州大学城南轴地块、番禺计算科学与大数据产业园一期、广州大学城·中关村青创汇、碧科智城等项目的开发建设和招商引资，办好广州大学城（小谷围）国际产业人才大会等重大活动，着力推动创新创业集聚发展，逐步实现大学城由单一的教育城向教育城、创新城、生态城转型提升。

启动亚运大道经济带建设。按照“组团发展、串珠成链”的思路，今后5年及更长一段时间，重点开展三个组团的开发建设。一是市桥大龙组团，重点抓好番禺广场TOD、罗家片区城市更新、旧水坑村镇工业集聚区更新改造、清河市场片区升级、番禺客运站TOD、广州新城西站等项目的规划建设。二是石碁番禺智造创新园组团，联动专精特新企业集聚区等产业园区建设，作为今后几年产业发展的重点承载空间。三是加快石楼亚运城产城融合组团和番禺国家级沿海渔港经济区组团建设。

主动对接服务重大战略落实落地。抢抓“双区”建设和横琴、前海、南沙三大平台建设机遇，对接《南沙方案》“五大重点任务”，发挥番禺与南沙地理相邻、人文相近基础优势，融入新一轮粤港澳大湾区建设。加快广佛全域同城化高质量发展试验区先导区建设，推动番禺粤港澳优质生活圈示范区扩区提级，支持祈福新邨申报全市国际化街区首批试点，谋划打造广州（沙湾）粤港澳珠宝文商旅融合发展先导区。

（二）坚定不移发展实体经济，推动产业集群集聚发展

坚持实体经济为本，制造业当家。把握“产业第一、制造业立市”的战略机遇，推动番禺现代产业高质量发展。

继续实施汽车产业“三年翻番”计划。今年是实施“三年翻番”计划的第二年，要继续把握汽车产业技术变革的趋势和窗口性机会，推动汽车产业集群集聚发展。争取在去年的基础上，汽车产业产量、产值同比实现30%以上的增长，新增工业产值300亿元以上。重点跟进好去年已落地动工的汽车零部件项目，广汽自主电池和电驱项目年内完成投资36亿元，并实现一期投产，为2024年增长奠定基础。继续落地一大批汽车产业零部件项目，同时推动本地电缆、灯光、传感器等企业与整车企业配套融合发展。

培育优势产业集群集聚发展。充分把握番禺产业基础厚实、门类齐全的优势，以13条重点产业链为依托，推动优势产业集群集聚发展。培育壮大以日立电梯和广日电梯为代表的高端装备制造业集群，以松下空调和番禺电缆为代表的通用设备制造业集群，以希音国际、虎牙科技、津虹网络、小米信息等企业为代表的互联网软信业、数字经济集群，以浩洋电子、锐丰音响、保伦电子为代表的灯光音响产业集群。培育发展以纺织服装、珠宝首饰、游戏动漫为代表的快时尚产业、生物医药和医疗健康产业、文商旅体产业、检验检测等现代服务业，关注和把握飞机和船舶制造业发展的特殊机遇。计划从13条产业链中选出若干个产业作为主攻方向，培育形成千亿级、百亿级产业。同时，统筹好一、二、三产业，统筹好传统、新兴和未来产业，统筹好大中小企业，营造“草灌木林”共生的区域产业生态，形成热火朝天高质量发展的生动场面。

实施市场主体梯次培育计划。以“链主企

业”为龙头，以创新为驱动，以产业园区为载体，以投资促进政策、用地用能优先保障、专班跟进服务为具体措施，培育若干个具有行业竞争力的龙头企业。支持一批高成长性企业发展成为头部科技企业、“独角兽”企业和上市企业，年内新增认定高新技术企业600家以上。在一期的基础上，今年再建设1～2个专精特新企业集聚园区，专项用于培育专精特新、高新技术和各类单项冠军企业。进一步发挥对口联系暖企等工作机制作用，倾听企业呼声，解决企业困难。优化国有资本布局，提高区属国企市场竞争力，发挥国企应有功能作用。坚持“两个毫不动摇”[10]，构建“中小微企业—高成长性企业—隐形冠军企业—领军企业”成长链条，形成“个转企、小升规、规改股、股上市”、各类市场主体茁壮成长、你追我赶的蓬勃气象。

大力促进消费复苏增长和投资结构优化。以重点商圈为依托，以广州国际美食节、国际珠宝首饰流行趋势发布会等重要活动为契机，加大全域旅游示范区建设力度，促进消费复苏和增长。抓住广州承办大型赛事机会，促进重点商圈和文商旅体行业发展。优化固定资产投资结构，用好专项债和政策性金融工具，加大支柱产业、交通市政、生态水务、社会民生、城市更新等领域的投资力度，尤其加大工业投资力度，确保今后几年工业投资增速高于固定资产投资增速的一倍以上，以优化经济结构，增强高质量发展的后劲。以招商和项目为抓手，进一步加大招商力度，力争全年新增招商落户项目150个以上。深化对外开放，大抓“五外联动”[11]发展。

（三）强化规划引领作用，优化土地资源配置

高标准推进城市规划。高质量谋划番禺区国土空间规划及详细规划评估，开展总体城市设计、综合交通提升专项规划、土地综合整治规划、南大干线经济带和亚运大道经济带规划、番禺珠江沿岸提升等工作。推动广州大学城及南岸片区、长隆万博商务区、广州南站地区、番禺智造创新园、番禺国家级沿海渔港经济区、莲花站周边地区等重点片区规划优化及城市设计工作。高起点开展广深港澳国际科技创新走廊番禺段的规划研究，提前做好市区规划衔接和前期准备工作，发挥东部快线（黄埔—番禺—南沙）、地铁8号线东延段等重点交通项目带动效应，谋划布局沿线区域产业和科创空间。

加大工业用地储备和出让力度。各方合力加大土地收储整备力度，全年完成不少于2000亩土地收储。以挂牌成交为标准，全年完成不少于2000亩工业用地出让（其中新收储出让1500亩，盘活存量和闲置用地出让500亩）。市支持番禺汽车产业发展的4000亩专项用地规模指标中，在去年落地2431亩的基础上，今年争取剩余1569亩指标落地。推进新型产业用地（M0）出让。优化出让效率，提前完成“四通一平”[12]，压缩产业项目从拍地到投产的流程和时间。开展上一年度新出让土地的建设进度检查和绩效评估。

全力推进存量国有工业用地提容增效。按照“企业主体、镇街主导、区级审批”的思路，推进不低于1000亩存量国有工业用地提高利用效率项目完成审批并尽快开工建设，以存量国有工业用地和存量工业园区的提质增效作为县（区）域经济高质量发展的重要抓手。

大力推动村镇工业集聚区升级改造。在原有两个试点项目的基础上，再增加若干个村镇工业集聚区纳入市试点范围。支持村镇工业集聚区建设高标准厂房和现代产业园区，鼓励村镇工业产业集聚和园区集中连片发展，着重在更新改造中提升产业承载能力，打造一批高质量发展的“番禺样板”创新聚集区。

下决心解决留用地闲置问题。修订完善农村建设用地开发建设监管办法，提高选址、报批、供地等用地手续办理效率。重点研究农村留用地开发合作年限、用途、监管方式、经济效益、工作机制等问题。通过推进留用地收储、鼓励商业性质留用地调整为工业用途、探索村集体留用地建设租赁住房等方式，促进留用地多元开发，实现土地利用效率最大化。加大留用地招商推介力度，鼓励区属国企、社会资本参与开发建设，进一步盘活释放留用地资源潜能。

研究解决一批用地领域的历史遗留问题。加快处置批而未供和闲置土地，推进项目招商、土地出让和用地结案工作，按要求完成批而未供和闲置土地处置任务。加强土地巡查执法，分批推进违法用地整改，督促涉嫌土地闲置的用地单位尽快开工或依法收回使用权。积极稳妥、依法依规解决一批用地领域的历史遗留问题。

### （四）完善基础设施建设，提升城市功能品质

构建内联外通格局。完成南大干线剩余 4.8 千米的建成通车，同步开展沿线市政道路、市政设施和建筑外立面优化提升。加快海珠湾隧道、东晓南路至广州南站连接线南段工程、广州大道快捷化改造一期、市桥大桥拆除重建等工程建设，积极争取东部快线和沙鱼洲隧道、化龙—开发区西区过江通道、莲花山过江通道等东部三通道的最有利方案。推动市桥二桥扩建、金光大道南延线（金山大道—亚运大道—南沙东涌）、海鸥公路扩建等项目规划建设，年内实现景观大道全线贯通。推动地铁 8 号线东延段项目开工和站点增设，服务保障地铁 3 号线东延段、7 号线二期、12 号线、22 号线后通段以及广佛环线城际（广州南—白云机场段）、穗莞深城际琶洲支线等轨道建设。强化交通拥堵治理，优化调整公交线路，规范网约车运营，进一步提升通行效率。

强化功能要素保障。加强水电气网等要素保障，提前应对电力缺口问题，规划建设广东能源广州番禺气电项目，推进番南电力科技产业园、电力科技园、番南输变电工程、楚庭第二通道工程等重点项目建设。全面提高 5G 网络、千兆光网覆盖率。加快智能网联与新能源汽车集中充换电站、充电桩建设。

加强城市精细化管理。加快智慧城市和数字政府建设，用好“禺智管”“禺好办”等平台，提升城市治理智慧化水平。持续优化城市管理和市政设施，完善交通、市政、园林绿化、环保、水务、城管、市场监管联动机制，多方统筹、协力提升城市管理精细化水平。严查严控违法建设，完成 220 万平方米违法建设治理任务。优先保证已开工的基础设施和市政工程建成完工，除应急、治水攻坚和涉及安全的项目以外，非经严格论证和批准，没有完成存量工程项目的部门不得新上项目，避免作业面过大、拖延工期。注重财政资金使用的效率效果，避免重复投入和浪费。

全力以赴加速城市更新。坚持政府主导，科学规划、有序推进，注重延续城脉、文脉、商脉，分类更新改造，不断提升城市品质。坚持“拆、治、兴”并举，边拆边整治，以拆促兴，拆出空间、拆出秩序、拆出高质量发展，实现产业形态优化、居住功能提升、城市文明跃升。全力支持“村民意愿强烈、镇街积极主动”的城市更新项目，成熟一个推进一个。启动市桥先锋社区有机更新，实施大石怡居新村等 5 个老旧小区改造项目，年内新增旧楼加装电梯 110 台。

持续优化营商环境。深化营商环境 5.0 改革[13]，抓好创新试点街镇（园区）建设。加强新型智慧政务服务体系建设，持续推动开办企业“一网通办”、动态管理告知承诺制、容缺容错事项清单，降低市场主体办事成本。精准推送惠企政策，推进更多补贴资助事项“免申即享”。发挥区企业建设服务中心统筹作用，进一步优化企业全生命周期服务工作机制。深入实施“番禺人才生态 30 条”，支持创新创业领军团队项目发展。全面推进国家知识产权强县（区）试点县建设。

### （五）坚持“三农”优先发展，全面推进乡村振兴

大力发展都市农业。发展现代渔业产业，高质量推进番禺国家级沿海渔港经济区、莲花山国家级中心渔港休闲渔业综合体和番禺现代渔业产业项目建设，力争渔业产业链综合收入达到 200 亿元。推进粤港澳大湾区“菜篮子”生产基地建设。实行最严格的耕地保护制度，落实耕地“进出平衡”，持续开展耕地“零弃耕”专项行动及“撂荒耕地”整治工作。

加快乡村建设行动。落实百县千镇万村高质量发展工程，编制农村土地利用规划，促进新农村建设和农业农村现代化发展。落实乡村振兴战略，继续推进村庄清洁行动和“五个美丽”

行动，打造沙湾古韵叠境新乡村示范带，力争169条行政村达到省定美丽宜居村标准，67条行政村创建成为市级美丽乡村，24条行政村达到省定特色精品村标准。深入实施“百企兴百村”工程，加快基础设施提档升级，培育壮大精品民宿、休闲农业等新业态。

推动农民富裕富足。持续优化“三资”[14]监管，完善农村集体资产交易平台。深化农村宅基地管理改革。健全农村产业服务体系，支持农民就业创业。围绕产业协作、劳务协作、消费协作、人才支援等重点领域，深化毕节赫章、威宁、金沙东西部协作，加强梅州五华等地对口帮扶，做好与福建上杭结对合作，巩固拓展脱贫攻坚成果与乡村振兴有效衔接。

（六）聚焦治水攻坚，持续推动绿美番禺生态建设

全力推进河湖长治水清。加快水环境治理三年攻坚行动步伐，高质量完成中央生态环保督察案件整改。推进国考断面水质达标攻坚，完成12.75万平方米涉水违法建设整治任务。推进7座净水厂和2宗污水主干管工程建设，完成9宗排水单元配套管网工程。加快35条城中村截污纳管改造、47条村居雨污分流改造以及132个住宅小区（散区）排水单元达标创建等工程建设。完成23平方千米海绵城市建设任务。完善沙湾水道饮用水源保护区跨市跨区共保共治机制。

巩固大气土壤污染防治成效。坚持山水林田湖草沙一体化保护和系统治理。加强$PM_{2.5}$和臭氧协同控制，做好VOCs和氮氧化物“控增量、减存量、强监管、促减排”，加强固定源、移动源监管和扬尘管控，推进城市空气质量稳中向好。深化土壤污染防治与管控修复，保障重点建设用地安全利用。推进无废城市建设工作，加强固体废物和危险废物污染防治和专项执法。强化“两网融合”[15]，提升垃圾分类精细化管理水平。

大力推动城乡绿色发展。稳妥推进“双碳”工作，继续加强能耗“双控”，开展绿色低碳全民行动，营造绿色低碳生活新时尚。科学实施国土绿化，全面落实林长制，严格保护古树名木及后续资源。支持华南国家植物园体系建设，推进大夫山榕树公园建设，新建5个口袋公园，完成29千米碧道建设任务。

（七）用心办好民生实事，提高人民生活品质

大力发展教育事业。深入推进省基础教育高质量发展示范区建设。推动学前教育普惠优质发展，落实23所公办幼儿园项目建设，新增2820个幼儿园学位。深化“双减”工作，加快创建国家义务教育优质均衡发展区，推进番禺中学附属学校二期工程等重点基础设施工程建设，新增3300个中小学学位。推动省中小学“三全育人”体制机制实验区、省随班就读示范区、省“名师课堂”实验区建设。

完善医疗卫生服务。落实新冠病毒感染“乙类乙管”实施方案，切实“保健康、防重症”，最大限度保护人民群众生命安全和身体健康。推进区公共卫生服务中心建设，充实基层卫生人才队伍。健全应急医疗服务体系，扎实推进基层分级诊疗，提高应对传染病救治能力，做实做细家庭医生签约和履约服务。优化生育支持政策体系，加强心理健康服务和重点人群健康服务。深入开展爱国卫生运动。加快创建全国基层中医药工作示范区。

始终兜牢民生底线。全力办好十件民生实事。把促进青年特别是高校毕业生等重点群体就业摆在更加突出位置，深入开展多层次职业技能培训。充分发挥区技工院校产业联盟平台优势，进一步加强技工人才培育。做好退役军人服务保障，争创省双拥模范区“七连冠”。提升社保覆盖面和待遇水平。深化“3+X”居家养老[16]扩面提质，强化未成年人保护工作站和“慈善之区”创建，保障残疾人事业经费投入。拓宽“大社会救助体系”，深化社会救助服务改革。年内完成7000户以上供水服务到终端改造。

提升城市安居水平。支持刚性和改善性住房需求，规范房地产市场秩序，促进房地产业良性循环和平稳发展。加大保障性住房建设，推动租赁住房管理规范、品质提升，完成1.4万套保障性租赁住房、公共租赁住房和共有产权

房任务，着重解决新市民、毕业生、产业人才等住房问题。

促进文化事业和文化产业蓬勃发展。加快工人文化宫等重点项目建设，进一步做好历史文化保护利用。促进文商旅产业融合发展，扶持长隆等龙头企业发展“旅游+文化+体育”新业态，发挥国家文化出口基地作用，推动文化产业国际化发展。实施全民健身计划，积极开展广州大学城马拉松等特色体育项目，承办好市长杯羽毛球赛等赛事活动。

（八）统筹发展和安全，建设完善新安全格局

强化重点领域安全。落实粮食安全责任制，稳步推进高标准农田建设，抓好粮食和重要农产品稳产保供。优化财政运行机制，巩固政府隐性债务清零成果。加强地方金融风险防控屏障，稳妥有序化解非法集资等重点领域风险。

兜牢公共安全底线。严格落实安全生产“一盘棋”，持续做好自建房、建筑工程、道路交通、城镇燃气、有限空间、消防等重点领域安全防范工作，坚决防范遏制重特大事故发生。完善应急救援体系，健全镇街应急指挥平台，提升综合防灾减灾救灾能力。加强食品药品安全监管工作。推进区网络安全防御指挥中心建设，筑牢网络与数据安全防线。

全面加强社会治理。深化党建引领城中村治理工作，建立来穗人员社会融合长效机制。提高“12345”热线办理质效，强化“双向落实、三级督办”信访工作机制，完善公共法律服务体系。实施平安建设攻坚行动，常态化开展扫黑除恶斗争，加强海防管控，严厉打击违法犯罪。深化“五社联动”⑰，强化网格化管理，完善最小应急单元建设，打造共建共治共享的社会治理格局。

（九）坚持以人民为中心，推进政府治理现代化

始终对党忠诚。坚持用习近平新时代中国特色社会主义思想武装头脑、指导实践、推动工作，确保在政治立场、政治方向、政治原则、政治道路上同以习近平同志为核心的党中央保持高度一致。深刻领悟“两个确立”的决定性意义，增强“四个意识”、坚定“四个自信”、做到“两个维护”，确保党的二十大擘画的宏伟蓝图在番禺落实落地。

坚持依法行政。落实全过程人民民主，自觉接受人大依法监督、政协民主监督、纪检监察专责监督和社会舆论监督，强化审计监督和统计监督，主动听取民主党派、工商联、无党派人士和各人民团体意见，注重听取公众意见和企业意见。深入推进政务公开，积极回应市民关切，始终把法治思维和法治方式贯穿到政府工作各领域全过程。科学民主依法决策，健全重大行政决策合法性审查机制。加大重点领域执法力度，严格规范公正文明执法，不断提高镇街综合行政执法规范化、标准化水平。

务实担当作为。牢固树立和践行正确政绩观，坚持政府工作为了人民、服务人民、依靠人民，把实现人民群众对美好生活的向往作为政府工作的出发点和落脚点。始终坚持发展为要，实干担当，深入调查研究，真抓实干，破解难题，增强推动高质量发展、服务群众、防范化解风险的本领。切实提高效率效能、加强协调协同，减少“部门壁垒”和推诿扯皮，保证各项决策和协调机制顺畅高效。

永葆清正廉洁。坚持带头过紧日子，深入推进节约型机关建设。严格落实中央八项规定及其实施细则精神，持之以恒纠治“四风”，坚决与形式主义和官僚主义作斗争。着力推进自我革命，强化重点领域廉政风险防控，坚定不移推进党风廉政建设和反腐败斗争，树立风清气正、廉洁高效的政府形象。

各位代表！番禺大抓发展的号角已经吹响，全区上下广大干部群众对高质量发展的需求无比迫切，对美好生活的向往无比期待，让我们更加紧密地团结在以习近平同志为核心的党中央周围，牢记发展是党执政兴国的第一要务，牢记空谈误国、实干兴邦，在市委、市政府和区委的坚强领导下，埋头苦干，踏实前行，在中国式现代化新征程中有所作为，在高质量实现老城市新活力、“四个出新出彩”中做出番禺贡献！

**名词解释：**

1.“专精特新”：指具有“专业化、精细化、特色化、新颖化”特征的中小企业。

2.R&D：指研究与试验发展。

3.“小巨人”企业：指业绩良好、极具发展潜力和培育价值，处于成长初期的小企业，通过培育推动其快速健康成长，最终成为行业中或本区域的“巨人”。

4.“独角兽”企业：指成立时间不超过10年、估值超过10亿美元的企业。

5.“三区三线”：“三区”是指农业空间、生态空间、城镇空间三类国土空间。“三线”是指永久基本农田、生态保护红线、城镇开发边界三条控制线。

6.“五个美丽”行动：开展“美丽家园”“美丽田园”“美丽河湖”“美丽园区”“美丽廊道”建设活动。

7.“稻虾共作”：指将普通稻田单一种植模式提升为立体生态种养结合模式，即在水稻种植期间养殖虾，虾与水稻在稻田中同生共长。

8.最小应急单元：指由各单位、场所、重点目标等安全防范责任单位负责组建，以“广州街坊”群防共治队伍为主体，能够开展突发事件先期处置，兼顾日常治安秩序维护的最小人员编组。

9.“一廊一带、双核五极”：高水平规划建设科技创新走廊和珠江高质量发展带，全面增强广州中心城区和南沙新区“双核”能级，推进建设北部增长极、国家知识中心城、东部枢纽、番禺智造创新城、从化绿色发展示范区五个外围综合新城，推动广州高质量发展根植“云山珠水”、东西“两翼齐飞”、迈向“海阔天空”。

10.“两个毫不动摇”：毫不动摇巩固和发展公有制经济，毫不动摇鼓励、支持、引导非公有制经济发展。

11.“五外联动”：广东省委十三届二次全会报告提出“打好外贸、外资、外包、外经、外智‘五外联动’组合拳”。

12.“四通一平”：指通水、通电、通路、通排水和平整土地。

13.营商环境5.0改革：2022年10月印发《番禺区优化营商环境5.0改革工作举措清单》，总体思路以“激发活力”为主线，进一步简政放权、放管结合、优化服务，为企业创新发展松绑减负。营商环境5.0改革从10个方面提出80项改革事项、148项落实举措。

14.“三资”：指农村集体资金、农村集体资产、农村集体资源。

15.“两网融合”：指城市环卫系统与再生资源系统两个网络有效衔接，融合发展，实现生活垃圾末端处理的减量化和再生资源回收的增量化。

16.“3+X”居家养老：指助餐配餐、医养结合、家政服务3个基础项目加上若干个特色项目。

17.“五社联动”：指社区居委会、社会组织、社工、社区企业、社区基金协同推进基层治理。

表 48

## 2022 年十件民生实事完成情况表

| 2022 年民生实事 | 完成情况 |
| --- | --- |
| 一、推进城市供水优化改造 | 2022 年共完成 11 个镇街 7696 户供水改造，超额完成 7500 户改造任务 |
| 二、统筹增加基础教育学位 | 广东仲元中学第二校区、广州市番禺区金海岸学校、广大附中番禺实验学校（汽车小镇配套学校）、广东外语外贸大学番禺实验学校（品秀星瀚配套学校）、广东番禺中学实验学校、广州市番禺区天峰小学等 6 所公办中小学顺利开办并完成招生，共增加公办中小学学位 11790 个 |
| 三、推进交通拥堵点治理 | 1. 化龙镇西坑停车场项目、桥南街南庭路地块停车场项目已完工并投入使用，共提供 367 个泊位。<br>2. 在地铁站、大型商超等地方划设非机动车（含共享单车、电动自行车）停放点位 26 个，完成 20 个电子围栏划设工程，累计开展 12 次联合整治行动。<br>3. 优化调整公交线路 30 条次，涉及地铁南浦站等 17 个站点；对地铁沙溪站（E1 出口）等公交站牌升级改造为公交候车亭，翻新优化地铁钟村站等公交候车亭，共优化提升公交候车亭 10 座。<br>4. 南浦桥北侧桥底沿江路段增加车道工程、番禺大道辅道与莲花路交叉口改造工程、展贸南路交通优化工程、番禺大道北与富华东路路口交通设施完善工程已完成施工；汉溪大道与南大干线交叉口隧道主线已完工；禺山西路碧桂园东苑路段除 K0+000 至 K0+680 段左幅外，其余路面改造、非机动车道及信号灯建设已完成并投入使用，路段通行效率得到提升。<br>5. 已完成万惠二路与万博一路十字路口、汉溪大道与番禺大道十字路口等 10 处典型拥堵信号控制路口信号配时方案优化提升 |
| 四、整治车辆乱停放现象 | 1.2022 年交警部门查处机动车违停 16.85 万宗，查处摩托车、电动车逆行等违法行为 13.59 万宗。<br>2. 交通部门从 4 月起开展整治摩的、三轮车等非法运营现象专项行动，全年开展专项整治行动共 44 次，共出动执法人员 223 人次；开展“五类车”非法营运专项整治行动 76 次，共出动执法人员 439 人次。<br>3. 印发《番禺区 2022 年共享单车停放秩序专项整治工作方案》，开展联合清理整治行动 3 次，督促交办共享单车停放影响市容问题 60 余宗。各镇街清理、扶正、回收处理共享单车约 7.2 万辆次 |
| 五、推行第三期“舒适午休”项目 | 制定番禺区义务教育阶段学校舒适午休工作方案，2022 年共 121 所学校推进“舒适午休”硬件设备设施建设，其中 21 所学校完成午休场室改造 60 个；增配空调 1081 台；增配学生午休床（坐躺椅、折叠床、床柜等）4095 张，约能提供床位 4790 个；增配睡垫 1232 张、储物柜 4273 个、储物架 49 个。截至目前，全区已开展“舒适午休”服务学校总数达 185 所 |

续表 48

| 2022 年民生实事 | 完成情况 |
|---|---|
| 六、建设电动车集中充电点 | 1. 番禺区合计新建电动汽车公用充电站 69 个，新增充电桩 932 个。<br>2. 海伦堡御院等 365 个住宅小区建成电动车集中充电点 1196 个、充电端口 17228 个，应建尽建的小区覆盖率为 100%。2022 年新增建设 504 个集中充电点、6702 个充电端口 |
| 七、完善慢性病防治体系 | 1. 完成云药房用药目录的调整更新，用药目录衔接区内三级综合医院高血压、糖尿病和高血脂等慢性病用药共 146 个品规。云药房已覆盖社区卫生服务中心（站）达 43 个。<br>2. 引入家庭健康管理服务模式，向居民派发线上诊疗服务卡 30312 份。<br>3. 区中心医院等 3 家区属三级医院全年共计帮扶社区卫生服务中心 305 次 |
| 八、加强非机动车道建设 | 16 个镇街已完成各 3 千米非机动车道建设目标，共完成 48.19 千米非机动车道设置，非机动车与机动车发生事故有效减少 |
| 九、促进本地文化旅游发展 | 1. 举办线上线下各类文化活动合计 173 场次，约 627 万人次受惠；在村（社区）综合性文化服务中心组织开展“文化服务进基层”活动 72 场次，共 1927 人次参与受惠。<br>2. 区图书馆新馆项目基本建成，已于 2023 年春节前试运营。<br>3. 在广州番禺发布、番禺台、知行番禺等媒体开展“‘禺’你相约，全域畅游”12 条主题旅游线路的宣传推广活动。以南番顺旅游联盟名义参加 2022 广东国际旅游产业博览会，并赴赣州、长沙参加 2022 广州夏季文旅推介活动，宣传推广我区优质旅游资源和特色旅游线路 |
| 十、完善新型智慧政务服务体系 | 1. 东环街、钟村街、石楼镇、沙湾街道、番禺经济技术开发区等 5 个 24 小时智慧政务大厅已建成投入使用。<br>2. 印发《关于建设 5G+VR 新型智慧政务服务体系改革方案》《番禺区云政务服务大厅管理办法》，制定了全国一体化政务晓屋共享平台运行规则和服务公约。目前，全国已有 12 省 24 个城市共布设政务晓屋 200 台，可办理番禺区服务事项 3479 项，可办理全国服务事项超 2.6 万项。2022 年全国各政务晓屋网点业务受理总数 2.28 万宗，其中番禺区内网点受理业务 1.5 万宗。云政务服务晓屋项目获批社会管理和公共服务综合标准化国家试点，24 小时智慧政务大厅项目获批省级地方标准化立项 |

表 49

## 2023 年十件民生实事一览表

| 序号 | 类别 | 项目 | 具体内容 |
|---|---|---|---|
| 1 | 基础教育 | 进一步提升青少年心理健康水平 | 1. 建立青少年多元化心理健康服务体系<br>(1) 设立 16 个社区卫生服务中心心理门诊，加强青少年精神疾病的识别与早期干预；<br>(2) 积极开展各类培训 300 场次，指导家长关注和了解孩子的心理健康；<br>(3) 建设 225 个学校心理辅导室，定期开展青少年心理健康排查 |
| | | | 2. 建设“1+16”家庭教育指导服务中心（站）<br>(1) 在区广播电视大学、区新儿童活动中心、区星海青少年宫、区民心家庭教育服务中心共设立 4 个家庭教育指导服务中心；<br>(2) 在 16 个镇街设立共计 16 个家庭教育指导服务站，开展常态化家庭教育服务工作 |
| 2 | 公共交通 | 建设公共停车场，优化完善非机动车道 | 1. 各镇街充分利用废旧物业、闲置土地、村级工业园和农贸市场改造等各种资源，建设节约化、集约化的公共停车场，全年新增不少于 350 个停车位（不包含路内停车位） |
| | | | 2. 进一步优化完善 10 条非机动车道，总长度不少于 12 千米 |
| 3 | 基础教育 | 增加公办义务教育学位 | 加大公办中小学学位供给力度，全区 2023 年新增 3300 个公办中小学学位 |
| 4 | 环境治理 | 推进水浸点整治 | 通过新建雨水管渠及强排泵站、现状管道清疏及错混接整改，完成钟村街（钟创路、雄峰商城东门）、南村镇（新光快速路金山湖北行路段）等共计 3 个水浸点整治项目 |
| 5 | 文化体育 | 增加体育锻炼场所，组织体育赛事活动 | 增设 16 个体育活动场地；组织番禺区青少年系列锦标赛、8 月 8 日全民健身日系列活动等 8 项形式多样的群众体育赛事活动，承办 2 项市长杯系列赛事，带动更多市民参与健身锻炼，实现全民健身和全面健康深度融合发展 |

续表 49

| 序号 | 类别 | 项目 | 具体内容 |
|---|---|---|---|
| 6 | 公共交通 | 整治非机动车交通乱象 | 1. 规范管理地铁口、公交站台周边环境秩序，开展电动自行车逆行、闯红灯、未走非机动车道、乱停乱放等交通乱象专项整治行动 48 次<br>2. 各镇街在地铁站、大型商场等人员密集区域周边增设共享单车停放点 12 个 |
| 7 | 基础教育 | 推行第四期“舒适午休”项目 | 推行第四期“舒适午休”项目，全年计划实施学校不少于 190 所，实现 100% 平躺睡服务。改造午休场地不少于 16 个，增配午休场室空调超 1000 台，睡床超 3500 张，区内实现躺床睡比例超 22% |
| 8 | 社会保障 | 开展老年人居家适老化改造 | 为番禺区户籍有意愿的分散供养特困人员，低保、低收入困难家庭的高龄、失能、残疾老年人，失能孤寡优待老年人，计划生育特殊家庭老年人开展居家适老化改造不少于 85 人次 |
| 9 | 环境治理 | 开展“有路无灯”整治 | 对区内 15 条“有路无灯”道路开展整治，提升道路的光照度以及城市品质 |
| 10 | 食品药品安全 | 加强农产品快检服务 | 在区内农贸市场（大型超市）开展主要农产品农兽药残留快检，全年完成快检数量不少于 18 万批次 |

# 广州市番禺区 2022 年国民经济和社会发展计划执行情况与 2023 年计划草案的报告

——2023 年 2 月 9 日在广州市番禺区第十八届人民代表大会第三次会议上

广州市番禺区发展和改革局局长 林高翔

各位代表：

受区政府委托，现将我区 2022 年国民经济和社会发展计划执行情况与 2023 年计划草案报告如下，请予审议。

## 一、2022 年国民经济和社会发展计划执行情况

2022 年，全区始终坚持以习近平新时代中国特色社会主义思想为指导，全面系统深入学习宣传贯彻党的二十大和十九届及历次全会精神，坚持稳中求进工作总基调，积极把握宏观经济形势的复杂变化，着力破解改革发展稳定任务中的矛盾问题，推动高质量发展、创造高品质生活。在外部不稳定不确定因素增多的复杂形势下，经济运行延续总体平稳增长态势，社会大局和谐稳定。

**（一）疫情防控经济发展统筹推进，供需循环畅通有序。**防控工作扎实推动。科学精准实施防疫政策，正常生产生活秩序有效恢复。经济保持“平稳运行”发展态势，全区实现地区生产总值 2705.47 亿元、增长 1.4%。工商业持续保持较快速增长，规上工业总产值、限上商业额分别增长 8.2%、19.9%。建筑业总产值 561.12 亿元、增长 2.3%，顶住下行压力实现正增长。内需潜力有效释放。工业投资稳步提升，实现总量 97.4 亿元、增长 22%。固定资产投资额合计实现 737.45 亿元；235 个区重点建设项目完成投资 607.96 亿元，年度投资完成率 100.4%。消费活力持续增强，万博商圈单周客流量最高达 208 万人次，成功举办广州国际美食节，广州南站商圈喜街开业运营，共计 500 多家企业参加“羊城欢乐购”广州消费券促销活动；通过公共网络实现的零售额 58.2 亿元、增长 81%，实现社会消费品零售总额合计 1263.98 亿元。惠企措施有力实施。加大助企纾困力度，出台我区《落实促进服务业领域困难行业恢复发展若干措施工作方案》，区属国有企业累计减免 2905 宗国有房屋租金约 1.6 亿元，办理留抵退税 9377 户次、涉税额超 45.1 亿元。金融服务不断优化，举办规模以上产融对接活动 21 场，出台“资本入番”行动 38 条，全年为区内 4100 家企业解决约 238 亿元融资需求。成立区企业建设服务中心，持续提升企业项目投资和建设便利度，共计为 60 多个项目解决各类投建问题。

**（二）现代产业体系构建提质提效，科创驱动力不断激发。**汽车产业优势扩大。新能源汽车带动汽车制造业加速发力，汽车制造业产值首次突破千亿元，达 1019 亿元、增长 37.3%，重点整车生产企业广汽埃安、广汽乘用车合计生产整车超 53 万辆、实现产值超 710 亿元。番禺经济技术开发区成功入选国家新型工业化产业示范基地并获批广东省特色产业园区，广汽埃安第二工厂、时代广汽动力电池、祺盛动力总成二期竣工投产，广汽自主电池和电驱项目动工建设，汽车产业“三年翻番”计划顺利实施。产业提升新格局加快构建。成立区产业发展领导小组，构建“链长制”谋划打造 13 条区级产业链。数字经济加快发展，举办番禺区 5G 应用“扬帆计划”之 5G+ 工业互联网推介会、第三届直播电商节（中国·广州）番禺分会场等活动，成立区人工智能与数字经济

行业协会。中航光电华南产业基地项目一期工程基本完工。创新能力巩固增强。大力培育创新主体，全区高新技术企业超1800家、居全市第三，科技型中小企业评价入库近2000家；新增国家级“专精特新”“小巨人”企业12家、总量全市排名第2；4家企业入选全球独角兽榜，快时尚跨境电商希音公司估值超4000亿元。夯实创新载体建设，生物医药与新型移动出行未来产业科技园成功入选全国首批未来产业科技园试点及培育名单，广州（国际）科技成果转化大学城基地加快建设。人才建设有序开展。全面升级“1+4”产业人才政策为“番禺人才生态30条”，“杰出产业人才”总补贴金额提高62.5%（总补贴金额由800万元提高到1300万元）。广州大学城国际人才生态示范区建设顺利推进，打造“大湾区拔尖创业人才培养基地”。成功举办2022年青蓝国际创新创业大赛，吸引超700个创业企业及项目参赛。

（三）新动能加速蓄势聚力，发展后劲进一步增强。湾区建设靠前发力。主动谋划对接支持服务南沙建设面向世界的粤港澳全面合作重大平台，印发实施《番禺区关于支持广州南沙深化面向世界的粤港澳全面合作的行动方案》。精心打造大湾区首个优质生活圈示范区，加强统筹机制成立示范区建设领导小组，主动向中央、省大湾区办争取支持。广佛全域同城化高质量发展试验区先导区启动建设，广州南站TOD项目、万科·广州南站项目、陈头岗停车场场站综合体等重点项目有序推进。市场主体培育壮大。全区新登记各类市场主体5.11万户、增长10.32%，实有市场主体35.3万户、增长9.66%，连续10个月企业开业速度居全市第一。“资本入番”逐步推进，万博创投集聚区新增落户风投机构24家，思林杰、奥迪威成功上市。招商引资成效明显，已落地产业项目18个，计划投资额合计185.41亿元、预计年产值合计366.4亿元。推进“央企入番”“国企入番”，中电工程碳中和发展研究院、中电工程海洋能源工程技术研究院等重点项目注册落户。都市型经济加快发展。万博商圈获批第三批广东省级示范特色步行街（商圈），推进长隆 万博商圈建设世界级地标商圈，商事登记企业超2.3万家；长隆旅游度假区获评国家夜间文化和旅游消费集聚区，万惠二路获批打造全市首条限时步行街。楼宇经济实现突破发展，时代芳华里成为我区首家甲级写字楼，中国铁建华南总部大厦等总部项目成功落地建设。空间布局不断优化。开展《番禺区国土空间总体规划(2019—2035年)》编制工作，“三区三线”划定成果正式启用。开展全区产业规划编制工作，推进广州南站地区、莲花湾片区、番禺珠江沿岸地区等重点区域谋划建设。亚运大道经济带前期研究成果初步形成，番禺智造创新园启动建设、“专精特新”企业集聚区正式揭牌。夯实重点项目用地基础，完成1079亩土地征收工作，出让工业用地16宗462亩。

（四）改革开放走深走实，乡村振兴战略积极实施。重点领域改革纵深推进。国企改革持续深化，《番禺区国企改革三年行动方案》正式落地实施，整体完成率达90%。知识产权强区高位建设，成功入选国家知识产权强县建设试点县（区），专利授权量同比增长20.4%；中国驰名商标22件、集体商标10件，数量全市第一。数据治理能力显著提升，建成全区统一数据管理平台，汇聚数据超45.02亿条。营商环境持续优化。推进营商环境5.0改革。深化“放管服”改革，推进复杂事项“简单办”，政务服务事项材料免提交比例27.9%。大幅压减企业办事环节、时耗，行政许可及高频事项时限压缩率达93.6%。推进政务服务事项集成化、便利化办理，418项事项上线“穗好办”番禺专区，共计布设89台政务晓屋、可办理事项超3400项。打造“番禺政务服务品牌”，“云政务服务晓屋建设与运行”标准体系项目顺利获批社会管理和公共服务综合标准化国家试点。外贸外资保稳提质。珠宝首饰产业韧性凸显，全年珠宝首饰产业进出口总值达553.7亿元，增长18.9%，实现逆势高位增长；广钻中心保税仓建成投入使用。拓展外贸新业态取得新进展，约350家企业建立跨境电商海外独立站。在全市率先启动实施商务部面向小微出口企业出口信保专项扶持政策，约700家中小外贸企业成功免费申领出口信用保险保单，申领企业数量位居全市各区第一。利用外资提质增效，实际利用外资41.98亿元，新增外商投资企业超330家。乡村建设扎实推进。做大做强农业产业，新增省级农业龙头企业3家，番禺国家级沿海渔港经济区正式揭牌，名优现代渔业产业园建成投产，都市水稻实验田试点建设顺利实施。乡村风貌美化提升，9成以上行政村达到省定美丽宜居村标准，60条行政村创建成为市级美丽乡村；沙湾北村获评第三批广东省文化和旅游特色村，番禺美丽乡村之旅（番禺博物馆—沙湾古镇—松露小学—大岭村）入选第三批广东省乡村旅游精品线路。三旧改造成效显著，完成改造面积491亩，超额完成年度改造任务。

（五）生态环境质量日益优化，城市功能逐步完善。“双碳”战略深入实践。建立健全碳达峰碳中和与能耗总量强度“双控”工作机制，印发实施番禺区2022年能耗“双控”工作要点。高效组织光伏等清洁能源项目并网，新增分布式光伏项目405项，累计已投产分布式光伏项目2232项、数量位居全市第一。污染防治成效明显。扎实推进蓝天保卫战，环境空气质量综合指数3.41、同比改善6.8%，全市排名第4，空气质量达标天数比例81.6%。水质持续稳定达标，地表水环境水质指数3.91、全市排名第四，大龙涌口、墩头基、莲花山3个国考断面均达考核要求。持续改善垃圾投放环境，高标准打造120个星级投放点；推进垃圾分类源头减量，全区生活垃圾资源化利用率达87.9%，危险废物处理处置率达100%，一般工业固体废物综合利用率达88.1%。城市品质焕新提升。交通基础设施进一步完善，地铁22号线首段开通运营，8号线东延段、3号线东延段等8条线路有序推进，南大干线主线东西贯通，完成26条道路“有路无灯”整治工作。绿色空间逐步拓展，新增完成碧道建设13.9千米；大夫山森林公园建立广州第一个榕树公园。水安全保障能力不断增强，完成7696户供水优化改造。公共服务日趋完善。区图书馆新馆建成试运营。新建5G基站1760座，累计11652座、全市排名第二；充电桩数量和容量规模达5200台、32.5万千瓦，均在全市排名前三。推进“厕所革命”提升计划，新建4座公厕，整体完成率51.1%。

（六）民生福祉成色提升，社会治理持续加强。民生保障成效显著。新建村居级颐康服务站220个，143个长者饭堂服务覆盖所有村居，养老服务工作真抓实干成效明显获市政府督查激励。新开工5个老旧小区改造项目，完工1个续建项目，共惠及居民8226户。主动发放失业保险稳岗补贴，采取“免申即享”方式主动向7.3万家单位发放1.51亿元。兜底保障水平持续提高，城乡最低生活保障标准提至1196元/月·人（2021年城乡最低生活保障标准为1120元/月·人）。全面深化“幸福番禺”慈善之区创建，实现社区慈善基金全覆盖。建立健全退役军人服务体系，落实退役军人保障政策，实现示范型（星级）退役军人服务中心（站）全覆盖。医疗卫生能力增强。区中医院新院区建成使用，胸痛中心两项救治指标（标准版胸痛中心平均门球时间、基层版胸痛中心平均入门—出门时间）连续三年持续优化。迅速实施疫情防控新阶段医疗资源倍增计划，发热门诊容量和重症监护床位分别增长5倍、3倍。优化公卫服务体系，市级国家基本公共卫生服务项目绩效考核连续四年第一，成功通过“国家慢性病综合防控示范区”复审；加大健康单元建设，升级打造健康公园1个。积极推进医养结合工作，现有14间护理站取得医疗机构执业许可证。实施危重孕产妇、儿童救治能力提升计划，适龄女生免费接种HPV疫苗工作有序推进、全年共接种7383剂次。文教事业优质发展。顺利开办6所公办中小学并完成招生，增加公办中小学学位1.18万个，超额完成年度目标；广东仲元中学第二校区顺利启用，番禺职业技术学校南校区扩建工程等一批项目扎实推进；开办公办幼儿园10所、新增学位超5000个。三级公共文化服务网络实现全覆盖，镇街文体服务中心（文化站）全部达到省一级以上标准，紫泥堂文化创意园成功创建国家AAA级旅游景区，西坊大院获评市级文化产业示范园区。入选2022年“书香城市（区县级）”发现活动、为全省唯一区县。社会大局安全稳定。生产安全事故起数、死亡人数分别下降14%、23%，公共安全领域重大事故“零发生”。加强防灾减灾能力体系建设，192 个村居委已完成防灾减灾“十个有”建设、完成率达 69.8%。保持农产品质量安全高压严管态势，全年区域产地农产品合格率稳定保持在 99% 以上。

总结成绩的同时，我们也要清醒地认识到，全区发展仍面临一系列老难题和新挑战：一是产业链韧性较为不足，抗风险能力有待提高。目前我区以汽车制造业为主推动工业平稳较快增长，但除汽车外仍缺乏新的面向“千亿级”壮大的新兴产业集群；软信业、装备制造业等行业龙头企业带动不够，产业链建设完整度有待提高；大学城的科创资源优势还未充分发挥，产业链创新链融合亟须加强。二是外部环境因素带来不确定性，消费市场复苏艰难。2022 年受疫情影响，我区经济运行整体不如预期，阶段性停工停产、物流管制等因素影响企业正常生产经营节奏，接触型消费和文旅业遭受巨大冲击、恢复较慢，短期内社会面经济与消费全面复苏节奏可能延续到 2023 年一季度甚至上半年。三是房地产行业持续低迷，投资后续拉动乏力。房地产与建筑行业恢复信心的拐点暂未到来，房地产市场下行趋势短期未见扭转，开发商对市场信心不足、居民观望情绪较浓；区内大型轨道交通项目在 2021 年至 2023 年陆续完工，基础设施对建筑业、投资的后续支撑作用下降。四是社会事业有待完善，民生保障任务存在挑战。乡村振兴、基础设施、生态环境治理、城市精细化管理等工作仍需进一步加力，教育资源供给、医疗服务、养老体系建设等与先进水平还有一定差距。

## 二、2023 年国民经济和社会发展计划草案

2023 年是全面贯彻党的二十大精神的开局之年，也是实施区“十四五”规划承上启下的关键一年，做好经济社会发展工作至关重要。2023 年全区经济社会发展的总体思路是：

坚持以习近平新时代中国特色社会主义思想为指导，全面贯彻落实党的二十大精神，坚持稳中求进工作总基调，加快构建新发展格局，深刻领悟高质量发展是推动番禺现代化建设的首要任务和总抓手，全面深化改革开放，大力提振市场信心，实施扩大内需战略同深化供给侧结构性改革有机结合，有效防范化解重大风险，推动经济运行整体好转，实现质的有效提升和量的合理增长，奋力夯实番禺“智造创新城”的战略定位，抢抓新局先机、展现番禺作为。

根据以上思路，坚持立足当前、着眼长远，聚焦高质量发展主题，深入研判国内外形势变化、宏观政策取向和经济发展规律，综合分析经济发展基础和潜力，加强与“十四五”规划目标相衔接，编制我区 2023 年国民经济和社会发展计划草案，包括经济社会发展主要指标预期目标、重点建设项目计划（附后）。

为实现各项发展目标，建议重点做好以下六方面工作：

**（一）持续提升核心产业竞争力，着力打造现代制造业强区。**力促产业链高质量发展。打好产业基础高级化和产业链现代化攻坚战，围绕汽车制造、通用设备、纺织服装、珠宝首饰等重点行业领域构建“链长制”，着力打造“1+4+N”（1 个千亿级、4 个五百亿级、多个百亿级）产业集群。坚定不移发展实体经济，继续实施汽车产业“三年翻番”计划，培育一批具有全球竞争力和供应链控制力的“链主工厂”，围绕“广汽埃安”“广汽传祺”两大自主品牌，以及“自主电池”“自主电驱”两大广汽自主品牌核心零部件项目，推动智能网联与新能源汽车及核心零部件产业加速建链成群。高品质规划建设番禺智造创新园，加快建设“专精特新”产业园，做强做大先进制造业集群。加速构建现代产业体系。科学做好产业发展规划，奋力构建能充分发挥番禺历史禀赋和现实特质的可持续现代化产业体系，梳理谋划好全区未来产业发展方向、思路，构建以智能网联和新能源汽车、高端智能装备制造（工业母机等）、时尚产业（智能穿戴等）三大优势制造业为支柱，新兴数字、科技服务、总部经济、现代商贸、都市文旅五大现代服务业为支撑，都市现代农业为补充的“3+5+1”现代产业体系。提升招商引资质量效益。加大招商力度和企业项目落地服务，积极推进因赛数字营销基地、浩鲸科技全球第二总部等重点项目尽快落地。加快推进央企招商，推动中国能建集团华南总部项目、中电科芯片项

目落户，力争多家央企在我区设立区域总部。针对重点产业链开展精准招商，积极引入物联网、人工智能与数字经济等为主的战略性新兴产业项目，大力开展生物医药产业招商。积极谋划做好2023年政府专项债申报工作。完善要素保障支撑。着力提升现代化建设人才水平，稳步推进“番禺人才生态30条”落地实施，加快广州大学城国际人才生态示范区建设。探索全区技能人才培训和评价信息化管理平台建设，推动人才公寓政策加速出台实施。加强对我区土地资源的统筹研究规划，科学谋划土地资源的连片收储、整体开发、规划建设，全力提高收储效率。

（二）积极落实重大战略任务，构筑高质量发展区域增长极。全力推进湾区建设。积极落实番禺支持南沙行动方案，谋划构建全方位对接支持南沙的15分钟服务辐射衔接圈，协同打造面向世界的粤港澳全面合作重大战略平台。加快番禺粤港澳优质生活圈示范区、广佛全域同城化高质量发展试验区先导区、广州大学城粤港澳大湾区创新创业集聚区、广州（沙湾）粤港澳珠宝文商旅融合发展先导区等重大平台建设，积极向上级争取更多资源倾斜和统筹支持。强化科技创新引领。增强创新主体培育，支持一批高成长的高新技术企业发展成为头部科技企业、独角兽企业和上市企业。打造重大科创平台，支持广州大学城·中关村青创汇项目打造成为辐射周边城市的创新辐射地，高起点共建生物医药与新型移动出行未来产业科技园，推进广州（国际）科技成果转化广州大学城基地、广州大学城（广工）科技成果转化基地、粤港澳大湾区（番禺）海创人才科创中心建设，持续增强科技创新发展动能。优化提升功能布局。按照“两带一廊”（“两带”指的是南大干线经济带和亚运大道经济带，“一廊”指的是科技创新走廊，粤港澳大湾区规划纲要中广深港澳国际科技创新走廊番禺段部分）谋划做好长隆万博商务区商圈培育、番禺经济技术开发区提质扩容、创新城基础设施互联互通、南站商务区重点项目服务保障、亚运大道经济带启动建设工作。着力打造自主品牌和新能源智能汽车主力区，推动番禺汽车城加快建设国家新型工业化产业示范基地。加速推动长隆万博和广州南站地区融合发展，培育长隆万博世界级地标商圈、广州南站枢纽型国际商圈。充分发挥广州大学城的“智核”作用，全面推进广州国际科技创新城开发建设向纵深发展。高标准编制空间规划。继续推进番禺区国土空间总体规划及广州南站、大学城、莲花湾片区的相关规划工作，强化南大干线经济带及番禺珠江沿岸经济带近、中、远期重点平台项目建设规模和布局。加快开展村土地利用规划编制。全力推进存量国有工业用地提容增效，大力推动村镇工业集聚区升级改造，有力有序加快推进城市更新，多措并举拓展生产生活融合发展空间。

（三）有效改善营商环境，推动更高水平改革开放。创造良好营商环境。推进营商环境5.0改革，抓好优化营商环境创新试点街镇（园区）建设。深化“放管服”改革，推广智能审批，推动政务服务进一步减环节、减材料、减时限，降低市场主体办事成本。深入推进新型智慧政务服务体系建设，完善“云首席事务代表”制度，提升全国一体化政务晓屋平台数据共享支撑能力。深化重点领域改革。持续优化国资监管制度，深化推动国企改革。全面开展国家知识产权强县建设试点县建设，加快建设中国广州番禺（珠宝和动漫）知识产权快速维权中心。扎实推进质量强区建设。加强社会信用体系建设，推广应用“信用番禺”综合信用服务平台。进一步提高分布式光伏等新能源接入效率。拓展外贸发展路径。壮大外贸经济市场主体，支持引导有条件的外贸企业开拓国内市场。通过跨境电商独立站等形式建立国际营销网络，培育已建跨境电商独立站企业做大做强。持续完善跨境贸易便利化措施，大力推广中国（广州）国际贸易“单一窗口”应用，提升企业通关便利度和通关效率。加快对外文化出口贸易发展步伐，推进建设国家文化出口基地。精细帮扶赋能企业发展。研究出台对企纾困减负政策，进一步加大暖企力度。完善支持民营经济高质量发展政策支持体系，促进民营经济发展壮大。推进金融服务实体经济，推动“中小企业融资畅通工程”建设，积极举办产融对接活动，引导信贷资金支持中小企业发展。优化企业项目开工服务，落实筹建企业“一对一”个性化业务培训，加快搭建项目建设信息化管理系统。

（四）贯彻绿色低碳发展理念，打造高效高质宜居城市。打好污染防治攻坚战。坚持精准治污、科学治污、依法治污，深化大气污染防治，加强 $PM_{2.5}$（大气中直径小于或等于 2.5 微米的颗粒物）和臭氧协同控制，做好 VOCs（挥发性有机物）和氮氧化物“控增量、减存量、强监管、促减排”；强化水污染防治，持续推进国考断面水质达标攻坚，补齐水环境治理设施短板，强化饮用水水源地风险防范。落实土壤污染源头防控，严格建设用地准入管理。深入推进固体废物污染环境防治工作，加快推进“无废城市”建设。筑强功能品质城市。进一步健全生活垃圾分类处理体制机制。加强污水处理和收集能力，加快村居雨污分流和城市供水优化改造，解决老旧小区水质水压问题。持续推进海绵城市建设，完善碧道建设。继续推动住宅小区电动自行车充电设施建设完善、旧楼加装电梯等民生实事落地见效。完善基础设施建设。全力加快南大干线建设，推进金光东隧道项目尽快交付通车。做好海鸥公路扩建工程征地拆迁、用地报批工作，推动项目尽快开工建设。加快广明高速公路辅道扩建工程（一期）收尾建设。继续推动 3 号线东延段、7 号线二期、12 号线以及广佛环城际（广州南站至白云机场）、穗莞深城际琶洲支线等跨区轨道交通项目建设。推进 5G 网络深度覆盖，加大智慧灯杆建设力度，助推城市数字化转型。深入实施乡村振兴战略。做优做强都市现代农业，高质量建设番禺国家级沿海渔港经济区，全力推进莲花山国家级中心渔港休闲渔业综合体以及番禺现代渔业园区项目建设。探索片区统筹开发模式，加快旧村改造项目推进实施。高标准开展新乡村示范带建设。持续优化乡村治理体系，积极推动各镇街开展农村宅基地审批管理改革，推进留用地开发利用。编制土地征收成片开发方案，注重保护耕地和维护农民合法权益。持续优化“三资”监管，完善农村集体资产交易平台。健全农村金融服务体系，支持鼓励农民就业创业。加强旅游文化特色村和精品乡村旅游线路创建，试点连片打造一批精品民宿。

（五）兜住兜牢民生底线，不断优化公共服务供给。织牢织密民生保障网。全面优化“老有颐养”服务，推进村居颐康服务站建设。健全救助体系，拓宽“弱有众扶”覆盖面，充分发动社会力量参与社会救助，持续推进“慈善之区”创建，推动社区基金从有形覆盖到有效覆盖。进一步推进普惠托育服务发展。加大保障性住房筹建力度。实施就业优先战略，加强困难群体就业兜底帮扶。着力打造一批老旧小区改造精品示范项目，以点带面扎实推进老旧小区改造工作。健全退役军人服务保障体系，加强抚恤优待工作，打造“戎归禺山”就业创业品牌。扩大优质教育供给。推进省随班就读示范区及省“名师课堂”实验区建设，大力推进名校合作办学。继续健全完善普惠性学前教育公共服务体系“番禺模式”，扎实推进 23 所公办幼儿园项目建设，计划新增公办幼儿园学位 2820 个，强力推动学前教育进入优质高位发展新阶段。稳步推进中小学校基础设施建设，推进番禺中学附属学校二期工程、利凯新城项目配建学校等重点工程建设，计划新增公办中小学学位 3300 个；以仲元中学第二校区开办为契机，实施优质特色普通高中创建工程。持续做好“双减”工作，提高校外培训治理水平，推动校内课后服务提质增效。稳定提升医疗救治能力。加强公共卫生服务体系建设，完善专业公共卫生机构功能定位。继续提升重点疾病诊治能力，优化胸痛、卒中、创伤、危重孕产妇、危重儿童和新生儿救治中心建设。推进公共卫生服务中心建设，做好全国中医药示范单位创建。逐步建立医疗服务信息化监管机制，建设番禺区社会办医疗机构医疗服务监管信息平台。打响文化旅游新名片。全力推进全域旅游示范区建设提档升级，支持长隆等龙头企业发展“旅游 + 文化 + 体育”新业态，指导西坊大院、番禺博物馆等申创国家 A 级旅游景区。推进道路交通旅游指示标志牌、全域全景图等设施建设，切实提高旅游行业管理和服务水平。持续完善公共文化服务体系建设，推进区图书馆新馆开馆运营，组织开展各类文化惠民活动。

（六）坚持统筹发展与安全，确保社会大局持续稳定。因时因势优化疫情防控。完善重大疫情防控救治体系，加快提升医疗救治能力，保障好群众就医用药，重点抓好老人、儿童、有基础性疾病患者、孕产妇等脆弱群体的防护，突出保健康、防重症、种疫苗，切实提升群众预防新冠能力。提升社会治理现代化水平。着力改造提升政府网站和政务新媒体智能服务能力，加快番禺区大数据治理平台升级，重点建设“禺好办”移动政务服务平台、“穗智管”番禺分平台“禺智管”。深化智慧新警务建设，全面完善优化常态及重点时期社会面整体防控方案、等级勤务响应机制，进一步压减社会面警情，保障社会治安大局平安稳定。深入推进严打整治行动，进一步巩固完善扫黑除恶常态化斗争工作成果。夯实各领域安全防线。加强事故数据分析研判及时预警潜在风险，提前部署安全防范工作。打造区应急数据中心，增强应急管理信息化建设。强化房地产市场监管，不断完善房地产市场常态化监测机制。扛稳粮食物资储备和安全重任，强化应急救灾物资储备能力建设。提升金融风险线索预警处置能力，构筑地方金融风险防控屏障。

# 广州市番禺区 2022 年预算执行情况和 2023 年预算草案的报告

——2023 年 2 月 9 日在广州市番禺区第十八届人民代表大会第三次会议上

广州市番禺区政协副主席、财政局局长　卢永青

各位代表：

受区人民政府委托，现将我区 2022 年预算执行情况和 2023 年预算草案报告如下，请予审议。

## 第一部分　2022 年预算执行情况

2022 年，我区坚持习近平新时代中国特色社会主义思想为指导，全面贯彻落实党的二十大精神，在区委的坚强领导和区人大、区政协的监督支持下，坚持稳中求进工作总基调，完整、准确、全面贯彻新发展理念，有效防范化解重大风险，推动高质量发展，统筹疫情防控和经济社会发展，落实积极财政政策、新的组合式税费支持政策。为全面加快实现老城市新活力、“四个出新出彩”提供坚实的保障支撑。区第十八届人大第二次会议审议通过的预算和第十八届人大常委会第七次、十八届人大常委会第十三次、十八届人大常委会第十四次审议通过的预算调整方案执行情况良好。具体执行情况如下：

### 一、一般公共预算执行情况

（一）收入执行情况

2022 年全区一般公共预算收入 1042625 万元，完成年度预算的 100.99%，比 2021 年减收 34086 万元，剔除留抵退税后同口径增长 0.67%。其中，税收收入 720801 万元，同比减收 92021 万元，剔除留抵退税后同口径下降 6.07%；非税收入 321824 万元，同比增收 57935 万元，增长 21.95%。加上上级补助收入 566352 万元、动用预算稳定调节基金 16105 万元、调入资金 360833 万元、上年结转 71020 万元、一般债务转贷收入 109004 万元，2022 年一般公共预算总收入 2165939 万元。

主要收入项目执行情况，税收收入方面：增值税收入 316496 万元，企业所得税收入 145378

万元，城市维护建设税收入82863万元，房产税收入93611万元，印花税收入42117万元，城镇土地使用税收入9590万元，车船税收入21764万元，环境保护税收入986万元，耕地占用税收入7510万元，资源税329万元，其他税收收入157万元。非税收入方面：专项收入150138万元，行政事业性收费收入6771万元，罚没收入34768万元，国有资源（资产）有偿使用收入65872万元，政府住房基金收入4109万元，捐赠收入3万元，其他收入60163万元。

（二）支出执行情况

2022年全区一般公共预算支出1675581万元，比2021年减支278199万元，下降14.24%。加上上解支出329786万元、补充预算稳定调节基金21666万元、债务还本支出109007万元后，2022年一般公共预算总支出2136040万元。年终结转29899万元。

（三）转移支付支出执行情况

2022年我区收到上级一般公共预算补助收入566352万元，其中税收返还收入250790万元，一般性转移支付收入215809万元，专项转移支付收入99753万元。

2022年区本级一般公共预算补助镇级支出242696万元，其中税收返还支出143920万元，一般性转移支付支出65369万元，专项转移支付支出33407万元。

（四）预算稳定调节基金、上年结转资金及预备费执行情况

截至2022年底，2021年结转的区本级预算稳定调节基金16105万元已全部动用，区本级一般公共预算上年结转资金56652万元基本支出完毕。2022年初区本级安排预备费20827万元，年中预算调剂9361万元用于新型冠状病毒肺炎防控专项支出等支出，上述资金年度完整执行情况将在2022年决算报告中反映。

## 二、政府性基金预算收支执行情况

2022年，全区政府性基金收入707319万元，完成年度预算的92.06%，比2021年减收987868万元，下降58.27%，减收原因主要是2022年土地出让情况不理想。其中，国有土地使用权出让收入622614万元、彩票公益金收入2588万元、城市基础设施配套费收入51002万元、农业土地开发资金收入1075万元、污水处理费收入30040万元。加上上级补助收入106625万元、专项债务转贷收入621066万元、上年结余11431万元，2022年政府性基金预算总收入1446441万元。

全年政府性基金支出841870万元，比2021年减支538813万元，下降39.03%；其中国有土地使用权出让支出349565万元，同比减支589587万元，下降62.78%。加上调出资金326252万元、上解支出1090万元、专项债务还本支出259433万元，政府性基金预算总支出1428645万元。收支相抵后，政府性基金预算年终结余17796万元。

## 三、国有资本经营预算收支执行情况

2022年全区国有资本经营预算收入22479万元，完成年度预算的99.92%，比2021年减收3132万元，下降12.23%；主要为区属国有企业上缴利润22479万元。加上上年结余354万元，上级补助收入54万元后，全区国有资本经营预算总收入为22887万元。

2022年全区累计完成国有资本经营预算支出6309万元，比2021年减支4668万元，下降42.52%。加上调出资金16576万元，全区国有资本经营预算总支出22885万元。收支相抵后，国有资本经营预算结余2万元。

## 四、财政专户管理资金预算执行情况

2022年区本级财政专户管理资金收入14527万元，同比减收699万元，下降4.59%；其中教育行政事业性收费收入14527万元。加上上年结余7148万元，调入资金753万元，财政专户管理资金总收入为22428万元。

区本级财政专户管理资金支出15177万元，同比减支3517万元，下降18.81%；加上调出资金1156万元，财政专户管理资金总支出16333万元。收支相抵后，区本级财政专户管理资金结余6095万元。

## 五、政府性债务管理情况

地方政府债务管理历来是我区风险防控工作的重中之重，我区严格遵循中央、省、市重要决

策部署，持续强化政府性债务与隐性债务管理，严控增量、化解存量，全面排查化解债务风险隐患，同时积极做好地方政府新增债券申报与规范支出工作，牢牢守住不发生区域性系统性财政金融风险的底线。

（一）债务限额余额情况

2022 年 12 月，全区地方政府债务余额为 2594587 万元，其中，一般债务 453460 万元、专项债务 2141127 万元。截至本次报告日，市财政局尚未正式下达我区 2022 年地方政府债务限额，我区 2021 年地方政府债务限额 2313683 万元（其中，一般债务 487313 万元、专项债务 1826370 万元），结合 2022 年市财政局新转贷我区地方政府新增专项债券资金 361639 万元，预计我区 2022 年债务限额为 2675322 万元（其中，一般债务 487313 万元、专项债务 2188009 万元）。最终限额以市分配额度为准，届时将按照相关程序报区政府批准后向社会公开。

（二）新增债券情况

2022 年市转贷下达我区地方政府新增专项债券 361639 万元，具体安排项目为：穗莞深城际轨道琶洲支线项目（番禺区）66600 万元、轨道交通二十二号线工程（番禺区）130900 万元、轨道交通三号线东延段工程（番禺区）46800 万元、广州市城市轨道交通十八号线工程（番禺区）38300 万元、轨道交通七号线二期工程（番禺区）9300 万元、轨道交通十二号线工程（番禺区）17100 万元、番禺区 62 条河涌管网完善及生活污水查缺补漏工程 18500 万元，广州番禺上市企业工业扩产产业园配套设施工程 28139 万元、广州番禺广汽基地园区配套设施工程 6000 万元，按规定报经区十八届人大常委会第十三次会议审议通过。

（三）债务还本付息情况

2022 年区本级财政共统筹安排地方政府债券还本付息 458555 万元，其中还本支出 368440 万元、付息支出 90115 万元。资金来源包括一般公共预算支出 16185 万元、政府性基金支出 73939 万元、再融资债券 368431 万元。

## 六、直达资金使用情况

我区认真贯彻落实上级部署和要求，建立和完善常态化财政资金直达机制，进一步规范我区直达资金的预算编制、执行和监督管理，充分利用直达资金监控平台，对直达资金实现从源头到末端全过程、全链条监控，全力保障直达资金快速落实到位，确保资金“直达基层、直接惠企利民”。

2022 年，我区分配下达财政直达资金指标 173765 万元，实际支出 166862 万元，支出进度 96.03%，资金主要用于城乡义务教育、基本公共卫生服务、就业补助、医疗服务和保障、企业服务等方向。番禺区直达资金使用规范、安全、高效，有力保障了民生政策落实到位。

## 七、重大政策和重点项目支出成效

2022 年，我区全面贯彻党的二十大会议精神，坚决落实“疫情要防住、经济要稳住、发展要安全”重要要求，高效统筹疫情防控和经济社会发展等大事，持续深化老城市新活力，为全面建设社会主义现代化国家开好局起好步作出番禺扎实有效的贡献。

（一）坚持经济发展、支持产业发展

1. 坚持创新驱动发展，支持企业发展壮大。2022 年，区财政共投入 51187 万元用于推进创新创业，强化科技与产业融合发展。包括安排人才引进产业扶持资金 12705 万元，企业创新能力建设等科技经费 1705 万元，高质量强化科技、人才基础性战略性支撑；对大学城青创汇项目注资款 6000 万元、莲花山旅游区增资款 3000 万元、广州市番禺城市管理有限公司注资款 1500 万元，坚持实体经济为本，推动经济高质量发展；新能源汽车购置补贴 9390 万元，以新能源汽车集群式发展推动产业链现代化。

2. 改革优化营商环境，加快交通设施和重大平台建设。2022 年共投入 380663 万元用于支持城市基础设施建设，提升城市能级和核心竞争力。包括轨道交通建设资金 309000 万元，南大干线（东新高速至莲花大道）土地整治 PPP 项目服务费 59689 万元，广州南站建设和维护 4534 万元，推进交通基础建设，强化和提升番禺在粤港澳大湾区交通体系中的优势地位；广汽新能源产业园建设 5194 万元，打造国际智联新能源汽车产业创新产业园；数字政府建设 2129 万元，促进数据综合治理，推动智慧城市建设。

（二）推动城乡协调统筹

1. 强化科学绿化理念，统筹推进山水林田湖草一体化保护和修复。2022 年共投入 175815 万元用于打好污染防治攻坚战，推进市容环境整治。其中安排污水处理、污水工程项目资金等 46692 万元，推进污水系统布局，优化污水净水厂运行能力；安排黑臭水体治理等工程资金 4361 万元、番禺区 62 条河涌管网完善及农村生活污水查缺补漏工程 18500 万元、排水设施整治维护等支出 10935 万元，切实保障水安全，确保河涌水质持续提高；各级垃圾分类工作经费 2700 万元，提升垃圾分类及处理水平；市政环卫保洁及公园绿化养护经费 12780 万元，精细化提升市政保洁和园林绿化管理；公交企业考评清算补贴、公交行业财政补贴等 14286 万元，落实公交优先发展战略；编外人员经费 28933 万元，推进城市管理综合改革工作。

2. 加快推动乡村振兴，农业产业优势不断壮大。2022 年共投入 42949 万元用于加快推进农业农村现代化，提升农村人居环境质量档次。安排东西部协作资金等帮扶工作经费 11160 万元，推动我区结对帮扶镇村开展实质性帮扶；安排海鸥公路扩建及海鸥岛相关建设支出 3429 万元，持续推进乡村建设；安排河涌保洁、水利工程运行经费等水利支出 5618 万元，加强绿色美丽乡村建设；安排中央渔业发展补助资金、休（禁）渔渔民生产生活补助等渔业资金 3997 万元，打造具有广东特色的“渔业王国”；安排各类涉农、涉林工作经费 3742 万元，提升我区农业稳中向好的发展态势；农村村干部补贴补助 3642 万元，调动和激发农村基层干部工作积极性。

（三）增进民生福祉，打造幸福番禺

1. 大力发展社会民生事业，民生保障不断增强。2022 年共投入 187042 万元用于增进民生福祉，健全社会保障体系。区内单位人员社保支出 63405 万元、区内各单位离退休人员经费 30556 万元，保障人员正常福利待遇；安排各级就业补助资金 23145 万元，推进就业公共服务体系建设和重点群体就业服务工作；安排长者长寿保健金、居家养老服务、老年人配餐等项目资金 3541 万元，优化养老服务供给，加强社区颐康服务站建设；安排残疾人康复、护理、生活补贴等支出 5165 万元，低保和优抚对象补助、慰问等支出 5400 万元，完善社会救助工作机制。

2. 营造新时代教育管理新生态，教育综合发展水平持续提升。2022 年区财政共投入 570843 万元，用于支持教育事业高质量发展。支出主要用于在职和离退休人员工资社保等 313295 万元，学校编外及后勤人员经费 68701 万元，保障教职工待遇，提升教职人员对工作的认同感，保证教师队伍的稳定；各类公用经费 39195 万元，保障各学校正常开展教育教学活动；学前教育专项经费 25064 万元，保障学前教育健康、平稳发展，“番禺幼教”品牌持续提升；支付城乡义务教育补助经费、义务教育家庭经济困难学生生活补贴等义务教育阶段支出共 25437 万元，学校建设及设备采购等 10588 万元，义务教育城乡一体化程度不断提高，教育生态健康持续发展。

3. 做好常态化疫情防控工作，医疗综合服务能力不断加强。2022 年区财政共投入 181157 万元用于做好疫情防控、提升医疗质量和公共卫生服务能力等方面。各类基本公共卫生支出 21494 万元，加强公共卫生服务体系建设，做好疾病防控、救治等工作；医疗卫生人员工资、社保等支出 29870 万元，行政事业单位医疗经费支出 12013 万元，保障医疗人员合理待遇，关心和爱护医务人员；二类疫苗等疫苗购置支出 16857 万元，提高市民接种疫苗的积极性和主动性，构建强有力的免疫屏障；医院扩建和设备采购支出 6554 万元，公立医院改革经费 6590 万元，药品、材料等专用设备购置 1393 万元，持续优化全区医疗设施建设，提高应对突发事件的支撑能力。

（四）落实债务偿还主体责任，加强政府诚信建设

区财政一直高度重视地方政府债务管理工作，积极稳妥化解债务风险，坚守财政可持续发展底线。2022 年，区财政分别从一般公共预算、

政府性基金预算和再融资债券统筹资金 458555 万元用于政府债券还本付息，其中偿还本金 368440 万元、支付利息 90115 万元。

## 八、预算绩效管理工作情况

深化财政预算绩效管理改革，促进预算部门强化绩效理念，提高部门整体支出的应用效果和使用效率，进一步提升财政部门绩效管理水平，继续深化预算绩效管理工作。2022 年主要工作包括：

### （一）推动预算和绩效管理一体化

一是强化绩效目标管理。在编制 2022 年度预算时，要求各预算单位对预算申报金额 200 万元及以上的新增项目开展事前绩效评估，出具预期绩效报告并作为申请预算的必备条件；对 2022 年所有预算项目开展绩效目标审核，实现绩效目标与预算编制同步布置、同步申报、同步批复、同步公开。

二是实施预算绩效评审。抽取 17 个本年度申请预算资金的项目进行项目预算绩效评审，选取区规资局及区政数局开展部门整体预算绩效评审对象。

三是开展绩效运行监控工作，部门自行监控与财政重点监控双结合。健全以部门整体监控为基础、紧盯重点项目的绩效监控机制，在各部门开展绩效自行监控基础上，对 23 个 2022 年度科技经费项目、2022 年度区十件民生实事项目、2022 年度预算绩效评审结果为低的项目绩效运行情况纳入本年度重点监控项目范围。对区规资局、区退役军人事务局、区政数局及番禺经开区管委会四个部门实施整体绩效运行监控，要求相关部门每季度结束后报送部门、项目的工作进度、预算执行进度和绩效目标完成情况，及时发现存在问题并纠正偏差，促进绩效目标的顺利实现。

四是根据“全面自评、部分复核、重点评价”原则，开展 2021 年度支出绩效评价工作。一是组织所有区属部门、镇街对 2021 年度所有支出项目（包括本级和上级财政资金）开展部门整体及项目绩效自评；二是坚持以习近平新时代中国特色社会主义思想为指导，坚持稳中求进的工作总基调，按照区委、区政府的工作部署，围绕区委“1+1+6”工作要求，严格贯彻落实中共中央、国务院以及省、市关于全面实施预算绩效管理的工作部署，继续扩大绩效评价范围，将支出绩效评价实施对象从项目向部门整体支出、政策拓展。选取区本级资金量大、关系社会发展和民生实事共 66 个重点项目开展第三方评价，另有 2 个项目自评复核，2 个政策绩效评价，4 个部门整体绩效评价，涉及 38 个部门，48 个项目单位。评价结束后组织各预算部门，针对绩效评价报告中专家提出的存在问题及改进措施开展整改工作，落实整改措施，据此进一步加强项目管理，不断提高财政资金使用效益。

### （二）强化绩效结果应用

完善人大监督机制，扩大绩效负面清单范围，确保绩效信息公开。一是重点绩效第三方评价结束后，将评价总体情况按程序报区政府审批后向区人大常委会报告，接受同级人大监督；二是把预算绩效管理中的绩效目标管理和支出绩效评价工作，由去年纳入我区党群类、政府类、法检类，镇街类数据采集单位负面清单范围，扩大至纳入镇街类。对应绩效目标管理和支出绩效评价工作，在镇街类负面清单设置相应的扣分标准，增强预算绩效管理的权威；三是在部门预算公开时，各部门、镇（街）按照我区部门预算公开范本的格式和内容，公开部门整体及主要工作任务、经财政批复的项目绩效目标；部门决算公开时，各部门、镇（街）也按照规范要求公开相关的绩效评价情况，以增强财政资金使用绩效的透明度。

### （三）加强镇级预算绩效管理要求

继续加强镇级预算绩效管理建设工作，配合市财政局开展考核验收。为使我区各镇“全方位、全过程、全覆盖、全公开”的预算绩效管理模式总体目标不断完善，按照全面实施预算绩效管理工作方案，对照《广州市财政局关于印发全面实施预算绩效管理考核验收工作方案的通知》要求，要求各镇查漏补缺并及时整改，迎接市财政局到我区各镇实地检查镇级全面实施预算绩效管理情况，听取汇报及查看佐证材料。在市级考核验收中取得较好成果。

## 第二部分 2023年预算草案

### 一、2023年财政收支形势分析

（一）财政收入形势。2023年，国家将继续实施积极的财政政策和稳健的货币政策，持续对疫情防控政策进行优化调整，陆续出台对汽车、房地产等产业的支持政策，经济运行有望总体回升，为财政收入实现稳步增长提供了基础条件，预计2023年我区一般公共预算收入将继续实现小幅增长。

（二）财政支出形势。2023年是全面贯彻落实党的二十大精神的开局之年，是实施“十四五”规划承上启下的关键一年，落实积极的财政政策要加力提效，保障好国家、省、市、区各项决策部署实施意义重大。一是围绕市委赋予番禺区“智造创新城”的新战略定位，高标准对接《南沙方案》落地落实，持续加大对粤港澳大湾区创新链产业链的财政投入，全力打造粤港澳大湾区高质量增长极；二是聚焦经济高质量发展，坚持实体经济为本、制造业当家，始终把发展经济着力点放在实体经济上，在以新能源汽车集群式突破、力推产业链现代化等方面做好资金保障，增强我区制造业核心竞争力；三是高质量促进共同富裕，坚持就业优先，做好基本民生保障，提高基本公共服务均等化水平，建设人民满意的教育强区，着力解决发展不平衡不充分和人民群众急难愁盼问题，让改革发展成果更多惠及人民；四是坚持城乡区域协调发展，继续强化城市基础设施建设，全面改善提升城市面貌，大力推进城乡融合发展，高质量建设人与自然和谐共生的绿美番禺。

### 二、2023年预算编制指导思想及主要原则

（一）预算编制的指导思想

坚持以习近平新时代中国特色社会主义思想为指导，全面贯彻落实党的二十大精神、中央经济工作会议精神，全面贯彻党的基本理论、基本路线、基本方略，深入贯彻习近平总书记对广东系列重要讲话和重要指示批示精神，坚持稳中求进工作总基调，完整、准确、全面贯彻新发展理念，服务和融入新发展格局，全面深化改革开放，大力提振市场信心，着力推动高质量发展；积极的财政政策加力提效，把实施扩大内需战略同深化供给侧结构性改革有机结合起来，突出做好稳增长、稳就业、稳物价工作，有效防范化解重大风险更好统筹疫情防控和经济社会发展；加强财政资源统筹，优化支出重点和结构，持续改善民生，保持社会大局稳定，扎实促进共同富裕；党政机关坚持过紧日子，强化预算约束和绩效管理，加强政府债务管理，积极防范化解地方政府债务风险，推动经济运行整体好转为广州在推进中国式现代化、高质量实现老城市新活力、“四个出新出彩”中勇当排头兵。

（二）预算编制的主要原则

一是坚持以政领财、稳中求进的原则。预算编制聚焦党的二十大决策部署及省、市、区贯彻落实措施，财政收入计划与经济发展水平相适宜，与减税降费政策要求相衔接；财政支出与政策导向相协调，全面保障各级重大战略部署、重要战略任务顺利实施，更好发挥财政在国家治理中的基础和重要支柱作用，有力支撑我区经济社会平稳健康发展。

二是坚持规范统筹、量入为出的原则。多渠道筹集资金，深化税源培植、巩固联动机制，充分挖掘各种政府资源潜力。加强对部门非财政拨款收入、存量资源资产和财政结转资金的统筹。坚持尽力而为、量力而行，扭转“基数+增长”陈旧观念，树立“零基预算”“滚动预算”的预算理念，严禁出台溯及以前年度的增支政策，新的增支政策原则上通过以后年度预算安排支出。

三是坚持绩效导向、均衡持续的原则。全面推行预算绩效管理，提高资金支出进度和使用效益，将绩效管理理念贯穿预算编制、执行、监督全过程。统筹兼顾“稳增长”与“惠民生”的关系，合理确定财政支出政策和标准，强化中长期财政运行风险防控，严格按预算额度推进项目实施，坚持“三保”支出在财政支出中的优先顺序；树立系统观点，持续深化预算管理改革，提升财政政策与经济、社会等政策合力。

### 三、2023年财政预算总体情况

（一）一般公共预算收支计划

1. 一般公共预算收入计划

预测2023年全区一般公共预算收入为108

亿元，较上年增长3.6%。结构如下：(1) 税收收入816271万元，增长13.24%，占收入总额的75.58%。其中，增值税379536万元、企业所得税165000万元；(2) 非税收入263729万元，下降18.05%，占收入总额的24.42%。

按现行财政体制计算，全区一般公共预算收入1080000万元，加上上级转移性收入564833万元、调入资金761473万元，动用预算稳定调节金21666万元、加上上年结余11648万元（全部为专项结转），减去上解市财政345906万元后，预计2023年可支配财力为2093714万元。

2. 一般公共预算支出计划

按照收支平衡的原则，全区一般公共预算支出按2093714万元予以安排，其中区本级支出1402482万元，街道财力支出491724万元，返还镇级财力支出199508万元。

本次报区人大审批的区级支出包含区本级支出和街道支出共1894206万元（不含返还镇级财力支出199508万元），具体安排情况是：人员经费支出648270万元，占区级支出的34.22%；公用经费支出36068万元，占区级支出的1.91%；专项经费支出1209868万元，占区级支出的63.87%。预计区本级民生支出1535220万元，占一般公共预算支出的81.05%。

在区级1209868万元专项经费支出中，街道财力安排的专项经费为252470万元，区本级专项经费为957398万元。区本级专项经费中当年特定项目收入安排的支出合计152066万元，主要包括：

（1）教育费附加安排的支出合计55855万元；

（2）市级提前下达一般性转移性支付和专项转移性支付列入本级预算支出部分合共96211万元。

剔除上述特定项目支出152066万元以及区本级上年专项结转11648万元后，区本级全年实际可统筹安排的专项支出为793684万元，占区级专项支出的65.6%。

3. 区级一般公共预算支出2093714万元主要安排如下：

一般公共服务支出208271万元，国防支出3395万元，公共安全支出191379万元，教育支出583961万元，科技支出53900万元，文化体育与传媒支出23404万元，社会保障和就业支出195168万元，卫生健康支出234130万元，节能环保支出5428万元，城乡社区支出123914万元，农林水事务支出69776万元，交通运输支出21624万元，资源勘探信息等支出42283万元，商业服务业等支出5095万元，自然资源海洋气象等支出5609万元，住房保障支出32536万元粮油物资储备支出9102万元，灾害防治及应急管理支出14318万元，预备费20827万元，其他支出50084万元等。

2023年区本级严格按照中央、省定标准足额保障“三保”支出，不留硬缺口。预计2023年“三保”支出需求662964万元（保工资527886万元、保运转21830万元、保基本民生113248万元），预算安排数为706151万元（保工资527886万元、保运转21830万元、保基本民生156435万元），目前已上报上级财政部门审核待批复。

2023年区本级一般公共预算安排的“三公”经费5074万元，较上年年初预算减少94万元，下降1.82%。其中，因公出国（境）经费预算214万元，较上年预算减少38万元；公务用车购置及运行维护费预算4631万元，比上年预算增加14万元；公务接待费预算229万元，比上年预算减少70万元。

（二）政府性基金预算收支计划

1. 政府性基金预算收入计划

政府性基金预算收入计划为1945234万元，主要包括土地出让分成收入1756934万元、基础设施配套费150000万元、污水处理费收入36000万元、彩票公益金收入2300万元等。比上年实绩增收1237915万元，增长175.02%，增收的主要原因：近期房地产市场调控政策开始放松，2023年土地出让市场边际修复预期强烈，考虑到2022年已收储的成熟地块可在2023年出让，预测2023年度土地出让分成收入比上年实绩增长182.19%。

按现行财政体制计算，全区基金预算收入1945234万元，加上上级转移支付收入45594万元，上年结余13871万元，减去上解支出1090万元和调出资金754924万元后，预计当年可支配财力为1248685万元。

2.政府性基金预算支出计划

按照“以收定支”的原则并结合基金支出范围，2023年全区基金预算支出拟安排1248685万元。按照资金性质，建议安排如下：

国有土地使用权出让收入安排的支出1012951万元，农业土地开发资金安排的支出1309万元，城市基础设施配套费支出86294万元，污水处理费收入安排的支出32847万元，彩票公益金支出5388万元，债务还本支出34999万元，债务付息以及发行费支出74897万元。

（三）国有资本经营预算收支计划

1.国有资本经营预算收入计划

2023年，预测全区国有资本经营预算收入为23500万元，主要是国资收益上缴，比2022年实绩增加1021万元，增长4.54%。

国有资本经营预算收入23500万元，加上上年结余2万元，减去按规定将6549万元调入一般公共预算后，全年国有资本经营预算总收入为16953万元。

2.国有资本经营预算支出计划

按照以收定支的原则，2023年全区国有资本经营预算支出拟安排16953万元，主要用于番禺城市管理有限公司、莲花山旅游区和宝墨园南粤苑改扩建项目注资款6000万元区创业投资引导基金2022年财政出资款、管理费以及增值收益奖励经费7657万元，总部经济发展奖励补贴专项经费3294万元等等。

（四）财政专户预算收支计划

1.财政专户预算收入计划

2023年财政专户资金预算总收入为16485万元，主要是教育收费收入。

2.财政专户预算支出计划

按照“专款专用”的原则，全年财政专户资金支出预算拟安排16485万元，其中公用经费8043万元，专项经费8442万元。全部为教育支出。

（五）重大政策和重点项目资金安排情况

2023年，区财政将对照党的二十大战略擘画，贯彻落实好中央、省、市和区委、区政府的决策部署，更加凸显番禺的优势和基础，尽力收窄番禺的差距与不足，全力打造粤港澳大湾区高质量增长级，奋力夯实市委赋予番禺“智造创新城”新的战略定位，为广州高质量实现老城市新活力、“四个出新出彩”和在全面建设社会主义现代化国家新征程中走在全国前列、创造新的辉煌作出番禺贡献。

1.积极对接重大战略，全力打造大湾区高质量增长级

支持广州大学城粤港澳大湾区创新创业聚集区高质量发展，安排大学城中关村青创汇项目以及粤澳青创产业加速器项目经费3068万元、广州大学城（广工）科技成果转化基地经费818万元、粤港澳台大学生创新创业基地以及大赛工作经费208万元；优化提升长隆万博片区的平台建设，持续培育广州南站枢纽型国际商圈建设，积极推动长隆万博和广州南站地区融合发展，安排广州南站地区建设及维护管养经费7400万元；安排长隆—万博—南站片区整体交通网络提升规划研究经费以及长隆万博商务区专项经费等共计1112万元；全力保障南大干线建成通车，加快南大干线经济带建设，安排南大干线（东新高速至莲花大道）土地整治PPP项目服务费以及土地整治工程109154万元，着力打造珠江沿岸高质量发展新高地；安排4119万元积极推动广汽中路延长线工程、番禺广汽生活区项目建设，推动番禺汽车城加快建设国家新型工业化产业示范基地；支持建设番禺区大数据治理平台，安排“数字政府”建设专项资金4653万元等。

2.着力推动科技创新，全力以赴推动经济高质量发展

提振市场主体信心，激发市场主体活力，积极培育创新主体，安排产业扶持资金41444万元，推动智能网联与新能源汽车及核心零部件建链成群，支持以新能源汽车集群式力推产业链现代化；安排企业创新能力建设专项34772万元，激发企业创新主观能动性，促进科技成果转化；安排创业投资引导基金4000万元、总部经济发展奖励补贴3294万元，支持加大招商力度、增强创新主体培育，支持高成长、高新技术企业在我区发展；完善要素保障支撑，打造人才聚集高地，安

排产业人才发展专项资金 14121 万元。

3. 实施城乡融合发展，高质量建设人与自然和谐共生的绿美番禺

（1）强化水污染防治和生态环境治理，安排污水处理运营服务费和一体化污水处理设施运行维护费 49896 万元，排水设施运行维修养护经费 36764 万元，污水、排水管网工程及维修费用 14041 万元，农村生活污水治理 4406 万元、黑臭水体治理工程 2503 万元、雨污分流改造工程 935 万元；安排垃圾分类经费 6775 万元；安排市政环卫保洁及公园绿化养护等费用 37231 万元；安排生态公益林补偿经费以及大学城水生态示范区建设共计 1975 万元。

（2）实施城乡融合发展的乡村振兴战略，建设美丽宜居番禺。安排 4410 万元用于美丽乡村建设；安排高标准农田建设和基本农田保护资金 7485 万元以及社会主义新农村建设资金 621 万元；安排渔业发展补助资金 21886 万元以及渔港经济区片区交通专项规划研究经费 441 万元。

（3）深化与毕节东西部协作、加强同五华对口帮扶，巩固拓展脱贫攻坚成果，2023 年安排扶贫帮扶资金合计 11155 万元等等。

4. 着力破解民生难题，高质量促进共同富裕

坚持尽力而为，量力而行，补齐基本公共服务短板，让人民群众获得感更有成色，幸福感更可持续，安全感更有保障。

（1）支持完善社会保障就业机制。安排就业和再就业补助资金 23141 万元，做好毕业生、退役军人、残疾人等重点群体就业；安排 31469 万元，加大对退役士兵、低保、优抚、特困、残疾、长者老人等群体补助；安排机关事业单位基本养老保险缴费 5962 万元、机关事业单位职业年金缴费 3196 万等等。

（2）支持提高健康番禺建设水平。织牢公共卫生防护网，加大全方位健康服务供给。2023 年区级财政安排 233224 万元支持推进健康番禺建设。主要包括：安排二类疫苗、专用设备和材料、卫生耗材等购置 47286 万元，基层社区卫生服务中心人员和公用经费 42504 万元，行政事业单位医疗经费 41000 万元，新型冠状病毒防控专项经费 21117 万元，医院补助经费及公立医院改革财政补助经费 20793 万元，基本公共卫生经费 13844 万元等。

（3）支持建设人民满意的教育强区。2023 年区级财政共安排 636575 万元发展教育事业，主要包括：教师人员及公用经费 275000 万元、临聘教师 66579 万元、外包劳务经费 3968 万元、后勤人员经费 1710 万元；城乡义务教育经费 37644 万元、学前三年行动计划及学前教育经费 83220 万元、学校生均公用经费 11304 万元、进城务工人员随迁子女学位补助 17000 万元、学校硬件建设项目基建及设备采购 12552 万元、镇街学校建设补助 8000 万元、校园安保 4599 万元、职业教育补助 2915 万元等等。

5. 进一步统筹安全发展，坚决防范债务风险

2023 年区级财政安排地方政府债务还本付息资金 157941 万元，其中偿还本金 68694 万元，支付利息及发行服务费 89247 万元。资金来源：一般公共预算 48045 万元，政府性基金预算 109896 万元。

需要说明的是，根据《中华人民共和国预算法》有关规定，在预算年度开始后，区人民代表大会批准前，区财政根据实际工作需要，拨付本年度维持行政运行必须的支出、政府工程项目工人工资以及部分上一年度结转支出等。

表 50

## 2022 年中共广州市番禺区委员会重要文件选目一览表

| 文件号 | 文件名称 |
|---|---|
| 番发〔2022〕2 号 | 中共广州市番禺区委印发《关于政治要件闭环落实的督办工作制度》的通知 |
| 番发〔2022〕8 号 | 中共广州市番禺区委 广州市番禺区人民政府转发《区委宣传部、区司法局关于开展法治宣传教育的第八个五年规划（2021—2025 年）》的通知 |
| 番发〔2022〕14 号 | 中共广州市番禺区委关于认真学习宣传贯彻党的二十大精神的通知 |
| 番发〔2022〕17 号 | 中共广州市番禺区委 广州市番禺区人民政府印发《番禺区关于支持广州南沙深化面向世界的粤港澳全面合作的行动方案》的通知 |
| 番办发〔2022〕1 号 | 中共广州市番禺区委办公室印发《关于进一步健全容错纠错机制 激励党员干部担当作为的实施意见（试行）》的通知 |
| 番办发〔2022〕2 号 | 中共广州市番禺区委办公室印发《关于推进番禺区媒体融合改革打造全国标杆的实施意见》的通知 |
| 番办字〔2022〕3 号 | 中共广州市番禺区委办公室 广州市番禺区人民政府办公室关于印发《番禺区进一步深化供销合作社综合改革打造为农服务生力军实施方案》的通知 |
| 番办字〔2022〕6 号 | 中共广州市番禺区委办公室 广州市番禺区人民政府办公室关于印发《番禺区落实〈广东省中长期青年发展规划〉首批省级综合试点区工作实施方案》的通知 |
| 番办字〔2022〕7 号 | 中共广州市番禺区委办公室关于印发《番禺区侨联改革实施方案》的通知 |
| 番办字〔2022〕11 号 | 中共广州市番禺区委办公室 广州市番禺区人民政府办公室印发《番禺区关于推进重点工作和重点项目建设的实施方案（2022—2024 年）》的通知 |
| 番办字〔2022〕12 号 | 中共广州市番禺区委办公室 广州市番禺区人民政府办公室关于印发《番禺区贯彻落实〈广州市构建“链长制”推进产业高质量发展的意见〉的实施方案》的通知 |
| 番办字〔2022〕15 号 | 中共广州市番禺区委办公室 广州市番禺区人民政府办公室关于印发《番禺区深化老城市新活力、“四个出新出彩”理论研究与实践探索工作方案》的通知 |
| 番办字〔2022〕16 号 | 中共广州市番禺区委办公室广州市番禺区人民政府办公室关于印发《番禺区全力支持广州大学城高质量发展 2022 年重点任务实施方案》的通知 |
| 番办字〔2022〕17 号 | 中共广州市番禺区委办公室 广州市番禺区人民政府办公室关于印发《番禺区镇街生态环境保护责任考核办法（试行）》的通知 |

表 51

# 2022 年广州市番禺区人民政府重要文件选目一览表

| 文件号 | 文件名称 |
|---|---|
| 番府办规〔2022〕1 号 | 广州市番禺区人民政府办公室关于印发番禺区促进万博商务区风险投资产业集聚发展扶持办法的通知 |
| 番府〔2022〕13 号 | 广州市番禺区人民政府关于公布番禺区第六批非物质文化遗产代表性项目名录的通知 |
| 番府规〔2022〕1 号 | 广州市番禺区人民政府关于废止《番禺区品牌奖励管理实施办法》的通知 |
| 番府办〔2022〕6 号 | 广州市番禺区人民政府办公室关于印发 2022 年广州市番禺区人民政府重大行政决策事项目录和重大行政决策听证事项目录的通知 |
| 番府规〔2022〕2 号 | 广州市番禺区人民政府关于废止《广州市番禺区旧村庄更新改造公开引入合作企业的指导意见》的通知 |
| 番府规〔2022〕3 号 | 广州市番禺区人民政府关于废止《番禺区重点建设项目管理办法》的通知 |
| 番府〔2022〕24 号 | 广州市番禺区人民政府关于贯彻落实《防范和处置非法集资条例》的通告 |
| 番府办〔2022〕25 号 | 广州市番禺区人民政府办公室关于印发番禺区教育事业发展“十四五”规划的通知 |
| 番府办规〔2022〕2 号 | 广州市番禺区人民政府办公室关于印发番禺区见义勇为人员奖励和保障实施细则的通知 |
| 番府办规〔2022〕3 号 | 广州市番禺区人民政府办公室关于印发番禺区高新技术产业发展扶持办法的通知 |

续表 51

| 文件号 | 文件名称 |
| --- | --- |
| 番府规〔2022〕4 号 | 广州市番禺区人民政府关于印发《番禺区招商引资工作规程》的通知 |
| 番府〔2022〕54 号 | 广州市番禺区人民政府关于印发《番禺区药品安全事件应急预案》的通知 |
| 番府办〔2022〕37 号 | 广州市番禺区人民政府办公室关于印发《番禺区推进交通拥堵点治理事项决策方案》的通知 |
| 番府办〔2022〕38 号 | 广州市番禺区人民政府办公室关于印发《番禺区 2022 年政务公开工作要点分工方案》的通知 |
| 番府办〔2022〕40 号 | 广州市番禺区人民政府办公室关于印发《番禺区推进城市供水优化改造方案》的通知 |
| 番府〔2022〕63 号 | 广州市番禺区人民政府关于印发《番禺区妇女发展规划（2021—2030 年）》《番禺区儿童发展规划（2021—2030 年）》的通知 |
| 番府规〔2022〕6 号 | 广州市番禺区人民政府关于番禺区桥南净水厂工程建设的通告 |
| 番府〔2022〕68 号 | 广州市番禺区人民政府关于印发《番禺区全民科学素质行动规划纲要实施方案（2022—2025 年）》的通知 |
| 番府规〔2022〕5 号 | 广州市番禺区人民政府关于印发《番禺区重大行政决策程序规定》的通知 |
| 番府办〔2022〕49 号 | 广州市番禺区人民政府办公室关于印发《番禺区生态环境保护“十四五”规划》的通知 |

# 索引

番禺年鉴 2023

## 说 明

1. 本索引采用主题分析方法，款目按汉语拼音顺序排列。

2. 书中的类目题、分目题、次分目题用黑体字标明，其余用宋体字排印。

3. 索引款目后的数字表示内容所在页码，数字后的拉丁字母（a、b、c）表示该页自左至右的栏别。

4. 本索引对《年度关注》《大事记》《人物·荣誉》《经济社会统计资料》《文献选录》等类目不作内容主题分析。

## 条目索引

### A



### B



### C

## 表格索引

D

## 随文图片索引